LE DISTRICT
DE
MACHECOUL
1788 - 1793

ÉTUDES SUR LES ORIGINES ET LES DÉBUTS
DE L'INSURRECTION VENDÉENNE
DANS LE PAYS DE RETZ

PAR

ALFRED LALLIÉ

NANTES
VINCENT FOREST ET ÉMILE GRIMAUD
4, PLACE DU COMMERCE, 4
PARIS, JOSEPH ALBANEL, RUE DE TOURNON, 15

1869

LE DISTRICT

DE MACHECOUL

Lk⁵
217

NANTES, IMPRIMERIE VINCENT FOREST ET ÉMILE GRIMAUD.

LE DISTRICT
DE
MACHECOUL
1788-1793

ÉTUDES SUR LES ORIGINES ET LES DÉBUTS
DE L'INSURRECTION VENDÉENNE
DANS LE PAYS DE RETZ

PAR
ALFRED LALLIÉ

NANTES
VINCENT FOREST ET ÉMILE GRIMAUD
4, PLACE DU COMMERCE, 4

PARIS, JOSEPH ALBANEL, RUE DE TOURNON, 15

1869

AU LECTEUR

Ce volume a pour objet de faire connaître un certain nombre de documents relatifs aux origines et aux débuts de l'insurrection vendéenne, dans la contrée où elle éclata avec le plus de fureur. C'est une étude de détails, un recueil de pièces, plutôt qu'une histoire proprement dite.

Je me suis surtout attaché à mettre en lumière les faits restés dans l'ombre jusqu'à présent & à rétablir ceux que la passion a défigurés ou exagérés.

Il m'a paru que des recherches consciencieuses pouvaient suffire aux exigences de ce modeste travail, où, le plus souvent, la critique des auteurs remplace le récit des événements.

TABLE DES MATIÈRES

Pages.

I. LA BRETAGNE ET LOUIS XVI. — Le pays de Retz et Machecoul avant la Révolution. — Les diverses classes de la population. — Les États de Bretagne en 1786. — Rôle de Louis XVI. — Édit des grands bailliages. — Attitude des Bretons. — Supplique au roi des habitants de Machecoul. — Réclamation du tiers-état de Bretagne et résistance de la noblesse. — Les derniers États de Bretagne. — Lettre du roi.................................... 1

ANNÉE 1789

II. LES ÉLECTIONS ET LES CAHIERS DE 1789. — Élections du clergé dans le diocèse de Nantes. — L'ancien régime et les ordres religieux. — L'assemblée électorale du clergé. — Le cahier de ses vœux et doléances. — Élections du tiers-état. — Assemblée générale des paroisses. — Cahiers primaires des paroisses. — Vœux et doléances des paysans. — Cahier général des trois ordres des Marches communes de Bretagne et de Poitou. — Mouvement des esprits. — Concession des classes privilégiées. — Tentatives de rapprochement des classes. — Abandon des privilèges de la province dans l'assemblée des paroisses...................... 21

III. LA DÉPOSSESSION DU CLERGÉ. — NOUVELLE ORGANISATION ADMINISTRATIVE. — Le clergé de France et ses richesses. — Esprit libéral des curés. — Nuit du 4 août. — M. de la Fare, évêque de Nancy. — Abolition des dîmes. — Offre du clergé d'hypothéquer ses propriétés. — Motions du marquis de Lacoste et de Talleyrand. — Les biens de l'Église mis à la disposition de la nation. — Attitude du clergé. — La nouvelle constitution. — Réorganisation administrative. — Formation du District de Machecoul. — Nouveau système électoral. — Les corps administratifs : Départements, Districts, Municipalités. — Leurs attributions............ 46

Année 1790

IV La Guerre aux Châteaux. — Élections locales. — La guerre aux châteaux. — Circulaire de la municipalité de Nantes. — Impunité des émeutiers. — Éloignement des gentilshommes des fonctions publiques. — Conséquences de cet éloignement. — Conseils de Louis XVI à la noblesse. — Constitution de la municipalité de Machecoul. — Formation de l'administration du District de Machecoul. — La nouvelle organisation judiciaire...... 72

V Le Schisme. — Serment de l'évêque de Nantes à la constitution politique. — Offre de l'évêque d'Aix au nom du clergé de France. — Substitution du salaire à la propriété du clergé. — Engagements de l'État à ce sujet. — Motion de Dom Gerle. — Influence des clubs. — Désordres dans les églises de Nantes. — Religion paisible des paroisses rurales. — La constitution civile du clergé; discussion ; vote ; attitude du Souverain Pontife. — *Exposition des principes sur la constitution civile du clergé*, signée par la presque unanimité des évêques de France. — *Adresse à l'Assemblée nationale*, par le clergé nantais. — Difficultés de l'évêque avec le District de Nantes. — Départ de M. de la Laurencie. — Difficultés du Département à constituer l'administration religieuse de la cathédrale. — Intolérance des patriotes et soupçons gratuits à l'égard du clergé. — Poursuites à l'occasion de l'*Adresse à l'Assemblée nationale*. —

Députation envoyée à Paris pour demander la déposition de M. de la Laurencie. — Sanction donnée par le roi à la constitution civile du clergé.. 91

Année 1791

VI Le Nouveau Régime. — Détails de l'administration d'un district. — Les municipalités. — Les finances. Contribution du quart du revenu. — Contribution foncière. — Contribution mobilière. — Émeutes en Bretagne. — La ville de Machecoul demande une garnison de troupes de ligne. — Troubles dans le district de Challans. — Le jeu du *cheval Merlet* à Saint-Lumine-de-Coutais. — Désarmement du Port-Saint-Père. — Visites domiciliaires. — Affaire de la Proutière. — Fuite du roi à Varennes. — Saisies de papiers à la poste. — Désarmement de plusieurs paroisses. — Plaintes à l'occasion des garnisons. — Élection de l'Assemblée législative. — Renouvellement de la moitié des membres du Département et du District. — Destitution des maîtres d'écoles non assermentés. — Les nouveaux fonctionnaires jugés par les patriotes. — Situation calamiteuse des campagnes... 112

VII Le Refus de Serment. — Décret sur la mise à exécution de la loi du serment ecclésiastique. — Portée du serment exigé. — Conséquences du refus. — Sermon du curé de la Trinité. — Les mandements de l'évêque de Nantes déférés à l'autorité civile. — La plupart des prêtres refusent le serment. — Élection de l'évêque constitutionnel. — Élections des curés. — Provocation des journaux patriotes. — Pétition pour l'éloignement de leurs paroisses des curés non assermentés. — Installation des curés constitutionnels. — Résistances. — Arrestations arbitraires. — Arrêté du Département proscrivant les réunions et les processions du culte catholique. — Difficultés résultant de l'attribution aux membres du clergé de la tenue des actes de l'état civil. — Les nouveaux traitements du clergé. — Déclaration de Mellinet. Rapport de Gallois et Gensonné. — Rapport officiel sur l'état religieux du District à la fin de 1791. — Décret du 29 novembre 1791 sur la surveillance des prêtres réfractaires. — Arrêté plus sévère encore du Département de la Loire-Inférieure, en date du 9 décembre 1791. — Discussion de cet arrêté à l'Assemblée législative. — Saisie du *Catéchisme à l'usage des fidèles de la campagne*.. 148

Année 1792

VIII L'Arbitraire administratif. — Inquiétudes des autorités pour le maintien de la paix publique. — Crise du numéraire; les assignats. — Peines arbitraires édictées contre les boulangers par le District. — Obligation des fonctionnaires de suivre le culte public constitutionnel. — Désarmement des gens suspects. — Émeute de Châtillon. — Violations de la liberté individuelle. — Fin de l'Assemblée législative. — Modifications à la loi électorale. — Assemblées primaires pour les élections de la Convention. — Élections de la Convention à Ancenis. — Proclamation solennelle de l'abolition de la royauté. — Les biens nationaux. — Renouvellement des administrations.......... 206

IX Proscription du Clergé. — Nouvelles arrestations de prêtres. — Délibérations inquiètes de la Municipalité et du District de Machecoul. — Aveu du Directoire. — Les engagements de la Révolution à l'égard du clergé. — Le ministère des prêtres constitutionnels. — Rapport de Cahier de Gerville à l'Assemblée législative sur l'état du clergé. — Défaut de poursuites judiciaires. — Offres du culte constitutionnel aux paroisses non pourvues. — Délibérations de plusieurs municipalités. —

Circulaire du ministre de la justice. — Rapport, du 23 avril, à l'Assemblée législative, sur les troubles religieux. — Discussion du décret du 27 mai 1792, sur la déportation des prêtres. — Refus par le roi de sanctionner ce décret. — Émeute de Saint-Joachim. — Cris de mort poussés contre les prêtres par la populace de Nantes. — Arrêt illégal du Département de la Loire-Inférieure, du 4 juin 1792, sur la déportation des prêtres. — Dans le District de Machecoul, leurs biens sont arbitrairement séquestrés. — Décret du 26 août sur leur déportation. — Exécution de ce décret.................................... 239

1ᵉʳ JANVIER — 10 MARS 1793

X LA RÉQUISITION. — Réclamations diverses faites à la Convention en faveur de la liberté de conscience. — Mouvement à Montaigu. — Renouvellement du serment civique à Machecoul. — Rapport de Gaschignard sur l'état des esprits. — Annonce de la levée de 300,000 hommes. — La loi du 24 février 1793. — Émeutes aux Sables et à Cholet. — La conspiration la Rouërie. — Du rôle des prêtres et des nobles. — Attitude des paysans, le 10 mars, dans les différentes paroisses du District................................. 268

11 ET 12 MARS 1793

XI INVASION DE MACHECOUL. — Les massacres de Machecoul devant l'histoire. — Documents originaux compulsés en vue de découvrir la vérité sur cet épisode. — Des circonstances qui ont accrédité les exagérations. — Le juge Boullemer. — Son arrivée à Rennes. — Comment il fut amené à raconter les massacres de Machecoul. — Son récit publié en brochure. — De quelques autres relations de ces événements. — Invasion de Machecoul. — La garde nationale fait feu. — Massacre des patriotes par les insurgés. — Assertions de

Boullemer. — Premières nouvelles de violences des insurgés. — Discussion. — Proclamation des chefs royalistes interdisant les violences contre les patriotes.................................... 290

12-19 MARS 1793

XII Souchu. — Erreurs des historiens à l'endroit de la personne de Souchu. — Causes de sa renommée. — Tentative de négociation de Souchu et autres chefs reconnus des insurgés au sujet des prisonniers de Saint-Philbert. — Exécution à Nantes de Gabriel Musset. — Refus, par les autorités républicaines, de consentir à la négociation. — Déclaration de Boullemer. — Proclamation aux habitants des campagnes. — Organisation de la résistance par les royalistes. — Comités relevant de celui de Machecoul. — Mouvement sur Paimbœuf. — Prise de Bourgneuf. — Lettre de Louis Guérin à propos de ses prisonniers. — Arrivée de Charette à Machecoul. — Proclamation au peuple du pays de Retz........................... 312

XIII Le Comité de Machecoul. — Formation du Comité de Machechoul. — Du rôle du Comité de Machecoul dans les massacres des patriotes. — Le vicaire Prioul. — Assertion de Boullemer sur la continuité des massacres. — Procédés sommaires des gardes nationaux de Pornic contre les insurgés. — Soumission de la commune de Frossay non acceptée. — Emprisonnement des patriotes. — Jaubert au Port-Saint-Père................... 333

23 ET 27 MARS 1793

XIV Pornic. — Situation des insurgés de Machecoul, au point de vue de la défense militaire. — La garde nationale de Pornic. — Expédition vers le bourg des Moutiers. — Les insurgés envahissent Pornic (23 mars), sous la conduite de La Roche-Saint-André. — Retour des gardes nationaux. — Mas-

DES MATIÈRES.

sacre et déroute des paysans. — Discussion des assertions de l'auteur de l'*Histoire de Pornic*. — Massacre de trois cents prisonniers vendéens, le lendemain de la reprise de Pornic. — La Cathelinière à Bourgneuf. — Fureur des paysans contre La Roche-Saint-André. — Nouvelle expédition sur Pornic, dirigée par Charette (27 mars). — De l'incendie de Pornic par les Vendéens. — Accusation de Boullemer contre Charette, relativement au massacre des prisonniers du Port-Saint-Père. — Détails sur ce massacre........................ 345

Avril 1793

XV Exécutions de Patriotes. — Les massacres de Machecoul d'après les *Éclaircissements historiques* placés à la suite des *Mémoires de Mme de la Rochejaquelein*; d'après les *Mémoires d'un ancien administrateur des armées républicaines*; d'après M. Lucas-Championnière; d'après le général Aubertin. — Résumé de la brochure de Boullemer. — Discussion. — Des patriotes fusillés au Calvaire. — Massacre du 3 avril ordonné par Souchu. — Ce massacre ne fut pas prémédité. — Du chapelet. — Des patriotes fusillés qui ont survécu. — Du nombre des victimes. — Des violences commises dans les autres paroisses du District.. 365

22 avril 1793

XVI Les Républicains a Machecoul. — Arrivée à Nantes des représentants Fouché et Villers. — Expédition de l'adjudant général Laval. — Petit avantage remporté par Guérin. — Machecoul regardé comme le quartier général des brigands. — Mouvement de concentration des troupes républicaines vers l'embouchure de la Loire. — Exécution incomplète de ce plan. — Les Vendéens abandonnent Saint-Gilles-sur-Vie à l'arrivée du général Baudry, et

Challans à l'arrivée du général Boulard. — Défaite de Charette auprès de Challans, le 13 avril 1793. — Nouvelle défaite à Saint-Gervais, le 15 avril. — Boulard reste à Challans. — Le poste du Port-Saint-Père. — Les prétendues scènes superstitieuses des Vendéens à Machecoul. — La messe au camp. — Marche de Beysser sur Machecoul. — Prise du Port-Saint-Père par Beysser. — Entrée de ce général à Machecoul. — Sotin, membre du Département, commissaire civil à Machecoul. — Lettre adressée à ce commissaire par le comité central de la Loire-Inférieure. — Organisation de commissions militaires pour juger les insurgés. — Texte du jugement de Souchu. — Prétendues déclarations de Souchu. — Contributions levées par Sotin et Beysser sur le pays conquis. — La dépopulation du pays envisagée comme moyen de pacification... 402

LISTE DES PATRIOTES TUÉS A MACHECOUL.............. 431

LE DISTRICT DE MACHECOUL

LE DISTRICT DE MACHECOUL

―――――――――――――――――――

I

LA BRETAGNE ET LOUIS XVI

Le pays de Retz et Machecoul avant la Révolution. — Les diverses classes de la population. — Les États de Bretagne en 1786. — Rôle de Louis XVI. — Édit des grands bailliages. — Attitude des Bretons. — Supplique au roi des habitants de Machecoul. — Réclamation du tiers-état de Bretagne et résistance de la noblesse. — Les derniers États de Bretagne. — Lettre du roi.

Le plus grand nombre des paroisses qui, lors de la division de la France en départements, furent appelées à composer le District de Machecoul, appartenaient à la province de Bretagne, et formaient une portion assez considérable du duché de Retz, lequel était lui-même compris dans les limites de la Sénéchaussée de Nantes. Les autres paroisses attribuées au District de

Machecoul furent détachées du territoire des *Marches communes de Bretagne et de Poitou*, petite division administrative particulière, placée entre les deux provinces, en forme de frontières, et dont les habitants avaient la faculté de porter, à leur choix, leurs appels devant les juridictions supérieures de la Bretagne ou du Poitou.

« Le quartier de Retz, — lisons-nous dans un almanach de 1789, imprimé à Paimbœuf, et, quoique dédié à une marquise, intitulé : *Almanach patriotique*, — peut passer sans contredit pour un des plus fertiles de la province; il produit grain et foin en abondance; quelques cantons vignobles, entremêlés de bois, rendent ce pays riant et agréable; s'il y a quelques terres incultes, le sol en est assez bon, puisqu'on les défriche dans différentes parties; d'ailleurs, les habitants sont honnêtes, affables, industrieux, aimant les arts et les sciences. »

L'agglomération la plus importante de la région du pays de Retz, que je me propose d'étudier, était Machecoul. En ce temps-là, où la difficulté des communications était générale, quelques milliers d'âmes suffisaient à former une ville, c'est-à-dire un centre où les intérêts et les goûts des classes les plus policées trouvaient leur épanouissement. Il nous faut faire un effort, aujourd'hui que les cités populeuses absorbent la majeure partie de l'activité sociale, pour nous figurer que le rôle des petits centres était alors, dans un moindre rayon, absolument le même que celui de nos grandes villes.

Machecoul, capitale du duché de Retz [1], avec titre de baronnie et duché-pairie, était le siége d'une subdélégation, et d'une justice seigneuriale importante, qui relevait, *omisso medio*, du Parlement. On y comptait 3,600 communiants [2] répartis entre deux paroisses. Le collége, dirigé par un savant distingué, M. Gaschignard, était florissant. Machecoul possédait un hôpital, trois couvents, dont l'un de l'ordre de saint Benoît, l'autre de Capucins, le troisième de Bénédictines du Calvaire, et une société littéraire pourvue d'une bibliothèque. La bourgeoisie se composait de propriétaires vivant de leurs revenus, et d'officiers publics exerçant les charges de judicature et de finance, si nombreuses alors. Le commerce, hormis celui des blés, dont Machecoul exportait chaque année plus de douze cents tonneaux, était fort peu de chose; aucune industrie spéciale, si ce n'est un établissement charitable, où l'on occupait les femmes sans ouvrage à filer le coton.

Les affaires publiques, ce que nous appelons la politique, ne préoccupaient guère alors que les gens qui se piquaient de philosophie, et encore ceux-là ne les considéraient-ils qu'au point de vue théorique. La ville de Machecoul avait depuis longtemps perdu le droit de députer aux États de Bretagne. Mais nous sommes à la veille d'un jour où tout va changer sous

[1] Le duché de Retz appartenait au marquis de Brie-Serrent, qui l'avait acheté en 1778 du duc de Villeroi.
[2] *Almanach patriotique.* — 4,000, selon M. Macé de Vaudoré, *Dictionnaire historique de l'ancien Comté nantais*, p. 92.

ce rapport, et nous verrons la bourgeoisie de Machecoul se jeter avec une ardeur extrême dans le mouvement des affaires publiques. En dehors de la ville, l'immense majorité de la population se composait de paysans; çà et là, quelques propriétaires, nobles ou roturiers, vivaient isolés sur leurs terres.

Les priviléges, et la ligne de démarcation sociale qui en résultait, plutôt que la différence dans la manière de vivre, distinguaient le gentilhomme du bourgeois. La demeure seigneuriale était simple et modeste, et, comme le bourgeois, le noble faisait valoir ses propriétés, au moyen du colonage partiaire. Ce système, que les progrès de l'agriculture, et ce qu'on est convenu d'appeler l'absentéisme, ont rendu plus rare aujourd'hui, était alors universellement pratiqué par les propriétaires, qui n'exploitaient pas eux-mêmes et directement leurs fonds.

Tout porte à croire que les vestiges du régime féodal encore subsistants n'étaient point trop à charge au colon partiaire, au métayer proprement dit. La communauté d'intérêts qui existait entre lui et son maître, aurait eu pour résultat d'arrêter ce dernier sur la pente des exigences abusives, lors même que des relations fréquentes n'auraient point réussi à établir entre eux une mutuelle confiance. Les produits de première nécessité, comme les céréales, le vin, la laine, qui suffisent à satisfaire les besoins des gens de la campagne, étaient alors, aussi bien qu'aujourd'hui, attribués au métayer; en somme, je suis porté à croire que le paysan de cette condition n'était point, en faisant la part de la différence des époques, dans une situation pire que les métayers de notre temps, dans la même contrée.

Il en allait autrement du propriétaire non privilégié. Celui-là, qu'il fût bourgeois ou paysan enrichi, qu'il cultivât lui-même ou avec l'assistance de colons, supportait impatiemment un régime d'impôts qui faisait à peu près exclusivement reposer sur lui tout le poids des dîmes et des taxes, tandis que les terres nobles et ecclésiastiques, et parfois, les terres roturières appartenant à des nobles, étaient presque à l'abri de toute contribution. Ces propriétaires pouvaient aisément se rendre compte de ce qu'ils perdaient à l'inégale répartition des charges; mais les plus à plaindre étaient les petits artisans et les petits journaliers : car ils étaient sans compensation astreints aux corvées et peu ménagés par le fisc. Il n'appartenait point encore à la noblesse de comprendre « que les priviléges qui donnent de l'argent sont à la fois moins importants et plus dangereux que ceux qui donnent le pouvoir; » et « elle avait conservé de l'inégalité ce qui blesse et non ce qui sert.[1] »

En Bretagne, la lutte contre l'ancien régime commença plus tôt que dans le reste de la France; le conflit des pouvoirs dans cette province était à son paroxysme, dès les premiers jours de l'année 1789, et bien avant la réunion des États généraux. C'est au sein de sa propre assemblée provinciale que la division avait pris naissance.

[1] Œuvres de Tocqueville, *Mélanges*, t. VIII, p. 10.

Dès la session des États de Bretagne de 1786, le tiers avait réclamé avec insistance, mais vainement, l'extension à tous les ordres de l'impôt des *fouages extraordinaires,* sorte de taxe mobilière sur les feux, qui, à l'origine, devait atteindre tout le monde, et auquel les ordres privilégiés avaient réussi à se soustraire [1].

Ce n'était que le prélude des réclamations qui allaient se produire ; mais celle-là suffisait à montrer combien, sur tous les points de la France, les esprits étaient éveillés à l'endroit de la question de l'égalité d'impôts. Dans le même temps, Louis XVI parlait aux notables « d'améliorer les revenus de l'État, et d'assurer leur libération par une répartition plus égale des impositions [2]. » Peu après, le 23 avril, le souverain marquait son contentement « de l'empressement avec lequel les archevêques et évêques avaient déclaré ne prétendre aucune exemption pour leur contribution aux charges publiques [3]. » Enfin, le 25 mai, Lamoignon disait, en s'adressant aux mêmes notables : « Vous avez en conséquence abjuré toute distinction, lorsqu'il serait question de contribuer aux charges publiques [4]. » L'idée d'une nouvelle et plus juste ré-

---

[1] Voir sur cette question le mémoire dont le tiers-état confia la rédaction à l'avocat Gohier, par procuration du 23 janvier 1787. La plupart des griefs du tiers-état sont exposés dans cet écrit.

[2] Première assemblée des notables. — Séance du 22 février 1787. *Introduction du Moniteur,* p. 54.

[3] *Loc. cit.,* p. 72.

[4] *Loc. cit.,* p. 75.

partition des charges faisait donc son chemin dans toutes les classes de la nation.

On sait comment l'opposition du parlement de Paris, durant l'année 1787, fit échouer plusieurs tentatives de réformes, notamment la proposition d'une subvention territoriale. Ce corps illustre était impuissant pour le bien ; il excitait l'opinion plutôt qu'il ne la dirigeait : mais le souvenir de ses résistances passées lui avait conservé un tel prestige, qu'il gagnait à combattre les réformes les plus utiles autant de popularité qu'en perdait Louis XVI à les proposer. Les enregistrements en séances royales ou par lits de justice étaient regardés comme des actes de duplicité, quand on ne les traitait pas d'actes de despotisme. C'est ainsi qu'au mois de mai 1788, l'établissement d'une *Cour plénière* et des nouvelles institutions judiciaires, dites les *Grands Bailliages*, avait eu pour résultat les scènes les plus regrettables et l'arrestation fameuse du conseiller d'Esprémenil.

L'agitation gagna la province ; tous les parlements de France protestèrent à l'envi contre l'établissement des *Grands Bailliages*.

Particulièrement en Bretagne, l'édit avait soulevé une véritable tempête. Si vif était le sentiment de la nationalité bretonne, que toutes les classes parurent un instant oublier leurs divisions naissantes pour faire cause commune avec le parlement et la noblesse contre le pouvoir royal. Tocqueville prétend même qu'à ce moment les nobles étaient prêts à armer les paysans pour lutter contre ce pouvoir [1]. Néanmoins, l'unanimité de l'enthousiasme fut de courte durée, et les ordres privilégiés de Bretagne ne surent point en profiter pour accroître les garanties de la province; tout au contraire, leur résistance aux vœux du tiers-état allait jeter celui-ci dans les bras de la royauté, et par suite dans ceux de la Révolution.

La récente assemblée de Vizille venait en quelque sorte de promulguer le programme des réformes à demander dans les pays d'États : les trois ordres du Dauphiné ayant été autorisés à reconstituer leurs États provinciaux, avaient, d'un commun accord, admis le principe du doublement du tiers et du vote par tête. Cela se passait le 21 juillet 1788, et le roi devait, peu après, par règlement du 22 octobre 1788, approuver ces résolutions [2]. L'opinion publique était aussi puissamment surexcitée par l'invitation, faite le 15 juillet 1788, par Loménie de Brienne, à tous les Français de donner leur avis sur le mode de convocation des États généraux, dont une ordonnance du 8 août fixait la réunion au 1er mai 1789. Sollicités de parler, les publicistes ne s'étaient pas fait faute de répondre, et tout était mis en question. « Lisez, dit Tocqueville, ce qu'écrivaient, dans les premiers mois de 1788, les adversaires les plus vifs de l'ancien régime, vous serez frappé de leur langage; prenez ensuite les écrits publiés, dans les cinq derniers mois, par les réforma-

---

[1] Œuvres de Tocqueville, t. VIII, *Mélanges*, p. 99.
[2] V. *Introduction du Moniteur*, p. 135. — *Biographie Michaud*, art. Mounier, t. XXX, p. 312.

teurs les plus modérés, vous les trouverez révolutionnaires[1]. »

Le tiers-état breton avait tout de suite et très-chaudement adopté les idées de l'assemblée de Vizille, et d'innombrables brochures, le plus souvent anonymes, journaux clandestins, feuilles volantes, imprimés et distribués dans toutes les parties de la province, développaient ce programme, que, de son côté, la noblesse discutait par les mêmes moyens.

L'attitude de la noblesse, disons-le, était peu propre à calmer les esprits; fermement attachée à ses priviléges, elle n'avait jamais recherché de quelle manière une aristocratie peut les justifier aux yeux du peuple, et elle feignait de voir dans leur conservation le palladium de la nationalité bretonne. On peut admirer l'énergie de son patriotisme, mais non sa clairvoyance, et moins encore son désintéressement, quand on la voit déployer contre la royauté une ardeur égale à l'obstination qu'elle met à repousser les demandes du tiers en faveur des réformes.

Si la noblesse bretonne croyait que le principal intérêt de la province était de ne pas laisser périr ce qui lui restait d'indépendance et de nationalité; si elle pensait qu'il était de son devoir de lutter contre les tendances absorbantes du pouvoir central, on ne comprend pas qu'elle ait pu, de gaieté de cœur, se priver

---

[1] Œuvres de Tocqueville, t. VIII, *Mélanges*, p. 125. — Depuis l'assemblée des notables, la liberté de la presse existait en fait, et Rabaut-Saint-Étienne lui-même le constate dans son *Précis de l'histoire de la Révolution française*, p. 148.

de l'alliance du tiers-état, qui venait de donner des preuves de son attachement aux priviléges de la province, et qu'elle s'en soit séparée surtout au moment où l'influence de cet ordre grandissait de toutes parts. C'était une vaine illusion de s'imaginer que, seule, elle pourrait lutter à la fois contre le tiers-état et contre la royauté; et si, dans une certaine mesure, il pouvait lui sembler possible de maintenir quelques-uns de ses priviléges à l'abri de ceux de la province, elle ne pouvait sérieusement s'arrêter à l'idée que, ceux-ci étant détruits, seule en France elle pourrait conserver les siens dans leur intégrité.

Sans doute, la vieille constitution bretonne se serait trouvée modifiée, si l'on eût fait droit aux prétentions du tiers-état; mais c'est le sort des constitutions de ne se conserver qu'à la condition de se modifier, et celle-ci, telle qu'elle existait alors, en partie démantelée par les divisions, loin d'être une barrière contre le despotisme ministériel, ne pouvait que lui fournir les moyens d'entrer en maître dans la place.

« L'ordre de la noblesse, disait un membre du tiers, quelque nombreux qu'il soit, n'a qu'une demi-force, lorsqu'il n'a pas pour lui le concert des deux ordres, et il concourra à rendre la constitution de la province inexpugnable, lorsqu'il opposera à l'ennemi commun trois corps de troupes également vigoureuses, également capables de résister, et qui ne capituleront jamais qu'avec la sagesse, la raison et la justice [1]. »

[2] *Réponse au mémoire historique sur la constitution de Bretagne*, in-8°, avec cette épigraphe : « *Ex contradictione veritas.* » P. 106.

Ce n'est pas que la noblesse bretonne repoussât, d'une manière absolue et indéfinie, l'idée d'une entente possible sur une plus juste répartition des charges entre les trois ordres. Dans l'un des écrits publiés en sa faveur, à la fin de l'année 1788, on trouve même formellement exprimé l'abandon de ses prétentions à l'immunité : « Cette demande du tiers-état est évidemment juste, — lit-on dans une brochure intitulée : *Le comme pour voir*, N° 1 [1], — et il est indubitable qu'il y sera fait droit; » mais les arguments que la noblesse ne dédaignait pas d'employer pour convaincre de l'utilité de maintenir l'ancienne constitution des États provinciaux, étaient tellement en contradiction avec les idées qui circulaient dans la France entière, que le parti adverse pouvait les considérer comme l'aveu d'une défaite. Ainsi, à la demande d'une représentation du tiers égale en nombre à celle des deux ordres, on répondait que dix bonnes têtes valent mieux que cent. On disait de l'inégalité des conditions que c'était un mal irrémédiable, dont la cause devait être attribuée à la chute de l'homme. La délibération par tête (qui avait produit d'excellents résultats dans plusieurs

---

[1] *Le comme pour voir*, avis au tiers-état, en réponse à l'auteur de la *Sentinelle du peuple* et autres ouvrages qu'il a faits en ce genre. (Sans lieu ni nom, 1788. In-8°, 2 N°ˢ, l'un de 22, l'autre de 12 p.) — La *Sentinelle du peuple*, dont il y eut beaucoup de numéros, avait Volney pour un de ses principaux rédacteurs. — Une répartition plus égale des charges était aussi admise en principe dans la brochure intitulée : *Les mânes de Poullain-Duparc au tiers-état de Bretagne* : in-8° de 18 p., de l'imprimerie de la coutume de Bretagne, 1788.

assemblées provinciales), serait une délibération sans tête et qui aboutirait au désordre le plus affreux. La présidence des États, alternativement conférée à un membre de chacun des ordres, pouvait avoir ce résultat de faire présider un duc ou un cardinal par un cordonnier. L'exclusion des officiers publics dépendant des seigneuries, laquelle était demandée par le tiers, devrait amener à exclure aussi les médecins et les avocats, puisque ceux-ci dépendent de leurs clientèles. On peut juger par cette brochure, qui faisait cependant la rare concession de l'égale répartition des charges, de l'esprit étroitement conservateur de quelques gentilshommes. C'est ainsi que les divers ordres en Bretagne préludaient aux discussions qui allaient s'engager, à la prochaine tenue des États, qui devait avoir lieu à la fin de 1788 [1].

Je n'ai point vu que la bourgeoisie de Machecoul ait pris une part directe à toutes ces controverses; mais le Mémoire qu'elle adressa au roi [2], en réponse à l'invitation faite par Loménie de Brienne à tout Français de donner son avis sur le mode de convocation des États généraux, ne permet pas de douter de la ferveur de son adhésion à toutes les réformes. Ce Mémoire montre clairement que les regards de la bourgeoisie de Machecoul étaient tournés vers Paris, plutôt que du côté des États de Bretagne, et qu'elle attendait surtout de la royauté le redressement de ses griefs. La réclama-

[1] Supplique que présente au roi le tiers-état de la ville de Machecoul, conforme à la délibération du 11 décembre 1788. 20 p. in-8°, sans nom d'imprimeur.

tion du droit de députer aux États de Bretagne y a beaucoup plus le caractère d'une plainte que celui d'une demande, et la participation prochaine aux États généraux apparaît comme le moyen de réaliser tous les vœux.

Il serait inutile de reproduire en entier cette supplique, où sont énumérés la plupart des griefs qui seront plus tard consignés dans les cahiers; mais quelques points méritent d'être signalés.

La suprématie honorifique de la noblesse n'est nullement contestée : « Il est une subordination nécessaire, il est des rangs dans la société. Que les nobles jouissent, nous y consentons, de celui qui leur est assigné; mais, Sire, vous l'avez dit, l'État est une grande famille : n'est-il pas de l'équité que chacun de ceux qui la composent contribue, suivant ses facultés, aux charges communes, puisqu'il participe aux mêmes avantages ? »

Tout en proclamant la légitimité de la noblesse conférée par le roi pour services rendus, les plaintes les plus vives sont formulées contre les anoblissements par les charges achetées à prix d'argent. « Un anoblissement! le dirons-nous, Sire ? voilà la grande plaie du tiers-état. Qu'un particulier, qui se sera signalé par des services importants, soit tiré par Votre Majesté de la classe ordinaire des citoyens, toute la France applaudit et lui ceint l'épée dont l'orne votre justice. Mais que des emplois souvent inutiles, mais que des charges achetées à prix d'argent, assimilent tout à coup ceux qui en sont pourvus aux familles les plus distinguées du royaume, et que cette distinction devienne héréditaire, c'est là, Sire, ce qui fait que, bientôt, nous ne reconnaîtrons plus la postérité de cette antique noblesse, qui vendait sa terre pour suivre vos glorieux ancêtres en Egypte et en Palestine, etc... Les anoblis qui partagent ces priviléges, sans avoir rendu le même service, ont doublé, et, sous peu, tripleront la classe où ils sont entrés. La charge en retombe sur le tiers [1]. »

Citons encore cet autre passage, qui donne tout lieu de supposer que la fameuse brochure de Siéyès sur le tiers-état [2] ne put rien apprendre à ces habitants d'une petite ville : « Sire, des trois ordres qui composent la nation, le troisième est bien digne d'arrêter vos regards. *C'est en lui que réside essentiellement l'État;* c'est lui qui en est la force, lui qui le nourrit et le vivifie par ses travaux, qui l'enrichit par le commerce... En un mot, rien d'utile, rien de pénible ou d'onéreux qu'il n'embrasse. Par quel malheur faut-il que, dévoué constamment au bien de la chose publique, il ne reçoive en échange que l'avilissement et le mépris! »

En considération de l'agitation qui régnait dans la province, l'ouverture des États de Bretagne, d'abord

---

[1] D'après M. Raudot, il y avait en France, avant la Révolution, plus de quatre mille places qui conféraient la noblesse: *La France avant la Révolution,* p. 101.

[2] La brochure de Siéyès dut paraître à la fin de janvier ou au commencement de février 1789. Elle est signalée comme une nouveauté dans le *Journal politique de Bruxelles,* du 14 février 1789, p. 79.

fixée au 27 octobre 1788, avait été reculée jusqu'au 29 décembre. Ce retard n'avait eu pour effet que de donner au tiers-état le temps de réunir un plus grand nombre d'adhésions des villes et communautés de la province aux demandes qu'il se proposait de faire aux deux autres ordres.

Les réformes désirées par le tiers n'avaient d'abord rien d'excessif, si l'on se reporte aux principes qui avaient été accueillis par les assemblées des notables. Le cahier des charges de l'assemblée générale de Rennes, du 20 octobre 1788, les réduisait aux points suivants[1] : 1º Répartition sur tous les ordres des fouages extraordinaires ; 2º adoucissement de l'impôt de casernement ; 3º admission dans l'ordre du clergé des ecclésiastiques du second ordre ; 4º participation plus large du tiers aux travaux des commissions chargées de répartir les impôts ; 5º suppression de la corvée en nature, qui n'était devenue à la charge exclusive des cultivateurs les plus pauvres qu'à partir de 1730[2].

Le cahier des charges délibéré à l'hôtel-de-ville de Nantes, le 6 novembre 1788, donnait bien aux dé-

---

[1] Voy. Œuvres de Lanjuinais, t. 1, p. 107.
[2] *Mémoire de Gohier*, déjà cité, p. 103. — Un édit de février 1776, rendu sous l'influence de Turgot, avait supprimé les corvées en France (*Introduction du Moniteur*, pp. 40 et 63), mais il n'avait point été exécuté. On peut voir, sur le caractère onéreux des corvées, le *compte rendu* de Necker, de janvier 1781 (*Introd. du Monit.*, p. 52). La corvée avait été définitivement abolie dans tout le royaume, excepté en Bretagne, par un édit du 27 juin 1787. *Ibid.*, p. 78.

putés de cette ville le mandat de faire les mêmes demandes ; mais, en outre, on s'y prononçait d'une manière formelle en faveur du doublement du tiers et du vote par tête aux États de la province [1]. Beaucoup d'autres villes avaient donné un semblable mandat à leurs députés ; et quand, à la veille des États, dans des séances tenues du 22 au 27 décembre 1788, les députés des communes et corporations de Bretagne, réunis à l'hôtel-de-ville de Rennes, formulèrent dans une seule adresse l'ensemble de leurs vœux, il devint évident que le tiers avait accru ses exigences, et qu'il ne pourrait être satisfait que par l'égalité la plus complète des charges pécuniaires, jointe à un système de représentation aux États, capable d'assurer le maintien de cette égalité [2]. De leur côté, les avocats au Parlement, au nombre de cent-deux, avaient, le 22 décembre, pris une délibération où on lit, relativement aux impôts : « que le principe attesté devant les notables n'a point été rétracté, et qu'il n'est pas à craindre qu'il le soit par les États généraux [3]. »

[1] Arrêté des officiers municipaux de la ville de Nantes, en date du 4 novembre 1788. Brochure de 22 p. in-8°. Nantes, Malassis.

[2] C'est à ces deux points principaux que l'on peut ramener les délibérations, prises par les députés des corporations et communautés de Bretagne, du 22 au 27 décembre 1788. In-8°, broch. de 24 p., sans nom d'imprimeur.

[3] *Mémoire des avocats du parlement de Bretagne sur les moyens d'entretenir l'union entre les différents ordres*, p. 11. In-8° de 45 p. Rennes, V° Vatar. — Voir aussi, dans le *Héraut de la nation*, n° 2, p. 27, la conclusion du mémoire envoyé aux villes de Bretagne par le tiers-état breton député à Versailles, daté de Paris, 17 décembre 1788.

L'ouverture des États de Bretagne, le 29 décembre, fournit bientôt l'occasion de convertir en actes ces résolutions. Lorsque le don gratuit, et quelques autres subsides pour un court délai, eurent été votés, le tiers, n'ayant pu obtenir que la discussion s'engageât sur ses demandes, se crut assez fort de sa situation pour refuser son indispensable concours à toutes les autres délibérations. Personne n'avait fléchi de part et d'autre, lorsque parvint à Rennes l'arrêt du conseil du roi, du 3 janvier 1789, qui suspendait les États jusqu'au 3 février, afin de donner le temps aux députés de prendre de nouveaux pouvoirs [1].

Cet arrêt du conseil, loin d'être de nature à calmer les inquiétudes de la noblesse bretonne sur le maintien des franchises de la province, ne pouvait que rendre plus vives les espérances que donnait au tiers-état la prochaine convocation des États généraux. On y lisait : « Les trois ordres ne consentiront (les impôts) que pour une année, Sa Majesté étant convaincue que, pendant la tenue des États généraux, et au milieu des députés de la France assemblée, elle pourra concerter avec les nouveaux représentants de la province les moyens les plus propres à assurer pour toujours le bonheur et la tranquillité de la province [2]. » Or, à ce moment, le roi venait de statuer sur le nombre des députés du tiers aux États généraux, et

---

[1] Voy. l'*Extrait raisonné des séances des États de Bretagne* (27 décembre 1788). Petit in-4° de 32 p. Rennes, Vatar; publié par les ordres privilégiés.
[2] *Introduction du Moniteur*, p. 212.

l'avait fixé au double de celui des deux premiers ordres [1].

Les nobles ne tinrent aucun compte de cet avertissement et ils renouvelèrent « par acclamation le serment de demeurer inséparablement liés et unis pour la défense de la constitution, et de la conserver, sans céder à des ordres évidemment surpris, en bons et loyaux sujets et serviteurs du roi ; déclarant, sur la foi invariable de leur serment, qu'ils n'entreront jamais dans aucune administration publique, autre que celle des États, formée et réglée selon la constitution actuelle, et les règlements de cette assemblée, et qu'ils n'y coopéreront jamais par leur présence, ni d'aucune autre manière quelconque [2]. »

Ce serment avait en quelque sorte creusé un abîme entre la noblesse et le tiers-état ; on pouvait prévoir dès ce moment le refus des ordres privilégiés de députer aux États généraux. La guerre des brochures devint encore plus active ; pour mieux faire toucher du doigt la manière inégale dont les charges étaient réparties entre les divers citoyens, même pour les impôts auxquels la noblesse contribuait, on publia les rôles de sa capitation dans la ville de Rennes, en regard de ceux de la bourgeoisie, avec des détails sur le train de maison des gentilshommes et la profession des membres du tiers. Un petit journal, intitulé *le*

---

[1] Arrêt du conseil du 27 décembre 1788. *Introduction du Moniteur*, p. 188.

[2] Serment du 8 janvier 1789. Voy. *Extrait raisonné des séances des États de Bretagne*, pp. 24 et 28.

Caporal, fut l'un de ceux qui portèrent avec le plus d'ardeur la discussion sur le terrain de l'égalité sociale. Il ne pouvait manquer d'exciter au plus haut point les passions, en rappelant que le privilége de la naissance avait procuré à quelques gentilshommes l'impunité de leurs méfaits. J'ai noté, en les lisant, qu'un des numéros de ce journal était daté du 26 janvier 1789, et qu'il put n'être point étranger par conséquent aux scènes regrettables des 26 et 27 janvier, dans lesquelles on vit, à Rennes, les partis en venir aux mains [1].

Une nouvelle réunion des États de Bretagne était devenue presque impossible; il n'était pas plus facile de décider tous les habitants de cette province à se mettre d'accord pour adopter un mode de députation aux États généraux. A une situation particulière, il fallait un règlement spécial; et le règlement du 24 janvier 1789, sur les élections de toute la France, pouvant présenter quelques difficultés d'application, le roi trancha la question par une lettre du 16 mars 1789, spéciale à la Bretagne et toute favorable aux prétentions du tiers et du clergé de l'ordre inférieur.

« Le roi, est-il dit dans cette lettre, a pensé que la

---

[1] Le tiers fit publier une relation des événements des 26 et 27 janvier 1789, qui se trouve reproduite dans l'*Introduction du Moniteur*, p. 203. Mais un arrêt du conseil, en date du 14 février, ordonna la suppression de cet écrit comme mensonger (*Ibid.*, p. 212). Le roi avait aussi rendu une ordonnance intimant au parlement de Rennes, qui s'était saisi de l'affaire, de s'en dessaisir, et en avait renvoyé la connaissance au parlement de Bordeaux.

Bretagne devait prendre part aux États généraux. On ne peut, en présence des divisions, rassembler les États de Bretagne, et si on les rassemblait, le tiers-état de cette province aurait à se plaindre que ce droit fût exercé d'une façon aussi limitée qu'il l'était pour les États de Bretagne. » Il avait, par conséquent, décidé que le règlement du 24 janvier, d'après lequel chacun des trois ordres devait faire ses cahiers et nommer ses députés dans chaque circonscription, serait appliqué seulement aux élections du tiers-état et à celles du clergé de l'ordre inférieur. Quant aux deux autres ordres, savoir la noblesse et le clergé de l'ordre supérieur, ils étaient convoqués à une seule et même assemblée, fixée au 16 avril, dans la ville de Saint-Brieuc.

« Sa Majesté s'est déterminée à convoquer aussi toute la noblesse de Bretagne, afin qu'éclairée par la réflexion, elle puisse renoncer à l'engagement qu'elle s'est imposé à elle-même, relativement aux États généraux, engagement qu'elle n'aurait jamais dû prendre... Sa Majesté veut bien inviter tous les gentilshommes à faire quelques concessions. Il faut que tous les ordres concourent à ses intentions bienfaisantes [1]. » Les mêmes conseils étaient adressés aux membres du haut clergé.

---

[1] Lettre du roi sur la convocation des États généraux, avec le règlement y annexé pour la Bretagne: imprimé à Nantes; in-8°, Malassis. La lettre seule se trouve dans l'*Introduction du Moniteur*, p. 215.

II

LES ÉLECTIONS ET LES CAHIERS DE 1789

Élections du clergé dans le diocèse de Nantes. — L'ancien régime et les ordres religieux. — L'assemblée électorale du clergé. — Le cahier de ses vœux et doléances. — Élections du tiers-état. — Assemblée générale des paroisses. — Cahiers primaires des paroisses. — Vœux et doléances des paysans. — Cahier général des trois ordres des Marches communes de Bretagne et de Poitou. — Mouvement des esprits. — Concession des classes privilégiées. — Tentatives de rapprochement des classes. — Abandon des privilèges de la province dans l'assemblée des paroisses.

Aux termes de la lettre royale du 16 mars 1789, combinée avec le règlement général du 24 janvier, les élections du clergé inférieur doivent se faire par diocèses, et celles du tiers-état par circonscriptions composées d'une ou plusieurs sénéchaussées. En conséquence, et pour ne prendre dans ce règlement que ce qui se rapporte à nos contrées, le clergé nantais, réuni en assemblée diocésaine, compose le corps électoral du premier degré, lequel nommera les électeurs chargés de choisir les députés du clergé aux États généraux. De son côté, le tiers-état des deux sénéchaussées de Nantes et de Guérande réunies concourt, au moyen de diverses opérations dont je donnerai plus loin le détail, à une élection commune de députés, qui représenteront ces deux sénéchaussées. Le diocèse d'alors et les deux sénéchaussées de Nantes et de Guérande comprennent, à peu de chose près, le territoire du département de la Loire-Inférieure.

Pour chacun des deux ordres, les opérations électorales commencèrent dans les premiers jours d'avril 1789.

Les curés du diocèse de Nantes étaient fort attachés à leurs devoirs, et ils en ont donné des preuves éclatantes ; cela ne les empêchait pas de regarder comme désirables certaines réformes compatibles avec le respect de la discipline ecclésiastique. Leur soumission ne leur fermait pas les yeux sur les choquantes inégalités qui existaient dans l'attribution des revenus aux divers degrés et aux divers membres de la hiérarchie religieuse. Les hautes fonctions, et leurs avantages pécuniaires, étaient le patrimoine à peu près exclusif d'une seule classe, et les bénéfices, donnés à la faveur autant qu'au mérite, servaient à récompenser des talents souvent fort inutiles au bien et à la gloire de la religion. Au bas de l'échelle, se trouvaient les curés à portion congrue, maigrement rétribués et voués à toutes les fatigues de l'apostolat [1]. Dans la

---

[1] Par un édit de 1686, Louis XIV avait fixé la portion congrue à 300 livres ; elle fut élevée à 500 livres par l'édit de 1768. *Mémoires pour servir à l'histoire ecclésiastique pendant le* XVIIIe *siècle*, par Picot, t. IV, 3e édit., p. 169. — Une déclaration de

situation des curés eux-mêmes, il existait de grandes disproportions; ainsi, dans le pays de Retz, la cure de Saint-Mars-de-Coutais rapportait environ 6,000 livres, tandis que celle de la Marne « avait des revenus si modiques, qu'on ne pouvait les porter à leur prix[1]. »

Quant au clergé régulier, il était déjà entré dans une période de transition. Les dernières années de l'ancien régime avaient été funestes aux instituts monastiques. Au lieu de s'attacher à détruire les abus, on avait supprimé un nombre considérable de couvents, et comme cela s'était fait en vertu de principes exclusifs de toute idée d'une réforme véritable, les liens de la discipline avaient été relâchés. C'était un précédent dangereux que les biens des Jésuites eussent été confisqués, en 1763[2], et la *Commission* dite *des Réguliers*, présidée et instituée par l'archevêque de

---

Louis XVI, du 16 fév. 1789, enregistrée au parlement de Bretagne le 20 mars, l'avait portée à 700 l. pour les curés et à 350 pour les vicaires. (Imprimé in-4°, Biblioth. de Nantes.) Cette mesure avait été demandée lors de l'assemblée du clergé de 1786. (Picot, t. v, p. 214.)

[1] État des revenus du clergé, fourni par les municipalités en 1790. *(Arch. de la préfect.)*

[2] Voy. sur la confiscation des biens des Jésuites, dont une portion considérable consistait, il est vrai, en colléges qu'ils avaient reçus de l'État, Crétineau-Joly, *Hist. de la Comp. de Jésus*, t. v, 2° édit., p. 218. — Il est assez curieux de rappeler que l'Assemblée constituante devait, dans une certaine mesure, réparer l'injustice faite aux Jésuites, en les comprenant au nombre des religieux pensionnés par la nation. *Journ. des Débats et des Décrets*, 19 fév. 1790, n° 180, p. 7. V. aussi l'*Église et la Révolution*, par M. de Pressensé, p. 91.

Toulouse, Loménie de Brienne, en disposant, souvent d'une manière arbitraire, des propriétés ecclésiastiques, en provoquant l'édit de 1768, qui réduisait le nombre des couvents de chaque ordre et affaiblissait l'autorité des supérieurs [1], avait rendu à la fois plus nécessaire et plus difficile la réforme des communautés religieuses. Dans un remarquable rapport sur les actes de cette *Commission des Réguliers*, l'archevêque d'Arles disait à l'assemblée du clergé de 1780 : « On répand l'opprobre sur une profession sainte ; l'insubordination exerce au-dedans ses ravages ; la cognée est à la racine de l'institution monastique et va renverser cet arbre antique, déjà frappé de stérilité dans plusieurs de ses branches [2]. » Ces diverses mesures faisaient ainsi passer insensiblement du domaine de la théorie dans celui de la pratique le droit de l'État de disposer du temporel des religieux ; la nécessité était pressante pour le clergé d'entreprendre lui-même résolûment sa propre réforme, car il était aisé d'apercevoir que les tendances du moment n'étaient point de réagir contre les principes de la commission des Réguliers.

L'assemblée diocésaine du clergé à Nantes se réunit le 2 avril 1789, au couvent des Jacobins, pour procéder aux premières opérations électorales. Elle était

---

[1] V. sur cette question les *Mémoires de Picot*, t. IV, p. 214 et s. et p. 369. — Dans les *Mémoires pour servir à l'histoire du Jacobinisme*, t. I, p. 130, édit. de Hambourg, l'abbé Barruel attribue à Loménie la destruction de quinze cents couvents. — Rohrbacher, *Hist. de l'Église*, 1ʳᵉ édit., t. XXVII, p. 345.

[2] *Mém. de Picot*, t. V, p. 137.

composée d'environ deux cent cinquante membres, curés, religieux, bénéficiers séculiers ou réguliers, représentants de communautés[1]. Le clergé de Machecoul y était ainsi représenté : M. Hervé de la Bauche, curé-doyen de la Trinité de Machecoul ; M. Gestin, curé de Montbert ; M. Juguet, curé de la Marne ; M. Milliers, curé de Saint-Mars-de-Coutais ; M. Merlin, curé du Port-Saint-Père ; M. Massonnet, curé de Saint-Mesme ; M. Villers, curé de Saint-Philbert-de-Grand-Lieu ; M. Simon, curé de Geneston, prieur de l'abbaye ; M. Chevalier, curé de Saint-Lumine-de-Coutais ; M. Gohéau des Revelières, curé de la Benate ; M. Houssays, curé de la Limousinière ; M. Genevois, curé de la Chevrolière.

M. Marchesse, curé de Saint-Cyr, avait donné sa procuration au recteur de Saint-Hilaire-de-Chaléons ; M. Blanchard, recteur de Sainte-Croix de Machecoul, à M. Baudet, son vicaire ; M. Guilbaud, recteur de Paulx, au curé de Vieillevigne ; M. Brossaud, curé de Saint-Jean-de-Corcoué, à M. le recteur de la Limousinière.

---

[1] Le règlement du 16 mars, art. 12, statuait ainsi, relativement au clergé qui ne faisait pas partie des États de Bretagne: « Quant aux collégiales, communautés rentées, séculières et régulières, des deux sexes, prieurs, bénéficiers et recteurs, curés des villes et des campagnes, il leur sera adressé des lettres pour venir à l'assemblée, etc., etc. » Les prieurs, bénéficiers, viendront en personne ; les collégiales et communautés éliront un représentant, et les curés qui, dans leur absence, ne pourront assurer la célébration du service divin, donneront à d'autres leurs procurations.

Les Génovéfains de Geneston étaient représentés par leur prieur, M. Simon; les Bernardins de Villeneuve, par M. Vannen; les religieuses du Calvaire de Machecoul, par M. Hervé de la Bauche; celles du Val de Morière, par M. Gohéau, recteur de la Benate.

Cette assemblée avait une double mission à remplir: 1° rédiger le cahier des charges, remontrances et doléances; 2° choisir quarante électeurs, auxquels il appartiendrait de nommer, dans une réunion postérieure fixée au 20 avril, les députés aux États généraux.

Après s'être constituée, l'assemblée exprima ses regrets de n'avoir point au milieu d'elle son évêque, M. de la Laurencie, pour la présider; puis elle commença ses travaux.

Dix-neuf commissaires, parmi lesquels se trouvaient les curés de la Chevrolière et de Saint-Lumine-de-Coutais, furent élus pour rédiger le cahier, et, par suite d'une convention, les quarante électeurs furent choisis dans les diverses catégories, de la manière suivante: vingt-quatre parmi les recteurs-curés; dix dans la classe des bénéficiers; six dans celle des représentants des communautés [1].

Dans le cahier des charges du clergé nantais, on chercherait vainement des traces d'opposition aux

---

[1] Ces renseignements et ceux qui suivent sont extraits d'une brochure in-8° de 36 pp., intitulée: *Procès-verbal des séances de l'assemblée diocésaine de Nantes, convoquée par le roi, le 2 avril.*

principales réformes dont le tiers-état proclamait en ce moment la nécessité dans ses propres cahiers.

Le clergé du diocèse de Nantes demandait la garantie de la liberté individuelle (art. 4); l'établissement d'écoles dans les campagnes et de pédagogies dans les bourgs et petites villes, pour préparer à l'enseignement des colléges (art. 7); la répartition des impôts sur les trois ordres, « à raison des facultés respectives de chaque citoyen » (art 10); la contribution des trois ordres aux charges, telles que les corvées, milices, casernement, etc. (art. 11); l'accès de tous les citoyens à tous les emplois civils et militaires (art. 12); le règlement invariable des droits respectifs des seigneurs et des vassaux sur les communes (art. 14); la cessation de la pluralité des bénéfices et de leur attribution aux laïques (art. 20); le retour aux curés des dîmes perçues par les bénéficiers, contrairement à leur destination première, et la suppression des portions congrues (art. 22). Tous ces vœux se réduisaient, en définitive, à une plus juste répartition des biens du clergé, à l'abandon du privilége de l'immunité d'impôt, et à la cessation des abus de la commende et autres pratiques ayant pour résultat de détourner les biens ecclésiastiques de leurs fins légitimes.

Les députés nommés furent MM. Chevalier, curé de Saint-Lumine-de-Coutais ; Moyon, curé de Saint-André-des-Eaux, et Maisonneuve, curé de Saint-Étienne-de-Mont-Luc; et leurs suppléants, MM. Latyl, oratorien; Binot, supérieur du collége d'Ancenis, et Méchin, curé de Brains.

Pour l'élection des représentants du tiers-état, le règlement spécial à la Bretagne prescrivait une marche assez compliquée; il y avait plusieurs degrés de suffrages, mais, en définitive, il appartenait à quarante-quatre électeurs, dont quarante pour la sénéchaussée de Nantes, et quatre pour celle beaucoup moins étendue de Guérande, d'élire ensemble huit députés du tiers-état, qui porteraient aux États généraux le cahier définitif contenant le résumé de tous les vœux de la circonscription électorale.

Voici comment, dans la sénéchaussée de Nantes, on arriva à désigner ces quarante électeurs.

D'abord, chaque paroisse de la sénéchaussée eut son assemblée, à laquelle furent convoqués tous les habitants, âgés de vingt-cinq ans, domiciliés et compris au rôle des impositions [1]; cette assemblée de paroisse rédigea son cahier, où furent consignés librement toutes les plaintes, doléances et vœux des électeurs; puis elle nomma deux députés à raison de deux cents feux et au-dessous; (trois, au-dessus de deux cents feux, et ainsi de suite), lesquels députés apportèrent à Nantes ledit cahier de leur paroisse et formèrent, avec les députés des autres paroisses, une assemblée nombreuse, qui s'occupa de coordonner, sous quelques chefs de demande principaux, les vœux semblables contenus dans les divers cahiers [2].

A cette assemblée des députés des paroisses rurales

---

[1] Règlement général du 24 janvier 1789, art. 24.
[2] Règlement du 24 janvier 1789, art. 31.

et des petites villes [1], s'étaient joints les députés de la commune de Nantes, qui, eux, à cause de l'importance de la cité et de la diversité des intérêts, n'avaient pas été nommés directement par les habitants, à raison de deux par deux cents feux; ils avaient été désignés par les différentes corporations de la ville, et le cahier rédigé par eux était venu s'ajouter à tous les autres cahiers des paroisses et au même titre, pour être dépouillé comme eux et concourir à la formation du cahier général de la sénéchaussée de Nantes.

[1] Voici les noms des députés de la plupart des paroisses du pays de Machecoul, qui assistèrent à l'assemblée du 7 avril 1789 : *La Trinité de Machecoul* : MM. Fr. Robin; Alex. Lemaignen; J.-M. Praud de la Nicollière; Étienne Gaschignard. — *Sainte-Croix de Machecoul* : J. Péraud; Jean Salaun; Aug. Menquet; Pierre Grelier du Monie. — (Une portion de cette paroisse dépendait des Marches communes.) — *La Benate* : Gohéau; Pierre Babinot. — *Bourgneuf* et *Saint-Cyr* : P. Mourain; J.-B. Burgaud; Desbouchaud; F.-Y. Raingeard; L. Gouy; Fr. Charruau. — *La Chevrolière* : Jacques Lebreton; Pierre Albert; Jean Templier. — *Saint-Étienne-de-Mer-Morte* : Fr. Vincent; Jean Joyeau. — *Saint-Hilaire-de-Chaléons* : Ch.-Gabriel Joyeau; Jean Bruneteau; J.-Joseph Guitenny. — *Saint-Jean-de-Corcoué* : Ch. Guineau des Chambaudières; Jacques Caffin. — *La Limousinière* : L. Chauvin; F. Poidras. — *Saint-Lumine-de-Coutais* : Louis Guesdon du Rortais; P. Amaillant; Julien Clavier. — *La Marne* : Jean Monier; Étienne Séjourné. — *Saint-Mars-de-Coutais* : Simon Morvant; Julien Jousse; Fr. Bretagne. — *Saint-Mesme* : Gouin du Planty; Guillaume Gigault. — *Montbert-Geneston* : Ch. Lempereur; Aug. Vinet; Jacques Bresson; Jacques Saumouillé. — *Sainte-Pazanne* : Orhant de la Souchais; Jean Desfontaines; Jean Hubin; Fr. Letourneux. — *Saint-Philbert-de-Grand-Lieu* : Ant. Raimbaud, docteur-médecin; Fr. Riobé; Jacques Bonet; Jacques Prou; Martin Lévesque; Pierre Maublanc. — *Port-Saint-Père* : Louis Vilaine; Alexis Normand; Antoine Deniau; Fr. Orieux. — *Touvois* : Dominique Pinson; J.-B. Gautier.

L'assemblée des députés des paroisses, réunis à ceux de la commune de Nantes, eut lieu à Nantes, le 7 avril 1789, et le cahier général fut arrêté le 12 du même mois; à ce moment, furent nommés les quarante électeurs.

Par suite d'opérations semblables, les députés des paroisses de la sénéchaussée de Guérande avaient nommé quatre électeurs, qui arrêtèrent, avec les quarante de Nantes, le cahier définitif du comté nantais, et nommèrent les huit députés attribués à la circonscription électorale [1].

Les cahiers généraux ont été souvent cités ou reproduits; aussi, n'est-ce point vers celui de la circonscription totale que je me sens attiré. Si impartial qu'ait pu être le dépouillement de tous les cahiers de paroisses, il est permis de supposer que le cahier définitif se ressent d'avoir été rédigé à Nantes, et les dispositions des habitants des villes, à ce moment, sont assez connues pour qu'il soit inutile de prouver, une fois de plus, qu'elles étaient toutes favorables aux idées nouvelles. Ceux des cahiers de paroisses que j'ai pu retrouver sont beaucoup plus intéressants, et ils sont entièrement inédits [2].

[1] Je n'ai point retrouvé les procès-verbaux d'élection, mais il est facile de suivre, sur les divers cahiers qui ont été conservés au greffe du Tribunal civil, la marche des opérations. Les députés nommés furent : Baco de la Chapelle; Giraud Duplessis; Chaillon; Jarry; Cottin; Blin; Guinebaud et Pellerin. — *Suppléants*: Maupassant; Varsavaux de Henlée; Videment; Pussin; Milon et Lallement.

[2] Les cahiers primaires des paroisses dépendant des *Marches communes* ne me sont point tombés sous la main. Quant à ceux

Leur publication intégrale serait trop volumineuse, et exposerait à des répétitions ; je vais essayer de mettre en lumière les points principaux, qui sont traités avec une assez grande diversité pour qu'il soit impossible, le plus souvent, d'y apercevoir l'influence d'un formulaire. Sauf dans les cahiers de la ville de Machecoul, évidemment rédigés par des hommes de loi, on ne trouve que rarement des vœux ayant un caractère général et concernant l'ensemble du royaume. Je ne dis rien de leur style et de leur orthographe, sinon que la plupart d'entre eux justifient pleinement cette qualification de cahiers *rustiques*, que certains auteurs leur ont donnée. Si l'on ajoute qu'ils furent écrits dans les mêmes jours, dans des lieux différents, il n'est pas téméraire de les considérer comme contenant l'expression toute spontanée des vœux des petits propriétaires et paysans qui les ont rédigés.

L'égalité d'impôts entre les trois ordres est posée en principe par les paroisses suivantes :

La Benate, Bourgneuf-Saint-Cyr, Sainte-Croix de Machecoul, Fresnay, Saint-Jean-de-Corcoué (qui se réfère au cahier imprimé de la commune du Bignon), Saint-Hilaire-de-Chaléons, La Marne, Montbert, Port-Saint-Père, Sainte-Pazanne, Saint-Philbert-de-Grand-Lieu, Touvois, la Trinité de Machecoul.

En fait, l'égalité des charges est demandée unanimement ; car toutes les paroisses réclament l'abolition

des paroisses du pays de Machecoul, dépendant de la Bretagne, je les ai à peu près tous compulsés, excepté ceux de Saint-Mars-de-Coutais, de Saint-Mesme et de Geneston.

du droit de franc-fief[1] et le paiement par la noblesse et le clergé des fouages, de la capitation[2] et des vingtièmes[3]. La noblesse était, il est vrai, soumise à ces deux derniers impôts, mais dans une proportion moindre que le tiers-état. On se plaint, relativement aux vingtièmes, que le noble ne soit taxé que sur les revenus des biens situés au lieu qu'il habite, et qu'on ne tienne aucun compte du revenu de ses autres biens situés ailleurs.

Les réclamations ne sont pas moins unanimes en ce qui concerne les milices[4], la corvée, les banalités et l'arbitraire dans la perception des droits de contrôle et des lods et ventes[5].

« De toutes les charges qui pèsent sur le cultivateur, il n'en est point de plus désastreuses que la milice et les grands chemins. La profession des armes, qui est

---

[1] C'était un droit de mutation perçu lors de la transmission par vente ou succession d'une terre noble à un roturier. — Voir sur le franc-fief Tocqueville, *l'Ancien régime et la Révolution*, p. 180, et sur les impôts d'avant 89 en général M. Calmon, *Correspondant*, octobre 1865, p. 456-504.

[2] Les fouages remplaçaient la taille, qui n'existait pas en Bretagne; la capitation était l'impôt personnel.

[3] Impôt sur le revenu.

[4] D'après le contrat national, renouvelé à chaque tenue d'États, la Bretagne devait être exempte de toute levée de gens de guerre, quartiers d'hiver, garnison et logement. Les États réclamaient sans cesse, mais la charge n'en pesait pas moins sur le tiers. (V. *Mém.* de Gohier, p. 125.)

[5] Les lods et ventes étaient un impôt sur les échanges de terres, établi en 1699, et sur le produit duquel les seigneurs avaient fait une avance, moyennant que ce droit fût annexé à leurs fiefs et seigneuries.

si peu analogue à sa condition, est devenue pour lui une nécessité, et le *tirement* du sort un de ces fléaux les plus affligeants qu'un homme libre puisse éprouver [1]. »

La paroisse de la Chevrolière agrée la milice, mais à la condition que les nobles ne pourront point exempter leurs serviteurs. Cette exemption arbitraire est l'objet de plaintes très-vives de la plupart des autres paroisses.

« La crainte du tirage au sort donne continuellement lieu à des émigrations, dans la classe des laboureurs, qui n'abandonneraient jamais leurs charrues, s'ils n'étaient sans cesse agités de cette idée de tirer au sort [2]. »

La charge de fournir les canonniers auxiliaires de la marine, imposée aux paroisses du littoral, est une aggravation très-forte de la milice [3]. Un mémoire, joint aux cahiers de ces paroisses, entre à ce sujet dans de grands détails. Il y est dit que les gages des garçons de ferme se sont élevés de 75 à 150 livres, par suite du défaut de bras.

Le cahier de la Limousinière s'exprime ainsi, relativement aux corvées : « Les chemins sont à la charge exclusive du cultivateur, tandis que ceux qui possèdent les plus grandes terres, les négociants et autres commerçants, sont à peu près les seuls qui en tirent les

---

[1] Cahier de Saint-Lumine-de-Coutais.
[2] Cahier de la Limousinière.
[3] La Marne.

plus grands avantages..... et ils n'y participent en aucune manière. »

Même observation dans le cahier de la Marne.

L'abolition du droit de chasse de la noblesse n'est pas unanimement demandé; mais cette demande se trouve dans la moitié des cahiers environ. Il en est de même des plaintes contre l'exercice du droit de *terrage,* sorte de champart qui interdisait au cultivateur d'enlever sa récolte à sa volonté, le propriétaire de ce droit percevant sa part en nature [1].

Les vœux concernant le clergé méritent d'être mis en lumière; on demande :

Que les recteurs n'exigent plus le casuel pour les fonctions nécessaires de leur ministère, ainsi qu'ils l'ont réclamé eux-mêmes;

Qu'ils soient appelés aux états des paroisses [2];

Que le traitement des recteurs soit amélioré et porté jusqu'à 2,400 livres au moins [3].

A la Chevrolière, on se plaint de ce que la cure n'est pas suffisamment dotée pour avoir un vicaire. Le fond qui lui est destiné n'est que de 150 livres, et on interdit aux vicaires de quêter. Il y a pourtant sept cents communiants dans la paroisse. Le revenu de la cure consiste, pour les trois quarts, dans un boisseau de blé offert par chaque feu, de telle sorte que les pauvres

---

[1] Ce droit, en ce qui concerne les vendanges, s'est maintenu jusqu'à nos jours. Appliqué aux autres récoltes, il devait être particulier au pays de Retz, car il forme un article spécial à ce pays dans le cahier général de la sénéchaussée de Nantes.

[2] La Benate. — La Marne.

[3] Bourgneuf-Saint-Cyr; Port-Saint-Père; Touvois.

supportent la même charge que les riches. On paie néanmoins cette contribution, sans laquelle le curé ne pourrait vivre.

Quoique le revenu de leurs recteurs excède la portion congrue, puisqu'il est de mille à douze cents livres, les habitants de la Marne et de Touvois désirent que leurs appointements soient augmentés : il n'y a point d'hôpitaux dans les campagnes, et la maison du recteur est le seul refuge du pauvre pour les remèdes et les secours.

En regard de cette grande sollicitude pour l'amélioration du sort des curés, on trouve, dans ces cahiers, les témoignages d'une sympathie très-modérée pour les bénéficiers et les ordres religieux.

A Saint-Lumine-de-Coutais, on se plaint d'être obligé de payer l'*onzain dizain,* c'est-à-dire, presque double dîme aux moines de Saint-Benoît, qui ne sont point tenus à acquitter les vingtièmes. A Bourgneuf-Saint-Cyr, on demande que le tiers des revenus ecclésiastiques soit versé dans une caisse pour les pauvres. Les habitants de Saint-Étienne-de-Mer-Morte voudraient que plusieurs petits bénéfices, montant à 700 livres, fussent attribués à leur curé. Ceux de la Marne voudraient que les curés fussent admis aux États de Bretagne, parce que, vivant avec leurs paroissiens, « ces bons pasteurs seront plus portés à défendre leurs intérêts et à représenter leurs besoins, que les grands bénéficiers, pour qui le pauvre paysan n'est rien, quoiqu'il leur doive les revenus immenses qu'ils vont consommer dans les villes..... En réunissant à la cure les deux tiers des dîmes perçues dans la paroisse par deux abbés (ceux de Villeneuve et de Saint-Vincent du Mans, l'un comme prieur de Saint-Symphorien, et l'autre comme prieur de Saint-Philbert), on mettrait le curé en état de soulager ses paroissiens. » Mêmes vœux exprimés par la paroisse de Touvois.

A Montbert, où le curé percevait une dîme, on en demande la suppression, et qu'il soit pourvu à son remplacement par une indemnité prise sur les biens des communautés et des gros décimateurs. Un vœu de même nature est émis par le Port-Saint-Père, avec cette remarque qu'il y a dans la paroisse six ou sept bénéfices dont le titulaire ne réside pas. Comme il n'y a pas de maître d'école dans cette paroisse, bien qu'il y ait une maison et un jardin qui lui sont destinés, on demande qu'un prêtre soit pourvu d'un traitement de 600 livres pour enseigner le latin, avec part au casuel.

Les vœux qui ne sont émis que par un petit nombre de paroisses, sont :

Le vote par tête au États généraux [1];

La suppression des annates [2];

L'établissement de douze prud'hommes comme juges de paix dans la paroisse [3];

Liberté de la presse [4];

Bonne rédaction des actes de l'état civil [5];

---

[1] Machecoul, Trinité et Sainte-Croix; Sainte-Pazanne; Port-Saint-Père.
[2] *Ibid.*
[3] Bourgneuf-Saint-Cyr.
[4] *Ibid.*
[5] La Benate.

Suppression de la vénalité des charges [1];

Extension des barrières douanières [2];

Admission de tous aux fonctions publiques [3];

La restitution à la ville de Machecoul du droit de députer aux États de Bretagne [4].

Les *Marches communes de la Bretagne et du Poitou*, je l'ai déjà dit, formaient une circonscription administrative particulière, à laquelle le District de Machecoul emprunta les paroisses suivantes : Legé, Paulx, Saint-Étienne-de-Corcoué, Saint-Colombin et portion de la Trinité de Machecoul [5]. Cette agglomération de communautés rurales jouissait de certains priviléges; selon Ogée, on n'y payait ni taille, ni aides, ni devoirs [6], et, selon Mellinet, on y était exempt de la milice [7]. Lors de la convocation pour les États généraux, le roi leur adressa une lettre spéciale, « aucun bailliage n'ayant le droit de convoquer les habitants [8]. » Quatre députés devaient être nommés

---

[1] Trinité de Machecoul.
[2] *Ibid.* et Montbert.
[3] Trinité de Machecoul; Sainte-Pazanne; Port-Saint-Père.
[4] Trinité de Machecoul.
[5] En outre de ces paroisses, les *Marches communes* comprenaient : Cugand, Boussay, Gétigné, La Bruffière, Saint-Étienne-du-Bois, Grand'-Lande, La Garnache, Bois-de-Céné.
[6] *Dictionnaire de Bretagne*, édit. de 1853, t. II, p. 46.
[7] *La Commune et la Milice de Nantes*, t. VII, p. 122.
[8] *Lettre et règlement pour les Marches communes franches* de Poitou et de Bretagne, en date du 19 février 1789, imprimé in-4° de 6 pp.

par les Marches : un du clergé, un de la noblesse, deux du tiers-état. Dans chaque communauté devait se tenir une assemblée et se rédiger un cahier. A défaut des cahiers primaires du tiers-état, on peut se reporter au cahier général des trois ordres[1]. La noblesse de ce pays était dans la mouvance d'idées de la noblesse du Poitou, qui ne répugnait nullement aux réformes, et elle ne fit pas difficulté de s'entendre avec les autres ordres pour la rédaction d'un cahier commun.

Dans ce cahier, les *Marches communes*, dont toutes les paroisses prirent une part active à l'insurrection vendéenne, demandaient :

Que la religion catholique, apostolique et romaine fût la seule dominante dans le royaume, et la seule dont le culte fût public;

Que les impôts vexatoires par leur nature et leur perception fussent supprimés, ou tout au moins réduits et rendus plus supportables;

Que les portions congrues des curés fussent augmentées suffisamment, ainsi que celles des vicaires; que le boisselage fût supprimé, et que toutes les dotations fussent tirées d'une meilleure répartition des biens ecclésiastiques;

Que les impositions, quelle que fût leur espèce, fussent également supportées par les trois ordres et

---

[1] Les procès-verbaux d'élection des *Marches communes de Bretagne et de Poitou* ont été publiés, ainsi que le cahier général, par M. Antonin Proust, *Archives de l'Ouest*, série A, n° 1, p. 210 et s. — Paris, Lacroix, 1867.

conformément à la manière qui serait réglée par les États généraux.

Les trois ordres n'ayant point été unanimes sur quelques points, on en fit, dans le cahier, l'objet d'articles particuliers.

Le clergé demandait la restitution des *novales*, sortes de dîmes perçues sur les fonds nouvellement cultivés, qui lui avaient été enlevées par l'édit de 1768 : « ce qui a diminué la portion des curés qui se trouve fondée souvent dans une mince portion de dîmes, et qui n'avaient de ressource que dans les *novales*. »

L'ordre du tiers tenait au vote par tête aux États généraux, contrairement au désir de la noblesse de voir maintenir le vote par ordre. Le clergé déclarait s'en rapporter, pour cet objet, à la décision des États généraux.

Le clergé n'avait pas voulu se joindre aux deux autres ordres pour demander que la faculté de remboursement fût accordée aux débiteurs de rentes foncières établies au profit d'ecclésiastiques, fabriques et hôpitaux.

La noblesse avait tenu au maintien de son droit de chasse.

Enfin, le clergé avait repoussé le moyen proposé pour établir, dans chaque paroisse, des maîtres et maîtresses d'école; ce moyen, consistant à prendre les fonds sur les bénéfices, lui paraissait une atteinte à la propriété.

Tous ces cahiers, on le voit, témoignent des dispositions favorables des gens de la campagne pour les réformes, et Mme de la Rochejaquelein est allée un peu loin, ce nous semble, en écrivant que « les habitants du Bocage virent avec crainte et chagrin tous ces changements qui ne pouvaient que troubler leur bonheur, loin d'y ajouter [1]. » M. Lucas-Championnière, qui habitait une terre limitrophe du pays de Retz, apprécie tout autrement le mouvement des esprits : « Les commencements de la Révolution, dit-il, n'effrayèrent point les habitants de nos campagnes plus que ceux de la ville; chacun, au contraire, se flattait d'améliorer son sort. Le paysan crut devenir bourgeois; le bourgeois s'imagina être gentilhomme; plusieurs nobles même osèrent attendre pour eux les honneurs qu'on ne rend qu'aux grands; il n'y eut pas jusqu'aux vicaires qui se réjouissaient de l'indépendance où ils allaient vivre, et j'ai vu des mémoires faits par eux où ils demandaient à être salariés par la nation, pour n'être plus aux caprices de leurs curés [2]. »

A ce moment, il circulait dans l'air un souffle de justice et de liberté, que les habitants de la Vendée

---

[1] *Mémoires*, ch. v, 9e édit., p. 91.

[2] *Mémoires inédits* de M. Lucas-Championnière *sur la guerre de Charette*. Je dois à la bienveillance du petit-fils de l'auteur la communication de ce curieux et important manuscrit. — M. Lucas-Championnière habitait, au moment de la Révolution, sa terre du Plessis, paroisse de Brains; il prit une part active à la guerre de la Vendée, et fut nommé, sous la Restauration, chevalier de Saint-Louis. Il devint ensuite maire de Brains, membre du conseil général de la Loire-Inférieure, puis député du même département, et mourut à la fin de 1828. (Voy. la *Biographie bretonne*.)

militaire aspiraient aussi bien que ceux du reste de la France. Les événements vont peu à peu leur ravir ces illusions ; mais il faudra une longue série de déceptions pour les amener à regretter le passé. Quand ce jour-là viendra, ils se lèveront en armes ; et ce sera encore au nom de la justice, violée par l'arbitraire des administrations, ce sera pour réclamer la liberté de conscience, outragée par un schisme violemment imposé. On aurait tort de séparer les cahiers de 1789 de l'insurrection vendéenne : ils montrent trop bien que les populations de la Vendée ne repoussaient aucun des présents de la Révolution, et que la responsabilité du mal qui suivit ne peut être imputée qu'aux hommes qui prirent à tâche de faire mentir cette même Révolution à ses promesses les plus solennelles.

Les élections du tiers-état de Bretagne étaient achevées, quand eut lieu la réunion de Saint-Brieuc. Le moment était alors passé, pour la noblesse et le haut clergé, de déclarer utilement qu'ils consentaient « à une représentation plus étendue des ordres de l'Église et du tiers, et aussi à une égale répartition des impôts, qui seraient consentis par les États légalement réunis [1]. » Ils ne laissaient pas néanmoins de protester contre les élections qui venaient de se faire. Le Parlement devait, peu après, rédiger d'inutiles remontrances [2] : il n'y avait plus à revenir sur ce qui s'était passé.

[1] Duchatellier, *la Révolution en Bretagne*, t. 1, p. 150. — *Le Héraut de la nation*, avec cette épigraphe : *Montjoie Saint-Denis*, journal publié à Rennes, n° 55, pp. 875 et suiv.

[2] Voy. ces remontrances du 12 mai 1789. Duchatellier, t. v, p. 200.

En parcourant les journaux de la seconde moitié de 1789, on rencontre néanmoins les traces de quelques tentatives de rapprochement, dont il serait injuste de n'imputer l'insuccès qu'à la noblesse. On lit dans un journal, intitulé *le Héraut de la nation*, organe du club patriote de Rennes, à la fin de 1788 et dans les premiers mois de 1789 : « Ils (les nobles bretons) ont refusé d'entrer dans le temple des Dieux sauveurs avec la palme et l'olivier... ; » mais on ajoute : « N'accusons pas le corps entier de la noblesse de Bretagne. Le refus de députer aux États généraux n'a point été l'effet de l'opinion générale ; il n'y a point eu de scrutin ; la liberté des gens sages a été gênée par des *veto* plus bruyants que nombreux [1]. »

A Nantes, le 18 juillet 1789, plusieurs gentilshommes, qui s'étaient assurés d'avance de n'être point désavoués par la noblesse du comté nantais, avaient offert leurs services à la municipalité [2]. On les avait repoussés, ne voulant pas renouer « une alliance que les nobles et les ennoblis ont volontairement dédaignée, et dont le serment fait à Rennes et la protestation souscrite à Saint-Brieuc les tiennent irrévocablement éloignés [3]. »

Peu de jours après, le *Journal de la Correspondance*, annonçant qu'un grand nombre de nobles bretons étaient disposés à se rallier, disait : « S'ils aiment

---

[1] *Le Héraut de la nation*, n° 41, p. 446. Fin de mai 1789.
[2] Mellinet, *La Commune et la Milice de Nantes*, t. vi, p. 60.
[3] *Journal de la Correspondance de Nantes* (20 juillet 1789), n° xiv, p. 134.

véritablement leur patrie, la rétractation de leur serment ne leur coûtera pas un regret [1]. » On trouve les mêmes sentiments exprimés par Giraud-Duplessis, député de Nantes, dans une lettre rendue publique : « Tout ce qui doit chagriner un vrai citoyen, un vrai Breton, c'est de n'avoir pas pour coopérateurs (à l'Assemblée constituante), dans un si noble ouvrage, ceux de nos frères qu'un fatal serment, dont sans doute ils se repentent, empêche de travailler à la régénération de l'État, eux dont le plus grand nombre était si digne, par sa loyauté et son patriotisme, de construire avec nous le grand et immortel édifice du bonheur et de la liberté publique [2]. »

Quoi qu'il en soit de ces bonnes intentions, la défiance entre les partis ne tarda point à reparaître. Sur la nouvelle d'un danger imaginaire, les habitants de plusieurs paroisses, au nombre desquels se trouvait la ville de Machecoul, avaient envoyé à Nantes des députés pour offrir aux citoyens de cette ville « leurs cœurs et leurs bras [3]. » On parlait déjà d'émigrations réussies ou empêchées, et Mellinet dit que « les lois n'existaient plus, lorsqu'un détachement de la milice nantaise se porta au Pont-Hue, château appartenant à M. de Goyon, » d'où il ramena M. le marquis de Trémargat, qui fut emprisonné au château de Nantes [4]. »

---

[1] *Journal de la Corresp. de Nantes*, n° XVII, p. 170.
[2] *Ibid.*, n° XVI, p. 152, 19 juillet 1789.
[3] *Ibid.*, p. 155.
[4] *Ibid.*, n° XXI, du 5 août, pp. 218 et 230. Mellinet, t. VI, p. 66.

Cela se passait le 3 août, c'est-à-dire, à la veille de la nuit du 4 août, dans laquelle la noblesse allait consommer le sacrifice de tous ses priviléges. On sait qu'à ce même moment, furent abolis les priviléges des provinces, villes et corporations. Ceux de la Bretagne ayant été réservés par plusieurs des députés [1] désireux de recevoir des pouvoirs explicites à cet égard, on avait décidé de réunir les assemblées de paroisses pour donner les pouvoirs jugés nécessaires.

Des députés furent envoyés par chaque paroisse à une assemblée générale des paroisses de la sénéchaussée, qui se tint à Nantes, le 30 septembre. On peut juger des sympathies que les nouvelles mesures avaient déjà acquises dans les campagnes par la majorité qui se prononça en leur faveur.

Rendant compte de cette assemblée aux députés de la sénéchaussée, le maire et les échevins de Nantes leur écrivaient, le 8 octobre 1789 : « L'assemblée de notre sénéchaussée, qui a eu lieu le 30 septembre dernier, a parfaitement répondu à nos espérances. Vous trouverez dans le procès-verbal l'expression de la confiance et une majorité approchant de l'unanimité [2]. » Les députés répondirent : « Nous avons reçu le procès-verbal... Cent trente-six paroisses et corporations contre soixante-quatorze ont été d'avis de nous donner des pouvoirs illimités [3]. » Des diverses paroisses,

---

[1] Séance du 4 août 1789, *Journal des Débats et des Décrets*, t. I, p. 367.
[2] *Journ. de la Corresp. de Nantes*, t. II, n° XIII, p. 186.
[3] *Ibid.*, n° XVI, p. 233.

appartenant à la circonscription dont je m'occupe, et ayant envoyé des députés à l'assemblée du 30 septembre, la Chevrolière et Saint-Mars-de-Coutais [1] seulement refusèrent leur adhésion.

La destruction des anciens traités qui liaient la Bretagne à la France était ainsi définitivement consommée. En ne députant point aux États généraux, la noblesse bretonne priva le parti conservateur d'une trentaine de voix; et elle ne put, comme celle du reste de la France, montrer son désintéressement, dans la nuit du 4 août; la plupart de ses membres traverseront l'émigration avant de prendre leur place dans les rangs des insurgés; et, malgré la vivacité des sentiments religieux de la Bretagne, ce sera surtout aux gentilshommes du Poitou que reviendra l'éternel honneur d'avoir été entraînés par leurs vassaux aux premiers combats de la Vendée militaire.

[1] Archives du Greffe. — Voy. en outre la liste dans le *Journal de la Corresp.*; t. II, pp. 163, 280, 312, 344 et 354.

III

LA DÉPOSSESSION DU CLERGÉ.
NOUVELLE ORGANISATION ADMINISTRATIVE.
Année 1789.

Le clergé de France et ses richesses. — Esprit libéral des curés. — Nuit du 4 août. — M. de la Fare, évêque de Nancy. — Abolition des dîmes. — Offre du clergé d'hypothéquer ses propriétés. — Motion du marquis de Lacoste et de Talleyrand. — Les biens de l'Église mis à la disposition de la nation. — Attitude du clergé.
La nouvelle constitution. — Réorganisation administrative. — Formation du District de Machecoul. — Nouveau système électoral. — Les corps administratifs : Départements, Districts, Municipalités. — Leurs attributions.

Les idées religieuses ont exercé sur les affaires de la Vendée une trop grande influence, pour qu'il ne soit pas utile, avant d'en venir à apprécier quelle fut, en face de la Révolution, l'attitude du clergé de nos pays, de jeter un regard rapide sur les principales mesures de l'Assemblée constituante concernant les propriétés ecclésiastiques. Pour certaines gens, l'excitation des paysans à la guerre civile par le clergé est encore un lieu commun historique. Le clergé, dit-on, était riche ; la Révolution lui avait enlevé ses biens : son opposition à la Révolution ne peut donc avoir eu d'autre mobile que l'espoir de les reconquérir, ou tout au moins le désir de se venger de la spoliation. Ce sentiment, qui serait facilement excusé dans toute autre classe de particuliers, contraints de sacrifier au bien de l'État quelques avantages financiers, les révolutionnaires ne le pardonnent point au clergé.

Les faits ne justifient pas tant de sévérité. Bien qu'on ait fort exagéré la valeur des biens ecclésiastiques, surtout à l'époque où l'on songeait à les attribuer à l'État [1], il est certain qu'elle était fort considérable. M. Léonce de Lavergne croit qu'en la portant à trois milliards de capital, donnant, à deux et demi pour cent, soixante-quinze millions de revenus, on doit être bien près de la vérité. D'après le même auteur, le produit net des dîmes était de soixante à quatre-vingts millions [2] ; mais il faut déduire de ces

---

[1] Le *Journal de la Corresp. de Nantes*, du 24 février 1790, supplém. au n° XXIII, p. 367, évaluait les revenus du clergé à 1,248 millions et le capital du fond à 30 milliards!!

[2] *Économie rurale de la France*, introduct., pp. 8, 14 et 15. Les chiffres de M. de Lavergne ont été contestés par M. Paul Boiteau qui, dans son *État de la France en 1789*, p. 41, porte à 250 millions le revenu du clergé ; mais, si bien déduits qu'ils soient, des raisonnements ne sauraient prévaloir contre l'évaluation de Talleyrand, qui portait à 150 millions le revenu total (*Journ. des Déb. et des Décr.*, 10 octobre 1789, n° 62, p. 2) ; contre celle de Camus, d'après lequel l'ensemble de *tous* les biens nationaux vendus et à vendre, y compris les forêts de la Couronne, etc., représentait une somme de 2 milliards 400 millions ; (*Journ. des Déb. et des Décr.*, 19 juin 1791, n° 759, p. 8) ; contre celle de Cailhasson, qui portait le même ensemble des biens nationaux à 2 milliards 200 millions. (Son rapport, *Moni-*

sommes le *don gratuit*, les intérêts de la dette du clergé, et les charges du culte et de l'instruction publique qui étaient considérables. « L'esprit français, dit M. Dupont-White, était alors cultivé par une Église riche et lettrée, qui dispensait l'enseignement avec une profusion qui était presque de la gratuité[1]. »

Les cahiers avaient démontré, jusqu'à l'évidence, la disposition générale du clergé à se dépouiller de son privilége d'immunité d'impôts[2]. Lors de la réunion des États à Versailles, on pouvait constater que la grande majorité du clergé était animée des sentiments les plus libéraux[3]; et, le 19 mai 1789, cet ordre renonçait à ses exemptions pécuniaires[4]. Peu après, le 22 juin, il votait le premier sa réunion à l'ordre du tiers, et, dans l'église Saint-Louis, effectuait, sous la protection de l'autel, cette réunion décisive, malgré la résistance de la noblesse et de la cour. La liste des membres du clergé qui votèrent pour la vérification des pouvoirs en commun, contient les noms de cinq curés du Poitou, sur sept qui composaient la députa-

---

teur du 4 avril 1792, n° 95, p. 391.) — Notons en outre que les biens du clergé, ainsi que le fit remarquer Goupilleau, étaient toujours affermés à bas prix, à cause des contre-lettres et des pots-de-vin, disait-il. (*Journ. des Déb. et des Décr.*, 10 mai 1790, n° 172, p. 6.)

[1] *Revue des Deux-Mondes*, fév. 1865, p. 574. — Voir aussi du même auteur, dans le même recueil, un article publié le 15 mars 1862, p. 308; et l'exposé des motifs du projet de loi de 1844, *Moniteur* du 3 févr. 1844, p. 215.

[2] *La Révolution*, par Ed. Quinet, t. 1, p. 33.

[3] B. Fillon, *Hist. de Fontenay*, p. 336.

[4] *Moniteur*, n° 3.

tion du clergé de cette province ; de trois curés sur quatre pour l'Anjou, et de seize sur vingt-deux pour la Bretagne : c'est-à-dire que les deux tiers des membres du clergé députés par les provinces, que l'on vit plus tard combattre la Révolution avec le plus d'ardeur, s'étaient prononcés, dès le principe, pour la cause populaire.

Dans la nuit du 4 août, M. de la Fare, évêque de Nancy, s'empara, l'un des premiers, de la parole pour faire cette belle déclaration : « Accoutumés à voir de près la misère et la douleur des peuples, les membres du clergé ne forment d'autres vœux que de les voir cesser. Le rachat des droits féodaux était réservé à la nation, qui veut établir la liberté ; les honorables membres qui ont déjà parlé, n'ont demandé le rachat que pour les propriétaires. *Je viens exprimer, au nom du clergé,* le vœu de la justice, de la religion et de l'humanité : je demande le rachat pour les fonds ecclésiastiques, et je demande que le rachat ne tourne pas au profit du seigneur ecclésiastique, mais qu'il en soit fait des placements utiles pour l'indigence[1]. »

C'était, de la part du clergé, un véritable abandon de ses dîmes. Restait la question de savoir à quel usage serait employé le prix du rachat. Grégoire eût voulu que la suppression ne s'opérât qu'avec stipulation d'une indemnité dont le capital eût formé la

[1] *Journ. des Déb. et des Décr.*, t. II, p. 364, séance du 4 août 1789.

dotation du clergé [1]. On devait néanmoins proposer, peu après, de supprimer les dîmes sans indemnité. Siéyès s'éleva de toutes ses forces contre cette proposition : « Si la dîme est supprimée sans indemnité, disait-il, elle restera dans les mains de celui qui la devait, au lieu d'aller à celui à qui elle est due. Prenez garde que l'avarice ne se cache sous l'apparence du zèle. Il n'est pas une terre qui n'ait été vendue et revendue depuis l'établissement de la dîme. Or, je vous le demande, les terres ne s'achètent-elles pas, *moins* les redevances, moins la dîme dont elles sont chargées ? La dîme n'appartient donc à aucun propriétaire... Si elle est supprimée dans la main du créancier, elle ne doit pas l'être pour cela dans la main du débiteur. » Et il insista pour que cette suppression profitât à quelque service public [2].

La discussion ayant continué, et l'observation ayant été faite que la conversion des dîmes en argent serait onéreuse au peuple, ce fut l'archevêque de Paris qui vint déclarer, au nom de tous les membres du clergé de l'Assemblée, que les dîmes ecclésiastiques étaient par eux remises sans condition entre les mains de la nation. Le cardinal de la Rochefoucauld, au nom de tout le clergé de France, renouvela immédiatement cette déclaration [3]. Le clergé de France fit donc plus

[1] *Mémoires de Grégoire*, publiés par M. Carnot, 1837, t. I, p. 384.
[2] *Journ. des Déb et des Décr.*, t. II, p. 425, séance du 10 août 1789.
[3] *Ibid.*, p. 429, du 11 août.

que se résigner à la perte de ses avantages pécuniaires ; son abandon fut généreux, et il faut aller chercher ailleurs que dans le regret de ses dîmes les raisons de sa résistance à l'invasion des idées révolutionnaires. En vain dirait-on qu'il lui restait encore d'immenses propriétés et que, n'ayant pu les défendre, il voulut les recouvrer ; on se tromperait encore : car il ne dépendit pas de lui que ses biens ne vinssent régulièrement en aide aux besoins de la nation. Dans les mêmes jours, lors de la discussion d'un emprunt, l'archevêque d'Aix, M. de Boisgelin, offrait d'hypothéquer à cet emprunt les propriétés ecclésiastiques, et la raison alléguée en faveur du refus revenait à déclarer qu'en acceptant une partie, on s'exposait à reconnaître la propriété du tout. « Combien d'obstacles, dit Barrère, un pareil gage mettrait à l'exécution de vos projets sur les biens ecclésiastiques[1] ! » A ce moment déjà, le marquis de Lacoste[2], s'inspirant d'une brochure du marquis Gouy d'Arcy[3], avait fait, à leur sujet, une motion tellement radicale, qu'elle atteignait de prime-saut le résultat auquel l'Assemblée constituante devait peu à peu se laisser entraîner[4].

---

[1] *Journ. des Déb.*, du 9 août 1789, pp. 411 et 413. Jager, *Hist. de l'Église de France pend. la Rév.*, t. I, p. 201.

[2] Le texte entier de la motion du marquis de Lacoste est reproduit dans le *Journ. de la Corresp. de Nantes*, t. I, n° 25, p. 267.

[3] Sur cette brochure, voy. *Mélanges* de Tocqueville, *Œuvres*, t. VIII, p. 129.

[4] *Journ. des Déb. et des Décr.*, t. II, p. 406, séance du 8 août 1789.

Bien qu'il ne fût plus douteux que la tendance de l'Assemblée était de dépouiller le clergé, pour combattre son influence plus encore que pour enrichir l'État, on chercherait vainement la trace de protestations de religieux de notre pays contre les nouvelles mesures. Les bénéficiers de la cathédrale y donnèrent même leur adhésion formelle, le 18 septembre 1789[1]. Dans ce temps-là, il est vrai, les curés à portion congrue qui faisaient partie de l'Assemblée protestèrent contre une proposition de Grégoire; mais cette proposition avait pour objet de les soustraire, eux et leurs vicaires, au paiement de l'impôt, jusqu'à ce que leur position eût été améliorée : « Ne nous imprimez pas la honte, fut-il répondu par eux, de rester les seuls privilégiés du royaume[2]. » Après avoir pris l'avis de son ordre, l'archevêque de Paris avait donné son assentiment à la motion du baron de Jessé qui, dans l'espoir d'écarter la contribution du quart du revenu, proposait de réduire les églises aux vases sacrés indispensables et d'envoyer leurs trésors à la Monnaie[3].

On ne devait pas tarder beaucoup à connaître, d'une manière positive, la raison du refus des propositions de l'archevêque d'Aix, que Barrère avait laissé entrevoir. Le 10 octobre, Talleyrand montrait dans les

---

[1] *Journ. de la Corresp. de Nantes*, octobre 1789, t. II, n° 16, p. 248.

[2] *Journ. des Déb. et des Décr.*, n°ˢ 40, p. 6; 41, p. 4; 42, p. 1; 26 et 27 septembre 1789.

[3] *Ibid.*, n° 42, p. 4; — Jager, *Hist. de l'Église pend. la Rév.*, t. I, p. 251.

biens du clergé « une ressource immense, qui pouvait s'allier avec le respect sévère des propriétés¹. » D'après ce projet, les biens ecclésiastiques étaient mis à la disposition de la nation, et, au moyen d'une somme annuelle de cent millions, on pourvoirait aux traitements des prêtres et des religieux. Le minimum attribué aux curés serait de 1,200 livres.

En substituant le salaire à la propriété, pour le clergé, on pensait certainement assurer les conquêtes de la Révolution. On se trompa ; telle est l'opinion d'un homme dont personne ne peut récuser l'autorité en pareille matière. « J'ose penser, dit Tocqueville, contrairement à une opinion générale et fort solidement établie, que les peuples qui ôtent au clergé catholique toute participation quelconque à la propriété foncière, et transforment tous ses revenus en salaires, ne servent que les intérêts du Saint-Siége et ceux des princes temporels, et se privent eux-mêmes d'un très-grand élément de liberté. ² »

La motion de Talleyrand, reprise, le 13 octobre, par Mirabeau, donna lieu à de longues discussions entre les plus grands orateurs. Pellerin, l'un des députés de Nantes, soutint avec énergie le caractère de véritable propriété que l'on contestait à la possession de ces biens par les membres du clergé. Il voulait qu'on se bornât à les mieux répartir et qu'on réformât les abus. Garat lui répondit en citant plusieurs exem-

---

[1] *Journ. des Déb.*, n° 62, p. 2.
[2] *L'Ancien Régime et la Révol.*, p. 195.

ples de spoliations accomplies par la royauté[1]. Il est certain qu'une grande quantité d'institutions charitables avaient été détournées du but indiqué par leurs fondateurs. L'orateur aurait pu rappeler aussi les édits de Louis XIV, où était professée publiquement la théorie que toutes les terres du royaume avaient été originairement concédées sous condition par l'État, qui devenait ainsi le seul propriétaire véritable, tandis que tous les autres n'étaient que des possesseurs dont le titre restait contestable et le droit imparfait[2]. En plus d'une occasion, il serait aisé de montrer qu'on a loué la démagogie révolutionnaire d'une foule de mauvaises choses qu'elle n'a point inventées; sur beaucoup de points, en effet, elle ne s'est pas fait faute d'emprunter à la monarchie ce que celle-ci avait de pire, en y ajoutant le caractère de violence qui lui est propre.

On sait comment se termina cette discussion. Le 2 novembre, l'Assemblée décrétait que tous les biens ecclésiastiques étaient à la disposition de la nation, à la charge de pourvoir, d'une manière convenable, aux frais du culte; le minimum du traitement des curés devait être de 1,200 livres, en sus du logement et du jardin.

Pour un grand nombre d'entre eux, cette situation était meilleure que celle que leur faisait l'ancien ré-

---

[1] *Journ. des Déb. et des Déc.*, 24 octobre, n° 76, p. 4.
[2] Voy. *l'Ancien Régime et la Révol.*, p. 310, et les instructions de Louis XIV au Dauphin, citées par Rohrbacher, *Hist. de l'Église*, 1re édit., t. XXVI, p. 333.

gime. Les bénéficiers et les religieux étaient ceux qui perdaient le plus.

Le 19 novembre 1789, l'Assemblée décrétait la vente d'une quantité de domaines ecclésiastiques suffisants pour former ensemble la somme de quatre cent millions, tout en se réservant de désigner plus tard les objets et les conditions de la vente. Des assignats de mille livres étaient créés jusqu'à concurrence de la valeur des biens à vendre [1].

Telles furent les principales mesures prises relativement au clergé dans le cours de l'année 1789. Assurément, il serait absurde de prétendre que l'unanimité de ses membres les ait acceptées avec joie. Il n'est pas dans la nature humaine de se réjouir de la pauvreté, et ceux-là même qui, pour leur propre compte, s'élevaient dans la vie religieuse jusqu'au mépris des biens temporels, ne pouvaient trouver bon que les richesses de l'Église fussent détournées de leur destination. On pourrait enregistrer quelques protestations isolées, dont la plus éclatante fut, en Bretagne, le mandement de l'évêque de Tréguier. Ce mandement, d'ailleurs, contenait plutôt une condamnation des doctrines qu'une protestation contre les faits [2]. Il y a même lieu de s'étonner que, parmi tant de mandements publiés alors sur la demande du roi, qui avait engagé les

---

[1] *Journ. des Déb. et des Déc.*, du 19 décembre 1789, n° 124, p. 6.

[2] Voy. ce mandement dans l'*Hist. de l'Égl. pend. la Révol.*, de M. l'abbé Jager, t. 1, p. 244. — Il fut discuté et renvoyé aux tribunaux, le 22 octobre 1789. (*Journ. des Déb. et Décr.*, n° 74.)

évêques à provoquer des prières, et à exhorter leurs peuples au rétablissement de l'ordre, il ne s'en soit trouvé qu'un seul blâmable aux yeux de l'Assemblée. Le clergé ne commencera à protester avec vivacité que lorsque l'Assemblée se refusera à déclarer la religion catholique comme la seule nationale, ce refus lui paraissant une agression contre sa doctrine [1].

Dans le même temps, l'Assemblée s'occupait de discuter la nouvelle constitution de la France, et de réaliser ce vaste plan d'unité et d'égalité universelles qui lui semblait être une conséquence nécessaire de la destruction des priviléges. Elle remaniait le territoire et substituait des divisions uniformes aux provinces de diverse étendue qui partageaient la France. Enfin, elle dotait chaque nouveau groupe d'intérêts d'une administration nouvelle.

Après de longs et brillants débats, qui avaient occupé de nombreuses séances, elle avait décidé, le 11 novembre 1789, que les anciennes provinces cesseraient d'exister, et que la France serait divisée en départements, dont le nombre serait de soixante-quinze à quatre-vingt-cinq [2]; et, le lendemain, fut décrété qu'il y aurait une municipalité dans chaque ville, bourg, paroisse ou communauté de campagne, et que le département serait divisé en districts [3].

---

[1] Voy. *Hist. de l'Égl. pend. la Révol.*, Jager, t. 1, pp. 393 et suiv.
[2] *Journ. des Déb. et des Décr.*, n° 91, p. 4.
[3] *Ibid.*, n° 92, p. 6.

Bien que la division en départements soit une des rares choses de ce temps qui ait subsisté jusqu'à nos jours sans avoir été remaniée, les partisans de la doctrine du gouvernement du pays par lui-même s'accordent aujourd'hui à reconnaître que l'Assemblée constituante, préoccupée surtout de prévenir les résistances provinciales, a dépassé le but qu'elle se proposait d'atteindre. Les idées, les tendances, les caractères, les traditions ayant été groupés d'une manière artificielle et le plus souvent arbitraire, il s'est produit dans le pays une sorte d'éparpillement des forces de la vie politique. M. Quinet convient que « l'une des causes de calamités pour la Révolution est venue précisément de ce que les provinces, n'ayant pu se ranimer instantanément à la vie publique, sont restées à la merci de la capitale, où tout a dû se concentrer[1]. » Cette cause n'a pas été non plus sans action sur la disposition du pays à subir aussi volontiers les gouvernements nouveaux que les révolutions qui les emportent. C'est ce qu'apercevait, avec une admirable intuition politique, Pellerin, l'un des députés de Nantes, quand il jetait au milieu de la discussion ces paroles vraiment prophétiques : « Si la France veut exposer les provinces, qui jusqu'à présent ont pu opposer une résistance aux entreprises du pouvoir exécutif, à perdre peu à peu cette force qui a si utilement servi la nation, il n'y a qu'à morceler les pays d'États. Bientôt, et successivement, chaque département deviendra la proie d'un pouvoir qui aura tou-

[1] *La Révolution*, t. 1, pp. 111 et 112.

jours assez d'étendue pour gêner les administrations et assez de moyens pour le vexer quand il le voudra... L'esprit de province n'est pas nuisible quand il ne s'exerce pas sur des prétentions particulières qui n'existent plus. L'esprit de province est aujourd'hui l'esprit national [1]. »

La division par départements n'en fut pas moins décrétée. L'Assemblée constituante, dans sa séance du 15 janvier 1790, décida, sur l'avis des députés de Bretagne, réunis aux membres du comité de constitution, que cette province serait divisée en cinq départements [2], et, dans la séance du 30 janvier, que le *département de Nantes* aurait neuf districts, dont les chefs-lieux seraient : Nantes, Ancenis, Châteaubriant, Blain, Savenay, Clisson, Guérande, Paimbœuf et Machecoul [3].

Le District de Machecoul, d'après le compte rendu des députés, est ainsi composé :

1er canton : Machecoul, chef-lieu; Saint-Mesme, la Marne, Paulx.

---

[1] 5 nov. 1789. *Moniteur*, n° 84. — *Dictionnaire de la politique* de Block, t. I, p. 688. V° *Département*. Pellerin donna sa démission de député dans le courant du mois d'août 1790. On voit sur le registre du Département que, le 30 août 1790, Maupassant, dont nous aurons occasion de parler plus tard, prit congé de son administration pour aller le remplacer, en sa qualité de député suppléant.

[2] *Journ. des Déb. et des Décr.*, n° 146, p. 4.

[3] *Ibid.*, n° 160, p. 3. Voir, pour la subdivision des districts en cantons et en paroisses, le compte rendu des députés de Nantes. *Journ. de la Corresp. de Nantes* du 19 février 1790, n° 34, *supplém.*, pp. 541 et 549.

2º canton : Bourgneuf, chef-lieu ; Saint-Cyr, Fresnay.

3º canton : Saint-Philbert-de-Grand-Lieu, chef-lieu ; Saint-Mars-de-Coutais, Saint-Lumine-de-Coutais, Geneston, Montbert, la Chevrolière.

4º canton : Legé, chef-lieu ; Saint-Étienne-de-Mer-Morte, Touvois, la Benate.

5º canton : La Limousinière, chef-lieu ; Saint-Colombin, Saint-Étienne-de-Corcoué, Saint-Jean-de-Corcoué.

Un sixième canton, composé du Port-Saint-Père, de Sainte-Pazanne et de Saint-Hilaire-de-Chaléons, devait être, peu après, adjoint au District de Machecoul [1].

La nouvelle constitution, en ce qui concerne la représentation nationale et l'organisation administrative du royaume, fut promulguée d'abord sous la forme d'un décret, qui porte la date du 22 décembre 1789 [2].

Dans ce nouveau système, l'élection est la source de tout pouvoir législatif et administratif ; mais tout citoyen indistinctement n'est pas investi du droit de déléguer sa part de souveraineté : il faut pour cela réunir les conditions suivantes : 1º être Français ; 2º être majeur de vingt-cinq ans accomplis ; 3º. être domicilié de fait dans le canton, au moins depuis un an ; 4º payer

---

[1] Délibération du District de Machecoul, du 28 octobre 1790. *(Arch. de la préfect.)* Almanach de la Loire-Infér. pour 1791 ; Nantes, Malassis, p. 72.

[2] Voy. ce décr. Duvergier; *Collect. de lois*, 2ᵉ édit., t. 1, p. 73.

une contribution directe de la valeur locale de trois journées de travail ; 5° n'être point serviteur à gages.

Le canton est une circonscription formée le plus souvent de la réunion de plusieurs communes, et qui n'a d'autre utilité que celle de fractionner l'ensemble des citoyens actifs d'un département en assemblées électorales, dites *assemblées primaires* [1].

Ces assemblées primaires, (sauf en ce qui concerne le choix des juges de paix et des membres des municipalités, dont il sera parlé tout à l'heure), ne nomment directement à aucun emploi public : elles désignent seulement un électeur à raison de cent citoyens actifs, présents ou non présents à l'Assemblée, mais ayant droit d'y voter, en sorte que, jusqu'à cent cinquante citoyens actifs, il sera nommé un électeur, et qu'il en sera nommé deux depuis cent cinquante-un citoyens actifs jusqu'à deux cent cinquante, et ainsi de suite [2]. Avant de voter, les citoyens actifs prêtent, en présence de l'Assemblée, le serment « *de maintenir de tout leur pouvoir la constitution du royaume ; d'être fidèles à la nation, à la loi, au roi ; de choisir en leur âme et conscience les plus dignes de la confiance*

---

[1] Plus tard, la loi du 16 août 1790 fera du canton le ressort juridictionnel du juge de paix. (Duvergier, *Collect. de Lois*, t. I, p. 313.)

[2] Il résulte du premier tableau envoyé par les corps administratifs que la population active de toute la France était de 4,298,360 citoyens. La proportion du nombre des citoyens actifs avec le chiffre de la population était dans le rapport de un à six. — (*Journal des Déb. et des Décr.*, n° 734. 27 mai 1791. — Rapport de Desmeuniers.)

publique et de remplir avec zèle et courage les fonctions civiles et politiques qui pourront leur être confiées[1]. »

Pour obtenir le mandat d'électeur dans une assemblée primaire, il faut réunir aux qualités de citoyen actif la condition de payer une contribution directe plus forte et qui monte au moins à la valeur locale de *dix* journées de travail. L'ensemble des électeurs ainsi nommés constitue, dans chaque département, le corps électoral proprement dit, et, selon qu'il y a lieu d'élire un candidat à une fonction publique intéressant tout le département, ou seulement un district, fraction du département, tous les membres du corps électoral se réunissent pour voter en une seule assemblée, ou seulement les électeurs du district qu'il s'agit de pourvoir.

Au premier rang des élections qui intéressent tout le département, sont celles du corps législatif. Pour être député, il faut payer un impôt équivalant à la valeur d'un *marc d'argent*[2].

---

[1] Loi du 29 déc. 1789. Duverg., *Collect. de lois*, t. 1, p. 90.
[2] Cette disposition fut votée et discutée le 29 octobre 1789 : *Moniteur*, n° 79, p. 324. — Le marc d'argent valait de 50 à 55 livres; il supposait un revenu de 600 livres. (Observations de Lescène Desmaisons sur le *marc d'argent*; *Moniteur* du 24 septembre 1790, n° 267, p. 1107. — Le cens du marc d'argent étant devenu très-impopulaire, on lui substitua plus tard un autre système qui ne fut jamais appliqué : car il fut établi postérieurement aux élections de la Législative, et, lors des élections de la Convention, on abolit toute inégalité entre les aptitudes des citoyens. Le nouveau système se trouve exposé dans la constitution de 1791 (titre III, section II, art. 7). Il consistait à faire

La conception de ce système électoral, meilleur assurément que tous ceux qui l'ont remplacé, n'était pas nouvelle. On pourrait en trouver l'origine dans les traditions de l'ancienne France [1], et il n'était rien autre chose qu'un perfectionnement et une extension à tous les emplois publics du mode que l'on avait adopté pour le choix des députés aux États généraux de 1789. Les gens sans aveu étaient seuls exclus par un cens très-modique de la participation aux affaires, et les citoyens actifs, électeurs du premier degré, n'étaient pas exposés à voir s'égarer leur vote au profit d'un inconnu, ainsi qu'il arrive presque toujours dans le système du suffrage universel direct.

Si toutes les classes de la nation avaient franchement mis en pratique cette loi électorale, il n'est pas douteux que bien des maux eussent été épargnés à la France. Les meneurs de la démagogie n'avaient d'influence sérieuse que dans les villes, et, pour toutes les élections de quelque importance, les villes n'apportaient qu'un mince appoint à la réunion générale des électeurs qui procédaient au scrutin définitif.

Les trois unités administratives, comme on l'a déjà vu, sont le Département, qui n'a pas été modifié depuis son institution; le District, qui répond à nos

---

porter la garantie sur les électeurs qui, selon les lieux, devaient, pour être nommés, justifier d'un revenu de plusieurs centaines de livres. (Voy. *Moniteur*, séance du 28 août 1791, p. 996, et aussi *Monit.* des 11 et 12 août 1791, pp. 928 et suiv.)

[1] *Les Assemblées nationales en France*, par le président Henrion de Pansey, p. 363.

arrondissements d'aujourd'hui, sauf que le District est d'une moindre étendue; enfin la Commune ou Municipalité. A la tête des premières de ces circonscriptions est placé un conseil électif, dont quelques membres administrent d'une manière permanente, tandis que les autres se réunissent, à certains intervalles, pour délibérer et contrôler. Les premiers sont les membres du *Directoire du Département* ou du *Directoire du District;* les autres sont les membres du *Conseil de Département* ou du *Conseil de District;* mais tous font partie de l'Administration, et sont nommés, soit par l'ensemble des électeurs du Département, soit par les électeurs de leur District. Dans la Commune, même division de l'exécutif et du législatif, si l'on peut ainsi parler, entre le corps municipal et les notables. Le mode d'élection, néanmoins, n'est pas le même pour l'administration de la Commune que pour celle du Département et du District : pour la municipalité, les élections se font directement par tous les citoyens actifs [1]. Les conditions d'éligibilité requises des membres des administrations sont celles que l'on demande de l'électeur : le paiement d'une contribution égale à la valeur locale de dix journées de travail [2].

L'administration du Département se compose de trente-six membres; celle du District de douze seule-

---

[1] Loi du 13 déc. 1789. Duvergier, *Collection de lois*, t. 1, p. 63.

[2] *Ibid.*, art. 12. — Loi du 22 déc. 1789, sect. I, art. 19. — Sect. II, art. 6.

ment. Chacune d'elles choisit dans son sein : l'administration du Département huit membres; celle du District, quatre pour former le Directoire de Département ou de District. En outre, auprès de ces administrations est placé un fonctionnaire également électif, nommé *Procureur général syndic* dans les Départements, et *Procureur syndic* dans les Districts. Le procureur assiste aux séances sans voix délibérative; mais aucun rapport ne peut y être fait sans lui avoir été communiqué, et aucune délibération ne peut être prise sur ces rapports, sans qu'il ait été entendu.

Les membres des administrations sont nommés pour quatre ans, mais renouvelés par moitié tous les deux ans; le sort doit désigner ceux qui seront soumis au premier renouvellement, qui aura lieu après deux ans.

Le président du Conseil de département ou de district a droit de présider le Directoire, mais le Président du Directoire n'est que le Vice-Président de l'Administration. Le Conseil de Département et le Conseil de District ne tiennent chaque année qu'une seule session. Le Secrétaire, véritable chef de bureau, est un simple employé, nommé par l'administration dont il dépend.

Les fonctions des corps administratifs de Département comprennent l'administration tout entière; en outre, ils sont chargés de la répartition des impôts entre les districts; ils doivent surveiller les rôles d'assiette et de cotisation et assurer la régularité de la perception. Le Directoire a la conduite de toutes les affaires locales, notamment en ce qui concerne les pauvres, les hôpitaux, les prisons, l'éducation publique, la confection des routes, canaux et autres ouvrages, les encouragements à donner à l'agriculture et à l'industrie. Le Directoire a même la haute main sur le service et l'emploi des milices ou gardes nationales.

Ces attributions étaient trop multipliées pour qu'elles pussent, dès le principe, devenir l'objet d'une délimitation précise. On lit dans l'*Instruction sur la formation des assemblées et des corps administratifs* : « Il n'appartient pas à la Constitution d'expliquer en détail les règles particulières par lesquelles l'ordre du service et les fonctions pratiques doivent être dirigés dans chaque branche de l'administration..... Ce que l'Assemblée nationale n'aura pu régler restera utilement soumis aux conseils de l'expérience..... Il est nécessaire d'observer à cet égard que l'énumération des différentes fonctions des corps administratifs n'est pas exclusive ni limitative. Cette énumération n'est que désignative des fonctions principales qui entrent plus spécialement dans l'institution des administrations de département et de district [1]. » Cependant, ajoute la même instruction, comme les départements ne sont que des parties d'un même tout qui est l'État, pour prévenir la contrariété de leurs mouvements partiels, il a été statué (art. 5, section 3 du décret du 22 décembre 1789), « que les arrêtés qui seront pris par

[1] Cette instruction porte la date du 8 janvier 1790. — Duverg., *Coll. de lois*, t. 1, p. 87.

les administrations de département sur tous les objets qui intéresseront le régime de l'administration générale du royaume, ou même sur des entreprises nouvelles ou des travaux extraordinaires, ne pourront être exécutés qu'après avoir reçu l'approbation du roi. Le même motif n'existe plus lorsqu'il ne s'agit que de l'expédition des affaires particulières ou des détails de l'exécution..... Par cette raison, l'approbation royale n'est pas nécessaire aux actes des corps administratifs..... Le fondement essentiel de cette importante partie de la Constitution est que le pouvoir administratif soit toujours maintenu très-distinct de la puissance législative à laquelle il est soumis, et du pouvoir judiciaire dont il est indépendant.

Les administrations de districts ne participaient à toutes ces fonctions que sous la surveillance du Département. En réalité, cette subordination réduisait les fonctions des directoires et de leurs conseils à préparer, d'une part, les demandes à faire et les matières à soumettre aux départements, et à disposer les moyens d'exécution, et, d'autre part, à faire exécuter celles de leurs mesures qui avaient été approuvées par le Département [1].

Cette organisation administrative demeura en vigueur sans modifications importantes jusqu'à la fin de l'année 1793; toutefois, quelques changements, dont il sera parlé en leur lieu, seront apportés aux condi-

---

[1] Voir la seconde instruction concernant les fonctions des assemblées administratives, en date du 12 août 1790. Duverg., *Collect. de lois*, t. 1, p. 281.

tions nécessaires pour avoir accès aux assemblées primaires et recevoir le mandat d'électeur.

Le terme consacré pour les actes des districts est celui de *délibérations* : seul il doit être employé dans l'intitulé ou le dispositif des arrêtés [1]. Une loi, édictée peu après la mise en activité des administrations, accordait un traitement aux membres des directoires de districts et aux procureurs syndics. Ils reçoivent : les membres du directoire 900 livres, et le procureur syndic 1,600, avec retenue d'un tiers environ, destiné à former un fond commun, distribué ensuite en droits d'assistance aux séances [2]. Plus tard, on leur donnera des insignes qu'ils devront porter dans l'exercice de leurs fonctions : large ruban tricolore en sautoir, retenant une médaille en métal blanc sur laquelle sont inscrits ces mots : *Respect à la loi* [3].

Il n'est pas besoin de longues méditations pour apercevoir les inconvénients et les dangers du nouveau système administratif dont l'Assemblée constituante venait de doter la France. C'était, dirions-nous aujourd'hui, de la décentralisation à outrance; la France cessait en quelque sorte d'être une monarchie pour devenir une confédération dont chaque département formait un petit État; et pourtant les départements et les districts ne devaient être, dans la pensée de ceux qui les avaient ainsi organisés, que les rouages administra-

---

[1] Décret du 24 juin 1790. Duverg., *Collect de lois*, t. I, p. 221.
[2] Décret du 2 septembre 1790. *Ibid.*, t. I, p. 353.
[3] Décret du 12 septembre 1792. *Ibid.*, t. IV, p. 246.

tifs d'un gouvernement que l'on voulait rendre homogène et dont on voulait assurer l'unité. En haine des intendants et des subdélégués de l'ancien régime, le pouvoir royal était réduit à rien, et, en haine de l'arbitraire, on donnait à un petit nombre d'hommes les moyens de se mettre au-dessus des lois.

C'était bien le moins que le pouvoir central eût un représentant dans chaque administration, le Procureur-syndic ou le Président ; mais il n'en avait aucun, de telle façon que, non-seulement l'unité de vues manquait entièrement à l'administration de la France; mais le pouvoir n'avait pas de moyen prompt et efficace d'être instruit de la plupart des actes dont la direction et le contrôle suprêmes lui appartenaient. Ainsi, par exemple, une partie de la police de sûreté générale, l'emploi de la force publique contre les séditieux, la juridiction de l'impôt, la perception des impôts, toutes choses qui concernent le pouvoir exécutif, sauf la part de conseils qui pouvait sur ces points revenir aux fonctionnaires locaux nommés par le peuple, se trouvaient dans les attributions des Départements. De plus, on n'avait point distingué nettement les grandes résolutions d'administration qui devaient être soumises au Corps législatif et celles qui seraient déterminées par des délibérations des corps administratifs approuvées par le roi. Aussi, beaucoup de délibérations qui devaient être approuvées ne furent point soumises à cette formalité, et, insensiblement, les corps administratifs, nous en verrons de nombreux exemples, se trouvèrent revêtus, sans reconnaître aucune sanction, de la pleine puissance législative. Les clubs qui, par le moyen de pétitions, imposeront leurs volontés aux différentes assemblées nationales, centupleront leurs forces sur l'opinion en imposant, au moyen de leurs affiliations, ces mêmes volontés à plusieurs centaines d'administrations.

Dans un cercle plus restreint, la municipalité a le soin des intérêts de la commune. Les membres de cette administration sont : le Maire, les officiers municipaux, les notables, le procureur de la commune. Chacun de ces fonctionnaires est spécialement élu à la fonction qu'il doit remplir. Les membres du corps municipal proprement dit sont le maire et les officiers municipaux ; le nombre de ceux-ci, y compris le maire, est de trois pour une population inférieure à 500 âmes ; de six pour une population de 500 à 3,000 âmes ; de neuf, de 3,000 à 10,000 âmes, etc. Les notables ne font point partie du corps municipal ; seulement, ils forment avec lui le conseil général de la commune, qui n'est réuni que pour les délibérations importantes ; le nombre des notables est double de celui des membres du corps municipal.

Indépendamment de cette double catégorie, quand le corps municipal est composé de plus de trois membres, il se divise en bureau et en conseil statuant sur les affaires moins importantes que le conseil général. Le bureau se compose du tiers des officiers municipaux[1], y compris le maire, qui en fait toujours partie.

[1] Art. 33 et suiv. de la loi du 14 déc. 1789. Duvergier, *Collection de Lois*, t. 1, p. 65.

Les officiers municipaux nomment eux-mêmes ceux d'entre eux qui doivent être du bureau ; ceux qui ne sont pas du bureau sont les conseillers de la commune, les conseillers municipaux proprement dits. Le procureur de la commune, chargé de défendre les intérêts et de poursuivre les affaires de la commune, assiste aux séances du conseil, mais sans voix délibérative.

Le bureau est chargé de tous les soins d'exécution qui se bornent à la simple régie. Dans les corps municipaux réduits à trois membres, le maire seul est chargé de l'exécution et il est à lui seul le bureau.

La nomination de ces divers fonctionnaires est faite pour deux ans, dont la moitié (sauf le maire), doit sortir après la première année. Le maire est une fois rééligible.

Le conseil municipal se réunit tous les mois ; le conseil général de la commune, quand le conseil municipal le convoque.

Les municipalités ont deux sortes d'attributions distinctes : les unes, purement municipales, consistent à régir les intérêts de la commune ; les autres concernent l'intérêt général et comprennent la répartition des contributions directes [1], leur perception, la surveillance des propriétés publiques. « Les officiers municipaux, disait l'instruction, à propos de ces der-

---

[1] « Par mesure d'économie, dit un financier, la confection des rôles avait été confiée aux municipalités, et généralement ce travail était fait avec une grande négligence. » *Étude sur le Bon Louis*, par M. Calmon. *Correspondant*, juin 1866, p. 462.

nières attributions, comprendront qu'ils ne peuvent pas exercer ces fonctions en qualité de simples représentants de leur commune, mais seulement en celle de préposés et d'agents de l'administration générale, et qu'ainsi, pour toutes ces fonctions..., il est juste qu'ils soient entièrement subordonnés à l'autorité des administrations de département et de district [1]. »

Par la *Loi martiale*, les anciennes municipalités avaient déjà été investies du droit de requérir la force armée pour rétablir l'ordre public ; ce droit continuait d'appartenir aux municipalités nouvelles[2]. La défense de l'ordre public était confiée à trop de gens pour qu'il fût bien défendu.

---

[1] Voir l'instruction sur la formation des nouvelles municipalités à la suite de la loi du 14 décembre. Duvergier, *Collect. de lois*, t. I, p. 67. — Et celle du 30 mars 1790, *ibid.*, p. 141.

[2] Voy. la *Loi martiale* du 21 octobre 1789. La proclamation de cette loi se faisait en exposant à la principale fenêtre de la maison de ville, et en portant dans toutes les rues un drapeau rouge ; sommations, etc. Duvergier, *Collect. de lois*, t. I, p. 53. Voir aussi les décrets du 23 février 1790, t. I, p. 102, et du 26 juillet 1791, t. III, p. 141.

IV

LA GUERRE AUX CHATEAUX. ÉLECTIONS LOCALES.

Année 1790.

La guerre aux châteaux. — Circulaire de la municipalité de Nantes. — Impunité des émeutiers. — Éloignement des gentilshommes des fonctions publiques. — Conséquences de cet éloignement. — Conseils de Louis XVI à la noblesse. — Constitution de la municipalité de Machecoul. — Formation de l'administration du District de Machecoul. — La nouvelle organisation judiciaire.

Durant l'année 1789, presque entièrement employée par l'Assemblée constituante à la destruction de l'ancien régime, aucune modification grave n'avait été apportée à la situation des habitants du pays de Retz. Quelques droits féodaux n'étaient plus perçus d'une façon obligatoire, et le caractère patient des paysans s'accommodait de songer que l'on se proposait de faire droit prochainement aux demandes et doléances qu'ils avaient déposées dans leurs cahiers. Rien donc n'était changé : les mêmes impôts se percevaient[1] et les pa-

---

[1] Deux décrets, en date du 12 décembre 1789, avaient, l'un, maintenu en exercice les officiers municipaux de toutes les villes

roisses étaient administrées par les mêmes personnes. L'entente du peuple avec les membres de la noblesse et du clergé était complète, et cet état de choses dura paisiblement jusqu'au moment de l'application des lois sur la constitution civile du clergé.

Je n'ai point vu que cette contrée ait été le théâtre de scènes violentes, ni d'émeutes semblables à celles qui signalèrent les débuts de la Révolution, en Bretagne et dans le reste du royaume. Je veux parler de la *guerre aux châteaux*, qui impressionna si vivement l'opinion en France, et qui ne contribua pas peu à effrayer bon nombre de députés, que l'horreur de certains faits jeta dans le parti de la réaction [1].

Quoi qu'on ait dit du rôle provocateur de la noblesse, dans ces soulèvements dirigés contre les personnes et les propriétés des gentilshommes, il me paraît de toute impossibilité de les rattacher d'une manière quelconque à l'insurrection politique qui éclata quelques années après. Le *Journal de la Correspondance de Nantes*, du 29 janvier 1790 [2], publia, il est vrai, la lettre d'un député, dans laquelle il est parlé d'un prétendu plan de conspiration de la

---

et communautés, et l'autre, pourvu à la continuation de la levée des impôts, en prorogeant les pouvoirs de la commission intermédiaire des États de Bretagne. *(Journ. des Déb. et des Décr.*, n° 119, pp. 3 et 5.

[1] Sur la *guerre aux châteaux*, dont Adrien Duport eût été le promoteur, selon Beaulieu, voy. *Louis XVI et les États généraux*, par M. de Larcy; *Correspondant* du 25 mai 1868, p. 704.

[2] N° XXV, p. 401.

noblesse, consistant à soudoyer des émeutes pour allumer la guerre civile entre les villes et les campagnes ; mais cette allégation banale ne repose sur aucune preuve, et on la reproduira sans cesse dans le cours de la Révolution, quand il sera besoin de fournir une explication ou une excuse des excès de la démagogie. Particulièrement dans le département de la Loire-Inférieure, rien n'autorise à présenter ces soulèvements comme ayant été excités par un esprit d'opposition aux lois nouvellement édictées.

Leur véritable caractère a été déterminé d'une façon trop nette dans une circulaire adressée par la municipalité de Nantes aux habitants des campagnes, pour qu'on puisse avoir quelque doute à ce sujet. Cette circulaire, qui porte la date du 20 février 1790, est ainsi conçue :

« Tous les braves gens voient avec la plus grande peine ce qui se passe dans quelques paroisses. Ceux qui forment des attroupements et qui se rassemblent pour aller, soit chez les seigneurs, soit chez d'autres particuliers, sont coupables envers la nation..... Vous allez contre les premières notions de la justice et de la raison, quand vous vous présentez en attroupements chez quelqu'un, pour manger son pain, pour boire son vin, pour le mettre à contribution et pour brûler ses papiers et sa maison..... C'est inutilement que vous attendriez des lois qui vous permissent d'agir par des voies de fait et de brûler les châteaux..... Pourquoi vous persuade-t-on d'inquiéter les seigneurs ? N'ont-ils pas le même droit que vous à la protection de la

loi?.... Si les seigneurs avaient ci-devant des priviléges, ils les ont sacrifiés. Ils paient les impôts; ils
s'empressent de reconnaître qu'ils sont nos égaux,
qu'ils n'ont pas plus d'autorité que les autres hommes;
plus ils perdent, moins ils méritent d'être insultés.....
Qu'aurez-vous gagné, quand vous aurez brûlé les
châteaux? Rien du tout, que d'épouvanter tous les
honnêtes gens et de les empêcher d'aller demeurer à la
campagne..... [1]. »

A l'Assemblée de la Bretagne et de l'Anjou, tenue,
dans les mêmes jours, à Pontivy, pour aviser à faire
cesser les troubles des campagnes, les violences furent
déplorées à peu près dans les mêmes termes. L'Assemblée déclara « qu'elle avait cru que l'excessive dureté
du régime féodal était la cause des excès; que les
laboureurs bretons gémissaient sous le joug d'un ser-
vage inconnu aux autres citoyens du royaume; que
l'extrême oppression avait produit l'extrême désespoir,
et que le sentiment profond de leur misère les avait
armés [2]. » En conséquence, il avait été arrêté que l'on
inviterait les municipalités et les pasteurs à faire sentir
aux habitants des campagnes que la liberté n'est pas

[1] *Journ. de la Corresp. de Nantes*, t. III, n° xxxv, 21 févr.
1790, p. 564.
[2] *Procès-verbal de l'Assemblée de la Bretagne et de l'Anjou*,
tenue à Pontivy le 15 et autres jours de février 1790; in-4° de
53 p. Paris, Desenne, p. 23. — Cette assemblée fut présidée par
Lefèvre de la Chauvière, officier municipal de Nantes, et Delau-
nay aîné, d'Angers. Parmi les assistants se trouvaient M. Lebedesque, commandant de la garde nationale de Machecoul (p. 6),
M. Poidevin, de Saint-Philbert-de-Grand-Lieu. La commune de
Saint-Mars-de-Coutais avait envoyé son adhésion.

de la licence, que l'on s'occupait de la suppression des droits féodaux, etc.[1] Une seule phrase pourrait, à la rigueur, être considérée comme une allusion à des excitations réactionnaires; mais cette phrase est bien vague et ne désigne personne : « Que si des frères égarés, est-il dit, *ou séduits par les ennemis de la Révolution,* continuent à troubler la tranquillité publique...., ils seront ramenés, etc.[2] »

Que l'on cesse donc de soutenir imperturbablement que c'est la haine de la Révolution qui a jeté dans les provinces de l'Ouest les premiers brandons de la guerre civile ; car de deux choses l'une : ou cette jacquerie s'est recrutée d'éléments révolutionnaires, ou ce sont les mêmes paysans qui, armés contre leurs seigneurs en 1790, ont fait à la Révolution une si rude guerre. Si l'on admet la seconde hypothèse, il faudra reconnaître alors que l'oppression des nouvelles administrations fit regretter l'oppression du régime féodal et provoqua la guerre civile.

Toutefois, si, dans l'incertitude, il est téméraire d'affirmer que les habitants des campagnes furent les seuls instigateurs de ces mouvements, je n'oserais avancer non plus, ainsi qu'on l'a fait, que les bandes qui parcouraient les campagnes n'avaient à leur tête que des agitateurs sortis des villes ; mais les excitations du dehors, au moins dans certains pays, ne firent point défaut. En septembre 1789, « on avait arrêté, à Rouen, un

[1] *Procès-verbal de l'Assemblée de la Bretagne et de l'Anjou,* etc., p. 13.
[2] *Ibid.*, p. 13.

courrier particulier, porteur de trois cents lettres destinées à soulever le peuple contre la noblesse et à exciter les habitants des campagnes à incendier les châteaux, à se partager les immeubles qui en dépendent[1]. »

J'ignore si l'on organisa des enquêtes sur ces événements; seules elles pourraient fournir des renseignements précis sur le véritable caractère des instigateurs. Quant à des décisions judiciaires contre les agents apparents de ces troubles, il n'y en eut aucune. La municipalité de Nantes demanda et obtint pour eux une amnistie, par l'entremise des députés de la Bretagne[2], dont l'ardeur révolutionnaire était devenue proverbiale à l'Assemblée constituante. Assurément, ce ne fut pas pour épargner aux membres de la noblesse des révélations pénibles que la municipalité de Nantes fit cette démarche, dont elle rendit compte dans les termes suivants : « La municipalité de Nantes, informée que l'on donnait, avec le plus grand appareil, des suites à des procédures criminelles, commencées par le siége de la maréchaussée de cette ville, contre les habitants des campagnes, à l'occasion des violences commises en divers endroits; voyant que ces suites pourraient tomber sur les hommes les moins coupables, et occasionner des troubles plus sérieux...,

[1] *Journ. de la Corresp. de Nantes*, t. II, *supplém.* au n° XI, p. 161. Ce *fait-divers* est daté de Paris, 30 septembre 1789.
[2] La réclamation fut faite au nom de tous les députés de la ci-devant province de Bretagne, par Chapelier, dans la séance du 5 août 1790. (*Journ. des Déb. et des Décr.*, n° 375, p. 2). Le décret est rapporté à cette date du 5 août dans la *Collection Duvergier*, t. I, p. 271.

s'empressa de faire connaître à MM. les députés de la sénéchaussée de Nantes tous les maux que cette procédure occasionnerait, et voici le décret qu'ils ont obtenu de l'Assemblée nationale : il est dicté par la sagesse et la justice [1]. » Le décret ordonnait la cessation de toutes les procédures et la mise en liberté des personnes emprisonnées.

Il serait inutile d'insister davantage. La noblesse, d'ailleurs, n'avait, à ce moment, aucun intérêt à exciter un soulèvement, par l'excellente raison que l'appui des campagnes était plus qu'incertain. Les intérêts n'avaient point encore été lésés par la Révolution, et, si dévoués qu'on veuille les supposer aux seigneurs, les habitants n'avaient point été insensibles à la promesse de la destruction des droits féodaux. On verra quelle série de vexations les paysans endurèrent, avant de se décider à demander à la noblesse son loyal concours en faveur de la liberté religieuse.

Ce concours, assurément, eut sa grandeur et son utilité, quand il s'agit de tirer l'épée et de monter à cheval; mais ne doit-on pas regretter qu'il ait fait presque entièrement défaut à la cause de la liberté politique et à celle de la monarchie, dans les années qui précédèrent l'insurrection? Il faut bien le reconnaître, en effet, la noblesse, surtout dans notre pays, ne daigna jamais penser que les luttes de la vie civile pouvaient donner à son blason un éclat aussi brillant que celles des

---

[1] *Journ. de la Corresp. de Nantes*, 9 août 1790, t. 1, p. 64.

champs de bataille. « Une grande révolution est commencée; rien ne l'empêchera, disait Lally-Tollendal [1] : il ne tient qu'a la noblesse d'y concourir et de s'y assigner une place d'honneur. » Cette place d'honneur, elle ne la voulait point dans un système politique qui ne tenait aucun compte de la naissance. Aussi, bien que désignés naturellement par leur position aux suffrages d'habitants qui les respectaient, on ne vit que de rares gentilshommes accepter des fonctions publiques, lors de l'établissement des nouvelles administrations. Qu'ils aient agi de la sorte, après que la constitution civile eut imposé à tous les fonctionnaires des obligations qui répugnaient à leur conscience, rien de plus simple; mais pourquoi l'abstention en 1790? Ce fut un malheur que la plupart des districts et des municipalités se soient, dès le principe, formés en dehors de leur participation; mais ce fut un malheur plus grand encore que les urnes des scrutins aient été d'autant plus désertées par les honnêtes gens, qu'il devenait chaque jour plus utile de combattre l'influence d'un petit nombre d'électeurs, décidés à pousser la Révolution jusqu'à ses derniers excès.

On ne connaîtra jamais toute l'étendue du dommage que les gens modérés auraient pu empêcher, dans ces temps-là, s'ils avaient consenti à prendre aux affaires la part qui leur revenait. Étaient-ils bien fondés à se plaindre que toutes les situations officielles, y compris

[1] Lally-Tollendal parlait ainsi pour engager la noblesse des États généraux à se réunir au tiers. Voy. *Mémoires du marquis de Ferrières*, t. 1, p. 62.

les siéges des assemblées nationales, fussent occupés par des esprits remuants, avides de bouleversements, ne reculant devant aucune violence, quand, le plus souvent, il eût suffi, pour les écarter, de leur opposer des candidats modérés, et de faire appel aux suffrages du plus grand nombre ?

Sans aller jusqu'à prétendre que les peuples ont toujours les gouvernements qu'ils méritent, cette insouciance des intérêts publics, d'autant plus dangereuse que l'exemple en venait de plus haut, aurait pu faire prévoir, à un observateur attentif, malgré la puissance de l'épanouissement des idées libérales à ce moment, que la France se résignerait aussi bien au despotisme d'un seul qu'au despotisme de la foule. Je n'exagère point en disant qu'à quelque époque de la Révolution que l'on se place pour étudier les faits, on rencontre, chez la noblesse d'abord, et, plus tard, chez les honnêtes gens de toutes les classes, les tristes effets de cette pratique de l'abstention, dont la conscience peut se faire un oreiller commode, à la condition d'oublier que les partis y trouvent un sommeil qui les conduit à la mort.

C'est une belle chose de savoir courageusement expier ses fautes, comme le fit la noblesse, sur les échafauds et dans les prisons de la Terreur ; mais, en politique surtout, le meilleur est encore de n'en point commettre, et il est impossible de ne pas constater avec tristesse à quel point, non-seulement l'esprit politique, mais le goût même du pouvoir, manqua à la noblesse. Elle avait laissé croître le torrent qui devait l'emporter, sans songer qu'en aidant la royauté à fonder la liberté pour tous, elle pouvait elle-même se faire sa part d'influence, et qu'on ne la lui envierait pas, parce qu'on avait besoin d'hommes influents pour établir la liberté et pour la faire durer [1]. Quand la noblesse avait voulu opposer au torrent une digue impuissante, il n'était plus temps de s'appuyer sur le passé. C'est en vain qu'avec une admirable générosité, elle avait ensuite sacrifié spontanément ses droits et ses priviléges; son ordre avait cessé d'exister, le jour même où il s'était élevé à la hauteur de sa mission.

C'était beaucoup demander, peut-être, à des gens qui avaient conservé, avec leurs titres, quelque ombre de leurs anciennes prérogatives, de comprendre qu'ils devaient, à ce moment, se rattacher surtout à leur titre de citoyen [2]. Pourtant, les choses étaient arrivées à ce point que le titre de citoyen, qui pouvait ne pas les flatter, pouvait seul les servir; la plupart d'entre eux le mirent en oubli.

Après la nuit du 4 août, on voit, en effet, la noblesse se fractionner en plusieurs partis. Une petite minorité entre résolûment dans la voie constitutionnelle; mais elle y demeure trop isolée pour n'être pas

---

[1] Voir à ce sujet les considérations de M. de Larcy. (*Louis XVI et les États généraux; Correspondant*, 25 mai 1868, p. 711.)

[2] Les priviléges de la noblesse furent abolis dans les premiers jours du mois d'août 1789; mais les titres honorifiques ne lui furent enlevés que par la loi des 19-23 juin 1790. Une sanction pénale fut attachée à la violation de cette loi par un décret du 27 septembre 1791. Duvergier, *Collection de lois*, t. I, p. 217, et t. III, p. 373.

bientôt débordée, et elle ne réussit pas à se soustraire aux entraînements des Constitutionnels. Malouet et quelques-uns de ses amis font d'inutiles efforts pour former avec la droite un parti à la fois nombreux et modéré. L'espoir de la noblesse n'est point en France; autant qu'elle peut, elle court à l'étranger, avec la pensée de s'éloigner de l'orage, ou le désir d'obtenir les moyens de réprimer la Révolution, comme s'il s'agissait d'une émeute. La plupart des gentilshommes restés en France, à part quelques individualités isolées, recherchent l'ombre et le silence. La royauté demeure seule en butte aux coups des partis hostiles. Nulle part la lutte n'est engagée sur le terrain légal, le seul où la noblesse puisse occuper encore des positions solides, depuis que la force des événements l'a chassée de celles qu'elle occupait.

« Sans doute, — disait Louis XVI, le 4 février 1790, dans son discours à l'Assemblée nationale, — ceux qui ont abandonné leurs priviléges pécuniaires, ceux qui ne formeront plus, comme autrefois, un ordre politique dans l'État, se trouvent soumis à des sacrifices dont je connais toute l'importance; mais, j'en ai la persuasion, ils auront assez de générosité pour chercher un dédommagement dans tous les avantages publics dont l'établissement des assemblées nationales présente l'espérance [1]. »

On s'occupait, en ces temps-là, d'organiser les municipalités. Celle de Nantes fut installée le 8 février

[1] Discours du roi, p. 5, intercalé dans le *Journ. des Déb. et des Décr.*; entre le n° 170 et le n° 171.

1790, et il est à supposer qu'il en fut ainsi, à quelques semaines près, des autres municipalités du département. Je n'ai trouvé aucun document concernant l'installation de celles de Machecoul et des paroisses dépendant du District. Quant aux actes de ces municipalités se rapportant à l'année 1790, un très-petit nombre en a été conservé, et l'*Almanach pour* 1791 ne donne que les noms du maire, du procureur de la commune, et des officiers municipaux de Machecoul. C'étaient MM. B. Laheu (ancien lieutenant général du duché de Retz), maire; Gry, Seigneuret, Lemaignen, Gaschignard, Béthuis, Baré, Baudry, Leretz, officiers municipaux; Gaviez, procureur de la commune; Marchais, secrétaire.[2]

Un peu plus tard, l'administration du Département fut formée. Elle était constituée le 21 avril 1790; deux avocats de Machecoul, MM. Reingeard et Lemeignen, avaient été appelés à y prendre place[3], conformément au vœu de la loi, d'après laquelle l'administration du Département devait se composer de membres empruntés à la population de chacun des districts.

Les élections des administrateurs et du procureur-

---

[1] Les élections furent achevées le 4. *Journal de la Corresp. de Nantes*, n° 36, p. 580.

[2] *Almanach de la Loire-Inférieure pour 1791*. Nantes, Malassis. — Les documents de la municipalité de Machecoul montrent que, peu après, M. Laheu fut remplacé, comme maire, par M. Caviezel, et M. Gaviez, procureur de la commune, par M. Gry.

[3] *Journal de la Corresp. de Nantes*, du 23 avril 1790, n° xxv, p. 385.

syndic du district de Machecoul eurent lieu les 9 et 10 mai, les mêmes jours que dans les autres districts [1]. Un mois environ se passa avant que l'administration s'organisât complétement. La nomination du président et du secrétaire eut lieu le 21 juin, et, deux jours après, le District envoyait une députation au curé de la Trinité pour la célébration d'une messe solennelle, par laquelle on voulut inaugurer les travaux de l'administration [2].

Sur les faits accessoires, notamment sur ces élections, je ne saurais fournir aucun détail. La presque totalité des papiers des autorités établies à Machecoul par la Révolution a disparu; les registres les plus intéressants ont été brûlés ou détruits lors de l'insurrection de 1793. Fort heureusement, il n'en a pas été tout à fait ainsi des copies des délibérations que le District envoyait au Département : quoique fort dispersées dans les archives, ces copies certifiées se retrouvent en grand nombre, et m'ont fourni la plupart des éléments de ce travail.

A ce moment, l'administration du District est ainsi composée : 1° MM. Ménard, de Legé; 2° Praud de la Nicollière, de Machecoul; 3° Dubois, de Paulx; 4° de Couëtus, de Saint-Philbert-de-Grand-Lieu;

---

[1] *Journ. de la Corresp. de Nantes*, 12 mai 1790, n° XXXIII, t. IV, p. 514.

[2] Extrait abrégé des opérations du district de Machecoul, envoyé tous les six mois au Département. Bien que très-laconiques et ne mentionnant que les faits principaux, ces extraits ont un grand intérêt pour la fixation des dates. *(Arch. de la Préf.)*

5° Goeau, de la Benate; 6° Levaulle, de Saint-Colombin; 7° Guesdon, de Saint-Lumine-de-Coutais; 8° Raimbaud, de Saint-Philbert-de-Grand-Lieu; 9° Buor, de Saint-Étienne-de-Corcoué; 10° Lebreton, de la Chevrolière; 11° Charruau jeune, de Machecoul; 12° Biclet jeune, de Machecoul. — Procureur-syndic, M. Guilbaud; secrétaire-greffier, M. Jean Paumier. La présidence de l'administration est déférée à M. Ménard, et les fonctions de membres du Directoire à MM. Dubois, Praud de la Nicollière, Charruau jeune et Biclet jeune. Le président du Directoire, qui avait, comme on l'a vu, le titre de vice-président du District, est M. Dubois [1].

Le 28 juin, le District choisit pour receveur « noble homme Jacques-François Garreau [2]. » Jusqu'au 1er janvier 1791, les fonctions du receveur se bornent, en ce qui concerne les dîmes des biens ecclésiastiques, à les recevoir pour le compte de l'État, l'administration des biens eux-mêmes étant, jusqu'à cette époque, laissée aux titulaires des bénéfices [3].

Le conseil de District tint sa première session an-

---

[1] *Almanach de la Loire-Inférieure pour 1791*; Nantes, Malassis, p. 71.

[2] Délibération du District, du 28 juin 1790. Elle est, chose bizarre, signée d'un nom que je n'ai vu qu'une fois dans les actes de Machecoul, de celui de M. Durorthays, joint au nom de plusieurs autres membres du District. *(Arch. de la Préf.)*

[3] Décrets du 22 avril et du 12 juin 1790. Duvergier, *Collect. de lois*, t. I, pp. 151 et 217. — Les conditions du service des receveurs de district furent réglées par décret du 14 novembre 1790. *Ibid.*, t. II, p. 20.

nuelle du 15 au 29 septembre 1790 [1], mais les procès-verbaux n'ont point été conservés. Au surplus, sauf en ce qui concerne les rapports du District avec le clergé, que j'exposerai dans le prochain chapitre, il ne paraît pas que, durant l'année 1790, cette administration ait eu à prendre des mesures dignes d'attirer l'attention. Je noterai seulement qu'à la fin d'octobre, quelques troubles éclatèrent à Saint-Philbert-de-Grand-Lieu, à l'occasion de l'élection d'un juge de paix, et que, le 23 décembre, une décision fut prise pour casser les élections municipales de la commune de Legé [2].

Voilà pour l'Administration. Le service de la justice est aussi, dans le même temps, établi sur de nouvelles bases.

Aux termes de la loi d'organisation de la justice, du 16 août 1790 [3], chaque district doit avoir un tribunal, composé de plusieurs juges, et chaque canton un juge de paix, assisté de prud'hommes assesseurs. La ville de Machecoul avait été désignée pour être le siége du tribunal [4].

Les juges du tribunal de district sont nommés pour six ans par les électeurs issus des assemblées primaires du District, les mêmes qui élisent les membres des administrations, et, comme nous le verrons plus loin, les curés du district. Les juges de paix, ainsi que

---

[1] *Tableau abrégé des opérations du District de Machecoul.*
[2] *Ibid.*
[3] Duvergier, *Collection de lois*, t. 1, p. 310.
[4] *Journ. des Déb. et des Décr.*, 24 août 1790, n° 400, p. 12.

leurs assesseurs, sont nommés pour deux ans par les citoyens actifs du canton, réunis en assemblée primaire. Les conditions d'éligibilité sont les mêmes que pour les membres des administrations; en outre, les juges de district doivent avoir trente ans accomplis et avoir été, pendant cinq années, juges ou hommes de loi exerçant publiquement auprès d'un tribunal [1].

La justice est rendue au nom du roi; néanmoins le roi n'institue pas les juges; au moyen d'une formule arrêtée d'avance, il déclare seulement que l'élection ayant été faite conformément aux lois, tel citoyen est juge de tel district.

Bien des objections avaient été produites contre ce système de l'institution royale réduite à la seule constatation d'un fait. Du moment que l'on admettait que la justice serait rendue au nom du roi, c'était que l'on reconnaissait le pouvoir judiciaire comme faisant partie du pouvoir exécutif, et il était peu logique de laisser le roi entièrement désarmé en présence d'un mauvais choix. Le comité de constitution avait prévenu cet inconvénient en proposant de faire élire trois candidats, entre lesquels le roi pourrait choisir. En outre, deux amendements avaient été présentés dans le but d'investir le roi du pouvoir de donner un refus motivé ou un refus absolu [2], mais la tendance à diminuer de toutes les façons la prérogative royale,

---

[1] Une loi du 2 septembre fournit quelques explications sur les conditions d'éligibilité. Duverg., *Collect. de lois*, t. 1, p. 354.

[2] *Journ. des Déb. et des Décr.*, 7 mai 1790, n° 269, p. 15. La discussion sur ce point avait commencé le 4 mai.

au profit de l'ingérence directe du peuple, avait prévalu, grâce à la tactique du côté droit, qui avait cru habile de s'abstenir en cette circonstance [1].

Le greffier lui-même est nommé au scrutin; seul, le membre du ministère public, désigné sous le titre de *commissaire du roi,* est nommé à vie par le roi. Ses fonctions sont, à peu de choses près, celles des membres de nos parquets, moins l'accusation; « les commissaires du roi ne seront point accusateurs publics, » dit la loi. Néanmoins, comme les tribunaux criminels, avec l'assistance de jurés, ne commencèrent à fonctionner que dans les premiers jours de 1792, les tribunaux de districts en tenaient lieu, et l'un des juges remplissait les fonctions d'accusateur public [3]. Les juges de paix ont des assesseurs, nommés, comme eux, par l'assemblée primaire du canton; la loi du 19 juillet 1791 ajoutera à leurs fonctions de magistrats conciliateurs celle de juges correctionnels [4].

D'après la loi d'institution, les tribunaux de districts sont tribunaux d'appel, les uns à l'égard des autres. Dans les villes au-dessous de vingt mille âmes, le traitement de chaque juge, sans distinction du président, et celui du commissaire du roi, est de dix-huit cents livres,

---

[1] *Mémoires du marquis de Ferrières,* t. II, p. 49.

[2] Loi du 16 août 1790, titre VIII, art. 4.

[3] Loi du 12 octobre 1790; Duvergier, *Collect. de lois,* t. I, p. 407.

[4] Décret relatif à l'organisation d'une police correctionnelle. *Ibid.,* t. III, p. 115. Titre II, art. 46.

avec retenue du tiers, distribuée en droits d'assistance. Le juge de paix n'a que six cents livres [1].

Les juges, étant en fonctions, portent l'habit noir et ont la tête couverte d'un chapeau rond, relevé par devant et surmonté d'un panache de plumes noires. Les commissaires du roi ont le même habit et le même chapeau, à la différence qu'il est relevé en avant par un bouton et une ganse d'or. Le greffier a le même chapeau que le juge, mais sans panache. « Les hommes de loi, ci-devant appelés avocats, ne devant former ni ordre ni corporation, n'ont aucun costume particulier dans leurs fonctions [2]. »

Les juges, lorsqu'ils ont reçu les lettres-patentes du roi, sont installés au lieu de leurs séances par les membres du conseil général de la commune, devant lesquels ils prêtent leur serment, et ceux-ci, à leur tour, après avoir installé les juges, prennent, au nom du peuple, l'engagement *de porter au tribunal et à ses jugements le respect et l'obéissance que tout citoyen doit à la loi et à ses organes*. Les juges de paix prêtent également serment devant le conseil général de la commune; le commissaire du roi devant les juges.

L'installation du tribunal eut lieu, à Machecoul, le 22 décembre 1790, à la suite d'une messe solennelle, célébrée à l'église de la Trinité. Dans cette circonstance, M. Hervé de la Bauche, recteur de la

---

[1] Loi du 2 septembre 1790. Duvergier, *Collect. de lois*, t. 1, p. 352.
[2] *Ibid.*, t. 1, p. 353.

paroisse, prononça même quelques paroles de nature à faire supposer que l'harmonie entre le clergé et les autorités continuait encore à régner dans une certaine mesure.

En l'absence de procès-verbaux d'élection, je ne puis que donner la composition du tribunal, telle qu'elle apparaît sur les registres d'audience [1]. Le président est M. Lemeignen, de Legé; les juges, MM. Paynot, de Pornic; Réal, de Machecoul; Mesnard. M. B. Laheu ayant vraisemblablement abandonné ses fonctions de maire, occupe auprès du tribunal les fonctions de commissaire du roi, et M. Charruau celles de greffier. Les tribunaux de district devaient être composés de cinq juges et de quatre suppléants; mais je ne crois pas que celui de Machecoul ait jamais été au complet. On aperçoit sur les registres d'audience, à diverses reprises, des mutations dont il est assez difficile de se rendre un compte exact [2].

[1] Registres d'audiences du Trib. de Machecoul. (*Archives du Greffe*).

[2] En avril 1791, personne n'ayant demandé la place d'accusateur public, M. Paynot fut chargé de la remplir. — L'*Almanach du département de la Loire-Inférieure, pour 1792* (Nantes, Malassis), p. 83, mentionne, en outre, comme juges suppléants, MM. Chesnel, Masson, Buchet et Boullemer. — En mars 1792, on aperçoit un nouveau juge, M. Esnou; à cette même époque, M. Boullemer est qualifié sur les registres de suppléant du commissaire du roi, et, après le 10 août, cette dénomination ayant été changée, par décret du 18 août 1792 (Duvergier, *Collect. de lois*, t. IV, p. 322), M. Boullemer fut installé par le conseil général de la commune en qualité de commissaire du pouvoir exécutif provisoire. Nous verrons plus loin que de nouvelles élections modifièrent, en décembre 1792, la composition du tribunal.

V

LE SCHISME.

Année 1790.

Serment de l'évêque de Nantes à la constitution politique. — Offre de l'évêque d'Aix au nom du clergé de France. — Substitution du salaire à la propriété du clergé. — Engagements de l'État à ce sujet. — Motion de Dom Gerle. — Influence des Clubs. — Désordres dans les églises de Nantes. — Religion paisible des paroisses rurales. — La constitution civile du clergé; discussion; vote; attitude du Souverain Pontife. — Exposition des principes sur la constitution civile du clergé, signée par la presque unanimité des évêques de France. — Adresse à l'Assemblée nationale, par le clergé nantais. — Difficultés de l'évêque avec le District de Nantes. — Départ de M. de la Laurencie. — Difficultés du Département à constituer l'administration religieuse de la cathédrale. — Intolérance des patriotes et soupçons gratuits à l'égard du clergé. — Poursuites à l'occasion de l'Adresse à l'Assemblée nationale. — Députation envoyée à Paris pour demander la déposition de M. de la Laurencie. — Sanction donnée par le roi à la constitution civile du clergé.

La mise à la disposition de la nation des biens du clergé avait, beaucoup moins qu'on ne le croit généralement, excité l'hostilité des membres de cet ordre contre la nouvelle constitution politique.

Le 21 février 1790, l'évêque de Nantes vint à la municipalité prêter le serment solennel à la constitution. Le dimanche précédent, son clergé avait prêté le même serment, à une cérémonie publique qui avait eu lieu sur le cours Saint-Pierre [1]. A ce moment, l'Assemblée nationale s'occupait de la destruction des ordres monastiques et de la fixation du traitement qu'elle proposait aux religieux. Les vœux monastiques étaient prohibés [2], et, comme si l'on eût voulu associer le clergé à l'établissement des mesures prises contre l'Église, le décret du 23 février 1790 ordonnait aux curés et vicaires desservant les paroisses de faire, au prône, la lecture de tous les décrets, au fur et à mesure de leur promulgation [3].

Le moment approchait où le décret du 2 novembre 1789 devait recevoir son exécution, par la dépossession, au point de vue utile, des titulaires de biens ecclésiastiques. Au mois d'avril, on discuta les conditions de cette dépossession. En vain, l'archevêque d'Aix renouvela, au nom du clergé, la proposition d'un emprunt

---

[1] *Journal de la Corresp. de Nantes,* du 24 février 1790, n° 36, p. 582.

[2] Décrets des 13 et 20 février 1790. Duvergier, *Collect. de lois,* t. 1, pp. 100 et 101. — Sur le caractère antilibéral de ces décrets, voir l'opinion de M. de Pressensé, pasteur protestant : *l'Église et la Révolution,* p. 90.

[3] Décret du 23 février 1790, art. 2. Duvergier, t. 1, p. 102. Cette disposition avait été l'objet d'un vœu particulier dans le cahier de la sénéchaussée de Nantes. — Le 2 juin 1790, un décret enleva la qualité de citoyen actif aux prêtres qui refuseraient de faire cette publication au prône. (Même *Collection de lois,* p. 202, art. 4 du décret.)

de 400 millions, lequel serait hypothéqué sur ses biens, et dont il paierait l'intérêt, et rembourserait le capital par des ventes progressives faites suivant les formes canoniques et civiles [1] : il lui fut répondu qu'on ne pouvait rien accepter d'un corps qui avait cessé d'exister [2].

Si l'Assemblée n'avait eu en vue, dans cette affaire, qu'un but financier et économique, nul doute que les propositions du clergé n'eussent été accueillies ; mais ce qu'elle voulait surtout obtenir, c'était la destruction de l'ordre du clergé, et elle espérait, en lui prenant ses biens, lui enlever l'indépendance. M. Léonce de Lavergne a démontré combien est grande la méprise du vulgaire, qui croit encore aux bienfaits économiques et agricoles de la spoliation du clergé, de la façon qu'elle s'accomplit en 1790 et durant les années suivantes ; que ne pourrait-on dire, si l'on envisageait cet acte au point de vue des destinées de la liberté en France ? Beaucoup de gens font un grief au clergé de son peu de sympathie pour les idées libérales, qui ne veulent pas voir que cette disposition a son origine dans la méfiance avec laquelle le traita l'Assemblée constituante. Les curés de cette assemblée y avaient apporté les tendances les mieux accusées en faveur de la liberté politique. Il était par conséquent peu habile, de la part des gens désireux de fonder la liberté, de

---

[1] *Moniteur* du 13 avril 1790, n° 103, séance du 12. — *Hist. de l'Église pend. la Révol.*, Jager, t. 1, pp. 384 et suiv. — *Journ. des Déb. et des Décr.*, du 12 avril, n° 242, p. 7.

[2] *Journal des Déb. et des Décr.*, du 15 avril, n° 245.

commencer par lui aliéner toute une classe de citoyens influents, qui, pour la plupart, ne demandaient qu'à les aider dans leur œuvre. Si, dans une pareille matière, il convenait de parler de rancunes, et qu'on voulût aller à la source de ces rancunes, il serait injuste de ne pas rappeler ces procédés à l'égard du clergé, que les libéraux de la Constituante rendirent d'autant plus blessants, que l'intérêt de l'État dans la spoliation était moindre en présence des offres généreuses de M. de Boisgélin. Il faut savoir, en effet, que le projet concernant les traitements et pensions ecclésiastiques, et les frais du culte, affectait à ces services une somme de 133 millions [1], et qu'un pareil chiffre, proposé pour faire accepter la confiscation, enlevait à cet expédient tous ses avantages financiers.

Il n'en fut pas moins décrété, les 14, 20 et 22 avril, que l'administration des biens, déclarés à la disposition de la nation, serait et demeurerait, dès la présente année, confiée aux administrations de département et de district, et que, dans l'état des dépenses publiques de chaque année, il serait porté une somme suffisante pour fournir aux frais du culte de la religion catholique, apostolique et romaine [2], à l'entretien des ministres des autels, aux pensions ecclésiastiques, etc. (art. 5), et qu'*il n'y aurait aucune*

---

[1] Rapport de Chasset, supplément au n° 238 du *Journ. des Déb. et des Décr.*, 9 avril 1790.

[2] Ces mots avaient été ajoutés sur la demande d'un député, dont l'amendement avait été adopté avec acclamation. *Journ. des Déb. et des Décr.*, du 14 avril 1790, n° 244, p. 10.

distinction entre cet objet de service public et les autres dépenses nationales (art. 6). Les biens non donnés à ferme devaient continuer à être exploités directement par les bénéficiers, sauf à faire compte avec les receveurs des districts (art. 9) [1].

Nous verrons bientôt de quelle façon fut tenue cette promesse solennellement faite à la *religion catholique, apostolique et romaine ;* et comment l'application violente de la constitution civile du clergé apporta un cruel démenti aux considérants du décret rendu à propos de la motion de Dom Gerle [2]. Dans ces considérants, qui méritent d'être rappelés, on lisait que : « l'Assemblée n'a et ne peut avoir aucun pouvoir à exercer sur les consciences et sur les opinions religieuses ; » et que « l'attachement de l'Assemblée au culte catholique, apostolique et romain ne saurait être mis en doute, au moment où ce culte va être mis par elle au premier rang des dépenses publiques. »

Toutes ces discussions de l'Assemblée constituante

---

[1] Voy. le décret, Duvergier, *Collect. de lois,* t. 1, p. 151.

[2] Dom Gerle avait proposé, le 12 avril 1790, qu'il fût décrété que la religion catholique, apostolique et romaine serait et demeurerait pour toujours la religion de la nation, et que son culte serait le seul public et autorisé. L'Assemblée avait écarté cette motion par l'ordre du jour motivé dont je donne les considérants. Voy. *Débats* du 13 avril, n° 243, p. 7. — Beaucoup de diocèses envoyèrent des protestations contre le décret du 13 avril, demandant que l'unité de culte fût décrétée. Voy. *Histoire de l'Église pend. la Révol.,* par l'abbé Jager, t. 1, p. 406 et suiv. Le diocèse de Nantes renouvela, à cette occasion, sa demande d'un concile pour opérer une réforme de la discipline et de l'organisation ecclésiastique. *Mémoires de Picot,* 3ᵉ édit., t. v, p. 436.

étaient suivies avec passion dans les provinces; les journaux leur en apportaient des résumés plus ou moins complets, et l'ardeur politique n'y était pas moindre qu'à Paris. Les clubs étaient le grand moyen d'action des révolutionnaires, et l'abbé Grégoire s'est chargé de nous faire connaître tout le parti qu'on en savait tirer. « Comme l'opinion de beaucoup de représentants, dit-il dans ses *Mémoires*, n'était pas toujours au niveau de la nôtre, pour en accélérer la marche, notre tactique était simple : on convenait qu'un de nous saisirait l'occasion opportune de lancer la proposition, dans une séance de l'Assemblée nationale... Il demandait et l'on accordait le renvoi à un comité, où les opposants espéraient inhumer la question. Les Jacobins s'en emparaient. Sur leur invitation circulaire, ou d'après leur journal, elle était discutée dans trois ou quatre cents sociétés affiliées, et, trois semaines après, pleuvaient à l'Assemblée nationale des adresses pour demander un décret dont elle avait d'abord rejeté le projet, et qu'elle admettait ensuite à une grande majorité, parce que la discussion avait mûri l'opinion publique [1]. »

Au mois de mai 1790, à Nantes, les esprits avaient fait assez de chemin, pour qu'au club des *Amis de la Constitution* (Jacobins), on pût faire des motions comme celle-ci : « Si c'est un mal nécessaire d'avoir des évêques, je propose l'établissement d'évêques ambulants... Quatre prélats, à dix mille écus par tête,

---

[1] *Mémoires de Grégoire*, publiés par M. Carnot, t. 1, p. 387.

rempliraient les fonctions faciles de l'épiscopat jusqu'au moment où le peuple ne croira plus nécessaire d'entretenir des apôtres aussi inutiles [1]. » La majesté des temples catholiques était alors si peu respectée dans notre ville, qu'une ordonnance municipale devenait nécessaire pour « faire défense à toutes personnes de troubler et d'interrompre les ministres du culte divin dans leurs fonctions et cérémonies reilgieuses; de se rassembler dans les églises, et de monter en chaire pour y débiter des discours [2]. » Des caricatures étaient répandues partout librement pour inspirer au peuple le mépris des ministres de la religion [3].

Tout au contraire, les petites villes et les paroisses rurales présentaient très-fréquemment le tableau de l'union la plus complète des prêtres et des citoyens. On lit, dans le *Précis du voyage des députés des gardes nationaux et volontaires nantais à Challans* que, partis le 12 mai, à six heures du matin, et arrivés le soir, a cinq heures, « l'état-major de l'endroit les attendait à l'auberge... Le lendemain, quinze paroisses de ce district, formant six cents hommes sous les armes, et auxquels s'étaient joints les députés de Machecoul, se sont rendus à Challans. Ils ont marché à l'église paroissiale, où le curé a béni les drapeaux

---

[1] Cette motion est reproduite en tête du supplément du n° 7 du *Journal de la Corresp. de Nantes*; 31 mai 1790; t. v, p. 109.

[2] Même journal, t. vi, p. 129, 26 août 1790.

[3] Voy. séance du 9 juin 1790, *Journal des Déb. et des Décr.*, n° 304, p. 13.

de la ville.... Ensuite, toute la garde nationale s'est rendue à un quart de lieue de l'endroit, où l'on a trouvé l'autel destiné à la prestation du serment patriotique. Le clergé et la municipalité ont été les premiers à prêter le serment civique[1]. »

Le patriotisme du clergé se montra clairement, au mois de juillet 1790, lors de la fête de la Fédération. Le procès-verbal qui suit en fait foi; il est bon de se rappeler, en le lisant, qu'il fut rédigé par un prêtre, l'abbé Brossaud, enfermé plus tard aux Carmélites, pour refus de serment, et mort noyé durant la Terreur. L'abbé Brossaud était alors maire et recteur de la paroisse de Saint-Jean-de-Corcoué :

« Nous, officiers municipaux, attestons avec bien du plaisir que, nous étant rendus, le 14 du présent, en notre église, accompagnés de plusieurs de nos citoyens actifs et autres, pour nous réjouir dans le Seigneur avec tous les bons Français, plus de quatre-vingts de nos paroissiens, tant mariés que garçons, se sont présentés devant nous et nous ont engagés à les enrôler, comme membres de la garde nationale. Ayant applaudi à leur demande..., nous leur avons fait prêter le serment requis par l'auguste Assemblée nationale; qu'ensuite nous avons assisté à une messe solennelle, que notre recteur et maire a célébrée en action de grâces des bontés signalées dont Dieu se plaît à combler la France, pour lui en demander la continuation, et le supplier surtout que le nœud fédéral.... fût indissoluble; qu'enfin notre fête s'est termi-

[1] *Journ. de la Corresp. de Nantes*, mai 1790, t. IV, p. 556.

née par un *Te Deum,* que nous avons tâché de chanter avec la religion qui inspire et affermit les sentiments vraiment patriotiques dont nous sommes pénétrés[1]. »

Je pourrais donner le récit de la même fête à Saint-Philbert-de-Grand-Lieu; mais il serait sans intérêt, cette paroisse ayant alors à sa tête Villers, l'un des prêtres du diocèse les plus engagés dans les idées nouvelles[2].

L'année suivante, ce sera tout autre chose, par suite de l'application violente de la constitution civile du clergé[3].

Tout a été dit et écrit sur cette déplorable inconséquence de l'Assemblée constituante, qui avait donné au pays le droit d'espérer d'elle plus de respect pour la liberté. Il est inutile de combattre l'opinion de ceux qui prétendent encore aujourd'hui que le sentiment religieux ne fut que le prétexte de la résistance que souleva cet acte schismatique. On ne saurait discuter avec ceux qui se refusent à comprendre qu'il appartient souverainement à un culte quelconque, et, à plus forte raison, à une religion de hiérarchie comme le catholicisme, de déterminer les conditions de son

---

[1] Délibération de la municipalité de Saint-Jean-de-Corcoué du 28 juillet 1790, signée : Brossaud, maire; Mornet, J. Grasset, F. Musset, J. Guibreteau. *(Archiv. de la Préfect. Fonds du district de Machecoul.)*

[2] *Journ. de la Corresp. de Nantes,* t. v, juillet 1790, n° 26, p. 427.

[3] Le décret sur la constitution civile du clergé porte la date du 12 juillet 1790, et le décret complémentaire sur le traitement du clergé celle du 23 juillet. Duvergier, *Collect. de lois*, t. I, pp. 243 et 257.

orthodoxie. Tandis que M. Michelet soutient qu'aucune atteinte n'était portée au catholicisme[1], et que beaucoup d'autres le soutiennent avec lui, un pasteur protestant, M. de Pressensé, reconnaît avec raison que « Treilhard avait beau affirmer que le dogme seul est d'institution divine et échappe au pouvoir civil, la discipline, qui touche à l'organisation intime de la société religieuse, doit relever d'elle au même titre. C'est en bouleversant toute la hiérarchie sacerdotale, toutes les circonscriptions épiscopales, que les pieux jansénistes du comité ecclésiastique avaient la prétention de ramener l'Église à sa pureté primitive.[2] »

« La pensée qui inspira ce projet, dit encore M. de Pressensé, ressort avec clarté de cette parole de Camus, prononcée le 1ᵉʳ juin 1790 : « L'Église est dans l'État, l'État n'est pas dans l'Église; nous sommes une Convention nationale; *nous avons assurément le pouvoir de changer la religion*[3]. » On avait, en conséquence, appliqué à l'organisation ecclésiastique le principe de la souveraineté du peuple, qui régissait l'État, et l'élection, origine de toute délégation d'autorité, était devenue le mode de nomination des évêques et des

---

[1] *Hist. de la Révolution*, t. III, p. 204.

[2] *L'Église et la Révolution française*, par Edmond de Pressensé. Paris, 1864, p. 116.

[3] *Ibid.*, p. 121. Voir à ce propos le ch. 8 du liv. IV du *Contrat social*, intitulé *la Religion civile*, qu'un député de l'Assemblée législative proposa plus tard de convertir simplement en motion (24 mai 1792); ce qui inspire à M. de Pressensé (p. 236) cette remarque, qu'on ne faisait pas autre chose depuis plus d'un an.

curés. S'il s'agissait de choisir un évêque, les électeurs du département étaient convoqués, et les formalités étaient absolument les mêmes que pour l'élection des membres de l'administration départementale (Tit. ɪɪ, art. 3). Pour les curés, c'étaient les électeurs du District qui se réunissaient, comme pour une élection de membres du District (Art. 26). Il importait peu que l'on fût juif ou protestant [1] : du moment qu'on était sorti d'une assemblée primaire avec le titre d'électeur, on avait pleine compétence pour choisir l'évêque ou les curés. Il est une chose, cependant, plus étonnante que cette disposition, c'est la considération qui fut présentée pour la rendre acceptable : l'élection des évêques devant toujours avoir lieu un dimanche, à l'issue de la messe paroissiale, à laquelle seront tenus d'assister tous les électeurs, « il n'y aura pas de doute que ceux qui auront assisté à la messe dans la cathédrale sont catholiques [2]. » Ferrières nous apprend que lorsqu'il s'agit de voter sur le principe du choix des

---

[1] « Quand l'Assemblée constituante a tenté cette folle entreprise de la constitution civile du clergé, elle a fait nommer les évêques par les électeurs chargés d'élire l'assemblée départementale. C'est assurément une conception absurde, car enfin où est la capacité de ces électeurs? Ils peuvent être protestants, ils peuvent être juifs, ils peuvent être libres penseurs.

» Justement, quelques jours avant la promulgation de la constitution civile du clergé, on avait donné les droits électoraux aux protestants et aux juifs. » (Discours de M. Jules Simon, *Moniteur* du 4 décembre 1867, p. 1515).

[2] Discussion des articles, *Journ. des Déb. et des Décr.* du 9 juin 1790, n° 304, p. 16. L'élection des curés devait aussi avoir lieu le dimanche.

évêques par élection, « tous les ecclésiastiques attachés aux évêques et plusieurs nobles quittèrent la salle ; les révolutionnaires, devenus les plus forts par cette impolitique retraite, demandèrent que l'on mît le décret aux voix, et il passa sans difficulté[1]. » Trois séances avaient été consacrées à la discussion générale de la constitution civile du clergé (du 29 au 31 mai) ; le 12 juillet, l'œuvre entière était votée[2].

Le département de la Loire-Inférieure formait un évêché ; on ne reconnaissait d'autres dignités ecclésiastiques que celles d'évêque, curé, vicaire épiscopal et simple vicaire. Le moindre traitement des curés était de 1200 livres, en outre de leur logement.

La cour de Rome opposa une sage lenteur à l'examen de la constitution civile du clergé français. Le pape Pie VI, dans une lettre au roi, du 10 juillet 1790, lui avait fait apercevoir les dangers d'un schisme, s'il ratifiait les décrets relatifs au clergé ; mais, en même temps, il lui avait conseillé de prendre l'avis de deux prélats, pleins de science et de vertu, qui siégeaient dans ses conseils[3]. L'un était M. de Pompignan, archevêque de Vienne, devenu ministre de la *feuille*, et l'autre, M. Champion de Cicé, archevêque de Bordeaux, que Louis XVI avait fait garde des sceaux. Le second de ces prélats, car la responsabilité de M. de Pompignan, dans cette résolution, doit être

---

[1] *Mémoires du marquis de Ferrières*, t. II, p. 56.

[2] Jager, t. I, pp. 431 et 451.

[3] *Mémoires de Picot*, 3ᵉ édit., t. V, p. 29.

mise à couvert[1], crut devoir céder aux circonstances, et conseilla, comme ministre, ce qu'il eût blâmé comme évêque. Peut-être, M. de Cicé fit-il le raisonnement suivant, que lui prête l'abbé Rorhbacher[2] : Le roi, par suite des libertés de l'Église gallicane, est plus maître de l'Église en France que le pape; or, l'Assemblée ayant tous les pouvoirs de la nation et du roi, elle doit avoir plus de pouvoirs que le pape. Quoi qu'il en soit, le roi avait signé la constitution civile du clergé, le 24 août 1790, et, par suite, elle était devenue loi de l'État.

Ce fut alors que le pape, sur l'avis de ses cardinaux, résolut de consulter les évêques de France sur la situation. Les évêques répondirent par la célèbre *Exposition des principes sur la constitution civile du clergé,* œuvre de M. de Boisgelin, publiée le 30 octobre 1790, signée de trente évêques de l'Assemblée constituante, et à laquelle adhérèrent ensuite cent quatre autres évêques[3]. L'*Exposition* revendiquait la juridiction essentielle à l'Église, et les évêques demandaient en finissant qu'on admît le concours de la puissance ecclésiastique pour légitimer les changements qui pouvaient être nécessaires.

Dans les mêmes jours, cent quatre prêtres du dio-

---

[1] *Mém. de Picot,* t. v, p. 31. — *Biographie univers. de Michaud,* t. xxxv, p. 317.

[2] *Histoire universelle de l'Église catholique,* 1ʳᵉ édit., t. xxvii, p. 488.

[3] *Ibid.,* t. xxvii, p. 489. — *Mémoires de Picot,* loc. cit., pp. 32 et suiv.

cèse de Nantes signaient, sous le titre d'*Adresse à l'Assemblée nationale*, contre la constitution civile du clergé, une protestation de même nature, dont on a attribué la rédaction à M. Chevalier, curé de Saint-Lumine-de-Coutais, et député du clergé à l'Assemblée nationale pour le diocèse de Nantes [1]. Sur les cent quatre signataires, vingt-sept appartenaient à des paroisses du district de Machecoul. « La perte de nos biens, disaient-ils, et la suppression de notre ordre, n'entrent en aucune manière dans le plan de notre démarche actuelle. » Cet écrit devait fournir à l'administration départementale de la Loire-Inférieure la première occasion de sévir contre le clergé fidèle.

On a pu entrevoir déjà que les dispositions d'une partie de la population de Nantes n'étaient rien moins que favorables au respect des idées religieuses. Les membres des administrations, choisis parmi les hommes dévoués à la Révolution, se figurant que l'un des principaux obstacles à son développement

---

[1] *Adresse à l'Assemblée nationale*, in-8° de 34 p.; à Nantes, chez Gigougeux, imp.-lib. Cette brochure n'est pas datée, mais, comme elle fut dénoncée à l'Assemblée nationale, le 12 novembre 1790, il est à supposer que sa publication dut précéder ou suivre de peu de jours celle de *l'Exposition*. Dans l'analyse du rapport de Voidel, donnée par le *Journal des Débats*, 26 nov. 1790, n° 521, il est parlé d'une assemblée de cent trois curés de la Loire-Inférieure, qui va jusqu'à damner ceux qui achèteraient des biens nationaux. J'ignore si c'est une allusion à l'*Adresse*, qui avait le même nombre d'adhérents, ou s'il y eut un autre acte de même nature, mais l'adresse ne contient rien de semblable.

était le clergé, n'avaient point tardé à prendre contre lui une attitude hostile.

A la fin du mois de mai, un mouvement assez grave ayant éclaté sur le champ de foire de Nantes, à l'occasion d'une taxe sur les bestiaux, le District, nouvellement organisé, avait élevé la prétention d'obliger l'évêque, M. de la Laurencie, à publier un mandement pour éclairer les paysans qui avaient pris part aux troubles de la foire, et avait sommé ensuite ce prélat de se rendre à une réunion dans laquelle on devait l'interpeller sur son retard à exécuter cet ordre et sur un acte de sa juridiction épiscopale. L'évêque avait refusé; c'en était assez pour qu'on se crût le droit de le regarder comme un ennemi des réformes. Par suite d'une inconséquence qui se rencontre encore dans certains esprits, on voulait influer sur les décisions spirituelles du clergé, sans lui reconnaître le droit d'élever la voix sur les choses temporelles; mais on trouvait très-mauvais qu'il se refusât à parler, dans certains cas où son influence pouvait être un instrument commode pour obtenir des résultats dans l'ordre purement civil[1].

M. de la Laurencie avait quitté Nantes, quand, le 5 octobre[2], on lui signifia, à son palais, les décrets sur la nouvelle organisation ecclésiastique, en lui en-

---

[1] Voy., sur cet incident, *la Commune et la Milice de Nantes*, par Mellinet, t. vi, pp. 146 à 153.

[2] Le Directoire du Département rendit son arrêté de suppression du chapitre le 6 octobre, et il devait être exécuté le 14. Le 16 octobre, vu l'absence de l'évêque, cette administration pro-

joignant de les exécuter. Il répondit par une lettre, datée de Paris, le 16 octobre 1790, dans laquelle il protestait contre la suppression du chapitre, la nomination de nouveaux curés, et tous autres changements qui ne pouvaient se faire que par la puissance ecclésiastique. Le rapport du député Voidel, auquel j'emprunte ces détails, loue cependant la réserve de M. de la Laurencie de n'avoir point mêlé à sa protestation une revendication des biens temporels de son clergé[1].

Coustard, le président du Département, irrité par la résistance du chapitre à l'application des nouvelles mesures[2], signala à l'Assemblée nationale les difficultés qu'il éprouvait à organiser l'administration de la cathédrale, et lui demanda d'ordonner à tous les évêques de se rendre dans leur département, sous peine d'être déchus de leur titre et de leur dignité d'évêque[3].

Ce doit être dans ces temps-là, c'est-à-dire vers la fin d'octobre, que fut répandue dans le public l'*Adresse à l'Assemblée nationale* du clergé nantais. Cet écrit, que j'ai rapproché de l'*Exposition des principes*, n'était pas autre chose qu'une discussion de la constitution civile, au point de vue purement religieux.

---

mulgua un règlement sur la célébration des messes dans la cathédrale. (Registre du Direct. de Département, n° 1, f°⁵ 176 et 190. — *Arch. de la Préf.*)

[1] Le rapport de Voidel fut lu dans la séance du 26 novembre 1790. Le passage auquel je fais allusion fut publié par le *Journ. de la Corresp. de Nantes*, t. VII, p. 234.

[2] Même journal, t. VI, p. 471.

[3] *Ibid.*, t. VI, p. 488.

On remarque, au nombre des signataires, plusieurs prêtres qui prêtèrent plus tard le serment, et l'on aurait peine à comprendre toute l'importance que le Département attacha à cette publication, si l'on ne savait que les partisans de la Révolution ne reculaient point à la pensée de triompher du catholicisme par la violence.

Lors des élections d'un juge, on interdit, contre tout droit, au curé de Rezé, l'un des signataires de l'*Adresse*, l'entrée de l'assemblée électorale, à moins qu'il ne rétractât son adhésion à cet acte, et voici comment, dans l'assemblée électorale, Coustard appréciait l'usage que ces prêtres avaient fait de la liberté de la presse en le publiant : « Non, elle n'est pas douteuse, cette conjuration du clergé contre la chose publique ; la résistance combinée qu'il oppose aux sages mesures de nos législateurs, ses protestations incendiaires, ses manœuvres auprès des âmes simples, tout annonce que les prêtres séditieux ont juré de bouleverser l'État... Ils seront démasqués, ils seront traînés devant les nouveaux tribunaux. Ils seront dénoncés par les corps administratifs et punis par la loi. Accablés par le mépris public, ils seront forcés de se renfermer dans leurs fonctions, et la nation, se lassant enfin de tant d'audace, cessera de salarier des ingrats qui la trahissent... Quand la loi est attaquée, tout citoyen a le droit d'appeler la vengeance. *Ce qui serait, sous un régime vexateur, une basse délation, devient une action vertueuse chez les hommes libres.* Je me hâte, Messieurs, de vous dénoncer un prêtre parjure. Souffrirez-vous un tel homme parmi vous..., ce méchant citoyen, ce prêtre scandaleux[1] ? »

Sous l'influence de ces sentiments, le Département prit, le 12 novembre 1790, un arrêté dans lequel l'*Adresse à l'Assemblée nationale,* signée « de plusieurs individus se disant le clergé de Nantes, » était dénoncée à l'Assemblée nationale, que l'on suppliait de faire exercer des poursuites contre ces « criminels de lèse-nation. » Provisoirement, et jusqu'à rétractation, tout prêtre signataire était privé de traitement, et ceux qui étaient fonctionnaires, suspendus de leurs fonctions. L'article 6 portait que le présent arrêté serait envoyé aux districts pour être publié au prône des messes paroissiales[2].

Il est inutile de faire ressortir l'inconséquence et l'arbitraire de cet arrêté ; son inconséquence, car si l'acte était coupable, il n'était pas besoin de l'autorisation de l'Assemblée nationale pour le faire punir ; son arbitraire, car il violait ouvertement les promesses de cette même Assemblée relativement au traitement du clergé. L'article 6, sur la publication au prône, suffit à montrer la coupable insouciance de l'administration pour le maintien de la paix dans les campagnes. Déjà le procureur-syndic du district de Machecoul avait adressé des plaintes à cette administration contre l'inexactitude des curés et des vicaires de cam-

[1] Même journal, novembre 1790, t. VII, p. 93.
[2] Extrait du registre du conseil d'administration du Département, du 12 novembre 1790, publié par le *Journ. de la Correspond. de Nantes,* t. VII, p. 78.

pagne à publier les décrets de l'Assemblée nationale. Il ne fallait pas espérer qu'ils se décideraient à publier cet arrêté, et leur désobéissance ne pouvait qu'engendrer des dénonciations et des difficultés de toutes sortes.

Quant à la privation de traitement édictée contre les prêtres qui ne rétracteraient pas leur signature, l'avis en fut donné à plusieurs prêtres du District, et l'on enregistra avec honneur quelques rétractations [1], notamment celle de M. Marchesse, curé de Bourgneuf, dont je discuterai les circonstances de la mise à mort par les insurgés. Le 20 novembre, on faisait connaître à M. Hervé de la Bauche, doyen de la Trinité de Machecoul, qui avait présenté une pétition au District, qu'on ne pouvait statuer sur sa demande, s'il ne rétractait son adhésion à l'*Adresse* [2].

Cependant, à l'administration départementale de la Loire-Inférieure, on se figurait que la nomination d'un nouvel évêque aplanirait toutes les difficultés. Nous avons vu que Coustard avait écrit à l'Assemblée nationale, dans le but d'obtenir un décret qui débarrassât le diocèse, ou plutôt le département, de M. de la Laurencie. Cette démarche parut insuffisante, et, bien que le président du Comité ecclésiastique, Expilly, eût répondu que, « dans peu, on enverrait un décret qui donnerait les moyens de constituer

---

[1] Extrait des registres de la municipalité de Bourgneuf, du 9 décembre 1790. *(Arch. de la Préf.)*.

[2] Tableau abrégé des opérations du district de Machecoul, 1790. *(Arch. de la Préf.)*.

l'église cathédrale[1], » une députation fut chargée, le 18 novembre, par le conseil de Département, tenant sa session annuelle[2], d'aller porter à l'Assemblée nationale directement une dénonciation contre M. de la Laurencie. Cette députation, reçue au commencement de la séance du 26 novembre 1790, accomplit sa mission en demandant que des poursuites fussent dirigées et qu'il fût procédé à l'élection d'un nouvel évêque[3].

Les délégués du Département furent admis aux honneurs de la séance, consacrée presque tout entière à la lecture du rapport de Voidel contre le clergé; ils eurent, en outre, l'avantage de ne pas attendre longtemps le décret désiré; car, le lendemain, l'Assemblée adoptait le projet proposé par Voidel à la suite de son rapport. Ce projet consistait à obliger les évêques et les curés en fonctions à prêter le serment, dans un délai de huitaine à partir de la sanction du décret, s'ils étaient actuellement dans leurs diocèses ou leurs cures, et dans le délai d'un mois, s'ils étaient absents de leur résidence. Les ecclésiastiques, membres de l'Assemblée nationale, devaient remplir la même formalité à l'Assemblée nationale, dans le même délai de huitaine à partir de la sanction du décret[4].

[1] Lettre d'Expilly, du 29 octobre. *Journ. de la Corresp. de Nantes*, novembre 1790, t. VII, p. 95. — Procès-verbaux de la session du conseil de Département, f° 4.

[2] Même registre, f° 54. La session du conseil de Département dura du 3 novembre 1790 au 14 décembre de la même année.

[3] *Moniteur* du 28 novembre 1790, n° 332.

[4] Voy. ce décret. *Journ. des Déb.*, 27 novembre 1790, n° 523, p. 10, et Duverg., *Coll. de lois*, t. II, p. 59.

Vainement, l'abbé Maury avait, dans cette même séance, prié l'Assemblée de ne rien décider avant qu'on eût obtenu une réponse de la cour de Rome, qui avait nommé une commission de cardinaux pour examiner les décrets ; on n'avait tenu aucun compte de ses observations, et le décret avait été voté.

Malgré tout son désir de lui refuser sa sanction, le roi dut, après, céder à la pression de l'Assemblée. L'archevêque de Bordeaux, M. Champion de Cicé, lui avait remis les sceaux, le 20 novembre 1790, et avait été remplacé par Duport-Dutertre. Ce fut ce ministre qui contre-signa la lettre par laquelle l'Assemblée fut informée du consentement du roi, dans la séance du 26 décembre [1].

[1] Voy. cette lettre. *Journ. des Déb.*, du 26 décembre 1790, n° 558, p. 9.

VI

LE NOUVEAU RÉGIME

Année 1791

Détails de l'administration d'un district. — Les municipalités. — Les finances. — Contribution du quart du revenu. — Contribution foncière. — Contribution mobilière. — Émeutes en Bretagne. — La ville de Machecoul demande une garnison de troupes de ligne. — Troubles dans le district de Challans. — Le jeu du cheval Merlet *à Saint-Lumine-de-Coutais. — Désarmement du Port-Saint-Père. — Visites domiciliaires. — Affaire de la Proutière. — Fuite du roi à Varennes. — Saisies de papiers à la poste. — Désarmement de plusieurs paroisses. — Plaintes à l'occasion des garnisons. Élection de l'Assemblée législative. — Renouvellement de la moitié des membres du Département et du District. — Destitution des maîtres d'écoles non assermentés. — Les nouveaux fonctionnaires jugés par les patriotes. — Situation calamiteuse des campagnes.*

Ce n'est pas une petite besogne que celle d'un directoire de district, durant l'année qui suit son installation. L'ancien régime était composé de ressorts fort compliqués ; mais on y était fait, et, si simples en comparaison que nous paraissent aujourd'hui les innovations de l'Assemblée constituante, elles demandaient de l'étude pour être bien comprises, et beaucoup de bon sens pour être appliquées. L'Assemblée constituante ne se lassait pas de légiférer : elle remaniait toutes les institutions, les plus importantes comme les plus petites. Quand même elle ne changeait pas les choses, elle changeait le nom des choses. Or, pour tous ces changements, le district de Machecoul avait à compter avec des habitudes séculaires, dans un pays où l'esprit de routine est l'un des caractères les mieux accusés des campagnards. Il fallait trouver des officiers municipaux, et les mettre au courant des nouvelles circonscriptions, des nouvelles hiérarchies, tout cela en présence de mécontents, comme il y en a toujours, quand on change les fonctions ou les personnes.

Au commencement de l'année 1791, bien que les affaires religieuses soient la difficulté majeure, tous les soins d'un changement radical de l'administration financière, politique, militaire, sans parler de la police, s'imposent à l'activité du District.

M. de la Nicollière donne sa démission de membre du Directoire, le 17 janvier; le 26, il est nécessaire d'envoyer à Montbert des commissaires pour calmer les esprits, qui ont été surexcités par des compétitions locales, à l'occasion de l'établissement de la municipalité; à Legé, je l'ai déjà dit, l'administration n'est point constituée, et il a fallu casser les élections; dans les premiers jours de mars, le District engage avec la commune de Saint-Lumine-de-Coutais, également à propos de la municipalité, un débat sans fin, dont les pièces forment encore aujourd'hui un dossier énorme [1].

[1] Diverses délibérations du District.

La destruction des anciens impôts avait été populaire ; elle l'eût été bien davantage si, à ceux-là, il n'avait été nécessaire d'en substituer de nouveaux ; car l'impôt est un Protée, que les formes les plus séduisantes ne réussissent point à embellir.

Il semble, au premier abord, que rien n'est plus compliqué que l'étude des finances de la Révolution ; et, de fait, celui qui voudrait se rendre compte par lui-même de toutes les évolutions du comité des finances des trois premières assemblées qui ont gouverné la France, se condamnerait à un interminable travail. La chose, cependant, est plus simple qu'elle n'en a l'air, tout le jeu de la trésorerie se réduisant à quelques impôts, dont les plus importants étaient toujours en retard, et à un expédient, toujours le même : la planche aux assignats.

Le grand principe de notre droit public, que l'impôt ne peut être consenti que par la nation, n'était plus qu'un souvenir vague et lointain, auquel l'Assemblée constituante avait donné une consécration solennelle, en proclamant qu'aucun impôt ne pourrait être levé, aucun emprunt direct ou indirect ne pourrait être fait que par un décret exprès des représentants de la nation [1]. Les besoins étaient immenses, extrêmement multipliés, pressants, et il était nécessaire d'y pourvoir sans retard. Une des ressources du plan de

---

[1] *Journ. des Déb. et des Décr.*, 1ᵉʳ octobre 1789, n° 49, p. 2. — Conforme à la déclaration du roi du 23 juin 1789. Duvergier, *Collect. de Lois*, t. 1, p. 26.

Necker[1] consistait dans la contribution patriotique et volontaire du quart du revenu, à la charge de tous les citoyens possédant plus de quatre cents livres de revenu net[2]. On devait d'abord se fier à la sincérité des déclarants pour l'évaluation de la somme souscrite ; mais, pour stimuler les négligents, on ne tarda pas à obliger tous les citoyens actifs entrant dans les assemblées primaires, à représenter, avec l'extrait de leurs cotes d'impositions, tant réelles que personnelles, l'extrait de leur déclaration pour la contribution patriotique, et ces pièces étaient, avant les élections, lues à haute voix dans l'assemblée primaire[3]. La Révolution, comme la royauté du bon plaisir, voulait un don de joyeux avénement.

Sans aucun doute, les paysans avaient été flattés bien davantage de l'abolition en Bretagne du privilége, exclusif au profit de l'État, de la vente et du commerce des eaux-de-vie[4], et surtout de la suppression des droits perçus sur les boissons vendues au détail[5].

Je n'ai à m'occuper ici ni du trésor public ni de la *Caisse de l'extraordinaire*, vaste établissement du crédit national, ayant pour objet de centraliser le produit de la vente des biens nationaux, et de pourvoir à

---

[1] *Journ. des Déb. et des Décr.*, loc. cit.
[2] Décret du 6 octobre 1789, Duverg.; *Collect. de lois*, t. 1, p. 45.
[3] Décret du 27 mars 1790, *ibid.*, p. 132.
[4] *Journ. des Déb. et des Déc.*, 6 décembre 1790, n° 555, p. 12.
[5] *Moniteur* du 18 février 1791, n° 49, p. 199.

certains besoins particuliers [1]; je parlerai des assignats quand je serai arrivé à l'époque où la crise monétaire commencera à sévir dans les campagnes; mais il peut n'être pas sans intérêt de donner tout de suite quelques détails sur les impôts qui, plus que tous les autres, atteignent directement l'habitant des campagnes, je veux parler des contributions foncière et mobilière.

Le budget des ressources ordinaires pour 1791 monte à 581 millions [2]; dans ce total, la contribution foncière entre pour environ 240 millions [3]. L'élévation d'un pareil chiffre résultait de l'influence des théories économiques des physiocrates, pour qui le sol constituait toute la richesse d'un pays; la contribution mobilière figure à ce même budget pour 66 millions [4].

La contribution foncière remplace, en Bretagne, les fouages et les vingtièmes [5]; elle est assise sur toutes

---

[1] Décret du 6 décembre 1790; Duverg., *Collect. de lois*, t. II, p. 82.

[2] Voir ce détail des recettes et des dépenses, *Journ. des Déb. et des Décr.*, février 1791, n°˙ 620 et 621, p. 7.

[3] *Ibid.*, mars 1791, n° 653, p. 5, et Duverg., *Collect. de lois*, t. II, p. 262.

[4] La contribution foncière n'est aujourd'hui, *en principal*, que de 164 millions, et l'impôt personnel et mobilier de 40 millions (*Puissance comparée des divers États de l'Europe*, Black, 1862, p. 160). — Les autres impôts directs qui figurent à nos budgets ne furent établis que plus tard: celui des patentes, par décret du 2 mars 1791, Duverg., *Collect. de lois*, t. II, p. 230, et du 20 septembre 1791, *Ibid.*, t. III, p. 311, et celui des portes et fenêtres, le 4 frimaire an VII.

[5] Voy. le décret sur la contribution foncière et l'instruction à la suite; 23 novembre 1790. Duverg., *Collect. de lois*, t. II, p. 34.

les propriétés territoriales, bâties ou non bâties, à raison de leur revenu net, si faible qu'il soit; elle est perçue en argent. A défaut d'un cadastre, l'assiette de la contribution est établie par des commissaires au choix des municpalités; ceux-ci peuvent s'adjoindre à leur tour, pour les aider, des fermiers ou métayers du pays. A ces commissaires est confié le soin d'évaluer le quotient du revenu net, souvent difficile à déterminer pour le propriétaire lui-même. La municipalité fait ensuite la répartition.

Bien qu'il fût malaisé de procéder autrement, on ne peut s'empêcher de reconnaître que cette délicate enquête dut soulever, dans les campagnes, des animosités d'autant plus grandes contre les commissaires, que ceux-ci tenaient, par les municipalités, au parti qui commençait à proscrire le clergé. Sur les demandes en décharge ou modération, le District prononce en premier ressort, à charge d'appel au Département. Le fermier ou le locataire est obligé de payer la contribution foncière de l'acquit de son propriétaire, obligé lui-même de tenir compte des quittances dans le montant du prix. Enfin, disposition qui mérite d'être notée, la perception est mise en adjudication et confiée à celui qui offre de la faire au plus bas prix, et les frais de perception sont ajoutés au principal de la contribution.

La contribution mobilière [1] porte sur cinq objets : 1º La contribution des trois journées de travail, due

[1] Voy. le décret du 13 janvier 1791. Duverg., *Collect. de lois*, t. II, p. 151.

par tous ceux qui auront quelques richesses foncières ou mobilières, ou qui, réduits à leur travail journalier, exercent quelque profession qui leur procure un salaire plus fort que celui arrêté par le Département pour la journée de travail, dans le territoire de la municipalité;

2º La contribution sur les domestiques qui ne sont pas les collaborateurs nécessaires du maître pour l'exercice d'une profession ou pour une exploitation exclusivement agricole; elle est progressive : 3 livres pour un seul domestique, 6 livres pour le second, et 12 livres pour chacun des autres;

3º La contribution sur les chevaux et mulets ne servant pas à l'exercice d'un métier, est également une taxe somptuaire et progressive;

4º La contribution sur les revenus d'industrie et de richesse mobilière est due, *sou pour livre* sur leur montant présumé, d'après les loyers d'habitation. Ainsi, par exemple, un fermier paie 500 livres à son propriétaire; défalcation faite des bâtiments d'exploitation, son loyer est évalué inférieur à 100 livres, soit 30 livres; comme les loyers de cette catégorie sont présumés être de la moitié du revenu (art. 18), ce fermier paiera le sou pour livre sur soixante livres, soit 3 livres (Instruction, nº 18);

5º La taxe d'habitation : la base de cette taxe est encore le revenu mobilier, que l'on évalue d'après le montant du loyer; elle est du trois centième de ce même revenu. Ainsi, par exemple, (je copie celui de l'instruction, nº 27), « le sieur Ange a 600 livres de loyer ; son revenu présumé, d'après la 16º classe du tarif, est de 2,400 livres. Sa cote d'habitation est fixée au trois centième de cette somme, soit à 8 livres [1]. »

Cette loi contient aussi quelques particularités dignes de remarque. Chaque chef de famille qui a, chez lui ou à sa charge, plus de trois enfants, est inscrit dans une classe du tarif inférieure à celle où son loyer le ferait placer ; plus de six enfants donnent droit à un dégrèvement encore plus considérable (Art. 23). Les célibataires sont soumis à l'impôt de la classe supérieure à celle où leur loyer les placerait. Aujourd'hui qu'en France on constate à la fois un accroissement d'impôts et une tendance à la dépopulation, je m'en voudrais de laisser dans l'oubli cette disposition qui, pour être surannée, n'en a pas moins son prix.

La répartition de ces deux contributions entre les départements mettait à la charge de celui de la Loire-Inférieure une somme de 2,980,700 livres [2]. Mais les rentrées s'effectuaient si difficilement, dans toute la France, que le ministre des contributions faisait connaître, à la date du 21 septembre 1791, que, de ces deux contributions, on avait touché, pour tout le royaume, du 1er au 31 août, la somme minime de

[1] Cette taxe, si elle dépassait le quarantième du revenu, donnait lieu de réclamer. Décr. du 27 mai 1791, Duvergier, *Collection de lois*, t. II, p. 391.

[2] Rapport du ministre des contributions, *Moniteur* du 22 octobre 1791 ; p. 1229. — Le chiffre de la contribution foncière pour 1792 fut fixé au même taux qu'en 1791. *(Monit.* du 26 févr. 1792, n° 57, p. 233.)

142,257 livres [1]. A la fin de l'année, dans la Loire-Inférieure, un journal constatera, de la manière suivante, la négligence des contribuables : « On a imputé à l'anarchie la cessation du paiement des contributions ; c'est au fanatisme qu'il fallait l'imputer, à ce fanatisme qui pèse de tout son poids sur le crédit public et tend à l'anéantir [2]. »

C'est au milieu des discussions financières du mois de février 1791 que parvient à l'Assemblée la première nouvelle de troubles dans l'Ouest. Dans les environs de Saint-Malo et de Dinan, les paysans se sont révoltés et quatre-vingts personnes ont été arrêtées [3] ; à Vannes, si l'on en croit une lettre de la municipalité, les prêtres ont formé, sous prétexte de religion, un grand complot, et le sang a coulé [4]. Cette lettre qui, d'après le *Journal des Débats*, ne contient aucun détail sur l'affaire, n'en annonce pas moins « qu'on a vu se renouveler, à Vannes, cette scène terrible du cardinal de Lorraine, bénissant les glaives qui devaient égorger tant de milliers de citoyens paisibles [5]. » En réalité, on soupçonnait le clergé d'avoir participé à ce mouvement, dont le principal artisan était un officier municipal de Vannes [6], et l'évocation du souvenir de la Saint-Barthélemy n'était là qu'un effet de

---

[1] *Moniteur*, n° 264, p. 1094.
[2] *Journal de la Corresp. de Nantes*, 11 décembre 1791, t. XI, p. 476.
[3] *Moniteur* du 19 février 1791, n° 50, p. 202.
[4] *Moniteur* du 20 février, n° 51, p. 207.
[5] *Journ. des Déb. et des Décr.*, février 1791, n° 621, p. 5.
[6] Lettre de Vannes. *Moniteur* du 28 fév. 1791, n° 59, p. 237.

cet esprit de parti dont nous trouverons de nombreux exemples. L'émeute de Vannes avait été tout de suite réprimée, et l'Assemblée n'en prit aucun souci. Néanmoins, les séditions populaires ne sont point dans nos provinces une chose indifférente; l'insurrection vendéenne ne prendra un développement immense, que parce qu'un certain nombre de séditions partielles auront peu à peu accoutumé les populations à la pensée d'une résistance armée. Dès maintenant, comme on le verra plus tard, quand il sera question de l'établissement des prêtres constitutionnels, les administrateurs du District ont plus d'une raison de concevoir des inquiétudes sur la tranquillité du pays. Sur les remontrances du procureur-syndic, le 28 mars, le District forme une demande tendant à obtenir du Département une garnison de cinquante hommes de ligne. Cinquante dragons du régiment ci-devant *Conti* arrivent à Machecoul, le 2 avril, et on les installe au couvent des Capucins, « que cela ne peut gêner, — est-il dit dans la délibération, — car ils peuvent se retirer dans une autre maison de leur ordre. » Le District aussitôt s'empresse de témoigner sa gratitude au Département[1].

Sans qu'il soit possible d'indiquer d'une manière exacte l'époque[2] de l'établissement des gardes nationales, il est certain que leur organisation est antérieure à l'an-

---

[1] Délibération du District, du 4 avril, où se trouvent rapportées les remontrances du procureur-syndic. — Lettre au Département, du 4 avril 1791.
[2] La *Chronique de la Loire-Inférieure* du 5 février 1791,

née 1791. Depuis le mois de juin 1790, l'exercice des fonctions de citoyen actif étaient subordonnées à l'inscription sur le registre des gardes nationales de chaque commune[1]. Mais, bien qu'en certaines occasions, les autorités fassent usage de cet élément de la force publique pour maintenir l'ordre, la confiance qu'il leur inspire est douteuse, au milieu d'un pays déjà inquiet des innovations, et, dans les moments difficiles, les troupes de ligne sont toujours accueillies avec joie.

La grande affaire pour les paysans est que la milice recrutée par le tirage au sort soit abolie, et elle vient de l'être par le décret du 4 mars 1791[2]. S'ils entrent dans la garde nationale, pour laquelle les patriotes sont partout les premiers à montrer le plus de zèle, c'est à contre-cœur, et nullement avec la pensée de devenir les instruments de ceux-ci ; la preuve en est dans le désarmement presque général que le District croira nécessaire d'opérer plus tard.

Aussi, n'est-ce point aux gardes nationales des cam-

p. 171, mentionne M. de la Roberie comme étant le commandant de la garde nationale de Saint-Colombin.

[1] Décret du 18 juin 1790. Duvergier, Collect. de lois, t. 1, p. 216. Cette disposition se retrouve dans le décret du 6 décembre 1790, ibid., t. II, p. 82, et dans le décret relatif à l'organisation définitive de la garde nationale, du 29 septembre 1791, t. III, p. 403.

[2] Duvergier, Collection de lois, t. II, p. 236. On appelait milice une sorte de garde mobile, qui se recrutait, par la voie du tirage au sort, et qui, ainsi qu'on l'a vu par les cahiers, était regardée comme un fléau dans le pays de Retz. Les milices fournissaient à l'armée environ 60,000 hommes. Voy. sur ce point M. Léonce de Lavergne, Correspondant de janvier 1867, p. 32.

pagnes, mais à celles de Fontenay, de Machécoul et de Nantes que l'on fait appel, pour réprimer le mouvement qui éclate dans le district de Challans, au commencement de mai. Le jour de l'élection de l'évêque de la Vendée, le sang coule à Saint-Christophe-du-Ligneron[1], et cette affaire est le coup d'essai de la garde nationale de Fontenay. De tous les côtés, le district de Challans appelle à son secours ; celui de Machecoul s'empresse de transmettre à Nantes, au Département, la demande qui lui est faite de cent livres de balles et deux cents livres de poudre. Les journaux font grand bruit de cette insurrection[2]. Des volontaires de Nantes partent en grande hâte ; le 6 mai, arrivent à Machecoul les troupes de ligne envoyées par le Département de la Loire-Inférieure. Toutes les administrations songent à préparer la résistance ; le 10 mai, M. Lebedesque, commandant de la garde nationale de Machecoul, demande au Département trente nouveaux fusils pour ses soldats[3]. Le 20 mai, on écrit, du district de Challans, que l'insurrection paraît complétement apaisée[4]. A la suite de cette crise, M. Levaulle se retire de l'administration du district de Machecoul[5].

[1] Fillon, *Histoire de Fontenay*, p. 356.
[2] *Chronique de la Loire-Inférieure*, du 4 mai 1791, n° 39, p. 367.
[3] Diverses lettres et délibérations. *(Arch. de la Préfect.)*
[4] Lettre du District de Challans à celui de Machecoul. *(Arch. de Napoléon-Vendée.)*
[5] Le 25 mai 1791. (Tableau abrégé des opérations du District: *Arch. de la Préfect.*

Tout cela n'empêche pas les habitants de Saint-Lumine de faire leurs préparatifs pour la célébration d'un jeu dont l'origine, inconnue même aux archéologues, venait probablement de la féodalité, du temps où l'on se plaisait parfois à dispenser les vassaux de certaines redevances, moyennant quelques obligations burlesques. « Le jour de la Pentecôte de chaque année, lit-on dans l'*Almanach patriotique* de Paimbœuf pour 1789, il y a une assemblée en cette paroisse, et sur la place est un cheval de bois, nommé *le cheval Merlet*, autour duquel sont plusieurs personnes, vêtues d'une chemise de toile peinte, dessinée de fleurs de lys ; un de la compagnie est obligé de chanter une chanson nouvelle, qu'on envoie en cour. C'est le sacristain qui compose ordinairement cette chanson grotesque. La cérémonie se fait devant les officiers de la juridiction, qui ont tous l'épée à la main. » Voilà tout, et des institutions même républicaines pourraient, ce semble, s'accommoder d'un si lointain souvenir de la féodalité. Telle n'est point la tolérance des administrateurs de Machecoul, et, la veille de la Pentecôte, trente dragons du 5ᵉ régiment sont envoyés à Saint-Lumine, à l'effet d'interdire la cérémonie du cheval Merlet ; inventaire est dressé des différents ustensiles, et le tout est saisi [1], au grand mécontentement des habitants de la

---

[1] *Arrêté* du District, du 9 juin 1791. Inventaire du 11. *(Arch. de la préfect.)* Le décret du 15 mars 1791 ordonne de qualifier à l'avenir d'*arrêtés* les actes des administrations auparavant désignés sous le nom de *délibérations*. Duverg., *Collect. de lois*, t. 11, p. 257.

paroisse, dont il faudra, peu après, par précaution, désarmer la garde nationale [1].

Le 25 juin, le District prend un arrêté [2] pour envoyer un commissaire dans la paroisse du Port-Saint-Père, à l'effet de désarmer les gens suspects; ce commissaire marche accompagné de dragons; il lui est enjoint de désarmer aussi tous les particuliers de la ville de Machecoul non inscrits sur les listes de la garde nationale. L'année suivante seulement, on fera une loi pour autoriser la recherche des armes, au moyen de visites domiciliaires [3]. Mais il importe peu au District que la chose soit légale, du moment qu'elle lui semble opportune. Aussi, le lendemain, le même commissaire reçoit la mission générale « de se transporter avec » force armée dans toutes les paroisses de ce District, » maisons et châteaux, pour s'emparer des dépôts » d'armes et abattre toutes les armoiries [4]. » La loi du 19 juin 1790 avait, à la vérité, défendu « d'avoir des armoiries; » mais elle interdisait, en même temps, à tout citoyen « d'attenter aux décorations d'aucun lieu public ou particulier [5], » et c'est seulement plusieurs

---

[1] La garde nationale de Saint-Lumine fut désarmée, en vertu d'un arrêté du District, en date du 24 juin, malgré diverses réclamations de son commandant Randon. (Pièces diverses, mêmes *Archives.)*

[2] Arrêté du District, du 25 juin 1791. *(Ibid.)*

[3] Décrets des 10 et 28 août 1792. Duverg., *Collect. de lois*, t. IV, pp. 291 et 375.

[4] Arrêté du 26 juin 1791. (Tableau abrégé des opérations du District.)

[5] Duverg., *Collect. de lois*, t. I, p. 218.

mois après l'arrêté du District, que le fait de placer des armoiries sur sa voiture ou sur sa maison deviendra un délit punissable [1]. Le Corps législatif n'était pas encore arrivé à ce point de prononcer la confiscation, au profit de l'État, de toute maison sur laquelle le propriétaire aurait conservé des *armoiries*, et de faire un décret pour ordonner de retourner les plaques de cheminées portant « le ci-devant écusson de France ou des figures de féodalité [2]. »

A ce moment, le district de Machecoul est à la veille d'une nouvelle alerte, causée par l'affaire de la Proutière.

La Proutière, château situé dans la commune de Poiroux, à environ trois lieues des Sables, avait alors pour propriétaire M. de Lézardière [3], gentilhomme très-partisan des réformes en 1789, qui, dit M. Fillon, s'était montré, dans la rédaction du cahier de la noblesse du Poitou, sauf quelques articles, « infiniment plus libéral qu'une partie des membres du tiers-état [4]. »

Au mois de novembre 1790, selon le même auteur, Goupilleau (de Fontenay) avait reçu une lettre anonyme, datée d'Angers, où on l'informait de l'existence

---

[1] Décret du 27 septembre 1791. *Ibid.*, t. III, p. 373.

[2] Pour les maisons : proposition de Duquesnoy, séance de la Convention du 1ᵉʳ août 1793, *Moniteur*, n° 215 ; pour les plaques de cheminées, proposition de Thibault, séance du 21 du 1ᵉʳ mois, — 12 octobre 1793. *Moniteur*, n° 22.

[3] Il était le père de Mˡˡᵉ de Lézardière, le célèbre auteur de la *Théorie de la politique de la monarchie française.*

[4] *Histoire de Fontenay*, p. 358.

de dépôts d'armes à la Proutière, et d'intelligences secrètes de M. de Lézardière avec d'autres gentilshommes du pays. Le district des Sables, avisé de cette dénonciation avait, ou négligé de s'en occuper, ou fait une recherche inutile, lorsque tout à coup le bruit se répandit, le 27 juin, qu'il y avait à la Proutière une réunion nombreuse de gentilshommes animés d'intentions contre-révolutionnaires. Aussitôt, le district de Challans écrit à celui des Sables qu'on vient d'apercevoir, en vue de Saint-Jean-de-Monts[1], plusieurs vaisseaux étrangers, qui vont tenter un débarquement[2]. Des troupes de ligne et les gardes nationaux de Machecoul sont requis de se porter en grande hâte à la Proutière[3]; des secours ont été demandés à Nantes, et Dumouriez est parti de cette ville, se dirigeant sur Challans, avec un détachement de soixante hommes du 25e régiment[4]. Le 29 juin, on dit, à Nantes, que les Anglais ont effectué leur descente auprès de Saint-Gilles, en un lieu nommé Sion[5]. Dumouriez arrive à Machecoul : mais il n'a pas besoin d'aller plus loin; dans la nuit du 28[6], les gardes nationaux des Sables,

---

[1] Point de la côte situé à la hauteur de Challans, et distant de cette ville de quelques lieues seulement.

[2] Registre de la correspondance du district de Challans, 27 et 28 juin 1791. *(Arch. de Napoléon-Vendée.)*

[3] Tableau abrégé des opérations du district de Machecoul, 27 juin 1791. *(Arch. de la Préf. de Nantes.)*

[4] *Chronique de la Loire-Inférieure*, du 29 juin 1791, n° 55, p. 503.

[5] Registre du comité des trois corps administratifs de Nantes, f° 16. *(Arch. de la Préf. de Nantes.)*

[6] *Poitou et Vendée*, par M. B. Fillon, *Poiroux*, p. 10.

unis à d'autres troupes, ont investi et brûlé le château; les hôtes de M. de Lézardière se sont échappés à la faveur d'un orage ; quant à lui, il a été arrêté, ainsi que deux de ses fils. On parle d'un domestique tué [1].

Tandis que ces choses se passent ainsi, un journal de Nantes en fait un tout autre tableau : « Une de ces voiles (étrangères), raconte-t-on, a répandu l'alarme sur toute la côte. Les insurgents, assiégés dans le château, ont demandé à capituler, ce qu'on a refusé; on veut les avoir à discrétion, on tire sur ceux qui veulent s'enfuir ; on en compte déjà une cinquantaine de morts. En vain, les chefs demandent qu'on suive le parti de la douceur : ils ne sont point entendus ; on veut les passer tous au fil de l'épée, et nous ne doutons point que la vue de cette flotte ne soit le signal de leur mort [2]. »

Il est inexact de prétendre, comme l'a fait M. Louis Blanc dans son *Histoire de la Révolution*, que les hôtes de M. de Lézardière aient eu l'intention de s'emparer des Sables-d'Olonne, et la preuve qu'il en donne : la présence, en vue de ce port, de quatre bâtiments étrangers, ne vaut absolument rien [3]. Si, réellement, il y avait eu des navires anglais en vue des Sables, le député qui fit à l'Assemblée constituante le rapport sur ces événements n'eût pas mentionné ce fait à titre de ru-

---

[1] *Chronique de la Loire-Inférieure*, n°ˢ des 2 et 6 juillet, pp. 516 et 524.

[2] *Chronique de la Loire-Inférieure*, n° du 2 juillet 1791, p. 511.

[3] *Hist. de la Rév.*, t. VIII, p. 181.

meur[1]; mais, il y a plus : on lit dans le manuscrit de
M. Verger sur Machecoul[2], que lorsque Dumouriez vint
dans cette ville, à la fin du mois de juin 1791, on prit
pour une flotte anglaise une flottille de chasses-marées
retardés par le vent. Le registre des trois corps administratifs
de Nantes (f° 17) est aussi très-explicite :
on annonce, à la séance du 30 juin, que l'apparition
d'une flotte ennemie n'a aucune espèce de fondement.

M. Louis Blanc ne réussit pas davantage à établir
que la réunion de la Proutière fut, de la part des
nobles, la première tentative d'insurrection générale.
Je n'ignore pas que M. Fillon la présente comme une
preuve de l'existence d'une confédération poitevine,
« ligue habilement ourdie, sur le plan de celle de
Bretagne conçue par la Rouërie, et qui avait à sa
tête M. de Lézardière, homme intelligent, autour
duquel venaient se grouper les gentilshommes de la
contrée[3], » mais je n'ai point vu que M. Fillon ait
encore justifié cette assertion.

Si, dès lors, les nobles du Poitou avaient jeté les
bases d'une confédération, ce projet eût certainement
été repris plus tard, et les débuts de l'insurrection de
mars 1793 auraient été signalés par quelques mesures
d'ensemble, ce qui n'eut lieu nulle part. Il est difficile
aussi d'admettre qu'une conjuration de cette nature,
pour peu que le projet eût été mûri, n'eût laissé aucune

---

[1] Rapport fait dans la séance du 16 juillet 1791, *Journ. des Déb. et des Décr.*, n° 787, p. 3.

[2] Manuscrit de M. Verger, déposé à la Bibliothèque de Nantes.

[3] *Pièces contre-révolutionnaires*, p. 9.

trace ; la chose était assez sérieuse pour que l'autorité ne mît point la lumière sous le boisseau, et il ne paraît point que des présomptions graves aient pesé sur M. de Lézardière, tendant à l'inculper d'avoir formé le projet d'un soulèvement.

Le 4 juillet 1791, le district de Challans exprimait « l'espoir qu'avec le temps et de la fermeté on parviendrait à s'emparer de tous ces drôles et à les forcer d'abandonner un pays qu'ils ont voulu accabler des horreurs d'une guerre civile[1]. » On constatait, dans les mêmes jours, la tentative d'émigration de plusieurs gentilshommes, que l'on soupçonnait « d'avoir été pour quelque chose dans l'affaire de la Proutière[2]. » Mais tout cela ne jette aucune lumière sur la réalité de l'existence d'une confédération poitevine en 1791.

M. Louis Blanc raconte, à ce propos, que l'on arrêta *un grand nombre de conjurés,* et que le décret d'amnistie, en les sauvant, leur fut une occasion de triomphe, parce qu'aux Sables, le prêtre dominait. M. de Lézardière et ses fils auraient même, selon lui, été l'objet d'une ovation, à leur sortie de prison. Qu'une ovation ait été faite à M. de Lézardière, je veux bien le croire; mais il est impossible d'admettre que le décret d'amnistie l'ait sauvé d'une condamnation. Le décret d'amnistie ne fut proposé par Louis XVI que le 13 septembre[3], et, du mois de juillet au mois

---

[1] Lettre du District de Challans au Département. *Registre de corresp. (Arch. de Napoléon-Vendée.)*

[2] *Chronique de la Loire-Inférieure* du 3 août 1791, p. 587.

[3] *Moniteur* du 14 septembre 1791, p. 1070.

de septembre, on aurait eu tout le temps de saisir les fils de la conspiration.

Il s'en faut, en effet, que, dans les jours qui suivirent l'affaire de la Proutière, l'amnistie ait pu arrêter les poursuites, comme l'insinue M. Louis Blanc; bien au contraire, puisque, à la date du 16 juillet 1791, un décret ordonnait de poursuivre, jusqu'à jugement définitif, les procédures commencées dans divers tribunaux, et notamment dans ceux de Challans et des Sables[1].

A défaut de documents précis en faveur de la vérité absolue, le mieux est de se tenir au vraisemblable; or, on ne peut nier qu'il soit très-vraisemblable que, dans le moment où un certain nombre de nobles du Poitou venaient d'apprendre la fuite du roi, ils aient songé à se réunir pour aviser au meilleur moyen d'aider la monarchie. La nouvelle de l'arrestation du roi ne parvint à l'Assemblée nationale que le 22 juin, à dix heures du soir[2]; mais la nouvelle de son départ s'était répandue dès l'avant-veille à Paris[3]; le 26 juin, l'arrestation était ignorée aux Sables; par conséquent, le rapporteur du comité des recherches aurait signalé le véritable caractère de la réunion de la Proutière, quand il a dit:

« Longtemps auparavant, il *semblait* y avoir une coalition entre les ci-devant nobles et les ecclésias-

---

[1] *Moniteur* du 19 juillet 1791, p. 826.
[2] *Moniteur* du 24 juin 1791, n° 175.
[3] *Ibid.*, n° 173, du 22 juin, séance du 21, à neuf heures du matin.

tiques de ce département pour exciter les paysans au soulèvement contre la Constitution. Au moment de la nouvelle du départ du roi, plusieurs de ces nobles ont quitté leurs châteaux pour aller rejoindre le roi. En même temps *s'est répandue* la nouvelle que les Anglais faisaient une descente par le Poitou. Les paysans *ont supposé* en ces nobles de l'intelligence avec les ennemis. Ils se sont transportés vers leurs châteaux, dont plusieurs ont été brûlés. *On a trouvé chez eux des billets où ils disaient : Le roi et la reine sont partis. Allons, volons au Champ-de-Mars et à la gloire*[1]. »

Dumouriez, on l'a vu, n'avait pas poussé plus loin que Machecoul, les alarmes sur la flotte anglaise étant déjà dissipées lors de son arrivée. L'expédition de ce général ne fut pas cependant complétement inutile ; le District de Machecoul en profita pour lui recommander de faire prendre des mesures contre les prêtres insermentés, et obtenir de lui la concession, à la garde nationale de la ville, de 4,000 cartouches à balles, d'un millier de pierres à fusil et d'un caisson contenant 150 gargousses de 4. Toutes les munitions destinées à l'expédition de Saint-Christophe et de Challans, et « pour le détachement de dragons envoyé dans diverses paroisses, pour l'installation des curés, » étaient épuisées depuis plusieurs jours [2].

---

[1] *Journ. des Déb. et des Décr.*, 16 juillet 1791, n° 787, p. 3. — Voir, sur les sentiments qu'inspira à la noblesse du Bas-Poitou la fuite du roi, Ferrières, t. II, p. 377.

[2] Délibération du District de Machecoul, du 24 et du 30 juin 1791.

Aussitôt que l'Assemblée nationale, dans sa séance du 21 juin, au matin, avait été informée officiellement du départ du roi, elle avait rendu plusieurs décrets pour assurer sa capture et le maintien de l'ordre. L'un d'eux avait pour objet de prévenir toute méprise résultant de l'envoi de décrets signés du roi, et non approuvés par l'Assemblée nationale. Le procès-verbal mentionne qu'il sera « écrit sur l'heure à tous les directoires de département, à l'effet de les engager à veiller avec le plus grand soin sur les exemplaires de décrets qui pourraient se répandre parmi le peuple, à l'effet d'en constater la sincérité.[1] »

Rien de plus, et cela suffit pour que ce décret soit interprété par les administrations dans le sens d'une perquisition de toutes correspondances privées. A Nantes, le Département fait arbitrairement saisir à la poste les paquets de plusieurs personnes[2]. Aussitôt, sur l'avis du Département, le District de Machecoul en fait autant; le District de Challans signale à celui de Machecoul une correspondance de M. Buor, de Saint-Hilaire-de-Loulay, et de M. de l'Épinay, laquelle « est absolument opposée aux intérêts de la patrie[3]. « Les journaux publient même de ces lettres[4].

---

[1] *Journ. des Déb. et des Décr.* Séance du 21 juin, au matin, n° 761, p. 19.

[2] Registre des trois corps administratifs, séance du 25 juin 1791, f° 10. *(Arch. de la Préfect.)*

[3] Registre de correspondance du District de Challans, 1ᵉʳ juillet 1791.

[4] *Journ. de la Corresp. de Nantes*, 3 juillet 1791, t. IX, p. 511.

Les choses furent poussées si loin, qu'il fallut un décret pour enjoindre aux corps administratifs de surveiller l'exécution des lois « concernant le secret de l'inviolabilité des lettres [1]. »

Ces désarmements, ces arrestations qui s'opèrent dans le District de Machecoul, à la fin du mois de juin, ne sont point un fait particulier à ce district. On lit dans un journal de Nantes que « la garde nationale est dans la plus grande activité ; jour et nuit, quatre cents hommes sont de garde ; des détachements parcourent les campagnes et arrêtent tous les gens suspects. Il ne se passe pas de jours qu'on n'amène au château quelques calotins et ci-devant nobles. Parmi ceux qui y sont déjà, se trouve le nommé Pélerin, qu'on avait député à l'Assemblée nationale...[2] »

Les divisions entre les partis deviennent de plus en plus profondes ; c'est le temps où les provinces envoient à Paris des adresses de toute sorte, parmi lesquelles il s'en trouve qui témoignent d'aspira-

---

[1] *Journ. des Déb. et des Décr.*, 10 juillet 1791, n° 780, p. 10. — Voir, sur l'observation du secret des lettres par les révolutionnaires, un article de M. Maxime du Camp, *Revue des Deux Mondes*, janvier 1867, p. 178. La question avait été discutée d'abord dans la séance du 25 juillet 1789; Robespierre, dans cette occasion, invoqua la raison d'État pour que les paquets fussent ouverts. (Voy. M. Hamel, *Hist. de Robespierre*, t. 1, p. 128.) Le 10 août 1790, le principe de l'inviolabilité fut proclamé incidemment. (Duvergier, *Collect. de lois*, t. 1, p. 277). Il le fut encore par le décret, ci-dessus mentionné, du 10 juillet 1791, et, enfin, par le Code pénal du 25 septembre 1791. *(Ibid.,* t. III, p. 359, art. 25.)

[2] *Chronique de la Loire-Infér.*, 29 juin 1791, n° 55, p. 503.

tions républicaines ; il est vrai que celles-là sont écrites, à Paris même, par Mme Roland [1]. Pour combattre des prétentions qui s'accentuent chaque jour davantage, le côté droit de l'Assemblée ne trouve rien de mieux que d'ériger l'abstention en système et d'assister aux séances sans prendre part aux votes [2]. « Cette fausse fidélité, qui gémit au lieu de combattre, obtient, dit M. de Lamartine, les applaudissements de la noblesse et du clergé [3]. » Elle n'est donc pas spéciale à notre temps, cette *fronde mélancolique des salons*, dont parlait naguère un brillant orateur.

Le District de Machecoul, qui avait accueilli avec joie Dumouriez et ses troupes, dans le moment critique, ce moment passé, commence bientôt à trouver un peu lourde la charge des cantonnements que ce général lui a laissés. Les dragons sont revenus de Saint-Gilles, de Challans et des Sables, et l'on demande à être débarrassé, dans le plus bref délai, d'un détachement commandé par M. de la Tour-Dumesnil [4]. Quelques jours après, le District insiste, en disant qu'il est bien difficile de loger 231 soldats. « Si c'est pour la tranquillité de notre contrée, les troubles sont dissipés ; la paix la plus profonde y règne. Les dragons sont plus que suffisants pour notre sûreté. » Toutefois, le District verrait avec plaisir que ces troupes fussent

---

[1] Michelet, *Hist. de la Révol.*, t. III, p. 174.
[2] Voir, sur les conséquences de cette conduite : *Mémoires* de Ferrières, t. II, pp. 406 et 476; *Mémoires* de Bouillé, p. 282; *Mémoires* de Malouet, *passim*.
[3] *Hist. des Girondins*, t. I, p. 180.
[4] Délibération du District, du 6 juillet 1791.

réparties dans les villes de Bourgneuf, Saint-Philbert et Legé[1].

Une partie de ces troupes, appartenant au 84º régiment d'infanterie, ci-devant *Rohan,* est, en conséquence, envoyée à Bourgneuf ; mais, dans une lettre du 16 juillet, la municipalité de cette ville s'élève avec beaucoup de force contre cette mesure. Le pays, dit-elle, est tranquille; l'entretien de ces troupes est coûteux ; on a annoncé quatre-vingts hommes et l'on en a envoyé davantage[2]. La ville de Legé, sur laquelle on a versé le trop-plein de Bourgneuf, réclame, à son tour ; les troupes qu'elle avait en garnison ont été, par ordre de Dumouriez, dirigées vers Châtillon-sur-Sèvre, et, le 9 août, la municipalité fait le plus mauvais accueil au détachement envoyé de Bourgneuf. Le Département ordonne, néanmoins, que le détachement restera à Legé, aussi longtemps que le District le jugera convenable[3]. Il est permis de supposer qu'à Saint-Philbert on ne pense pas d'une manière différente.

Mais le District n'a pas seulement à s'inquiéter des troupes de ligne. A de certains moments, le service de la garde nationale est pénible, et, de peur que le feu du patriotisme ne vienne à s'éteindre, faute d'être nourri, le District a proposé au Département de payer

[1] Lettre du District au Département, du 10 juillet 1791. *(Arch. de la Préfect.)*
[2] Lettre de la municipalité de Bourgneuf, du 16 juillet 1791. *(Arch. de la Préfect.)*
[3] Procès-verbal de la délibération du District sur cette affaire; 19 août 1791. *(Arch. de la Préfect.)*

les gardes nationaux. « Ceux de cette *ville,* écrit-on, à la date du 14 juillet, ont été obligés de faire plusieurs courses, depuis le 1ᵉʳ mai dernier, et même antérieurement, à l'effet de présenter la force armée à diverses insurrections, et de faire le désarmement des gens suspects; ils se sont toujours portés, dans chacune de ces circonstances, avec l'intrépidité et le courage de vrais patriotes, notamment à l'affaire de Saint-Christophe[1]. » On pouvait aisément donner aux gardes nationaux satisfaction sur ce point[2]; mais il était beaucoup plus difficile de faire taire les plaintes des habitants, auxquels tous ces mouvements de troupes imposaient des charges et des corvées. « Le défaut de paiement, écrivent au Département les autorités de Machecoul, fait beaucoup crier les fournisseurs, charretiers et loueurs de chevaux, employés par la troupe[3]. »

Un autre sujet de plaintes, c'est le peu de respect des soldats pour les propriétés particulières. A Saint-Colombin, où, durant les mois de juin et de juillet, on a établi un cantonnement de vingt hommes du 25ᵉ régiment ci-devant *Poitou,* la municipalité se plaint

---

[1] Lettre du District de Machecoul, délibérée en séance du 14 juillet 1791. *(Arch. de la Préfect.)*

[2] Le décret du 23 juin 1793 *(Journ. des Déb. et des Décr.,* n° 764, p. 20) décidait que les gardes nationaux des frontières seraient payés comme les troupes de ligne, et il est à supposer qu'on étendit cette mesure à tous les gardes nationaux qui faisaient un service actif.

[3] Lettre du District et de la municipalité de Machecoul, du 27 juillet 1791. *(Arch. de la Préfect.)*

amèrement de tous les « dégâts » que ces hommes ont commis. Le maire seul, et non la municipalité, avait sollicité cette garnison, que l'on se décide enfin à rappeler, le 12 août [1].

Au Port-Saint-Père, la composition de la garde nationale excite les inquiétudes des patriotes ; plusieurs citoyens suspects se sont fait inscrire sur les registres ; à Sainte-Pazanne, la réunion de la garde nationale présente tous les caractères d'un tumulte séditieux [2]. »

Dans la ville de Machecoul, au contraire, la garde nationale demande de nouvelles armes, et le District, en louant la bravoure qu'elle a plusieurs fois montrée, exprime le désir qu'on lui accorde des sabres et des gibernes pour trois cent cinquante hommes, et un supplément de fusils pour deux cent quarante hommes [3]. Comme il était bien clair que la garde nationale ne complétait pas son armement pour la seule gloriole de la parade, de semblables préparatifs ne pouvaient qu'envenimer la haine que les paysans, mécontents de l'enlèvement de leurs curés, commençaient à porter aux patriotes.

---

[1] Délibération du District, du 12 août 1791. *(Arch. de la Préfect.)*

[2] Délibérations du District des 26 juillet et 13 août 1793. (Mêmes *Archives*.)

[3] Délibération du 7 août 1791 ; dans cette délibération, il est dit que la garde nationale de Machecoul est composée de cinq compagnies, ce qui est parfaitement conforme à l'état fourni à la fin de 1791, par l'*Almanach du département de la Loire-Inférieure* pour 1792. Nantes, Malassis, p. 85. Les commandants étaient MM. Lebedesque et Fleury.

Cependant, la législature de l'Assemblée constituante tire à sa fin; les assemblées primaires vont être convoquées pour choisir les nouveaux électeurs qui nommeront les députés; il a été, en outre, décidé que le renouvellement, par moitié, des corps administratifs, qui devait se faire seulement au bout de deux ans, aurait lieu après les élections de l'Assemblée législative [1].

Il serait curieux de constater, au moyen des procès-verbaux des assemblées primaires, à quel point fut poussé, par les habitants des campagnes, la pratique de l'éloignement du scrutin; malheureusement, il ne m'a pas été donné de pouvoir en rencontrer un seul, dans les différents dépôts d'archives où j'ai fait des recherches.

Je prends donc les opérations électorales pour l'Assemblée législative, au moment où tous les électeurs ayant été désignés par les citoyens actifs de tous les cantons du département, ils se trouvent réunis, à Nantes, le 25 août, dans la maison des Dominicains, au nombre de quatre cent vingt-neuf. Ils ont à nommer: 1° huit députés à l'Assemblée législative et trois suppléants; 2° deux hauts jurés pour la haute cour

[1] Le décret du 28 mai 1791; art. 1 et 12 (Duvergier, *Collect. de lois*, t. II, p. 391), annonçait pour un terme prochain la convocation des assemblées primaires; mais l'achèvement de la Constitution donna lieu à des retards, et, en définitive, ce fut le 5 août 1791 seulement que l'on fixa au 25 du même mois la réunion des assemblées électorales de département. (*Ibid.*, t. III, p. 180). Les assemblées primaires durent être réunies quelques jours auparavant.

nationale [1]; 3° un président, un accusateur public et un greffier pour le tribunal criminel; 4° la moitié des membres du Département [2].

Le District de Machecoul a fourni trente-six électeurs [3]. Les travaux de l'assemblée ne commencent qu'à la suite d'une messe solennelle, célébrée à la cathédrale par l'évêque du Département.

D'abord, on vérifie les pouvoirs; ce soin est confié à une commission, dont les membres sont choisis en nombre égal dans chaque district. Pour le district de Machecoul, les commissaires sont MM. Villers, Caviezel et Mesnard.

La présidence de l'assemblée est offerte à l'évêque Minée par 238 suffrages sur 388 votants; mais il de-

---

[1] La haute cour nationale, établie par décret du 10 mai 1791. Duvergier, *Collect. de lois,* t. II, p. 357. Elle devait juger les hauts fonctionnaires.

[2] Les renseignements que je donne ici sur l'assemblée électorale du second degré, sont empruntés aux pièces suivantes : 1° *Procès-verbal de l'Assemblée électorale du département de la Loire-Inférieure,* brochure in-4° de 36 pages; Nantes, Malassis, 1791; 2° *Instruction de plusieurs citoyens de Nantes à MM. les électeurs des campagnes sur leur scission avec les électeurs de la ville,* brochure in-8° de 6 pages, sans nom d'imprimeur; 3° *Discours de M. Minée....., en se démettant de la présidence, le 30 août 1791,* in-8° de 4 pages. Nantes, Malassis.

[3] MM. Caviezel, Fleury, Gigault, Gry, Gaschignard, Mesnard, Béthuis, Gouy, Himène, Mourain, Raimbaud, Villers, Tardiveau, Thébaud, Lemerle, Lebreton, Bretineau, Rezeau, Proust, Vrignaud, Mignen, Collinet, Boissy, Chauvin père, Rullier, Menu, Chauvin fils, Biré, Padioleau, Bâtard, Guitny, Joyau, Deniau, Meignen, Bouanchault, Francheteau.

vait, au bout de trois jours, donner sa démission et être remplacé par Coustard[1].

L'accomplissement des fonctions électorales imposant aux habitants des campagnes des frais de voyage et de séjour, d'autant plus onéreux, que beaucoup d'entre eux, dans cette saison, ont dû confier à des journaliers le soin de leurs récoltes, on décide que le Département sera prié de faire accorder à chaque électeur une indemnité de trois livres par jour[2].

Pour l'élection, on fait autant de scrutins qu'il y a de députés à élire ; le président donne, au commencement de chaque séance, lecture de la formule du serment d'élection, ainsi conçue : « Vous jurez et promettez de ne nommer que ceux que vous aurez choisis, en votre âme et conscience, comme les plus dignes de la confiance publique, sans avoir été déterminés par

---

[1] Il s'était élevé dans l'assemblée électorale des difficultés sur le nombre des électeurs que la ville de Nantes voulait faire admettre à l'assemblée électorale : de là des protestations, devant lesquelles Minée se retira. La difficulté consistait en ce que la municipalité de Nantes ayant abaissé à 13 sous le prix de la journée de travail, fixé à 1 franc par le Département, on obtenait ainsi un tableau de citoyens actifs contenant 11,636 noms, au lieu de 5,220, comme en 1790, lors des élections des administrations, et, partant, un nombre d'électeurs beaucoup plus considérable. A la vérification des pouvoirs, l'Assemblée législative approuva la conduite de l'assemblée électorale de la Loire-Inférieure, qui avait repoussé la prétention des électeurs de Nantes. Voir à ce sujet le rapport inséré au *Moniteur* du 6 octobre 1791, n° 279, p. 1165.

[2] Il ne put être fait droit à cette requête ; l'Assemblée constituante ayant décrété, dans les mêmes jours, que les électeurs ne seraient pas payés. Duvergier, *Collect. de lois*, t. III, p. 263, 9 septembre 1791.

dons, promesses, sollicitations et menaces. » A l'appel nominal, chaque électeur, en déposant sur le bureau le bulletin qu'il a écrit ou fait écrire, lève la main et dit : « Je le jure. » Pour être nommé député, il faut obtenir la majorité absolue des électeurs présents, et, comme les formalités sont longues et multipliées, à cause des appels nominaux, que souvent le premier scrutin ne donne point la majorité, plusieurs séances sont parfois employées à l'élection d'un seul député. Aucun habitant du District de Machecoul ne fut élu à l'Assemblée législative [1].

On procéda ensuite aux élections des jurés de la haute cour nationale [2] et à celles des président, accusateur public et greffier du tribunal criminel. La compétence de ce tribunal s'étendait à tout le département. Il se complétait par l'adjonction de juges empruntés, à tour de rôle, aux divers tribunaux de district du Département, et il jugeait avec l'assistance de jurés [3].

Les dix-huit membres de l'administration départementale, appelés à remplacer le même nombre de

---

[1] Les députés nommés furent : MM. 1° Coustard, par 238 voix sur 371 votants ; 2° J.-M. Benoiston, par 224 sur 355 ; 3° Mourain, par 183 sur 286 ; 4° de Cetray, par 231 sur 318 ; 5° Dufrexou, par 158 sur 194 ; 6° Papin, par 143 sur 179 ; 7° Français, par 116 sur 174 ; 8° Mosneron aîné, par 150 sur 216. — Les suppléants : MM. 1° Méaulle, par 116 voix sur 201 votants ; 2° Duboueix, par ... sur 171 ; 2° Le Pelletier, par 72 sur 142.

[2] Baco fut l'un des jurés élus.

[3] Le président du tribunal criminel, M. Gandon, fut élu par 96 voix sur 137 votants ; l'accusateur public, M. Pineau, par 92 sur 138 ; le greffier, M. Leborgne, par 104 sur 167.

sortants, furent élus au scrutin de liste ; mais un seul obtint la majorité, à chacun des deux premiers tours, l'un par 105 voix sur 207 votants, l'autre par 84 voix sur 172 votants. Les seize membres qui restaient à nommer par un troisième et dernier tour de scrutin reçurent leur mandat d'une minorité infime. Il y avait 118 votants, et, de ces seize administrateurs, le premier fut élu par 42 voix. Après lui, venait M. Caviezel, de Machecoul, avec 41 voix ; le curé Villers, de Saint-Philbert-de-Grand-Lieu, fut nommé l'avant-dernier par 28 voix.

L'assemblée électorale du Département ne finit ses travaux que le 11 septembre.

Aux électeurs du District, assemblés dans leur chef-lieu, incombait la charge de choisir aussi de nouveaux membres pour cette administration. Mais, auparavant, se fit, toutes portes ouvertes [1], le tirage au sort pour la désignation de ceux qui seraient remplacés.

Parmi les membres du Directoire, le sort n'exclut que M. Biclet, M. de la Nicollière ayant donné sa démission ; parmi ceux du conseil, il exclut MM. Mesnard, de Couëtus et Lebreton ; M. Levaulle s'était exclu lui-même de la même façon que M. de la Nicollière [2]. Le procureur-syndic n'était point cette fois soumis à une réélection.

---

[1] Conformément au décret du 10 juin 1791. Duverg., *Collect. de lois*, t. III, p. 11.

[2] Procès-verbal de la séance du District, tenue en conformité du décret du 10 juin 1791. *(Arch. de la Préf.)*

Les membres sortants ou démissionnaires furent remplacés par MM. Etienne Gaschignard, principal du collége de Machecoul; Guillaume Gigault, de Saint-Mesme; Nicolas Béthuis, Pierre Garnier, Pierre-Claude Fleury et Gry aîné, tous les quatre de Machecoul.

Le District fut ainsi constitué : M. Gaschignard, président de l'administration; MM. Charruau jeune, Dubois, Gry aîné, Garnier [1], membres du Directoire.

Il était plus facile de changer les hommes que les choses; les paysans continuaient à se plaindre qu'on leur imposât des garnisons. Le 8 octobre, un grand nombre d'habitants de Sainte-Pazanne déposaient, au District, une pétition tendant à ce que « les quinze hommes de troupes de ligne du 84ᵉ régiment y cantonnés, sur le réquisitoire des sieurs Tourneux, maire; Parré et Guihal, officiers municipaux; Bizeul, curé, et Chéreau, commandant de la garde nationale, fussent renvoyés rejoindre leur détachement [2]. » Le 1ᵉʳ novembre, le District se décide à envoyer un commissaire. Quelques jours après, la même commune attire encore l'attention du District. Le sieur Blanc et la veuve Richard, l'un, instituteur, et l'autre, institutrice, ont refusé de prêter le serment civique, « et il leur est fait défense d'exercer aucun acte relatif à

---

[1] Signatures recueillies sur différents actes et rapprochées des listes incomplètes des *Almanachs Despilly et Malassis* pour 1792, pp. 75 et 83.

[2] Délibération du District du 1ᵉʳ novembre : Pétition originale. *(Arch. de la Préf.)*

l'instruction de la jeunesse, soit en public, soit en particulier, sous peine d'être poursuivis[1]. »

C'était la loi ; mais un journal constatait, au même moment, que « les instituteurs qui s'y étaient soumis avaient perdu leurs écoliers. » « La majeure partie de nos écoles, ajoutait-il, sont des écoles d'incivisme... Que deviendront ces hommes, qui apprennent en naissant à détester les lois sous lesquelles ils doivent vivre ? Déjà, pour les intérêts chimériques du ciel, leurs mains sont armées de poignards. Et contre qui ces poignards sont-ils dirigés ? Contre leurs pères, qui, suivant la voix de la sagesse, se sont armés pour détruire les préjugés barbares et leur donner la liberté[2]. »

Ce journal disait d'autres choses encore, qu'il est bon de reproduire ; car, mieux que mes appréciations, elles montreront de quel train il faut marcher, en temps de révolution, pour n'être pas en retard sur l'opinion, et aussi combien déjà notre département souffrait de l'anarchie et de la misère : « Beaucoup de villes, sans être infectées d'aristocratie comme elles pourraient l'être, au milieu de tous les robins, les prêtres et les nobles qui y abondent, ne présentent cependant pas encore le caractère que désirent les vrais

[1] Délibération du District du 10 décembre 1791. Le serment avait été imposé aux instituteurs par décret du 17 avril 1791. Duvergier, *Collect. de lois*, t. II, p. 306. Le Département rendit à ce sujet un arrêté, le 6 juin 1791. *Archives curieuses* de Verger, v, p. 163.

[2] *Chronique de la Loire-Inférieure* du 15 décembre 1791, n° 103, p. 886.

amis de la liberté. L'ancienne bourgeoisie est entièrement indolente ; si l'égalité lui plaît, c'est pour n'avoir pas de supérieurs, et non pour avoir des égaux. L'aristocratie bourgeoise est peut-être un des plus grands inconvénients qu'aient fait naître les décrets qui ne sont pas entièrement d'accord avec les bases de notre constitution ; et ce vice, qui n'est pas bien aperçu dans les départements, peut un jour la renverser. Le bourgeois veut se mettre à la place du noble et laisser l'artisan à la sienne. Cependant, l'artisan est partout le vrai défenseur de la Révolution ; lui seul forme la garde nationale qui l'a maintenue ; lui seul fréquente les assemblées électorales ; enfin, lui seul est digne de la liberté, parce que lui seul il a de bonnes mœurs. Malheureusement, il n'est point instruit, et on éloigne de lui toute instruction. On ne saurait croire combien les administrations, remplies d'hommes qui ne doivent qu'au peuple leur élévation, dédaignent maintenant sa surveillance, combien elles se croient au-dessus de l'opinion publique... On ne met à exécution que ce qui plaît ; avec les sous additionnels on crée les impôts, sans qu'on sache pourquoi... L'esprit de corps, l'orgueil, et par conséquent les petites simagrées de la société titrée se sont emparés de la plupart de nos administrateurs [1]. »

Voici maintenant pour l'état du pays : « Des brigands, profitant des troubles que les prêtres rebelles à la loi ont fait naître dans nos campagnes, pillent et

[1] *Chronique de la Loire-Inférieure* du 7 décembre 1791, n° 101.

assassinent les cultivateurs. Depuis trois semaines, on n'entend parler que de vols et de meurtres... Le tribunal de district n'en juge aucun. Le peuple murmure et dit qu'on ne punit point les malfaiteurs. Rien ne presse plus que l'organisation du tribunal criminel; si l'on ne donne pas d'exemples, il est à craindre que le peuple n'en donne lui-même. Déjà des gens arrêtés ont failli perdre la vie [1]. »

Cette situation calamiteuse était, en outre, officiellement constatée dans un document rendu public. « La police des mendiants et vagabonds, — disait le procureur général syndic au conseil de Département, — est encore une partie de la surveillance attribuée par la loi aux administrations de Département. Jamais peut-être il ne fut plus besoin de l'exercer ; le *nombre des mendiants semble chaque jour s'accroître ;* bientôt ils égaleront, dans les villes et dans les campagnes, le nombre des autres citoyens [2]. »

---

[1] Même journal, numéro du 15 décembre 1791, p. 887.
[2] Extrait des registres du conseil de Département, du 8 décembre 1791. Imprimé de 7 pp. in-4°. Nantes, Malassis.

VII

LE REFUS DE SERMENT.

(Année 1791).

Décret sur la mise à exécution de la loi du serment ecclésiastique. — Portée du serment exigé. — Conséquences du refus. — Sermon du curé de la Trinité. — Les mandements de l'évêque de Nantes déférés à l'autorité civile. — La plupart des prêtres refusent le serment. — Élection de l'évêque constitutionnel. — Élections des curés. — Provocation des journaux patriotes. — Pétition pour l'éloignement de leurs paroisses des curés non assermentés. — Installation des curés constitutionnels. — Résistances. — Arrestations arbitraires. — Arrêté du Département proscrivant les réunions et les processions du culte catholique. — Difficultés résultant de l'attribution aux membres du clergé de la tenue des actes de l'état civil. — Les nouveaux traitements du clergé. — Déclaration de Mellinet. — Rapport de Gallois et Gensonné. — Rapport officiel sur l'état religieux du district à la fin de 1791. — Décret du 29 novembre 1791 sur la surveillance des prêtres réfractaires. — Arrêté plus sévère encore du Département de la Loire-Inférieure en date du 9 décembre 1791. — Discussion de cet arrêté à l'Assemblée législative. — Saisie du Catéchisme à l'usage des fidèles de la campagne.

Avec l'année 1791 s'ouvre pour l'Église catholique de France une ère de proscription qui durera longtemps. Nous avons vu, dans un précédent chapitre, que Louis XVI avait, le 26 décembre 1790, sanctionné, sous la pression de l'Assemblée constituante, le décret relatif au serment des évêques et des prêtres « fonctionnaires publics. » La majorité de l'Assemblée avait aussitôt pris des mesures pour l'exécution immédiate de ce décret : les ecclésiastiques revêtus du mandat de députés durent venir à la tribune prononcer leur serment. En leur imposant cette obligation, dit M. de Pressensé, l'Assemblée « élevait elle-même le piédestal de la contre-révolution, car elle provoquait une scène pathétique, où l'honneur serait tout entier pour le parti du haut clergé [1]. »

Je n'ai point à retracer cette séance du refus de serment, qui a rendu fameuse la journée du 4 janvier 1791; mais il importe de bien préciser quel était le caractère de l'acte que l'Assemblée exigeait des prêtres catholiques. Aux historiens qui soutiennent encore aujourd'hui que le serment, imposé par le décret du 27 novembre 1790, ne pouvait engager une conscience catholique [2], je pourrais, comme je l'ai déjà fait en appréciant le caractère de la constitution civile du

---

[1] *L'Église et la Révolution française*, p. 147.
[2] Voyez spécialement M. Louis Blanc, qui traite d'*absurde* la résistance du clergé fidèle. *Hist. de la Révol.*, t. v, p. 135. — On pourrait citer, néanmoins, quelques exemples de prêtres orthodoxes, ayant hésité quelque temps sur cette question, notamment un prêtre de Laval, qui se laissa élire au siège épiscopal de cette ville sur le conseil de son évêque. Mais, dès avant qu'il eût reçu de Rome un avis qu'il y avait demandé, il avait donné sa démission, le 22 février 1791. (*Hist. de l'Église*, par Rohrbacher, t. xxvii, p. 495.)

clergé, opposer simplement l'autorité de M. de Pressensé, d'après lequel l'Assemblée n'avait pas le droit d'exiger autre chose qu'un serment général à la loi et au roi. « Il fallait s'en tenir là, dit cet auteur. Faire porter le serment directement sur la constitution civile du clergé, c'est-à-dire sur une mesure qui blessait profondément la conscience d'un nombre considérable de prêtres honorables, c'était transformer la résistance en un devoir sacré..., c'était jeter un défi à des convictions respectables et entrer dans une voie au bout de laquelle était la dictature et la proscription [1]. »

Mais il y a plus; si l'on prend la peine de lire la discussion qui s'engagea à ce sujet, on aperçoit clairement que l'Assemblée ne voulut entendre à rien qui fût de nature à autoriser les illusions de la bonne foi sur la portée de ce serment. Quand M. de Bonnal, évêque de Clermont, avait proposé d'ajouter à la formule adoptée cette phrase : « Exceptant formellement les objets qui dépendent essentiellement de l'autorité spirituelle, » (réserve nécessaire si l'Assemblée ne voulait pas revenir sur le décret par lequel elle avait solennellement renoncé à exercer aucun empire sur les consciences), il avait été sommé de prêter le serment pur et simple [2]. Quand, deux jours après,

---

[1] *L'Église et la Révolution française*, p. 140.
[2] Séance du 2 janv. 1791. *Journ. des Déb. et des Décr.*, n° 568, p. 2. — Jager, *Hist. de l'Église pendant la Révolution*, t. II, p. 93. — Le 5 janvier, on refusa le serment d'un prêtre qui prétendait le prêter avec la restriction de M. de Bonnal. *Journ. des Déb. et des Décr.*, n° 571, p. 3. — Ce même jour, M. Méchin,

Grégoire, tout en se défendant d'approuver « la doctrine perfide des restrictions mentales, » était venu prétendre qu'en exigeant ce serment, l'Assemblée ne demandait aux fonctionnaires que l'obéissance et l'exécution de la loi, et nullement un assentiment intérieur, il n'avait rendu que plus évidente la différence qui séparait ce serment du serment civique. En vain, Mirabeau lui-même avait essayé de faire admettre cette subtilité ; la force des choses devait l'amener à soutenir, contre l'évidence, que l'Assemblée ne touchait point au spirituel.

Il résultait cependant de l'un de ses discours, de la façon la plus claire, que, pour tout prêtre qui se bornerait à refuser le serment, sans protestations séditieuses, le refus n'aurait que l'effet d'une démission volontaire, et ne pourrait lui être imputé à délit [1].

On comprend encore que l'Assemblée nationale, occupée à faire des lois, c'est-à-dire à tracer, d'une manière abstraite, une règle de conduite à la nation, ait pu, dans les commencements de la lutte contre le clergé, espérer conserver une certaine modération; mais elle aurait dû prévoir que les administrations,

---

curé de Brains, district de Nantes, porté sur les journaux comme ayant prêté le serment, protesta qu'il ne l'avait fait qu'avec cette même restriction. (Sa lettre, *Débats*, n° 572.)

[1] Séance du 4 janvier 1790. *Journ. des Déb. et des Décr.*, n° 570, pp. 6 et 11. — Lors de la publication du décret à Paris, on avait inséré frauduleusement sur les placards une phrase qui déclarait perturbateur tout prêtre, quel qu'il fût, qui refuserait le serment. Mirabeau protesta contre cette falsification, qui avait eu pour but, dit M. Louis Blanc *(Hist. de la Révol.*, t. v,

aux prises avec les difficultés de l'application, ne tarderaient pas à s'engager dans la voie de l'arbitraire.

Le 1ᵉʳ janvier 1791 était, aux termes de l'article 3 du décret du 22 avril 1790, la date à partir de laquelle les bénéficiers devaient cesser de percevoir les dîmes et redevances. Ce jour-là, au prône de la messe paroissiale, M. Hervé de la Bauche, curé-doyen de la Trinité de Machecoul, fait allusion à sa nouvelle situation. « Je vous recommande les pauvres d'une manière particulière, dit-il à l'assemblée, et si les pauvres essuient des privations, qu'ils ne murmurent pas; *soyez tous soumis, comme je le suis moi-même.* » Puis, parlant de ses droits de prêtre, il déclare qu'il tient sa cure de Dieu et de l'Église, et que personne ne peut la lui enlever [1].

Ce sermon est immédiatement dénoncé comme inconstitutionnel, et, à la suite d'une délibération de la municipalité transmise au District, le directoire de cette dernière administration envoie les pièces à M. Hervé de la Bauche, pour qu'il ait à avouer ou à désavouer les faits [2]. Jamais rien de plus grave ne put

---

p. 154), d'irriter le peuple contre les prêtres. — Voyez, à ce sujet, la lettre du ministre Duport-Dutertre, *Journal des Déb. et des Décr.* du 5 janvier 1791, n° 571. « Si c'était une erreur de copiste, comme le soutint Bailly, au fond, dit M. de Pressensé (p. 149), le copiste ne s'était trompé que de date. »

[1] Extrait de la dénonciation faite contre M. Hervé de la Bauche. (Pièces de l'instruction de son procès faisant partie des papiers du tribunal du District de Machecoul. — *Archives du greffe du tribunal civil de Nantes.*)

[2] Délibération du District de Machecoul, du 10 janvier 1791.

être mis à sa charge, ainsi qu'il résulte d'une très-volumineuse enquête, qui a été conservée et dont j'aurai occasion de reparler.

A Nantes, on procède de la même façon à l'égard des mandements de M. de la Laurencie. Plusieurs membres du club des *Amis de la Constitution* vont à la municipalité dénoncer ces écrits comme incendiaires, et cette administration, « pénétrée d'indignation contre ceux des ministres de la religion qui se permettent de l'outrager en répandant des maximes séditieuses qui tendent à tromper et à égarer les fidèles, » arrête, le 14 janvier 1791, que ces mandements seront envoyés au tribunal du District, « pour qu'il défende à tous les curés de les lire et à tous les imprimeurs de les reproduire; » et, de plus, qu'on fera à l'évêché une visite domiciliaire pour les rechercher[1].

Le département de la Loire-Inférieure est dans la crise du refus de serment. Le décret du 25 janvier 1791[2] a remis aux corps administratifs et aux municipalités le soin de faire exécuter celui du 26 décembre, qui prescrivait cette formalité, et, comme un très-petit nombre de prêtres paraissent disposés à se soumettre, on affecte de craindre que la tranquillité ne soit troublée, même à Nantes. Il eût été impossible de signaler la moindre tentative de rébellion; mais la prétendue

Tableau abrégé des opérations du District. — *Archives de la Préfecture*.

[1] *Journal de la Corresp. de Nantes*, janvier 1791, t. VII, p. 515. — *Annales curieuses*, de Verger, t. V, p. 109.

[2] *Journ. des Déb. et des Décr.*, n° 595, p. 7.

révolte des prêtres était devenue le thème obligé des déclamations du jour. Coustard, rendant compte dans un journal de la prestation du serment civique par quarante-sept dames, au nombre desquelles se trouvait « sa chère Victorine, » disait, au début de son article : « Tandis que nos saints lévites appellent les massacres, et brûlent de voir couler notre sang, nos dames viennent de donner un témoignage éclatant de leur patriotisme [1]. » Aussi, le 24 janvier, la Commune, considérant le refus de serment d'un grand nombre d'ecclésiastiques, nomme une commission pour s'entendre avec le Département sur les moyens à employer pour empêcher que la paix publique ne soit troublée. Le colonel du régiment de Rohan devra tenir à la disposition des autorités deux cents hommes, jusqu'à ce que la constitution civile du clergé soit mise à exécution [2].

La mesure est prématurée; toutefois, on peut, à la fin du mois de janvier, mesurer l'étendue des difficultés qui vont surgir, lorsqu'on voudra priver l'immense majorité des paroisses rurales de leurs pasteurs; les adhésions à la constitution civile n'arrivent pas, et leur rareté permet de juger des vastes proportions qu'atteindront les refus de serment. Bien que l'aveuglement soit si grand, qu'au club on loue les administrateurs d'avoir refusé le serment de plu-

---

[1] Article daté du 22 janvier 1791. *Journ. de la Corresp. de Nantes*, n° du 28 janvier, t. VIII, p. 15. Coustard était président de l'administration du Département.

[2] *Archives curieuses*, de Verger, t. V, p. 118.

sieurs prêtres, en leur opposant l'expiration du délai [1],
ce n'est pas moins avec la perspective d'une sérieuse
résistance que les administrations s'occupent de dresser
un état des paroisses qu'il faudra pourvoir de nouveaux
curés par la voie de l'élection.

Le 26 janvier, on inscrit sur la liste les paroisses de
Saint-Lumine et de Saint-Mesme ; le 31 janvier, celles
de la Trinité et de Sainte-Croix de Machecoul [2]; le 2
février, Montbert et Saint-Étienne-de-Mer-Morte. La
liste se grossit chaque jour. Le 3 février, le district de
Machecoul reçoit divers procès-verbaux de municipalités, constatant qu'à Saint-Mars-de-Coutais, M. Millier, curé, et M. Hardouin, son vicaire, de même qu'à
Saint-Colombin, M. Giraud, curé, et MM. Girard et
Pelletier, vicaires, ont refusé le serment, et que le
curé et les vicaires de Bourgneuf ont, au contraire,
consenti à remplir cette formalité. Le 10 février, il est
statué qu'on procédera au remplacement de M. Simon,
curé de Geneston [3].

Ces prêtres, en refusant le serment, ne font qu'user
d'un droit reconnu par l'Assemblée constituante ; il
serait donc convenable de les laisser en paix. Mais c'est
un parti pris ; on ne peut pardonner au clergé de garder ses convictions, et on le provoque. « Nos prêtres,
— écrit le 28 janvier le maire de Saint-Colombin, dans
une lettre rendue publique, — *semblent* nous mena-

---

[1] *Chronique de la Loire-Inférieure,* n° 15, du 9 février 1791,
p. 184.

[2] *Tableau abrégé des opérations du District,* déjà cité.

[3] *Ibid.*

cer secrètement...; ils osent prétexter une religion dont ils sont l'opprobre. Voilà l'instant du dévouement; toutes les villes se tiennent sur leurs gardes; il faut déployer un peu de vigueur. Un seul instant de faiblesse pourrait nous reculer de bien loin. Tous ces prêtres ont trop longtemps abusé de la clémence de la nation [1].

Le 17 février 1791, la municipalité de Saint-Lumine se réunit; le procureur de la commune, Jean Papin, prend la parole : « L'exécution de la loi contre notre recteur est, dit-il, à la veille de se consommer...; mais, pour ne pas hasarder la tranquillité publique, je requiers que vous réclamiez auprès du Département pour notre pasteur la permission de continuer ses fonctions publiques, vu la certitude de la nullité de son remplacement. » Le conseil général de la commune rédige, en conséquence, une pétition, dans laquelle « il supplie le Département de ne pas donner suite à l'élection d'un curé..., à l'effet de prévenir les funestes effets de la résolution du peuple de ne recevoir aucune administration spirituelle de la part du nouvel élu [2]. »

Or, voici comment un journal appréciait cette pétition : « Les paysans de Saint-Lumine se disposent, dit-on, à refuser le nouveau curé qu'on doit leur envoyer. Ils se sont déjà rassemblés plusieurs fois sur différentes alertes. Ils se disposent à dresser des em-

---

[1] *Chronique de la Loire-Inférieure*, du 5 février 1791, p. 171.
[2] Délibération de la municipalité de Saint-Lumine-de-Coutais. *(Archiv. de la Préfect. Fonds du Département.)*

buscades et doivent, de derrière les haies, tirer sur les Nantais qui serviront d'escorte. Ces dispositions hostiles sont le fruit des pacifiques homélies du curé de Saint-Lumine. » Le journaliste ajoutait : « On voit les dangers qui nous menacent, et l'on semble servir la cause de nos ennemis en reculant l'élection de l'évêque, ce qui retarde l'installation des curés et donne aux calotins le temps d'ourdir leurs trames perfides [1]. »

A Saint-Étienne-de-Mer-Morte, une poursuite est intentée, le 3 mars, contre plusieurs habitants pour troubles religieux [2].

Le même numéro de la *Chronique* que je viens de citer annonce que le 13 mars est le jour fixé pour l'élection du nouvel évêque. En attendant, et comme pour préparer les esprits, un article des plus injurieux est publié contre M. de la Laurencie [3], à la suite d'un pompeux éloge de Minée, curé des Trois-Patrons de Saint-Denis, près Paris.

Minée était de Nantes ; selon M. l'abbé Tresvaux, il avait, au moment de son élection, quitté la cure des Trois-Patrons, pour occuper, à Paris, celle de Saint-Thomas-d'Aquin, paroisse érigée par les autorités civiles dans l'église des Dominicains. D'après le même auteur, des trois curés de Nantes qui avaient fait le

---

[1] *Chronique de la Loire-Inférieure*, du 2 mars 1791, n° 21, p. 233.

[2] Registre des dépôts en matière criminelle du tribunal du District de Machecoul (greffe).

[3] Même journal que dessus, du 12 mars 1791, p. 255.

serment, deux espéraient être nommés : le curé de Sainte-Croix et celui de Saint-Similien ; mais Minée, qui était inconnu quelques jours auparavant, aurait dû son élection à une intrigue de Coustard, ourdie dans un intérêt personnel [1].

Quoi qu'il en soit, Minée est élu, le dimanche 13 mars. « L'élection, lit-on dans la *Chronique,* a été annoncée par une salve d'artillerie et le son des cloches de la cathédrale. Les bons citoyens, les amis de la Constitution ont prouvé leur satisfaction en faisant illuminer le local des maisons qu'ils occupent [2]. »

C'était le temps du carnaval, et jamais, disait-on, il n'avait été plus gai [3]. Villers, curé assermenté de Saint-Philbert-de-Grand-Lieu, l'un des électeurs de Minée, a profité de son voyage à Nantes pour se faire affilier au club des Capucins, et y prononcer un discours fort ampoulé sur la liberté et sur la gloire que l'on acquiert à combattre les ennemis de la Révolution [4].

Je ne finirais pas, si je voulais enregistrer ici toutes les provocations lancées à ce moment par les patriotes, dans les journaux et les clubs, contre les prêtres qui refusent le serment. Tantôt on affecte de croire que

---

[1] *Histoire de la persécution révolutionnaire en Bretagne,* t. 1, p. 227 et 228. — Le curé de Sainte-Croix se rétracta à la fin d'avril. (Voyez *Chronique de la Loire-Inf.* du 4 mai 1791, n° 39, p. 367.)

[2] *Chronique,* n° du 16 mars 1791, p. 266.

[3] *Ibid.,* n° du 19 mars 1791, p. 267.

[4] *Ibid.,* n° du 19 mars, p. 267. — Ce club des Capucins était le même que celui des *Amis de la Constitution,* ou, autrement dit, *Jacobins.*

l'installation des nouveaux curés « se fera paisiblement, et qu'il ne restera aux vils partisans du despotisme, marqués du signe de la bête, que la honte et l'ignominie [1] ; » tantôt on affecte de se réjouir du succès de la force. Ainsi, à propos de l'émeute de Vannes, on dit, en parlant des prêtres : « Notre droit *canon* leur a prouvé *in barbara* que leurs majeures et leurs conséquences étaient fausses ; qu'ils étaient citoyens et devaient obéir aux lois civiles. Saint *Sabre*, qui vaut saint Labre, et *Notre-Dame-Bayonnette* n'ont pas peu contribué à leur dessiller les yeux. Ils ne se sont cependant pas soucié qu'ils vinssent leur déchirer le bandeau [2]. »

Pour bien comprendre la portée de ces articles, il faut savoir que la *Chronique de la Loire-Inférieure* est l'organe du club des *Amis de la Constitution*, et que l'influence de cette société populaire, affiliée à toutes celles des autres villes, tend à devenir immense. L'action que les clubs exercent à Paris sur l'Assemblée, ils l'exercent en province sur les administrations ; action funeste, car la direction imprimée à l'opinion publique par les sociétés populaires amènera bientôt le gouvernement de la populace, de tous le moins respectueux de la légalité, et qui faisait dire à Armand Carrel : « C'est dans les bras de la populace qu'il faut se jeter quand on ne veut plus de lois [3]. »

Cependant, l'évêque Minée est attendu avec impa-

---

[1] *Chronique* du 4 mai 1791, n° du 12 mars 1791, p. 257.
[2] *Ibid.*, n° du 23 mars 1791, p. 276.
[3] Cité par M. Lanfrey : *Études et Portraits politiques*, p. 163.

tience, parce qu'aux termes de la constitution civile du clergé, (art: 36 et 37), les curés élus ne peuvent entrer en fonctions sans avoir reçu l'institution de l'évêque. Régulièrement même, dans les départements où il y avait lieu de nommer un nouvel évêque, les élections des curés n'auraient dû se faire qu'après l'installation de celui-ci ; mais, dans plusieurs districts de la Loire-Inférieure, on ne tint aucun compte du décret du 26 janvier 1791 [1].

Le 8 mars, la municipalité de Saint-Jean-de-Corcoué et, le 20 mars, celle de Touvois, annoncent que leurs curés et vicaires ont refusé le serment [2].

Dans la prévision que, des deux paroisses de Machecoul, la Trinité et Sainte-Croix, il n'y aurait que la première de conservée, on ne s'occupe pas pour l'instant de pourvoir la cure de Sainte-Croix.

Je n'ai pas pu me procurer la date authentique de la réunion dans laquelle on élut les curés du District ; mais je crois ne pas me tromper en disant qu'elle eut lieu le 27 mars 1791, un procès-verbal de la municipalité de Machecoul portant que l'on fit, ce jour, qui était un dimanche, des élections dans l'église, à la suite d'un *Te Deum* chanté par le curé constitutionnel de Saint-Philbert (Villers), en action de grâces de la convalescence du roi [3]. Ce même procès-verbal nous apprend

---

[1] Voy. ce décret : *Journ. des Déb. et des Décr.*, n° 595, p. 21.
[2] Tableau abrégé des opérations du District de Machecoul.
[3] On lit dans la *Chronique*, n° 29, du 30 mars, p. 290, le passage suivant d'un article portant la date du 25 : « J'ai parcouru aujourd'hui la ville de Nantes, et j'ai vu les habitants de

que M. Hervé de la Bauche refusa d'officier ; que le matin, à la suite de la grand'messe, il avait transporté le Saint-Sacrement au couvent des Calvairiennes, et que l'on attribua la fermentation qui régna, ce jour-là, au fanatisme du curé-doyen, qui avait donné publiquement lecture d'une lettre de Rome, prononçant l'excommunication contre les prêtres assermentés [1].

Le nouveau curé, appelé à remplacer M. de la Bauche, est un vicaire de Saint-Philbert-de-Grand-Lieu, nommé Letort. Il avait refusé la cure de Saint-Sébastien, à laquelle il avait été élu, le 14 février, « par la difficulté de faire, dans une paroisse prévenue et soulevée, tout le bien qu'il désirait [2]. »

cette cité; les braves Nantais, qui, les premiers, se sont armés pour la conquête de la liberté, se réjouir à la manière des esclaves, et manifester le plaisir qu'ils ont de voir la santé du roi rétablie, comme ils célébraient autrefois la convalescence des tyrans. O Raison, que tu marches à pas lents ! »

[1] Procès-verbal de la municipalité de Machecoul, du 27 mars 1791, signé : CAVIEZEL, maire. *(Arch. de la Préfect.)* — La lettre de Rome, dont il est parlé dans ce procès-verbal, était vraisemblablement le bref du 10 mars 1791, adressé par Pie VI aux évêques qui lui avaient envoyé l'*Exposition de principes*. (Voyez *Mémoires de Picot pour servir à l'histoire ecclésiastique pendant le XVIIIe siècle*, 3e édit., t. VI, p. 81.) Ce ne fut que plus tard, le 9 juin 1791, que la publication des bulles fut interdite, sous peine de dégradation civique. *Journ. des Déb. et des Décr.*, du 9 juin, n° 748, p. 9.

[2] Élection de Letort à Saint-Sébastien, le 14 février 1791. *Chronique de la Loire-Infér.*, n° 17, p. 198. — Sa lettre, datée de Saint-Philbert, 21 février, adressée au Département et contenant son refus. *(Arch. de la Préfect. Papiers du Département.)*

S'il eut réellement l'espérance de trouver plus de calme à Machecoul, il ne dut pas tarder à voir qu'il s'était trompé. Dès le lendemain, 28 mars, le procureur-syndic du District faisait des remontrances tendant à demander au Département les troupes dont on a parlé et qui arrivèrent le 2 avril. On désirait prévenir les troubles dont on était menacé, « surtout de la part de ceux qui se laissent aller aux discours insidieux et même incendiaires que quelques curés prononcent contre le chef-d'œuvre de la nation française, en voulant persuader au peuple la nullité du décret qui ordonne le remplacement des prêtres qui se sont refusés à prêter le serment civique [1].

Du moment, en effet, que l'on veut établir le schisme constitutionnel dans le District de Machecoul, il est indispensable de recourir à la force. Déjà, le 1er avril, le commandant de la garde nationale de Sainte-Pazanne a demandé à sa municipalité de la poudre, des balles, un corps de garde et une prison. La municipalité a accordé trois cents cartouches et statué qu'on en référerait au District pour la prison et le corps de garde [2]. La nécessité de semblables préparatifs va s'imposer à tout le District; un état officiel, arrêté par cette administration, le 30 mars 1791, pour être envoyé au Département, constate que, sur les cinquante-neuf prêtres desservant les vingt-quatre pa-

---

[1] Délibération du District, du 4 avril 1791, où se trouve rapportée la demande du procureur-syndic.

[2] Délibération de la municipalité de Sainte-Pazanne, du 1er avril 1791. *(Arch. de la Préfect. Fonds de Machecoul.)*

roisses du District, et remplissant sept places d'aumôniers et de bénéficiers résidants, le curé et les vicaires de Bourgneuf et de Saint-Philbert-de-Grand-Lieu, et un bénéficier de Sainte-Pazanne, ont seuls consenti à prêter le serment ; soit, en tout, sept prêtres, dont un ne l'a prêté qu'avec restriction ; les électeurs convoqués n'ont pu nommer qu'à dix cures, attendu la disette d'ecclésiastiques bien disposés, et encore, lit-on au bas de ce document : « Les élus accepteront-ils ? C'est un problème [1]. »

Cette disposition bien marquée du clergé du diocèse de Nantes à refuser le serment, n'empêche pas les patriotes de cette ville de voir approcher avec joie le moment de l'arrivée de l'évêque constitutionnel. Pour exhorter à la concorde, on dit des prêtres réfractaires : « La conservation de l'État est incompatible avec la leur ; il faut que l'un des deux périsse [2] ; » et dans l'espoir de rendre plus facile l'entrée triomphale de Minée, on publie la note suivante, sous cette simple rubrique :

---

[1] État des ecclésiastiques du District de Machecoul, arrêté en directoire. *(Arch. de la Préfect. Fonds du directoire de Département.)* Les cures de Sainte-Croix de Machecoul et de Geneston devant être supprimées, il n'en restait plus que douze à pourvoir ; mais on ne réussit jamais à le faire, comme nous le verrons plus loin. — M. l'abbé Cahour, dans sa *Statistique du clergé nantais à l'époque de la Révolution*, constate (p. 5), que sur 1,050 ecclésiastiques de tous les ordres que possédait le diocèse en 1791, 159 prêtèrent le serment, dont 132 le rétractèrent à diverses époques, 27 seulement ayant persévéré jusqu'à la fin. — Dans le diocèse d'Angers, la proportion des assermentés fut 385 sur 1,540. (Tresvaux, *Hist. du diocèse d'Angers*, t. II, p. 380.)

[2] *Chronique de la Loire-Infér.*, du 2 avril 1791 ; n° 30, p. 309.

« Avis : Nous croyons devoir prévenir les petites bonnes vieilles et déterminées bigotes, que quarante-cinq à cinquante jeunes gens, bien forts et bien vigoureux, doivent, munis de verges, bénites ou non bénites, se disperser dans tous les quartiers de la ville, le jour de l'arrivée du nouvel évêque et celui de son installation, pour administrer le fouet à celles qui auraient l'imprudence de faire des sorties que pourrait leur suggérer leur imbécile hypocrisie... Si vous avez le malheur de mépriser notre avertissement et de vous laisser trousser le cotillon, vous pouvez être certaines de notre aptitude à rendre compte de la journée des *culs fouettés*. — *Nota.* Quoique nous ayons semblé ne désigner que les vieilles, nous assurons cependant que les verges sont pour tout âge, tout sexe et tout costume [1]. »

Cet avis concerne les Nantais ; voici pour les paroisses rurales : « Les prêtres réfractaires de nos campagnes lisent à nos frères, les agriculteurs, de fausses lettres et un faux bref du Pape. Nous invitons les bons citoyens à se réunir pour désabuser les malheureux que l'on cherche à tromper et qu'on excite à la révolte. Le curé de Montbert, qui ne sait parler aucune langue, (l'abbé Gestin), pas même le bas-breton, quoiqu'il soit né dans la Basse-Bretagne, s'en va de porte en porte, dans la paroisse dont il était ci-devant curé, criant : — Voilà une lettre que le Pape m'a écrite.

---

[1] *Chronique de la Loire-Infér.*, n° 33, du 13 avril 1791, p. 326. Voy. aussi p. 329. — Ces menaces n'ont rien de commun avec l'affaire des *fouetteuses des Couëts*.

Ah ! vous allez avoir beau jeu, vous allez tous être excommuniés. — En vérité, nos administrateurs sont bien tranquilles. Dans plusieurs départements, on a fait des proclamations ; ici, rien ; on laisse le champ libre... Nous nous lasserons... Les verges sont coupées et trempent dans le vinaigre ; ils auront le fouet et nous nous moquerons d'eux, et ça ira [1]. »

Nous ne sommes encore qu'au mois d'avril 1791, et deux longues années s'écouleront avant que les catholiques des campagnes ne se lèvent en masse pour revendiquer, les armes à la main, la liberté et le respect de leurs autels. On a écrit beaucoup de phrases sur les incessantes excitations du clergé à la guerre civile ; mais on est encore à attendre la preuve de ses provocations.

Minée fait son entrée à Nantes, le vendredi 15 avril. « Hier, lit-on dans la *Chronique* du 16 avril, fut le jour de l'arrivée du nouvel évêque. Jour fortuné, jour souhaité et désiré depuis si longtemps par les véritables amis du repos et de la tranquillité des citoyens. Il est entré au milieu des acclamations mille fois répétées d'un peuple libre, ami des usages antiques de l'Église et des vertus primitives de la religion. Toutes les gardes nationales, la gendarmerie nationale, un grand nombre d'ecclésiastiques patriotes, les corps administratifs et des députations des deux sociétés des

[1] *Chronique*, ibid., p. 328. Il serait aisé de multiplier beaucoup ces citations, car la *Chronique* contient une foule de provocations semblables ; celles-là suffisent à montrer sous quels auspices on inaugurait le nouveau culte.

Amis de la Constitution ont été au-devant de ce vertueux prélat... Le son des cloches et le bruit du canon annonçaient au loin la joie et le sentiment du peuple... Les ecclésiastiques réfractaires à la loi... ont eu l'excessif et étonnant courage de ne pas empoisonner par leurs haleines infectes et leurs bouches impures et mensongères l'air salubre que respiraient les vrais enfants de la Religion, de la Patrie et de la Liberté [1]. »

Aussitôt son arrivée à Nantes, Minée entre à la cathédrale, « où l'on entonne en son honneur cette ariette d'opéra si connue : *Où peut-on être mieux qu'au sein de sa famille ?* [2] » Deux jours après, le 18 avril, qui était, cette année, le lundi saint, les deux clubs des *Amis de la Constitution* sont l'objet de ses premières visites pastorales [3]. Son intallation solennelle a lieu le 1ᵉʳ mai ; à cette occasion, les gardes nationales offrent aux troupes de ligne et aux députés des districts, dans la cour du collège de l'Oratoire, un banquet, auquel prennent part dix-huit cents convives [4]. L'administration épiscopale est, peu après, organisée ; le choix de quelques *vicaires épiscopaux* dans une ville comme Nantes est loin de présenter les mêmes difficultés que le placement des curés dans les campagnes. Minée parut la première fois en public lors de la procession des Rogations ; il était couvert de

[1] *Chronique de la Loire-Inférieure*, n° 34, p. 336.
[2] *Archives curieuses de Nantes*, de Verger, t. v, p. 146.
[3] *Chronique de la Loire-Inférieure*, du 20 avril 1791, n° 35, p. 345.
[4] *Ibid.*, n° 39, p. 376. — *Journ. de la Corresp. de Nantes*, t. ix, p. 96, n° du 1ᵉʳ mai 1791.

rubans tricolores et portait une énorme cocarde à son bonnet carré [1].

Quand on commença dans le district de Machecoul à installer les prêtres constitutionnels, cette opération s'effectuait déjà depuis quelque temps par les soins de la garde nationale, dans les environs de Nantes. D'autre part, on l'a déjà vu, diverses localités de la Vendée, Challans, Saint-Christophe., avaient été le siége de mouvements d'une certaine gravité.

Aussitôt qu'ils sont connus, ces événements du district de Challans servent de prétexte à une pétition des *Amis de la Constitution,* tendant à supplier l'Assemblée nationale « de prendre en considération les motifs de sûreté et de tranquillité publique qui sollicitent une loi prompte et générale pour l'éloignement des curés réfractaires..., comme seul moyen de prévenir l'effusion du sang. » Cette pétition, accueillie au Département, donne lieu à un long réquisitoire du procureur général syndic, dans lequel ce fonctionnaire approuve fort l'opportunité d'une pareille mesure, sans dissimuler cependant qu'elle est contraire aux intentions de l'Assemblée nationale. Cela ne l'empêche pas, en présence des nécessités du maintien de l'ordre, de demander qu'on donne aux prêtres insermentés « un avertissement de pourvoir à leur propre sûreté et à celle des autres, en s'éloignant des lieux où la loi, à laquelle ils ont désobéi, a mis ou mettra à leur place d'autres fonctionnaires publics [2]. »

[1] Jager, *Histoire de l'Église,* t. II, p. 317.
[2] Verger, *Archives curieuses de Nantes,* t. v, pp. 153 et suiv.

Le Département prend, en conséquence, un arrêté, le 9 mai 1791, portant qu'« on enverra à l'Assemblée nationale la pétition des *Amis de la Constitution*, pour solliciter une loi prompte et générale pour l'éloignement des curés de tous les lieux où ils devront être remplacés [1], » et que l'on joindra à cette pétition les procès-verbaux des événements du district de Challans. En attendant que la loi soit décrétée, le Département enjoint aux prêtres non assermentés de s'éloigner de leurs paroisses, la veille ou la surveille du jour où ils seront remplacés. Au cas où il y aurait des troubles, on s'emparera de leurs personnes comme otages de la tranquillité publique [2].

Loin d'avoir donné un semblable pouvoir aux administrations, le décret du 25 janvier 1791 [3] déjà cité, en remettant l'exécution de la loi du 26 décembre 1790 (relative au serment), aux corps administratifs, réservait expressément aux tribunaux le droit de prendre connaissance des cas prévus aux articles 6, 7 et 8 de cette loi. Or, les cas prévus étaient ceux du refus de serment avec sédition ou coalition, l'immixtion dans des fonctions supprimées, la continuation d'un service ayant légalement pris fin. Les peines étaient pour ces prêtres la privation du traitement, la déchéance du

---

[1] Registre du directoire de Département, n° 4, f° 103. *(Arch. de la Préf.)*

[2] M. Verger, *loc. cit.*, a publié une analyse de cet arrêté, qui se trouve intégralement reproduit par le *Journal de la Corresp. de Nantes*, n° du 15 mai 1791, t. IX, p. 175.

[3] *Journ. des Déb. et des Déc.*, n° 595, p. 7.

droit de citoyen actif, l'incapacité de remplir les fonctions publiques, sans préjudice de peines plus graves, s'il y avait lieu, conformément au droit commun.

Mais ni le droit commun, ni l'application de peines spéciales confiée aux tribunaux, ne suffisent aux administrateurs de la Loire-Inférieure, et, dès les premières difficultés, il leur faut l'arbitraire. Ce n'est pas que beaucoup de ces hommes ne soient de bonne foi dans leur amour pour la liberté; mais ils l'aiment à la façon de ceux qui, en la demandant pour tout le monde, ne veulent pas que les fidèles de l'Église catholique soient traités comme tout le monde. Au fond, c'est beaucoup moins l'établissement du culte constitutionnel que l'abaissement du catholicisme qui se trouve en cause; la philosophie rationaliste croit avoir une revanche à prendre, et elle la prend sous le masque de la liberté. Cela est si vrai, que l'un des hommes de France le mieux autorisé à parler sur ce sujet, en sa qualité d'initiateur principal du grand mouvement libéral de 1789, Mounier, écrivait, l'année suivante : « Je suis bien dégoûté de ce qu'on nomme dans le monde les opinions philosophiques : c'est la témérité de nos beaux esprits, c'est l'audace avec laquelle ils ont livré au ridicule tout ce que le peuple regardait comme sacré, qui est la cause de nos malheurs [1]. »

Ce que Mounier disait de la nation entière se véri-

[1] Lettre inédite du 18 août 1790; *Revue des questions historiques*, t. II, p. 299.

fiera d'une manière plus saisissante encore dans nos contrées, où l'incrédulité livrera un combat d'autant plus rude à la foi catholique, que celle-ci a conservé sur les âmes un plus grand empire. Aussi voit-on, dès le principe, les habitants des paroisses du District de Machecoul montrer leur répugnance à l'établissement des prêtres constitutionnels.

Dans l'espoir de vaincre cette répugnance, le 28 mai 1791, on envoie six dragons à Sainte-Pazanne pour installer M. Bizeul, curé constitutionnel [1].

Le 2 juin, le Département reçoit une dénonciation contre M. Genevois, curé de la Chevrolière, signalant ce prêtre comme un perturbateur [2].

Le 5 juin, on installe M. Guiheneuf à Saint-Hilaire-de-Chaléons, en qualité de curé constitutionnel. Deux jours auparavant, on avait notifié au s^r Letourneux, recteur et maire, et au s^r Joyau, son vicaire, d'avoir à vider les lieux, faute de prestation de serment. « On compta la somme de 17 liv. 10 sous au s^r Mathurin, Jean, pour la nourriture des chevaux des dragons qui vinrent accompagner ledit curé [3]. »

Peu de jours après, sans que rien justifie cette nouvelle rigueur, le Département prend un arrêté ordonnant la fermeture des chapelles, et l'interdiction aux prêtres réfractaires d'y célébrer, à moins d'avoir une mission particulière de l'évêque, visée par le curé

---

[1] Tableau abrégé des opérations du district.

[2] Dénonciation. — Papiers du Dép. *(Arch. de la Préf.).*

[3] Compte de l'administration de la régie de Saint-Hilaire-de-Chaléons. *(Préf., fonds de Machecoul.)*

de la paroisse [1]. Chaque municipalité devra surveiller les prêtres non assermentés, et dresser procès-verbal des troubles qu'ils pourront occasionner (art. 10). En cas de négligence de la part des municipalités, les bons citoyens sont invités à dénoncer les perturbateurs. Le Département, sur le vu des procès-verbaux, enjoindra à ces ecclésiastiques de se rendre au chef-lieu, où ils seront sous la surveillance des corps administratifs [2].

Il semblerait, d'après cela, que si les prêtres fomentaient la sédition, on devrait trouver de nombreuses dénonciations portées contre eux, et présentant un caractère suffisamment précis pour que les tribunaux pussent être saisis de la poursuite des délinquants. Il n'en est rien, et, sauf la plainte pendante contre le curé de Machecoul, pour son sermon du 1er janvier 1791, je n'ai point aperçu de traces de procédures suivies contre des prêtres par le tribunal de ce District, parfaitement compétent cependant pour connaître de pareils actes. La mise en activité des tribunaux criminels pouvant se faire attendre, un décret spécial avait ordonné aux tribunaux de districts qui avaient commencé des instructions d'en reprendre les errements [3]. Au surplus, si l'on en croit Dumouriez [4], qui comman-

[1] Comparer cette disposition avec le décret du 13 mai 1791, conçu dans un sens tout opposé.
[2] Registre du Directoire de Département, n° 4, f° 135.— *Journ. de la Corresp. de Nantes*, t. IX, p. 350. — Verger, *Annales curieuses*, t. V, p. 162.
[3] Décret du 28 mai 1791. Duverg., *Collect. de lois*, t. II, p. 393.
[4] Dumouriez jouissait alors de toute la confiance des patriotes.

dait alors dans le pays, ces mouvements n'avaient point la gravité que l'on se plaisait à leur attribuer, et ce général se faisait fort, à ce moment, de voler au secours de l'Assemblée nationale avec 2,000 hommes du seul département de la Loire-Inférieure, « sans que la tranquillité de ce département soit troublée, malgré les contre-révolutionnaires que nous mettons à la raison, » disait-il en terminant sa lettre du 23 juin 1791 [1].

On continue, durant le mois de juillet, de s'occuper de l'installation des curés constitutionnels; mais les difficultés semblent augmenter, en raison de la force que l'on déploie pour les vaincre.

Le chef du cantonnement de dragons du régiment ci-devant *Poitou*, établi aux Noyers, près Saint-Colombin, le 25 juin, demande, le 30, au Département de faire délivrer 240 cartouches à balle à ses vingt soldats pour le maintien du bon ordre [2].

Relevons, en passant, ce trait de mœurs d'une municipalité patriote, désireuse de faire respecter le culte

---

Gallois et Gensonné, dans leur rapport, lui donnèrent notamment un témoignage de haute satisfaction pour ses expéditions en faveur de la répression des troubles. (Voy. *Journ. des Déb. et des Décr.*, du 9 octobre 1791, n° 9, p. 10.) — Dumouriez partageait avec un autre maréchal de camp nommé Harembure, sous les ordres supérieurs du divisionnaire Verteuil, le commandement des troupes réparties dans les Deux-Sèvres, la Loire-Inférieure et la Charente-Inférieure. (Lettre du ministre Duportail au Département, du 27 avril 1791.)

[1] Voy. sa lettre lue à l'Assemblée nationale, séance du 27 juin 1791, *Journ. des Déb. et des Décr.*, n° 767, p. 11.

[2] Délibér. du district de Mach. (*Arch. de la Préf., fonds de Machecoul.*)

constitutionnel : le 29 juin 1791, la municipalité de Saint-Hilaire-de-Chaléons condamne le sieur Jean Richard, coupable d'avoir donné à boire, pendant l'office du jour, à payer une amende de dix livres au profit des pauvres de la paroisse [1].

Plus tard, on ne fera pas difficulté de reconnaître que le mécontentement des campagnes s'est surtout prononcé depuis l'éloignement des prêtres de leurs paroisses; mais il suffit, pour l'instant, que les administrateurs aperçoivent quelques ferments de discorde, pour qu'ils s'en prennent exclusivement aux prêtres. Les corps administratifs, c'est-à-dire le Département, le District et la Municipalité de Nantes, réunis en assemblée, chargent, en conséquence, le procureur général syndic « de rédiger une pétition tendant à ce que, vu le trouble causé *dans le royaume* par les prêtres assermentés, l'Assemblée nationale rende un décret qui expulse du royaume tous les ecclésiastiques non fonctionnaires et même ceux qui le sont, à fur et à mesure qu'il pourraient être remplacés, qui ne se seraient pas conformés à la loi du serment prescrit par la constitution civile du clergé [2]. »

Les mêmes autorités ordonnent que « les ecclésiastiques qui seront arrêtés à l'avenir, pour propos séditieux, seront conduits au séminaire, pour y être sur-

---

[1] Arrêté de la municipalité. (*Arch. de la Préf., fonds de Machecoul.*)

[2] Registre des procès-verbaux des séances des trois corps administratifs. Séance du 26 juin 1791, f° 12. (*Arch. de la Préf.*)

veillés par le supérieur[1]. » Ceux d'entre eux qui sont au château seront aussi envoyés au séminaire, où ils continueront d'être en état d'arrestation[2]. Divers arrêtés, pris les jours suivants, trahissent de la part des autorités un certain embarras, ou tout au moins une grande hésitation. Le 2 juillet, on décide que le séminaire cessera d'être une maison d'arrêt pour les prêtres réfractaires[3]; puis, le 13, que ces détenus auront la faculté, soit d'habiter le chef-lieu, soit de sortir du département, et que ceux contre lesquels il y a dénonciation en justice, devront être transférés dans la maison d'arrêt de leur district[4]. On a pensé à les mettre tous aux Carmes, lisons-nous dans une lettre du président du Département au directoire de Machecoul, mais on a cru qu'il suffirait d'interroger ceux sur lesquels il n'existe pas de dénonciation et de les obliger à se représenter souvent[5]. Ainsi, même les prêtres qui n'ont donné lieu à aucune espèce de reproche, sont éloignés de leurs paroisses.

Ceux du district de Machecoul ne sont point oubliés au milieu de cette recrudescence de sévérité. Bien que l'Assemblée nationale n'eût point fait droit à la pétition du 9 mai 1791, tendant à obtenir une loi qui permît seulement d'éloigner les prêtres de leurs pa-

[1] Reg. des pr.-verb. des trois corps adm., arrêté du 28 juin, f° 15.
[2] *Ibid.*, arrêté du 30 juin, f° 18.
[3] *Ibid.*, f° 21.
[4] Registre du directoire de Départ., n° 4, f° 192.
[5] Lettre originale du 16 juillet 1791. (*Arch. de la Préf.*) Voy. une délibération de la municipalité de Nantes à ce sujet. (Verger, *Archives curieuses*, t. v, p. 173.)

roisses (le décret du 28 juin se borna à enjoindre aux accusateurs publics de poursuivre les prêtres perturbateurs), plusieurs emprisonnements avaient été ordonnés par mesure administrative.

Le District de Machecoul ne pouvait donc invoquer aucune loi, quand il fit arrêter, à la fin de juin, M. Simon, curé de Geneston, et M. Julien Genevois, curé de la Chevrolière[1], et, le 1er juillet, M. Houssays, curé de la Limousinière, M. Gillier, vicaire de Legé, M. Loyseau, curé de Fresnay, M. Rolland, curé de Saint-Étienne-de-Mer-Morte, M. Giraud, curé de Saint-Colombin, M. Girard, son vicaire, M. Durand, vicaire de Touvois, et le Père Mallet, jacobin[2].

A Saint-Lumine, les gardes nationaux, n'ayant pu trouver M. Chevalier, malgré leurs perquisitions chez les habitants et à la cure, ont emmené à sa place M. Billot, vicaire de Frossay, qu'ils ont saisi, au moment où il se disposait à dire sa messe[3].

Ces ecclésiastiques avaient été conduits à Nantes, où les avaient précédés M. Hervé de la Bauche et son vicaire, M. Renaudineau, emprisonnés en vertu d'un

---

[1] Lettre du district de Nantes à celui de Machecoul, annonçant l'incarcération de ces deux ecclésiastiques au château, datée du 1er juillet. (*Arch. de la Préf.*).

[2] Arrêté du district de Machecoul, du 1er juillet 1791. (*Ibid.*)

[3] Procès-verbal du premier lieutenant de la compagnie la *Sincérité*, 4e bataillon de la garde nationale de Nantes, en mission à Machecoul depuis le 29 mai, parti de cette ville le matin du 1er juillet, à quatre heures, accompagné de gardes nationaux de Machecoul. (*Arch. de la Préf., fonds de Machecoul.*)

ordre du Département[1]. M. Hervé, à son arrivée, avait été enfermé au séminaire, puis ensuite envoyé au Bouffay, sans égard pour son âge et son état de maladie. Dans l'interrogatoire qu'il y subit, le 1er juillet, il déclare ignorer la cause de son arrestation. Selon lui, il ne peut y en avoir une autre que le prochain établissement à Machecoul du sieur Letort[2]. Son frère écrit au Département pour demander à le prendre chez lui, sous caution juratoire de le présenter quand il sera besoin. On se borne à apostiller la lettre de cette simple phrase : « M. Hervé n'étant qu'en état d'arrestation, l'administration n'empêche pas qu'il puisse être visité[3]. »

Le mois suivant, on se décide enfin à instruire son procès à Machecoul. Sur les remontrances de l'accusateur public, une enquête est ouverte, de nombreux témoins sont entendus. Aucun fait, autre que ceux dont j'ai déjà parlé, n'est allégué contre lui[4]. Le 13

---

[1] Arrêté du District de Machecoul, du 29 juin 1791, relatif à l'envoi de ces deux prêtres, en exécution d'une lettre du Département. — On lit dans la *Chronique*, du 2 juillet 1791, n° 56, p. 516 : « Les calotins arrêtés jeudi sont : Labauche, doyen de Retz ; Renaudais, vicaire de Machecoul... Grand nombre d'autres prêtres réfractaires ont été arrêtés, depuis et avant. On les met au séminaire... Le curé de la Chevrolière vient aussi d'être arrêté. »

[2] Interrogatoire de M. Hervé de la Bauche. (Son dossier, papiers du tribunal de Machecoul. *Archives du greffe.*)

[3] Lettre originale du 8 juillet 1791. (*Arch. de la Préf.*)

[4] Papiers du tribunal du District de Machecoul. L'enquête est extrêmement volumineuse. Les remontrances de l'accusateur public, dont les fonctions étaient, par intérim, remplies par le juge de paix Paynot, sont du 10 août 1791.

août, il s'adresse aux juges du chef-lieu de département, demandant qu'on lui fasse connaître les causes de son incarcération, et ce n'est que le 2 septembre qu'on le ramènera à Machecoul, ou, après une détention de quelques jours, il sera élargi et mis en liberté sous caution [1].

Malgré l'arrivée du nouveau curé Letort, qui dut entrer en fonctions vers le milieu du mois de juillet, on n'avait point traité avec la même rigueur les prêtres de l'église Sainte-Croix de Machecoul; grâce à cette circonstance que, leur paroisse étant supprimée, on ne pouvait les mettre en demeure de prêter le serment [2], il y a tout lieu de penser qu'ils n'avaient point été inquiétés. Toutefois, la veille du 15 août, ils sont invités à se joindre à la procession du vœu de Louis XIII, sous la conduite du curé Letort. Sur leur refus, la municipalité arrête, le même jour, que « les sieurs Blanchard, curé, et Baudet, son vicaire, seront, à l'instant, sommés de se transporter, le lendemain, à trois heures, dans l'église de la Trinité, pour, à l'issue des vêpres, assister à la procession. » Nouveau

---

[1] Sa requête du 13 août (*Arch. de la Préf.*). — Un certificat du médecin Michel, de Nantes, du 22 août, porte que M. Hervé est exposé à une mort prochaine, s'il n'est soigné, et que sa maladie provient de l'humidité de sa prison et du défaut d'exercice. (Dossier de M. Hervé. *Arch. du Greffe.*)

[2] Aux termes du décret du 19 novembre 1790, sur les suppressions de paroisses, c'était le curé de l'église à laquelle se faisait la réunion qui devenait curé de toute la nouvelle circonscription; ceux des églises supprimées avaient seulement la faculté d'être ses vicaires. (Duverg., *Collect. de lois*, t. II, p. 28.)

refus, et nouvelle délibération, le 15 août, à l'effet de transmettre cette affaire au Département [1].

La prise de possession de la paroisse de Legé par le curé constitutionnel Bossis donne lieu à des difficultés d'un autre genre. C'est la municipalité elle-même qui refuse de recevoir son nouveau pasteur. Ce refus a lieu le 27 juillet 1791. Il avait été précédé d'une demande, faite le 13, pour obtenir l'élargissement du vicaire, M. Gillier, détenu au séminaire de Nantes. Le 29, le District de Machecoul prend un arrêté, portant qu'il sera procédé par la force à l'installation du curé de Legé; que cette expédition sera faite par M. Dupeloux, officier, assisté de quarante hommes du second bataillon du 84e régiment, lesquels, à la demande du curé Bossis, tiendront garnison dans cette ville jusqu'au 15 août [2].

On destitue les huit officiers municipaux de Legé, et on les mande à comparaître devant le Département, le 8 août. Ils y déclarent qu'ils se croyaient en droit de s'opposer à l'installation du sr Bossis, attendu que, par arrêté de la commune, M. Bucher, l'ancien curé, a été autorisé à continuer ses fonctions, et que le District de Machecoul ne les a pas officiellement prévenus de la nomination du nouveau curé.

Force reste à la loi, et M. Bossis est installé; mais, le jour de la procession du 15 août, il est insulté. Le directoire de Machecoul se réunit pour délibérer de

[1] Délibérations de la municipalité de Machecoul, des 14 et 15 août 1791. (*Arch. de la Préf.*)

[2] Délibération du District de Machecoul. (*Arch. de la Préfect.*)

cette affaire. Le procureur syndic expose que l'on distribue dans la paroisse de Legé une ordonnance de l'évêque de Nantes, du 12 mai, à laquelle est dû ce réveil du fanatisme [1]. « Vous voyez, Messieurs, ajoute-t-il, que le feu de la discorde qui a embrasé cette grande paroisse et que vous aviez étouffé par l'envoi d'un détachement de quarante hommes de troupes de ligne, renaît avec plus de violence que jamais. Le moment est venu d'employer les mesures les plus rigoureuses pour dissiper les troubles, les séditions et les entreprises des mauvais citoyens. » Faisant droit à ces conclusions, le directoire décide qu'il sera informé contre plusieurs personnes, et que la troupe restera à Legé aussi longtemps qu'il sera nécessaire [2].

La commune de Saint-Lumine présente un spectacle analogue. Le curé Guidon, arrivant au milieu de son troupeau, est obligé de se faire accompagner, le 21 juillet, par un peloton, composé de soldats de la ligne et de gardes nationaux. Le 24, il faut envoyer de nouveau la force armée. Le 17 août, le District s'occupe de diriger sur cette paroisse un détachement de vingt soldats du 84ᵉ régiment, avec des munitions de guerre.

[1] Cette ordonnance de M. de la Laurencie avait vraisemblablement pour objet de notifier le second bref du Pape, du 13 avril 1791, adressé à tout le clergé et à tous les fidèles, pour ordonner la rétractation du serment, dans quarante jours, sous peine d'être suspendus de l'exercice de tous ordres. Les élections de pasteurs et les érections d'évêchés et de cures y étaient aussi déclarées sacrilèges. (Rohrbacher, *Hist. univ. de l'Église*, t. XXVII, p. 495.)

[2] Délibérations du District de Machecoul, des 18 et 19 août 1791. *(Arch. de la Préfect.)*

Toutefois, dès le lendemain, quatorze reviennent à Machecoul, sur la demande du curé, qui, attendu les promesses de tranquillité, consent à ne garder que six hommes au presbytère [1]. L'opposition venait surtout des officiers municipaux, ainsi que l'atteste cet arrêté du District, du 23 août : « Le prix des soldats (envoyés à Saint-Lumine) sera à la charge de ceux qui sont notoirement reconnus pour ennemis de la Constitution, tels que les officiers municipaux, le procureur de la commune et les notables. »

Disons tout de suite, pour n'avoir plus à y revenir, que, le 16 octobre, une plainte fut déposée au tribunal contre un nommé René Duguy, coupable d'avoir conduit un certain nombre de personnes à la chapelle de Saint-Lumine, où l'on avait chanté les vêpres [2], et qu'à la fin du même mois, le curé Guidon n'avait pu réussir encore à se faire reconnaître comme prêtre par les habitants. « D'après cela, Messieurs, lit-on dans une de ses lettres au District de Machecoul, je vous prie d'aviser aux moyens de me mettre en sûreté dans mes fonctions publiques. Je crois que le meilleur moyen est d'envoyer des troupes aux frais des rebelles, et de les y laisser séjourner autant que le bon ordre l'exigera [3]. »

[1] Diverses délibérations du District se rapportant aux dates mentionnées. *(Arch. de la Préfect.)*

[2] Registre de dépôt en matière criminelle du tribunal du District de Machecoul. *(Arch. du Greffe.)* — La rareté de ces plaintes et la futilité de leurs motifs peuvent servir à donner une idée du véritable caractère de l'opposition dont on faisait si grand bruit.

[3] Lettre originale de Guidon, du 25 octobre 1791. *(Arch. de la Préfect., fonds du Département.)*

Le 5 août, le District décide qu'il n'y a pas lieu de faire droit à deux pétitions, la première des habitants de la Limousinière, ayant pour objet de demander le retour de M. Houssays, leur curé, enfermé au séminaire; la seconde, des habitants de Fresnay, demandant le retour de M. Loyseau [1]. Le vicaire de celui-ci, M. Guillon, était resté sur le territoire de Fresnay, où il exerçait en cachette son ministère. La municipalité de Bourgneuf-Saint-Cyr le dénonça et demanda en même temps que l'église de Fresnay fût fermée, les habitants pouvant très-bien venir à la messe à Saint-Cyr. Le District fit droit à la demande de la municipalité et enjoignit au sr Guillon de venir à Nantes, conformément aux art. 12 et 13 de la proclamation du Département, en date du 6 juin 1791 [2]. Cette mesure, dit M. Chevas, ne fit qu'irriter les esprits [3].

Bien qu'elle ait pour curé M. Jean-Joseph-Esprit Musset, ancien chanoine hebdomadaire de la cathédrale de Luçon, destiné à devenir président du District, l'année suivante, la paroisse de la Chevrolière est loin de se montrer disposée à se rallier au culte constitutionnel. Voici ce qui s'y passe, d'après une lettre du curé au procureur syndic du District : « Monsieur, notre municipalité vient vous prier de lui envoyer, demain, sans faute, quatre ou six gardes nationaux ou soldats de troupe de ligne, afin qu'ils puissent saisir quelques-

---

[1] Délibération du District, du 5 août 1791. *(Arch. de la Préfect.)*

[2] Dénonciation du 20 octobre. Arrêté du District, du 29.

[3] *Notes sur la Loire-Inférieure*, p. 203.

uns de ces marchands de processions. C'est vraiment un service nous rendre, car les deux abbés commencent à faire du mal dans ma paroisse, d'autant plus qu'ils se déguisent. » Il ajoutait de venir, vers trois ou quatre heures du matin, pour les surprendre, et que l'un de ces abbés avait été vicaire à Saint-Aignan.

Le procureur syndic, envoyant cette lettre au Département, expose que « cette paroisse n'est pas la seule qui fasse de ces processions. Legé, ainsi que Saint-Philbert-de-Grand-Lieu et Saint-Colombin, éprouve la même chose, et vraisemblablement cette épidémie fanatique va gagner toutes les paroisses [1]. » Le procureur syndic remarque ensuite que, depuis le décret du 14 septembre 1791 [2], qui abolit toutes les procédures relatives à des faits de la Révolution, l'audace augmente; les curés sont injuriés, les enfants sont sans état civil; on enterre dans les jardins. « Les curés qui avaient abandonné leurs cures ont repris leurs fonctions, et quelques-uns de ceux qui ont été remplacés, n'ayant point abandonné le pays, mais s'étant tenus cachés, donnent VRAISEMBLABLEMENT les plus mauvais conseils.[3] »

Ces processions et ces neuvaines nocturnes avaient, paraît-il, commencé dans le district de Clisson, autour de la chapelle Saint-Sauveur, près d'Aigrefeuille, et de là s'étaient propagées dans le district de Machecoul.

---

[1] Lettres de Musset et de Guilbaud, procureur syndic, du 3 octobre 1791. *(Arch. de la Préfect.)*

[2] Le décret du 14 septembre 1791, qui accorde une amnistie générale, à l'occasion de la promulgation de la Constitution.

[3] Lettre du 3 octobre, déjà citée. — Voyez, sur le caractère

Un arrêté est pris aussitôt par le Département, défendant de s'assembler pour des cérémonies religieuses, « hors le cas où elles sont permises, suivant le rit de l'Église et les lois du royaume, » sous peine de dispersion par la force armée, sans préjudice de la poursuite devant les tribunaux.

On comprend aisément qu'avec de pareilles dispositions, les messes des prêtres constitutionnels sont peu fréquentées. Un fait, particulier à la commune de Sainte-Pazanne, en fournit une preuve certaine. C'est l'envoi d'une requête de cette municipalité au District, pour appuyer une pétition des fermiers des chaises, ayant pour objet de demander une réduction sur le prix du bail, attendu qu'il ne vient presque personne à la messe du prêtre constitutionnel [1].

Partout, au contraire, où les paysans s'imaginent avoir chance d'entendre une bonne messe, ils y courent. Ainsi, l'on sait à Sainte-Pazanne que M. Charette de Boisfoucault se fait dire la messe dans sa chapelle par un religieux chartreux nommé Cleret, et l'on s'arrête dans le chemin auprès de la chapelle, à l'heure de la messe. Ce fait est l'objet d'une dénonciation au District contre le sieur Cleret, mais on n'y donne pas suite, par la raison que ce religieux consent à suppléer le curé constitutionnel de la Basse-Indre [2].

paisible de ces processions en Maine-et-Loire, lieu de leur première origine, l'abbé Tresvaux, *Hist. de l'Église et du diocèse d'Angers*, t. II, p. 407.

[1] Délibération du District de Machecoul, du 17 septembre 1791.

[2] Délibération du District de Machecoul, du 4 octobre 1791.

L'empressement est moindre auprès d'un autre religieux, du nom de Courjault, qui de Récollet est devenu curé constitutionnel de Montbert. Celui-là est en querelle avec son maire et avec ses paroissiens, et ce n'est pas par la mansuétude qu'il essaie de gagner les cœurs. Dans une échauffourée, à laquelle avait pris part une partie de la population, on le vit, le 13 novembre, ajuster la foule avec son fusil[1]. Vainement, quelques jours après, la municipalité de la paroisse de Geneston, voisine de celle de Montbert, pétitionnait pour qu'on rendît à ses paroissiens leur curé, M. Simon. Le District accueillit cette demande en déclarant qu'il n'y avait pas lieu à délibérer[2].

Le tableau que je viens de tracer ne donnerait qu'une idée fort incomplète de la situation véritable de ces diverses paroisses, si l'on envisageait l'irrégularité du ministère de leurs pasteurs, au seul point de vue de l'accomplissement des devoirs religieux ; mais, la qualité de curé emportant encore avec elle le droit exclusif de rédiger les actes de l'état civil, des embarras de toute sorte résultent de cette double qualité de prêtre et d'officier de l'état civil, aussi bien dans les lieux où il n'y a pas de curés officiels que dans ceux où il y en a, mais où l'on répugne à s'adresser à eux[3].

[1] Déclaration de Jacques Dupont, meunier, lors de l'instruction de l'affaire, en juillet 1792. *(Papiers du tribunal de Machecoul. Archives du greffe.)*

[2] Délibération du District de Machecoul, du 18 novembre 1791. *(Arch. de la Préfect.)*

[3] On peut conclure d'une réponse faite à Bailly, venant à

Il devenait alors évident, à ne s'en tenir qu'aux faits, que l'expérience de l'établissement du culte constitutionnel dans les campagnes de la Loire-Inférieure avait été complète. Il fallait être aveugle pour ne pas apercevoir que l'on allait à une persécution violente, si l'on s'obstinait davantage à marcher dans cette voie. Au lieu d'avancer, on reculait ; car les adversaires des idées nouvelles, consultés sur le meilleur moyen à employer pour rendre la Révolution odieuse, n'auraient pu conseiller une politique plus efficace que celle des administrations. Sans cesse les hommes qui les composaient parlaient du fanatisme de leurs adversaires, et la passion qui les animait était une passion pire que le fanatisme, puisqu'ils voulaient imposer par la force une religion à laquelle ils ne

---

l'Assemblée, le 14 mai 1791, dénoncer la négligence des parents à faire baptiser leurs enfants à l'église paroissiale, que le comité ecclésiastique avait, dès ce moment, préparé une loi, d'après laquelle les actes d'état civil ne seraient plus confondus avec les actes religieux. *(Moniteur,* du 17 mai 1791, n° 137.) D'autres soins ayant détourné l'attention de l'Assemblée, les députés Baert et Hilaire, le 24 octobre de la même année, renouvelèrent la demande de cette loi. Un rapport sur cet objet, dont on avait chargé Muraire, fut lu le 15 février 1792. On commença la discussion au mois de juin, et la loi du 20 septembre 1792, qui en résulta, est la première loi de la période révolutionnaire qui ait enlevé aux ministres du culte, pour les remettre aux municipalités, les registres de l'état civil. (Voyez cette loi, Duvergier, *Collect. de lois*, t. IV, p. 482). La première célébration civile de mariage dans la Loire-Inférieure se fit à Nantes, le 5 novembre 1792, avec une grande pompe, en présence des autorités, des sociétés populaires, etc. Le *Journ. de la Corresp. de Nantes* (n° 29, t. XV, p. 454) donne un récit détaillé de cette cérémonie.

croyaient pas. Vainement on dirait qu'il était nécessaire de briser l'ancienne hiérarchie ecclésiastique pour opérer des réformes durables ; c'était s'engager dans une folle aventure, que de venir rétablir, sous une forme qui devait soulever de sérieuses résistances, la confusion du spirituel et du temporel, que l'on avait eu la prétention de détruire à jamais. Un peu de réflexion suffit à montrer que rien ne s'oppose à ce que deux cultes, complétement différents, vivent en paix dans une paroisse rurale, sous la protection d'un gouvernement impartial, parce qu'alors chaque pasteur reconnaît son troupeau et chaque troupeau son pasteur; mais telle n'était point la situation des prêtres réfractaires à l'égard des curés constitutionnels. Le culte de ceux-ci ne différait point assez du culte de ceux-là pour qu'il ne fût nécessaire d'éclairer les fidèles sur les dangers d'un schisme, qui se parait, avec une hardiesse qui n'excluait pas l'hypocrisie, du drapeau et des formes extérieures de l'orthodoxie.

Dans le District de Machecoul, l'attachement des paysans pour leurs curés était si grand, que nous les avons vus, lors de la rédaction des cahiers, placer au rang des réformes l'augmentation de leurs traitements, et leur admission aux conseils de la province. Comment espérer que, dans des paroisses où il n'y avait qu'une église, ces mêmes paysans verraient sans regret s'éloigner d'eux de vieux amis, investis de leur confiance, et ne protesteraient pas contre leur remplacement par des inconnus ? Je n'ignore pas qu'on ne laisse de répéter que les prêtres regrettaient leurs dîmes et leur influence perdues, et que c'était pour les reconquérir qu'ils poussaient à un soulèvement. Ce raisonnement serait acceptable, si nous n'avions pas constaté le désintéressement avec lequel le clergé avait lui-même, à partir de 1789, abandonné ses priviléges pécuniaires, sorte de priviléges sur lesquels on ne revient pas, quand ils ont été détruits. Mais comment parler du regret des priviléges pécuniaires de la part des prêtres du District de Machecoul ? Si la plupart d'entre eux percevaient des dîmes et tiraient un certain revenu des terres attachées à leurs cures, il y en avait plusieurs dont le sort se trouvait notablement amélioré par les lois nouvelles [1]. Au surplus, ce que j'avance ici n'est pas une simple hypothèse ; les états des revenus des bénéfices dressés par les soins des municipalités pour le comité ecclésiastique ont été en partie conservés, et, si je base mes appréciations sur ceux que j'ai pu me procurer, grâce à l'aide bienveillante et éclairée de M. Ramet, l'archiviste de la Préfecture, j'arrive au résultat suivant : les curés de la Benate, de la Chevrolière, de Fresnay, de Geneston (l'abbaye y remplissait les fonctions curiales), de la Marne, de la Limousinière, de Montbert, de Saint-Mars, de Saint-Lumine, de Saint-Philbert, se partageaient inégalement une somme de 25,000 livres,

---

[1] Le décret du 24 juillet 1790, annexé à celui sur la constitution civile du clergé, accordait 1,200 livres, comme minimum, aux curés, et 700 livres aux vicaires. (Art. 4 et 9, Duvergier, *Collect. de lois*, t. 1, p. 257.) Quant aux curés bénéficiers, l'article 4, 2°, leur accordait une portion de leurs revenus, pourvu que le tout ne dépassât pas 6,000 livres.

dîmes comprises, avec la charge de payer et d'entrenir les vicaires ; et si ces mêmes prêtres, curés et vicaires, avaient consenti à prêter le serment, ils auraient perçu ensemble un peu plus de 19,000 livres.

Dans la crainte que mes propres recherches, incomplètes sous tant de rapports, ne soient pas considérées comme suffisantes pour m'autoriser à porter sur le clergé du diocèse de Nantes ce jugement favorable, j'appellerai l'attention du lecteur sur cette page d'un historien, qui avoue lui-même avoir commencé l'étude des mêmes faits avec un esprit prévenu : — « Nous avons, dit Mellinet, vécu avec les hommes de notre ville les plus attachés à la philosophie de leur époque... Ces premières relations... nous avaient disposé à croire que le clergé de Nantes s'était attiré la persécution par ses propres fautes, car nos souvenirs sympathisent encore de patriotisme avec ces hommes dont la fougue d'esprit n'excluait pas la noblesse de cœur... Nous nous disions, avec le sentiment de justice que nous croyons avoir dans l'âme : La religion était pure, ses ministres ne l'étaient pas. Mais, lorsque tout s'est déroulé sous nos yeux, lorsque nous avons eu en main tous les actes de la cité, soit des ministres du culte, soit des délégués du pouvoir ou du peuple, il nous a été donné d'apprécier par nous-même la conduite de chacun ; alors, avec quel sentiment pénible nous avons vu comment la calomnie était facilement accueillie,

---

[1] États des revenus du clergé de chaque paroisse, dressés en mars 1791 par les municipalités. (*Arch. de la Préfect.*)

comment les préventions les plus injustes étaient facilement adoptées ! [1] »

On ne doit pas s'attendre à trouver des déclarations de cette nature dans le rapport de Gallois et Gensonné sur leur mission dans les provinces de l'Ouest [2]. Toutefois, si on lit ce document avec attention, et en faisant la part de l'exagération que comportait la phraséologie du temps, on ne peut s'empêcher de reconnaître que les seuls mobiles auxquels ces commissaires attribuent les émeutes sont, de la part des prêtres, un ensemble de mesures propres à prémunir les esprits de l'invasion du schisme, et, de la part des fidèles, un inaltérable attachement au culte orthodoxe.

Ils constatent que, jusqu'à l'époque de la prestation du serment, le pays avait été tranquille : les citoyens aimaient la paix, ils avaient le sentiment de l'ordre et reconnaissaient les bienfaits de la Révolution. A Châtillon, les commissaires avaient reçu des prières instantes de conserver les anciens prêtres; on ne voulait

---

[1] *La Commune et la Milice de Nantes*, par Camille Mellinet, t. VI, p. 154.

[2] Gensonné, membre du tribunal de cassation, et Gallois, commissaire de l'instruction publique, avaient été envoyés en mission dans la Vendée, pour y étudier l'état des esprits, par décret de l'Assemblée constituante, du 16 juillet 1791. Nommés tous les deux membres de l'Assemblée législative, ils y rendirent compte de leur mission dans un rapport que lut Gensonné, le 9 octobre 1791, et dont le *Journ. des Déb. et des Décr.* (n° 9) contient une analyse très-détaillée. Voir aussi l'abbé Jager, *Hist. de l'Église de France pendant la Révol.*, t. II, p. 451 et suiv.

pas autre chose ; des paysans avaient offert pour prix de ce bienfait le double de leurs contributions. Les hommes qu'on avait peints aux commissaires comme des furieux, les avaient quittés l'âme remplie de paix et de bonheur, lorsqu'ils leur avaient fait entendre qu'il était dans les principes de la constitution nouvelle de respecter la liberté des consciences. « Ces paroles d'un des chefs de la Gironde, dit M. de Pressensé, renferment la plus sévère condamnation de toutes les mesures de la Révolution. Elles prouvent que la guerre civile pouvait être évitée par une pratique loyale de la constitution [1]. »

Gallois et Gensonné avaient vu les choses de près et les avaient bien vues. Nous en trouvons la preuve dans une lettre adressée au Département par les membres du Directoire et le procureur syndic du District de Machecoul, lettre contenant des renseignements que le ministre de l'intérieur avait demandés. « Notre District, écrivaient-ils, le 7 novembre 1791, avoisine la Vendée [2] et lui ressemble. Nul n'offre peut-être un moindre nombre de prêtres assermentés. Des vingt-quatre paroisses dont il est composé, deux curés seulement, savoir : ceux de Bourgneuf et de Saint-Philbert, ont obéi à la loi. Quelque désir que l'on

---

[1] *L'Église et la Révolution*, p. 197.

[2] L'administration du département de la Vendée déployait moins d'arbitraire que celle de la Loire-Inférieure à l'égard du clergé. (Voy. la lettre du curé constitutionnel de Saint-Christophe-du-Ligneron, *Moniteur* du 20 septembre 1791, p. 1092, et la réponse qui fut faite à cette lettre, *Moniteur* du 2 novembre 1791, p. 1279.)

eût de remplacer les vingt-deux autres, et quelques recherches que l'on ait faites, à peine a-t-on trouvé huit sujets qui aient voulu consentir à leur élection. Encore en a-t-on tiré des districts voisins, et nul de ces curés constitutionnels, si ce n'est celui de Bourgneuf, n'a de vicaire. Il est vrai que, dans l'état où sont les choses, ils n'en ont pas besoin. » Tels sont les progrès de l'erreur, que l'on considère un prêtre assermenté comme un schismatique, et que « communiquer avec lui, c'est participer à ses erreurs. D'après ces idées, la multitude ne veut ni assister à sa messe, ni entendre ses instructions, ni recevoir de lui aucun sacrement. Les églises à ce moyen sont désertes, et si l'on en excepte un nombre de patriotes dans les villes, le reste fait ainsi que la presque totalité des habitants de la campagne, et va chercher à une et deux lieues une messe que l'on trouverait à sa porte. » On se dédommage en insultant le prêtre assermenté, ce qui crée des discordes dans les familles ; « le bien public en souffre, l'amour de la constitution s'affaiblit, beaucoup de municipalités sont sans zèle. *Tels sont les tristes effets du serment sans restriction,* décrété et exigé à la suite de la constitution civile du clergé. *Soit coalition, soit erreur, ce qu'il y a de vrai, c'est que c'est de l'époque du serment en question que datent les troubles qui désolent nos campagnes,* troubles qui fatiguent et la garde nationale et la troupe de ligne sans cesse sur pied pour contenir les séditieux, protéger les curés constitutionnels et prêter main-forte à la loi. » Ici, les auteurs de la lettre expriment quelques regrets que l'on n'ait pas admis la restriction de l'évêque de Blois, et se demandent s'il n'y aurait pas avantage à modifier cette loi, « qui n'est qu'un décret réglementaire. »

Les mesures relatives à la nouvelle circonscription des paroisses n'ont pu être prises, la superstition ayant empêché de donner les renseignements nécessaires, parce qu'on y a vu un empiétement sur la puissance spirituelle.

Venant ensuite à parler des couvents, le Directoire s'exprime ainsi : « Les Capucins de Machecoul et les Cordeliers de Bourgneuf, dont les maisons servent de casernes, étaient, avec l'abbaye de Geneston, les seules communautés qui nous restassent depuis la réunion des Bénédictins de la Chaume à Machecoul. Nous demandons le transport de nos Calvairiennes dans d'autres couvents... Nous n'aurons plus après que les Fontevristes du Val-de-Morière. »

Enfin, le Directoire termine cet intéressant exposé en disant qu'il se peut que les deux cultes vivent librement ensemble dans les villes, mais que la chose est impossible dans les campagnes [1].

Cette impossibilité étant nettement constatée par des

---

[1] Rapport original. *(Arch. de la Préfect.)* A ce rapport se trouve joint l'état suivant du clergé constitutionnel et réfractaire :

Curés constitutionnels : Trinité de Machecoul, M. Letort ; Bourgneuf-Saint-Cyr, M. Marchesse ; Saint-Philbert, M. Villers ; La Chevrolière, M. Musset ; Montbert, M. Courjault ; Saint-Lumine-de-Coutais, M. Guidon ; Legé, M. Bossis ; Sainte-Pazanne, M. Bizeul, ancien vicaire des Moutiers ; Port-Saint-Père,

fonctionnaires en situation d'être bien informés, on se trouve amené à conclure que les agissements du Département en faveur du maintien du culte constitutionnel, tendaient directement à la destruction de la religion orthodoxe. On a vu que les membres du District de Machecoul auraient désiré un accommodement; mais la *Société des amis de la Constitution* de cette ville ne négligeait aucune occasion de montrer son hostilité pour les prêtres réfractaires, et, le 20 novembre 1791, elle demandait une prompte solution relativement à la suppression ou au maintien de la paroisse Sainte-Croix, et, au cas où cette paroisse serait maintenue, le remplacement du curé dans un bref délai. « Nous l'avons déjà dit plusieurs fois, lit-on dans cette pétition,[1] et nous ne cesserons de le répéter,

---

M. Fortineau, ancien vicaire à Saint-Cyr-Bourgneuf; Saint-Hilaire-de-Chaléons, M. Guiheneuf. (L'*Almanach Despilly* pour 1793 indique, en outre, un M. Puyo comme curé constitutionnel de Saint-Mars-de-Coutais.)

Curés réfractaires, n'ayant point été remplacés : M. Blanchard, de Sainte-Croix de Machecoul; M. Massonnet, de Saint-Mesme; M. Juguet, de la Marne; M. Guilbaud, de Paulx; M. Loyseau, de Fresnay; M. Simon, de Geneston; M. Milliers, de Saint-Mars-de-Coutais; M. Gohéau, de la Benate; M. Rolland, de Saint-Étienne-de-Mer-Morte; M. Mulonnière, de Touvois; M. Houssays, de la Limousinière; M. Giraud, de Saint-Colombin; M. Buord, de Saint-Étienne-de-Corcoué; M. Brossaud, de Saint-Jean-de-Corcoué.

Signé des membres du District, le 7 novembre 1791.

[1] Original de cette pétition au Département, signée de 32 membres de la Société, en tête desquels se trouve le curé Letort. (*Arch. de la Préfect.*)

l'intérêt de la religion, le bon ordre de la société, exigent une prompte solution. »

Cependant, l'Assemblée législative avait remplacé l'Assemblée constituante, et avait reçu d'elle la lourde tâche de résoudre la question du clergé insermenté. « Cette question était celle de savoir si l'on suspendrait la Constitution pour frapper et écraser le clergé dissident; si, non content de lui refuser la liberté des cultes, on lui retirerait les droits reconnus à tous les citoyens. Il s'agissait donc de décider si l'on fonderait la liberté par la liberté, ou bien si on lui donnerait l'arbitraire le plus odieux pour garantie [1]. »

Je n'entrerai point dans tous les détails de la longue discussion, proposée, le 7 octobre 1791, par Couthon, engagée, le 21 du même mois, et qui précéda le décret sévère du 29 novembre 1791 ; plusieurs auteurs en ont retracé un tableau véridique et animé [2]. Coustard, qui avait été l'un des premiers à prendre la parole, peut être compté au nombre des orateurs qui se montrèrent le plus hostiles aux prêtres réfractaires, et ses discours n'eussent point été déplacés à la Convention, même aux plus mauvais jours [3]. Un membre, qui avait

[1] M. de Pressensé, ouvrage déjà cité, p. 206. — C'est aussi à ces deux termes que le député Baert avait ramené la question, le 21 octobre 1791. Voy. *Journ. des Déb. et des Décr.*, n° 21, p. 8.

[2] Notamment M. l'abbé Jager et M. de Pressensé, le premier, t. III, p. 7, le second, p. 207, de leurs ouvrages déjà cités.

[3] Voir le discours de Coustard, auquel le *Journ. des Déb. et des Décr.*, du 28 octobre, ne consacre que quelques lignes, dans le *Journal de la Corresp. de Nantes*, t. XI, p. 332, et les *Archives curieuses* de Verger, t. V, p. 208.

proposé de déclarer que la constitution civile du clergé n'était pas la constitution du royaume, et que chaque homme, ayant le droit de choisir son Dieu, avait le droit de choisir aussi ses ministres, fut accueilli par des murmures[1]. Gensonné, qui avait plus de titres qu'un autre à se faire entendre dans cette discussion, ne réussit pas davantage à ramener l'Assemblée aux idées libérales et modérées.

Selon ce député, il fallait, dans l'appréciation des faits, tenir moins de compte de la différence des opinions religieuses que des rapports de cet objet avec l'ordre social, par suite des fonctions d'officiers de l'état civil, dont les prêtres avaient été laissés en possession. Il s'élevait ensuite contre l'enlèvement des prêtres non sermentés, demandant que cette loi fût proscrite, comme tendant à une exécution purement arbitraire et comme contraire à l'intérêt de cette portion du peuple auquel on dirait vainement que les églises paroissiales sont ouvertes, lorsqu'il n'y trouverait qu'un culte qui blesserait la liberté de sa conscience. « L'insuffisance des mesures, disait-il, en attirerait bientôt de plus sévères, et qui peut calculer le terme où l'on pourrait s'arrêter ? »

Gensonné proposait, comme moyen de réprimer les troubles, une loi contre l'intolérance de toutes les sectes, loi purement civile, également protectrice de toutes les opinions, contraire à tout esprit de parti, et

---

[1] Discours de Fressenel. *Journ. des Déb. et des Décr.*, du 24 octobre 1791, n° 24, p. 6.

qui détacherait les fonctionnaires ecclésiastiques de tout ce qui peut intéresser l'ordre civil [1].

Il est fort douteux que l'Assemblée se fût ralliée à ces sages propositions; mais elle trouva un nouveau prétexte à son irritation dans un récit de troubles qui venaient d'éclater en Maine-et-Loire, et qui présentaient, d'après les dépêches des administrations, lues dans la séance du 6 novembre [2], tous les caractères d'une véritable guerre civile. Goupilleau profita de l'occasion pour dire que la Vendée éprouvait les mêmes agitations, et pour avancer ce fait, si souvent reproduit ensuite, de prêtres parvenus à persuader aux crédules habitants des campagnes qu'ils seraient invulnérables tant qu'ils se battraient pour la religion.

Un autre député, de la Loire-Inférieure, annonça qu'un curé constitutionnel de ce département venait d'y mourir avec tous les symptômes du poison, « événement qui a épouvanté tous les prêtres sermentés, qui veulent se retirer [3]. »

C'était de calme que l'Assemblée avait besoin, et on ne négligeait aucune occasion de passionner le débat. A Nantes, on suivait la même tactique. Le journal *la Chronique* demandait hautement une solution radi-

[1] *Journ. des Déb. et des Déc.,* du 3 novembre 1791, n° 34, p. 12.

[2] *Ibid.,* n° 37, p. 6. — Voy., sur les troubles, qui étaient fort loin d'avoir le caractère d'une guerre civile, l'abbé Tresvaux, *Hist. de l'Église et du diocèse d'Angers,* t. II, p. 404 et suiv.

[3] *Ibid.,* n° 37, p. 8. Je ne puis apporter un démenti catégorique à cette affirmation, mais j'ai constaté que la *Chronique de la Loire-Inférieure* avait négligé d'enregistrer l'événement.

cale, interdisant tout exercice de leur culte aux prêtres réfractaires et à leurs adhérents. « Il est de fait, disait ce journal, que ceux qui ont une religion qui diffère de celle catholique, apostolique et romaine, tels que les Juifs, les Mahométans et les payens, ont le droit incontestable d'élever, à leurs frais, des temples pour y exercer le culte de la religion qu'ils professent, et ce sont eux, eux seuls, qui peuvent et doivent s'autoriser de l'article 10 de la *Déclaration des droits de l'Homme*. Mais vouloir permettre à des prêtres menteurs et fanatiques d'élever des églises particulières pour y exercer le culte catholique, apostolique et romain, seul salarié par l'État, c'est autoriser des bouches vendues à l'aristocratie, c'est vouloir éterniser des haines superstitieuses contre la Constitution..... Donnez-leur des églises particulières, c'est leur ouvrir des lieux de ralliement ; c'est dans ces fournaises de fanatisme qu'ils forgeront le fer qui devra faire couler le sang des patriotes..... Les prêtres non assermentés n'ont-ils pas la libre entrée des églises dans lesquelles on exerce le culte de la religion catholique, apostolique et romaine ? Ne peuvent-ils pas célébrer les cérémonies qu'elle prescrit et auxquelles la Constitution n'a porté aucun changement ? etc. [1] »

Les prêtres pourtant n'étaient pas les seuls que l'on eût pu accuser de troubler l'ordre ; Gensonné disait, le 21 novembre, que « vainement l'Assemblée chercherait des moyens de répression contre les prêtres

---

[1] *Chronique de la Loire-Infér.*, du 29 octobre 1791, n° 90, p. 782.

perturbateurs, si elle ne punissait en même temps les fonctionnaires publics qui fomentaient les troubles[1]. »

Dans une adresse au Roi, du 20 novembre, le clergé demandait qu'on produisît des preuves à l'appui des dénonciations faites contre lui[2].

L'assemblée cependant avait voté le décret du 29 novembre 1791[3]. Ce décret ordonnait à tous les ecclésiastiques de se présenter, dans la huitaine de la publication, devant la municipalité de leur domicile pour y prêter le serment civique, dans les termes de l'article 5, titre 2, de la Constitution. (Art. 1)[4]. Les municipalités devaient former un tableau des prêtres assermentés et de ceux qui ne l'étaient pas; les premiers étaient dispensés de toute formalité; les autres ne pourraient toucher aucune espèce de traitement du Trésor public, à moins qu'ils ne présentassent la preuve de la prestation du serment civique. (Art. 2, 3 et 4)[5]. Ceux-là seraient soumis à une surveillance active, et, s'il survenait des troubles religieux dans une commune où ils résidaient, ils pourraient être éloignés provisoirement du lieu de

---

[1] *Journ. des Déb. et des Décr.*, n° 52, p. 6.

[2] Voy. cette adresse dans le n° du 4 décembre 1791, du *Journal de la Correspondance de Nantes*, t. x, p. 425.

[3] Ce décret n'ayant pas été sanctionné par le Roi, n'eut jamais d'autorité légale; aussi ne se trouve-t-il pas dans tous les recueils de lois. Ses articles furent votés, selon l'usage, à divers intervalles; j'indique la date du vote de chacun d'eux, ce qui fournit un moyen aisé de suivre la discussion dans le *Journal des Débats*. — Le *Journal de la Corresp. de Nantes* contient ce décret, t. xi, p. 451.

[4] *Journ. des Déb. et des Décr.*, du 16 nov. 1791, n° 47, p. 17.

[5] *Ibid.*, du 17 nov., n° 48, p. 17.

leur domicile par arrêté du Département. (Art. 5 et 6). En cas de désobéissance à l'arrêté du Département, ils seraient punis d'un an de détention. (Art. 7)[1]. S'il s'élevait des séditions dans une commune, les frais de la répression seraient supportés par tous les citoyens, sauf leur recours contre les coupables. (Art. 9)[2]. Les articles 10 à 13[3] déterminaient l'usage qui serait fait des listes : les directoires des Départements devaient s'en servir pour former un état très-minutieux, contenant des renseignements sur les prêtres, à la suite duquel le conseil de Département prendrait un arrêté motivé qu'il communiquerait à l'Assemblée nationale. Le dernier article, voté, ainsi que le préambule, le 29 novembre[4], donnait droit à tous les citoyens d'acheter, d'affermer des édifices, pour y célébrer un culte quelconque; mais cette faculté ne pouvait s'étendre aux prêtres qui avaient refusé de prêter le serment civique; ceux-là « sont déclarés incapables d'exercer aucune fonction ecclésiastique ni civile. »

Est-il besoin de faire remarquer à quel point, par ce décret, la Révolution, personnifiée dans l'Assemblée législative, mentait à ses promesses les plus solennelles? La Constitution n'avait imposé le serment civique qu'aux seuls fonctionnaires, et on l'exigeait de toute une classe de citoyens qui n'aspiraient à aucune

[1] *Journ. des Déb. et des Décr.*, 18 nov., n° 49, p. 13.
[2] *Ibid.*, 19 nov., n° 50, p. 10.
[3] *Ibid.*, 21 nov., n° 52, p. 13.
[4] *Ibid.*, n° 60, p. 16. — Les art. 15, 16 et 17, peu importants pour notre sujet, furent votés le 23 nov. *Ibid.*, n° 54, p. 15.

fonction. Pourquoi une législation pénale particulière et une loi des suspects créées pour cette même classe? Si les prêtres étaient coupables, était-il donc impossible de les convaincre de leurs méfaits et de leur faire appliquer par les tribunaux la peine réservée aux séditieux? Le décret du 20 avril 1790 (art. 5 et 6)[1], avait placé les pensions ecclésiastiques au rang des dépenses nationales; celui du 8 février 1791[2] accordait un traitement de cinq cents francs aux curés remplacés qui se retireraient pour refus de serment, et les administrations étaient investies du pouvoir arbitraire d'enlever, sous le moindre prétexte, ce traitement, plusieurs fois garanti par la loi.

M. Louis Blanc, pour atténuer la portée de ce décret, fait remarquer que le serment prescrit n'était point celui de la constitution civile du clergé, et que, de l'aveu de M. Jager, plusieurs ecclésiastiques respectables déclarèrent qu'on pouvait le prêter en toute sûreté de conscience[3]. Cela est vrai, mais toute la vérité eût consisté à dire que M. Jager ajoute que la majorité du clergé de France adopta l'opinion contraire. Il n'est, en effet, pas permis de se méprendre sur la portée de ce serment civique, si l'on étudie la discussion du décret du 29 novembre. Sans parler de l'exception introduite en faveur des ministres protes-

---

[1] Duverg., *Collect. de lois,* t. I, p. 151.
[2] *Ibid.,* t. II, p. 197.
[3] Comparer sur ce point M. Louis Blanc, *Hist. de la Révol.,* t. VI, p. 214; — M. l'abbé Jager, t. III, p. 46; — M. de Pressensé, p. 220; — M. Michelet, *Hist. de la Révol.,* t. III, p. 343.

tants, que l'on dispensait de fournir ce gage de patriotisme[1], l'Assemblée avait repoussé un amendement proposé par Lemontey et tendant à établir une démarcation entre la constitution de l'État et le règlement de la police religieuse[2].

Bien que ce décret n'ait jamais eu force de loi, il était utile de le faire connaître comme témoignage des dispositions du pouvoir législatif, dans lesquelles les administrations départementales ne virent qu'un encouragement à persévérer dans la voie des mesures arbitraires contre le clergé.

Au fond, il importait peu au Département de la Loire-Inférieure que le décret du 29 novembre n'eût pas force de loi, si, au moyen de ses arrêtés, il pouvait en appliquer les dispositions principales. Cela ne tarda point; le 8 décembre, une pétition fut rédigée et signée, et remise au Département[3]. On y demandait avec instance des mesures rigoureuses contre le prétendu fanatisme des prêtres insermentés. Le conseil, qui tenait alors sa session, fit droit à cette pétition par son arrêté du 9 décembre, en marge duquel on lit, sur le registre original : « Arrêté vigoureux relatif aux prêtres, » et dont voici les principales dispositions : — « Le conseil général du Département, consi-

---

[1] *Journ. des Déb. et des Décr.*, du 29 nov. 1791, n° 60, p. 6, et l'article dernier du décret.

[2] Séance du 16 nov. 1791. *Ibid.*, n° 47, p. 15.

[3] Voir l'analyse de cette pétition dans les *Archives* de Verger, t. v, p. 213. — Le décret du 29 novembre 1791 eut l'approbation d'un grand nombre de prêtres constitutionnels et notamment de Grégoire. (V. *Chronique de la Loire-Inf.*, n° 100, p. 866.)

dérant l'état de fermentation et de trouble où sont actuellement les habitants des campagnes, séduits par des hommes qui abusent de leur confiance en mettant leurs idées religieuses en opposition avec leur soumission aux lois....; considérant que les administrateurs chargés de veiller à la sûreté et à la tranquillité des citoyens seraient coupables, s'ils laissaient paralyser en leurs mains le pouvoir que la loi leur a confié;

» A arrêté et arrête : 1º Que les ecclésiastiques qui ont été ci-devant amenés au chef-lieu du département, en exécution des arrêtés du Directoire, et qui en sont sortis, seront tenus, dans le délai de huitaine, à compter de la publication du présent, d'y revenir et d'y fixer leur résidence, à faute de quoi ils y seront conduits par la force publique;

» 2º Que lesdits ecclésiastiques seront tenus de constater, chaque jour, à midi, leur présence au Directoire de Département, en s'inscrivant sur un registre qui sera ouvert à cet effet dans un des bureaux du secrétariat;

» 3º Que tous les ecclésiastiques non sermentés, quels qu'ils soient, qui, par leur conduite, leurs discours ou leur *présence,* inspireraient la désobéissance aux lois, l'éloignement du culte salarié par la nation, et l'esprit de sédition et de révolte, et qui abuseraient des choses les plus sacrées pour égarer les esprits, seront conduits au chef-lieu du département, pour y résider et constater leur présence comme ci-dessus;

» 4º Dans le cas où l'exécution des articles ci-dessus laisserait des paroisses dépourvues de ministres, il y sera sur le champ suppléé par M. l'Évêque, qui en sera prévenu...

» 7° Une expédition du présent seraenvoyée à l'Assemblée nationale et au roi pour être soumis à leur approbation [1]. »

Cette mention de l'envoi au roi n'était plus qu'une vaine formule; mais l'arrêté parvint à l'Assemblée, et Goupilleau [2] le lut, dans la séance du 20 décembre 1791, en exprimant le désir que l'Assemblée le ratifiât, et en priant qu'il en fût fait mention honorable au procès-verbal. A cette proposition, plusieurs membres répondirent par celle de l'ordre du jour ; d'autres, par celle du renvoi au comité de législation. Un député d'Ille-et-Vilaine, Duval [3], voulut combattre la demande de mention honorable ; on lui refusa d'abord la parole, qui lui fut ensuite accordée par un décret, et voici ce qu'il dit : « J'ai été surpris, lorsqu'après la

[1] Registre des procès-verbaux de la session du Conseil de Département, f° 32, présidence de Villers. *(Arch. de la Préfect.)* Reproduit intégralement dans le n° 103 de la *Chronique de la Loire-Infér.*, du 15 décembre 1791, p. 888. — M. Crétineau-Joly *(Vendée militaire,* t. 1, p. 33, 3ᵉ édit.) cite un arrêté semblable du Directoire du Département de Maine-et-Loire, portant la date du 1ᵉʳ février 1792. Ce département était, on le voit, fort distancé par celui de la Loire-Inférieure.

[2] C'était son homonyme qui, membre de l'Assemblée constituante, s'était plaint, à la séance du 13 août 1791, de la faiblesse de la répression dans le département de la Loire-Inférieure, où trente personnes venaient d'être tuées dans les séditions *(Moniteur* du 14 août, n° 226, p. 937); fait dont je n'ai trouvé aucune trace.

[3] Duval, selon la *Biographie* de Rabbe, lorsqu'il devint membre de la Convention, s'attacha au parti de la Montagne.

lecture faite de cet arrêté, M. Goupilleau a demandé qu'il en fût fait mention honorable ; je l'ai été bien davantage, lorsque j'ai vu que cet acte, parfaitement inconstitutionnel, trouvait des approbateurs. Je ne me dissimule pas combien les circonstances ont d'empire sur des administrateurs environnés de dangers ; mais le plus grand de tous serait que les départements, qui n'existent que par la loi, fissent renaître dans l'empire ce monstre, que l'Assemblée constituante a eu tant de peine d'écraser, l'arbitraire... Les administrateurs du Département ont pris un arrêté qui viole la justice et les lois ; je demande donc qu'il n'en soit pas fait de mention honorable. » On lui répondit, non sans raison, que les administrateurs du Département avaient agi dans le même esprit que l'Assemblée ; qu'ils n'avaient fait que ce que l'Assemblée avait fait, et ce dont le *veto* seul avait empêché l'exécution. Un ordre du jour pur et simple couvrit cette flagrante illégalité [1].

Dans le District de Machecoul, l'une des dernières mesures de l'année 1791 consiste dans l'envoi d'une circulaire à toutes les municipalités, pour les prier d'employer les moyens les plus efficaces, afin de se procurer tous les écrits séditieux que le *fanatisme* aurait pu répandre parmi les habitants de leurs communes, notamment un *libelle* intitulé : *Catéchisme à l'usage des fidèles de la campagne* [2].

[1] *Journ. des Déb. et des Décr.*, 20 décembre 1791, n° 82, pp. 1 et 2.
[2] Délibération du District du 16 décembre 1791. (*Arch. de*

Il fallait un certain courage à un prêtre pour oser venir rétracter son serment dans de pareilles circonstances ; c'est donc rendre un hommage à sa mémoire que d'enregistrer la rétractation de l'abbé Paulmier (prêtre desservant le prieuré de Saint-Philbert), le 14 décembre, devant la municipalité de Bourgneuf, rétractation qu'il faisait, disait-il, « sous l'empire de ses remords. » La municipalité mentionna cet acte, en « considérant que les remords de l'abbé Paulmier n'étaient que des mots, » et en déclarant qu'elle « le regardait comme ennemi de la patrie et se trouvant, par sa rétractation, sous le coup de la loi du 28 juin 1791, et par conséquent privé de tout traitement [1]. » Cet acte-là, du moins, était conforme à la légalité de l'époque.

la Préf.). — Les municipalités ne furent autorisées à empêcher la distribution de journaux ou feuilles publiques notoirement inciviques que par décret du 9 août 1792, art. 3. (Duvergier, *Collection de lois*, 2ᵉ édit., t. IV, p. 290.)

[1] Extrait des registres de la municipalité de Bourgneuf-Saint-Cyr. *(Arch. de la Préfect.)*

VIII

L'ARBITRAIRE ADMINISTRATIF.

(Année 1792).

Inquiétudes des autorités pour le maintien de la paix publique. — Crise du numéraire; les assignats. — Peines arbitraires édictées contre les boulangers par le District. — Obligation des fonctionnaires de suivre le culte public constitutionnel. — Désarmement des gens suspects. — Émeute de Châtillon. — Violations de la liberté individuelle. — Fin de l'Assemblée législative. — Modifications à la loi électorale. — Assemblées primaires pour les élections de la Convention. — Élections de la Convention à Ancenis. — Proclamation solennelle de l'abolition de la royauté. — Les biens nationaux. — Renouvellement des administrations.

Durant les premiers mois de 1792, le mécontentement n'a pas seulement pour cause l'éloignement des curés : les intérêts matériels sont aussi en souffrance. Déjà la population des chefs-lieux de paroisses se ressent du défaut de fréquentation de l'église ; les dimanches et les fêtes ne sont plus, pour les aubergistes et les petits commerçants, des jours de recette. Dans ces centres nombreux, où l'on a plus de loisir, où l'on est mieux informé que dans les métairies isolées, les idées d'opposition au nouvel ordre de choses gagnent du terrain. Entre les gens des bourgs, parmi lesquels la Révolution avait le plus d'adhérents, et les cultivateurs dispersés, auxquels cette même Révolution n'avait apporté que des espérances promptement déçues, le rapprochement commence à naître du concert des intérêts froissés.

Dans la délibération de la municipalité de Machecoul du 25 janvier, dont je donnerai ailleurs les parties concernant le clergé, on lit que « l'imposition à laquelle la commune est actuellement occupée [1], réveille encore davantage l'animosité des gens gagnés, qui s'imaginent qu'on va les ruiner et les réduire à mourir de faim. Ils menacent sourdement et même publiquement la municipalité et le District de Machecoul... La garde nationale, toujours disposée à porter des secours au besoin, pourrait ne pas se trouver en force suffisante pour arrêter les projets incendiaires de nos ennemis [2]. »

Le District, le même jour, constate que l'on a été obligé d'user des voies de la contrainte pour faire recevoir les pièces de 30 et 15 sous [3]. Toutes ces inquié-

---

[1] Il s'agissait de la contribution mobilière.

[2] Délibération de la municipalité de Machecoul, du 25 janvier 1792.

M. Baré, maire; assistaient : MM. Mocquard, Fortineau, Gry et Bonfils, officiers municipaux; Fouquet, Grelier, Ferré, Nicole, Forget, Sorin et Gueperoux, notables.

[3] Le 11 janvier 1791, l'Assemblée avait décrété la fabrication de 15 millions de pièces de 15 et 30 sous, et d'une quantité considérable de pièces de monnaie de cuivre de 12, 6 et 3 deniers. On affectait à la composition de ces dernières les cloches des églises supprimées. *(Journal des Déb. et des Décr., n° 579.)* —

tudes naissent à propos d'un ordre de Dumouriez, daté de Fontenay, le 23 janvier 1792, qui enjoint aux deux compagnies du 84e régiment, en garnison à Machecoul, d'avoir à quitter cette ville [1]. « Ce général, dit M. Fillon, paraissait, à cette époque, fort porté pour la Révolution, puisque le Directoire écrivait, peu auparavant, à l'administration de Luçon : « Vous » verrez M. Dumouriez et vous apprendrez combien » il se donne de peines pour maintenir la tranquillité » de notre pays [2]. »

Si l'on fait difficulté d'accepter les pièces de 15 et 30 sous, la circulation des assignats donne lieu à bien d'autres embarras.

Les biens du clergé étaient le gage des porteurs de ce papier-monnaie. Le décret du 17 avril 1790 ordonnant la création de 400 millions d'assignats, divisés en coupures de 200 à 1,000 livres, statuait qu'ils auraient cours de monnaie entre toutes personnes, dans toute l'étendue du royaume, et qu'ils seraient reçus comme espèces sonnantes dans toutes les caisses publiques et particulières [3]. Mais, de toutes les choses humaines, aucune n'est, autant que le crédit, soumise

---

Rewbel fut le premier qui proposa de faire du billon avec le métal des cloches. *(Moniteur* du 30 août 1790, séance du 28.) — Voy. l'instruction du Département envoyée aux districts, le 17 août 1791, pour l'exécution de la loi du 6 août, qui avait mis les cloches des églises supprimées à la disposition du ministre des contributions publiques. *(Journ. de la Corresp. de Nantes,* t. x, p. 303.)

[1] Délibération du District, du 25 janvier 1792.
[2] *Histoire de Fontenay*, p. 363.
[3] Voir le décret. Duvergier, *Collect. de lois*, t. 1, p. 147.

à l'empire de l'opinion publique : la confiance est un sentiment qui se joue de tous les règlements, et qui disparaît d'autant plus vite, qu'on le sollicite davantage.

Au mois de mai 1791, les avis étaient déjà aussi partagés sur les causes de la disparition du numéraire qu'ils étaient unanimes à constater le fait [1]. Les échanges journaliers ne pouvant, par suite de cette disparition, s'effectuer qu'avec une extrême difficulté, on avait cru trouver un remède dans une émission de petits assignats. Maury n'avait point réussi à empêcher cette mesure, et jamais le spirituel et éloquent abbé ne fut meilleur prophète que le jour où il avait dit : « Quand vous aurez des assignats de 5 livres, je le prédis à vos tribunes, elles ne verront pas un écu de 6 francs. Eh ! Messieurs, je le disais, il y a six mois [2], dans cette tribune, que l'émission des assignats, telle que vous la proposiez, vous obligerait de décréter, dans peu, une nouvelle émission d'assignats de 5 livres. On me hua; aujourd'hui on me hue encore. » Il demandait qu'on se bornât à une émission de monnaie de cuivre, ajoutant : « Je dis que les petits assignats ruineront votre commerce et achèveront la ruine de vos finances : souvenez-vous de ma

---

[1] Voy. la discussion engagée à ce sujet à l'Assemblée constituante, séance du 5 mai 1791, *Journ. des Déb. et des Décr.*, n° 711, p. 13 et suiv.

[2] Lors du décret du 9 janvier 1790, sur la transformation de vingt mille assignats de 2,000 livres en huit cent mille assignats de 50 livres. (Duvergier, *Collect. de lois*, t. 11, p. 148.)

prédiction... (On a hué, porte le journal)[1]. » Le temps était passé où Mirabeau pouvait qualifier le papier-monnaie d'impôt levé, le sabre à la main [2].

L'Assemblée n'en avait pas moins décrété qu'il serait fabriqué pour cent millions d'assignats de 5 livres, en remplacement de pareille somme d'assignats de 2,000 et 1,000 livres, qui seraient supprimés; et que ces nouveaux assignats, dont on réglerait ultérieurement l'émission, pourraient être échangés à volonté contre de la monnaie de cuivre, dans des bureaux établis à cet effet dans chaque district [3].

Cependant, les départements, où partout l'argent se cachait, continuaient à manquer de petits assignats. Le 1er novembre 1791, on avait ordonné au Comité des assignats et monnaies de présenter, sous trois jours, un projet de décret pour régler le mode d'échange des assignats de 5 livres [4]. Les petits assignats disparaissaient par le grand besoin qu'on en avait, et on accusait les agioteurs de les accaparer. On avait cru combattre ce danger en entourant les

---

[1] *Journ. des Déb. et des Décr.*, n° 712. Séance du 6 mai 1791, p. 8. — Je ne donne sur les assignats que les principaux décrets qui se rapportent à mon sujet: il faudrait un volume pour faire l'histoire complète des assignats. Je signalerai cependant le décret du 29 septembre 1790, à l'occasion duquel on avait rejeté le principe d'une limite fixe à l'émission des assignats. *(Journ. des Déb. et des Décr.*, n° 452, p. 9.)

[2] Séance du 1er octobre 1789, *Moniteur*, n° 66.

[3] Décret du 6 mai 1791, Duvergier, *Collect. de lois*, t. II, p. 352.

[4] *Journ. des Déb. et des Décr.* du 1er novembre 1791, n° 32, p. 9.

échanges de petits assignats d'une foule de précautions[1]. On avait beaucoup souffert à Nantes de cette situation, et, pour faciliter les petits échanges, la municipalité avait eu recours à une émission de cartes de douze livres, et, plus tard, à la suite d'une émeute causée par la rareté du numéraire, elle avait fait, le 7 septembre 1791, une nouvelle émission de cartes de cinq sous, que l'on échangeait contre les premières[2].

Les mêmes causes avaient produit les mêmes effets dans le District de Machecoul. Le 16 mars 1792, la municipalité est réunie et le maire lui expose : « 1° que la rareté du numéraire et le refus des boulangers de recevoir les assignats de cent sols de la part des journaliers, artisans, manœuvres et autres de cette classe, occasionne une rumeur considérable dans la ville; 2° qu'à toute heure, lui, maire, est assailli par les différents particuliers qui, n'ayant que des assignats de cent sols, le forcent de contraindre les boulangers de donner du pain, jusqu'à la concurrence desdits assignats; 3° que ce refus des boulangers, les menaces du peuple n'annoncent rien moins qu'une sédition ; 4° enfin, qu'il est notoire que les gens de la

---

[1] Voir à ce sujet une lettre adressée au Département de la Loire-Inférieure, le 6 novembre 1791, par le ministre Tarbé. (*Journal de la Corresp. de Nantes*, novembre 1791, t. XI, p. 275.) Le décret du 21 décembre 1791 (Duvergier, *Collect. de lois*, t. IV, p. 30), énumère les différentes précautions à prendre pour ces échanges.

[2] *Journal de la Corresp. de Nantes*, septembre 1791, t. X, pp. 400 et 414. — L'envoi aux départements des coupures de 10 et 15 sous ne fut décrété que le 31 août 1792. (Duvergier, *Collect. de lois*, t. IV, p. 390.)

campagne qui apportent des provisions au marché ne veulent pas recevoir d'assignats ; que des malheureux qui ont besoin de bois ne peuvent s'en procurer avec du papier ; qu'ils viennent souvent à la municipalité demander avec instance. » On délibère et l'on examine une pétition des *Amis de la Constitution* de Machecoul, en tête desquels figure le nom du curé Letort. Cette pétition, en date du 14 mars, rappelle avec énergie que les assignats reposent sur une hypothèque et que le remède est de leur donner cours forcé sous peine d'amende. « Oui, la patrie est en danger lorsque le peuple est en souffrance, — lit-on dans ce document, — lorsqu'il a sujet d'être mécontent. Les fournisseurs de cette ville ne veulent plus donner leurs denrées que pour argent monnayé. »

Le 18 mars, on délibère de nouveau. Le procureur de la commune prend la parole et dit : « Le discrédit fait chaque jour, sous nos yeux, des progrès incalculables ; l'ordre public est menacé ; la confiance va disparaître tout entière, si vous ne prenez promptement les mesures nécessaires pour arrêter dans son cours le torrent destructeur de la confiance générale. » La décision prise est conforme aux vœux des *Amis de la Constitution*. Les boulangers sont obligés, sous peine d'amende et même de prison, de donner du pain pour les assignats de cent sous ; ceux qui en voudraient pour une moindre somme devront se réunir, de manière à faire ensemble un achat équivalent à cette somme [1].

[1] Délibérations de la municipalité de Machecoul des 16 et 18 mars 1792. *(Arch. de la Préfect.).* — Ce ne fut que le 1ᵉʳ août

Cet arrêté produisit le plus mauvais effet, et, en présence « d'une rumeur qui semblait se manifester dans tous les quartiers de la ville, » il ne fut point mis à exécution [1]. La répugnance pour les petits assignats ne put que s'accroître, à la nouvelle répandue peu après qu'il circulait beaucoup de faux assignats de 5 livres [2].

Il y avait, du reste, une raison excellente pour que cet arrêté demeurât lettre morte : il violait ouvertement les lois; mais de cela personne ne s'inquiétait. On trouvait utile de contraindre les boulangers, et cela suffisait pour que des peines fussent édictées contre eux. Il était interdit aux sociétés populaires d'intervenir dans les affaires par pétitions en nom collectif, sous peine, pour ceux de leurs membres qui auraient présidé aux délibérations, ou porté les pétitions, d'être rayés pendant six mois du tableau civique, et suspendus de toutes fonctions publiques [3]; et cependant, le concours de la *Société des Amis de la Constitution* de Machecoul ne soulevait aucune objection.

1793 que furent édictées des peines contre ceux qui refuseraient des assignats et les donneraient ou refuseraient à perte. (Duverg. *Collect. de lois*, t. VI, p. 67.)

[1] Paroles du procureur syndic. Délibération du 19 mars 1792.
[2] *Journ. de la Corresp. de Nantes*, t. XIV, 27 juin 1792, p. 96.
[3] Voy. la loi du 29 septembre 1791, *Journ. des Déb. et des Décr.*, n° 861, p. 19. — On rappela à l'exécution de cette loi la *Société des Amis de la Constitution* de Nantes, le 19 octobre 1791. *(Journ. des Déb. et des Décr.,* n° 21, p. 1). Elle n'était point abrogée en 1792. Voy. *Moniteur* du 2 juillet 1792, p. 768. Vainement les ministres déclarèrent que les Sociétés étaient une

C'est avec la même insouciance de la légalité que l'on ne craignit pas d'invoquer contre un instituteur indocile une vieille ordonnance de l'évêque de Nantes qui ne pouvait le concerner.

Le prieuré de Saint-Philbert, par donations de 1630 et de 1760, devait une somme de 236 livres pour l'entretien d'un instituteur, à charge par celui-ci d'assister aux offices de la paroisse. Or, en 1792, l'instituteur était un sieur Courtel, laïque, qui eut l'imprudence de montrer son manque de zèle pour le nouveau culte, en demandant d'être dispensé d'assister aux offices. Sa prétention indigna le District, qui trouva qu'une pareille demande était le fait d'un mauvais citoyen, et qui lui rappela l'ordonnance épiscopale rendue à l'époque de la donation. L'affaire alla au Département[1], et, le 12 mars 1792, le District généralisait de la manière suivante l'obligation d'assister aux offices, qui ne pouvait concerner que les instituteurs du prieuré appartenant à l'ordre du clergé : « Vu ce qui résulte de l'arrêté du Département du 30 janvier 1792; considérant que la liberté assurée à tout citoyen par la Constitution d'assister ou non aux offices célébrés par les prêtres salariés de la nation ne saurait être invoquée avec succès par un fonctionnaire public lui-même, puisqu'il est salarié par la nation...., » le sieur Courtel devra assister aux offices. A défaut de s'être con-

cause de troubles; elles étaient devenues trop puissantes pour que l'on osât les braver. (*Moniteur* du 11 juillet 1792, p. 806.)

[1] Registre du Directoire de Département, n° 6, f° 78, 30 janvier 1792. (*Arch. de la Préfect.*)

formé à cette injonction, l'instituteur récalcitrant fut destitué, par délibération du 2 avril, et remplacé par un sieur Villaine [1]. On peut juger, par cet exemple, du degré de tolérance religieuse des administrations.

Le bourg de Saint-Philbert était, paraît-il, très-richement doté sous le rapport de l'instruction publique; car il faudra, à la fin de 1792, éliminer encore deux instituteurs et deux institutrices. Par application de la loi du 17 avril 1791 [2], les sieurs Jean Orieux et Pierre Amaillaud, la dame veuve Dargent et la demoiselle Monique Mainguy, « qui faisaient profession d'instruire la jeunesse, » ayant refusé de prêter le serment, recevront « défense de s'ingérer dorénavant d'instruire [3]. »

Ce fut au mois de juin que l'on commença à exécuter, dans le District de Machecoul, l'une des mesures qui indisposèrent le plus les habitants : je veux parler du désarmement des habitants suspects [4]. Cette opération dura plusieurs mois, et les procès-verbaux de décla-

---

[1] Diverses délibérations du District de Machecoul, dont la première est du 17 janvier 1792. (Mêmes *Archives, fonds de Machecoul.*)

[2] Duverg., *Collect. de lois*, t. II, p. 306. Cette loi visait celle du 26 décembre 1790, concernant le serment des prêtres et des évêques.

[3] Délibération de la municipalité de Saint-Philbert-de-Grand-Lieu, du 2 septembre 1792, approuvée par le District, le 6 septembre, et par le Département, le 18 octobre. (Expéditions. *Arch. de la Préfect.*)

[4] Avis du District du 17 juin 1792. Voy. Registre du Directoire de Département, n° 7, f° 123.

rations d'armes, de recensements de poudres, et de désarmement, pour les seules communes qui nous occupent, forment aux *Archives* une liasse très-volumineuse. Ils se ressemblent presque tous. On y voit que la recherche des armes est faite par un commissaire, accompagné d'un sergent et de quelques soldats, et que les armes saisies entre les mains de citoyens qui les ont déjà déclarées, sont mentionnées à part et distinctement de celles enlevées aux citoyens qui ont négligé de faire cette déclaration. L'un des derniers procès-verbaux se rapporte à la visite de la commune de Saint-Hilaire-de-Chaléons; il constate qu'après trois jours de recherches, on a recueilli quarante-huit armes déclarées et quatorze non déclarées ; ces armes consistant, pour la plupart, en fusils de chasse[1]. On put s'apercevoir, peu après, que, toute idée politique mise de côté, le désarmement avait produit un mécontentement extrême, surtout dans la région avoisinant le Marais, « où beaucoup de gens nourrissaient leurs familles du produit de leur chasse[2]. »

Ces perquisitions, effectuées d'abord à titre de mesures de police, avaient fini par acquérir un caractère légal, lors de la promulgation des décrets des 12 et 28 août 1792; le premier de ces décrets autorisait les visites domiciliaires pour la recherche des armes et des munitions de guerre, et le second ordonnait de dresser un état des chevaux, charrettes et autres objets de nature

---

[1] Procès-verbal original des 20, 21 et 22 septembre 1792.
[2] Lettre du District de Challans, du 25 octobre 1792. Registre de corresp., f° 4. (*Arch. de Napoléon-Vendée.*)

à être employés à la guerre, et, en outre, d'opérer le désarmement des suspects[1].

Les graves événements qui s'accomplissent à Paris, et au milieu desquels sombre la monarchie, retentissent jusqu'au fond des communes les plus éloignées. Aussitôt la réception du décret du 11 juillet sur la proclamation de la patrie en danger, la municipalité de Machecoul se réunit, et, à son tour, répète le *Caveant consules*[2]. Une délibération semblable est prise dans toutes les municipalités, et des commissaires envoyés, peu après, pour recruter dans chaque paroisse les volontaires disposés à marcher, rencontrent les plus mauvaises dispositions. Il résulte de procès-verbaux des commissaires recruteurs Collinet et Chéreau, datés, l'un du 12, et l'autre du 29 août, que les habitants de sept paroisses ne fournirent qu'un seul enrôlement[3].

Dans le département des Deux-Sèvres, l'animation plus vive se traduit en voies de fait. Quelques centaines de paysans des environs de Châtillon se sont soulevés; mais ce mouvement est bientôt réprimé. Trois mille gardes nationaux sont sur pied pour rétablir la tranquillité; six patriotes et quarante rebelles

---

[1] Duverg., *Collect. de lois*, t. IV, pp. 291 et 375. Voy. pour la discussion du décret du 28 août, *Moniteur*, n° 244, p. 1033.

[2] Délibér. de la municipalité du 19 juillet 1792. *(Arch. de la Préfect.)*

[3] Aucun volontaire ne se présenta dans les paroisses suivantes: Legé, Saint-Étienne-de-Mer-Morte, Touvois, La Benate, Sainte-Pazanne, Saint-Hilaire-de-Chaléons; la paroisse de Montbert en fournit un seul. Je n'ai pas eu connaissance d'autres procès-verbaux.

ont succombé[1]. La disproportion du nombre des morts dans chacun des partis s'explique aisément par ce fait « que la majeure partie des séditieux étaient si ivres qu'ils étaient couchés dans les rues à dormir, et qu'on les tuait à loisir[2]. » Vers ce temps-là, selon M. Verger, le directoire du Département eut connaissance que six paroisses du district avaient fait un pacte par lequel elles s'engageaient à se révolter toutes ensemble, à la première occasion qui serait jugée favorable[3].

On a déjà désarmé la garde nationale de Saint-Mars-de-Coutais[4]; arrive le décret du 2 septembre, qui déclare « infâmes, traîtres à la patrie, dignes de la peine de mort, tous ceux qui refuseraient ou de servir personnellement, ou de remettre leurs armes à ceux qui voudraient marcher à l'ennemi[5], » et l'on opère, dans la ville même de Machecoul, un nouveau désarmement « des citoyens connus pour ennemis de la Révolution. »

[1] Lettre des administrations de Niort, du 25 août 1792, lue à l'Assemblée législative; *Moniteur* du 31 août 1792, n° 244, p. 1033. Voir Crétineau-Joly, t. 1, p. 45, 3ᵉ édit., et Louis Blanc, *Hist. de la Révol.*, t. VIII, p. 184. Il paraît résulter du récit de ce dernier, que le nombre des victimes fut beaucoup plus considérable.

[2] Journal de Guerry, publié par M. Fillon, *Pièces contre-révolutionnaires*, p. 18. — Guerry était royaliste, mais M. Fillon nous apprend (p. 12) que son journal n'était pas destiné à voir le jour.

[3] Manuscrit sur l'arrondissement d'Ancenis déposé à la Bibliothèque de Nantes, p. 154.

[4] Délibération du District, du 29 juillet 1792.

[5] Décret du 2 septembre 1792. Duverg., *Collect. de lois*, t. IV, p. 394.

Il est facile de comprendre que la liberté individuelle n'est plus qu'un vain mot, du moment que des commissaires ont le droit de violer les domiciles pour y chercher des armes. Je ne dis rien du secret des lettres; le ministre de la justice constate lui-même que, de toutes parts, on se plaint de sa violation [1]. Cependant, la liberté individuelle devait encore être plus cruellement atteinte par l'application d'un arrêté du conseil général de Département, enjoignant de faire chez les particuliers suspects un examen minutieux de leurs papiers, et de les mettre, par voie de police, en état d'arrestation [2].

Deux exemples vont montrer clairement que Merlin de Douai, en proposant, le 17 septembre 1793, sa fameuse loi des suspects, ne fit qu'étendre à la France entière un système depuis longtemps en usage dans notre pays.

Le premier exemple concerne M. de Cornulier (Charlemagne), qui, signalé seulement comme suspect, est enfermé durant plusieurs mois au château de Nantes. La visite domiciliaire faite à sa maison de la Caraterie (commune de Saint-Étienne-de-Mer-

---

[1] *Moniteur* du 12 juillet 1792, n° 94, p. 809.

[2] Cet arrêté, du 20 août 1792, fut adopté par le District de Machecoul le 22; bien qu'il émanât du conseil général de Département, il parut au pouvoir central ne devoir être exécuté que dans les circonstances les plus graves, et encore avec une grande prudence. (Lettre du ministre Roland, du 11 septembre 1792, contenant accusé de réception de cet arrêté. *Arch. de la Préfect.*) M. Duchatellier, (*La Révolution en Bretagne*, t. II, p. 187), donne cet arrêté du 20 août 1792.

Morte), n'avait amené la découverte d'aucun papier [1], et il était si bien avéré qu'on ne pouvait relever aucun fait à sa charge, que, sur sa demande d'élargissement, le District avait pris un arrêté ainsi motivé : « Attendu que, sans doute, il serait aussi difficile d'acquérir des preuves que le sieur Cornulier ait contribué à l'incivisme des cultivateurs égarés, qu'il le serait d'en acquérir vis-à-vis du sieur Roland, ci-devant curé de la même paroisse, quoiqu'il soit évident qu'ils y ont participé ; que l'opinion publique est fixée sur ce point, et qu'il serait dangereux d'élargir un citoyen dont la présence ne pourrait qu'encourager les ennemis du nouveau régime [2]. »

L'autre fait montre mieux encore la puérilité des soupçons qui hantaient l'esprit des administrateurs. Le 17 septembre 1792, le District apprend que l'on a vu à Machecoul deux citoyens, l'un de Legé, l'autre de Talmont, MM. Merlet et Guibert, se promener avec un inconnu. Ces deux citoyens arrivant de Paris, leur colloque avec un étranger fournit une ample matière aux hypothèses. On délibère sur leur compte et on décide qu'il est vraisemblable qu'après avoir manqué leur coup à Paris, ils reviennent pour comploter contre la patrie. C'est bien le cas d'invoquer l'arrêté du 20 août 1792, aux termes duquel les gens suspects doivent être enfermés au château de Nantes, et les trois prétendus conspirateurs sont appréhendés

[1] Procès-verbal du 22 août 1792. *(Arch. de la Préfect.)*
[2] Délibération du District de Machecoul, du 27 septembre 1792.

et conduits à Nantes[1]. L'inconnu, qui était un homme de loi nommé Boutroue, réussit, peu après, à se faire mettre en liberté par le Département, en promettant toutefois de se soumettre aux décisions que le District de Machecoul pourrait prendre à son égard[2]. Ses affaires l'appelant à Machecoul, il adresse une demande au District, à l'effet d'être autorisé à venir en cette ville. On délibère; on reconnaît qu'on a bien fait de l'élargir; on ne conteste pas non plus « qu'il a même, sans doute, la liberté de voyager dans toute la France; » mais on ajoute « qu'il serait peut-être dangereux pour lui qu'il vînt à Machecoul, où le peuple, l'ayant vu mettre en état d'arrestation avec les sieurs Guibert et Merlet, pourrait se porter à quelques excès envers leur compagnon de voyage; que, par ce motif, l'administration, fidèle au serment qu'elle a fait de protéger la sûreté des personnes et des propriétés, ne saurait permettre au sieur Boutroue de venir à Machecoul, quelque affaire qu'il puisse y avoir[3]. »

Le motif allégué par le District était parfaitement ridicule : car il s'en fallait de beaucoup que la majorité des habitants de la ville éprouvât pour les suspects une haine aussi ardente. Nous pouvons, en effet, dans une certaine mesure, en nous reportant à quelques procès-verbaux d'assemblées primaires, constater que

[1] Délibération du District de Machecoul, du même jour. (Arch. de la Préfect.)
[2] Registre du Conseil de Départ., 3 octobre 1792, f° 86.
[3] Délibération du District, du 8 octobre 1792.

les patriotes, lors des élections de la Convention, ne formaient qu'une minorité restreinte.

J'ai dû, faute de documents, renoncer à présenter le tableau complet des six assemblées cantonales du District; mais les procès-verbaux de Machecoul et de Saint-Philbert-de-Grand-Lieu suffiront à montrer que les patriotes qui, à l'exclusion de tous autres, prirent part aux opérations électorales, étaient fort peu nombreux.

Dans la séance du 10 août, sur la proposition du Girondin Vergniaud, l'Assemblée législative avait décrété la formation d'une convention nationale et la suspension du pouvoir royal. « En effet, dit très-bien M. Quinet, la législative n'avait plus rien à faire. Elle avait été frappée autant que la royauté au 10 août; passive au milieu de l'événement, elle ne pouvait gouverner la Révolution, et le peuple lui parlait en maître. Elle avait accoutumé de délibérer au milieu des huées. Après avoir perdu l'estime, au 20 juin, elle perdit, au 10 août, l'autorité, ne sachant ni empêcher, ni agir, ni commander; même au moment où elle détrôna un roi, elle parut obéir... Sa dernière époque ne fut qu'une longue et muette soumission aux orateurs des clubs. La tribune se tait. C'est la place publique qui parle; elle gourmande, accuse, règne [1]. »

Dans la Loire-Inférieure, et même on pourrait dire dans les provinces de l'Ouest, la situation est un peu différente. Si à Nantes, dans une circonstance où il

---

[1] Quinet, *La Révolution*, t. 1, pp. 372 et 373.

s'agit des prêtres réfractaires, la populace, vers ce temps-là, dicte des lois au Département, on ne peut dire encore que son règne soit venu. L'opinion girondine est presque unanime dans les administrations de département et de districts ; elle est dominante dans les sociétés populaires, et cette opinion continuera de s'affirmer jusqu'au mois de juillet 1793, c'est-à-dire jusqu'à l'époque où elle sera proscrite. Du reste, il faut bien le dire, au moment où se préparent les élections de la Convention, les administrations ont donné des gages assez nombreux aux patriotes les plus exagérés, pour que le grand nombre de ceux-ci ne cherche point à les déborder.

Le lendemain de la proposition de Vergniaud, plusieurs décrets avaient été rendus en vue d'étendre le nombre des citoyens appelés à concourir aux élections du nouveau corps législatif.

Pour faire partie des assemblées primaires chargées de désigner les électeurs, il suffit maintenant d'être Français, âgé de vingt-un ans, domicilié depuis un an, vivant de son revenu ou du produit de son travail. On est éligible, comme député et comme électeur, si à ces conditions on joint celle d'être âgé de vingt-cinq ans. Comme sous l'empire de la constitution du 3 septembre 1791, les élections sont donc à deux degrés ; mais, pour avoir accès à l'assemblée primaire, il n'est plus nécessaire de justifier du paiement d'une contribution directe équivalant au prix de trois journées de travail. Le nombre des députés est le même que pour la Législative, et, bien que les assemblées primaires doivent être, en droit, sinon en fait, plus nombreuses qu'aux élections de la Législative, à cause de la suppression du cens, elles ont à nommer le même nombre d'électeurs. La réunion des assemblées primaires pour le choix des électeurs dans chaque canton est fixée au 26 août ; celle des électeurs, au 2 septembre, et, pour le département de la Loire-Inférieure, son siége est fixé à Ancenis. Pour accélérer les opérations, le choix des présidents, secrétaires et scrutateurs doit se faire à la pluralité relative et par un seul scrutin. Une indemnité pour frais de déplacement et de séjour est accordée aux électeurs[1].

Dans un pays où l'immense majorité était acquise au parti modéré, ce système électoral, loyalement exercé, offrait assurément de grandes ressources; mais, indépendamment de ce que la crainte des arrestations arbitraires paralysait toutes les velléités d'opposition, trop longtemps on avait pratiqué la théorie de l'abstention, pour qu'un changement de conduite présentât de l'opportunité en un pareil moment. A vrai dire, il ne paraît pas même que l'on ait songé à combattre par des votes les envahissements de la Révolution. Le soin principal de ceux que les événements froissaient le plus était de s'effacer, afin de donner une moindre prise à la persécution. Il n'est pas douteux qu'une intervention résolue dans la lutte électo-

---

[1] Comp. le décret du 11 août 1792 (Duvergier, *Collection de lois*, t. IV, p. 297), avec la constitution du 3 septembre 1791, sect. 2, art. 6 et suiv. (t. III, p. 243), et les décrets du 22 décembre 1789 (t. I, p. 73) et du 28 mai 1790 (t. I, p. 193).

rale eût provoqué de sérieux dangers, car les choses pouvaient tourner de telle sorte, qu'une collision s'en serait suivie; toutefois, il est difficile d'admettre qu'il n'y eût pas mieux à faire que de laisser le champ libre aux révolutionnaires déclarés. Ce qui manquait au parti de l'ordre, c'était quelques hommes disposés à agir, et le mot de Malouet restera éternellement vrai : « Partout où il n'y a que des volontés et des forces individuelles sans un point de ralliement, sans une direction morale et harmonique, les bons ont à peine la conscience de leur existence, les méchants seuls paraissent en évidence.[1] »

L'assemblée primaire du canton de Machecoul a lieu dans cette ville; elle se compose des habitants des communes de Machecoul, de Paulx et de la Marne. Il y a sept électeurs à nommer, ce qui suppose que le nombre des citoyens investis du droit de voter dépasse certainement huit cents[2].

Au commencement de la séance, 102 votants prennent part à l'élection du président de l'assemblée, et la pluralité relative ne donne que 26 voix à M. Étienne Gaschignard, qui est élu. Le secrétaire, M. Pierre Couedelo, n'a que 12 suffrages, et les trois scrutateurs sont : M. Ch. Vrignaud, nommé par 22 voix;

---

[1] *Mémoires de Malouet*, t. ii, p. 156.

[2] Sept électeurs sous l'empire du décret du 22 décembre 1789, art. 17, et de la constitution de 1791, supposaient au moins six cent cinquante citoyens actifs. Très-certainement le titre de citoyen actif n'étant plus exigé pour avoir accès aux assemblées primaires, le nombre de citoyens aptes à les composer dut s'accroître de plus d'un quart.

M. Siméon Ménard, par 21, et M. Pierre Jaubert, par 18.

La désignation des électeurs donne lieu à trois tours de scrutin :

Au premier tour, 97 votants ; la majorité absolue est acquise à M. Étienne Gaschignard par 58 voix et à M. Pierre Jaubert par 52.

Au deuxième tour, il n'y a plus que 72 votants. M. Charles Vrignaud est nommé par 40 voix.

Au troisième tour, le nombre des votants est encore plus réduit ; ils sont 51, et l'on proclame électeurs : M. Pierre-Claude Fleury avec 28 voix, M. Julien-Siméon Ménard avec 24, M. A.-J. Simonis avec 23, et M. Guillaume Gigault avec 14.

A Saint-Philbert-de-Grand-Lieu, l'assemblée primaire est plus nombreuse ; elle comprend cinq communes : Saint-Philbert, Saint-Mars-de-Coutais, Saint-Lumine-de-Coutais, La Chevrolière et Geneston-Montbert. Elle a neuf électeurs à nommer, ce qui permet de porter à environ onze ou douze cents le nombre des citoyens appelés à la former.

Villers, curé constitutionnel de Saint-Philbert, est nommé président de l'assemblée par 89 voix sur 117 votants. M. Picard fils est porté aux fonctions de secrétaire par 88 voix ; les scrutateurs sont trois curés constitutionnels : MM. Courjault, curé de Montbert, nommé par 81 voix ; Musset, curé de la Chevrolière, par 75 voix, et Guidon, curé de Saint-Lumine-de-Coutais, par 69 voix.

A l'inverse de ce qui se passe à Machecoul, où le

nombre des votants diminue à chaque tour de scrutin, l'assemblée de Saint-Philbert, qui ne compte que 117 votants au moment du choix du président, confère l'électorat à Villers par 157 voix. M. Musset en obtient 138, M. Guidon 114, un autre 113, M. Courjault 105 ; celui qui a le moins de voix en a 82.

Machecoul et Saint-Philbert étant les deux centres où se trouvaient le plus de patriotes, il y a tout lieu de supposer que dans les autres cantons les assemblées primaires furent encore moins nombreuses. Les élections de la Législative, on se le rappelle, s'étaient faites à Nantes. Or, comme chaque chef-lieu de district devait être à tour de rôle le siége de l'assemblée électorale du département, c'est à Ancenis, dans l'église des Cordeliers, que se réunissent les électeurs des neuf districts pour désigner les députés à la Convention nationale.

L'assemblée tient sa première séance le 2 septembre à la suite d'une « messe du Saint-Esprit, » célébrée par l'évêque Minée ; elle est composée de 414 électeurs ; un jour même on en compte 478 ; dans ce nombre, la seule ville de Nantes en a fourni 90, qui, cette fois réussissent tous à se faire admettre. Les commissaires chargés de la vérification des pouvoirs sont, pour le District de Machecoul, MM. Jaubert, Gaschignard et Villers. On constate à l'appel nominal que le même District a fourni 32 électeurs ; quatre de moins qu'à l'assemblée électorale de 1791 [1]. On fait autant de scrutins qu'il y a de députés à élire.

[1] Les 36 électeurs de l'assemblée électorale de 1791 étaient déjà une preuve du peu d'empressement à accomplir le mandat,

Villers est élu le cinquième, par 232 suffrages sur 455 votants [1]. Le 9 septembre, les huit députés nommés prêtent le serment suivant, dont ils ont eux-mêmes composé la formule, qui est accueillie par les applaudissements de l'assemblée :

« Nous jurons de maintenir la liberté et l'égalité, ou de mourir en les défendant; nous jurons de concourir de toutes nos facultés et par notre vœu à former une constitution qui n'ait nulle autre base que la souveraineté du peuple; nous jurons de concourir de tous nos moyens à ce que les pouvoirs constitués soient toujours, et dans tous les instants, dépendants de la souveraineté nationale; *nous jurons de mourir pour la sûreté des personnes et le droit sacré de la propriété;* nous jurons, enfin, de soutenir avec constance et dévouement l'avantage de l'agriculture et du commerce; nous jurons de maintenir l'unité de l'empire français. Nous nous dévouons à l'ignominie si, dans les circonstances importantes, nous nous éloignons de l'Assemblée, et si nous ne nous rendons pas aux appels qui constatent son vœu. »

Parmi les suppléants qui sont ensuite nommés au scrutin de liste, se trouve César Maupassant, membre

---

car je ne crois pas que l'on puisse porter à moins de 45 électeurs le nombre normal pour les six cantons du District, dont la population était de 37,000 âmes.

[1] Les autres députés nommés furent : 1° Méaulle, par 256 voix sur 476; 2° Lefèvre, par 238 sur 461; 3° Chaillon, par 297 sur 468; 4° Mellinet, par 248 sur 452; 5° ......; 6° Fouché, par 268 sur 405; 7° Jarry, par 310 sur 458; 8° Coustard, par 257 sur 392.

de l'administration du Département, ancien suppléant à l'Assemblée constituante, où il avait remplacé Pellerin. Ce suppléant sera la première victime que nous verrons tomber sous les coups des insurgés de Machecoul[1].

Peu après, la Convention se réunit; et, à peine a-t-elle pris possession du lieu de ses séances, qu'elle inaugure son règne en décrétant à l'unanimité que la royauté est abolie en France[2]. Aussitôt toute la hiérarchie administrative, les départements d'abord, puis les districts, et enfin les municipalités, s'empressent de répéter l'anathème à la tyrannie. Le 26 septembre, « conformément à ce qui s'est pratiqué au Département, dont l'arrêté du 24 présent mois était joint à la lettre du procureur-syndic de cette administration, le conseil général de la commune, les juges du tribunal de district, ceux des tribunaux de conciliation et de paix, les officiers de la gendarmerie nationale, ont été convoqués dans la salle des séances du district, » puis ensuite se sont transportés « dans tous les quartiers de la ville, pour y faire la proclamation solennelle de l'abolition de la royauté dans cet empire. » … « A l'ins-

---

[1] On nomma quatre suppléants, dans l'incertitude où l'on était de l'acceptation de Benoiston, en ce moment à l'Assemblée législative : 1° Maupassant; 2° Benoiston; 3° Tartu; 4° Chottard. Tous ces renseignements sont empruntés au procès-verbal officiel envoyé à Paris, et conservé aux Archives de l'Empire. Ce procès-verbal ne donne point les noms des électeurs.

[2] Séance d'installation du 21 septembre 1792. *Moniteur* du 22 septembre, n° 266. Présidence de Pétion. Le procès-verbal constate la présence de 371 députés.

tant, dit le procès-verbal de cette cérémonie, la joie s'est manifestée et la place a retenti des cris de : Vive la nation! Vive la liberté! Vive l'égalité! » Dans tous les quartiers, l'annonce du décret de la nouvelle assemblée a été accueillie avec les mêmes marques d'approbation[1].

Les patriotes de Machecoul, on l'a vu dans le procès-verbal de l'assemblée primaire cantonale du 26 août, c'était une centaine de personnes; et, dans une petite ville, l'enthousiasme de cent personnes peut encore produire quelque effet; mais que dut être cette même cérémonie dans les petites paroisses? A en juger par le seul procès-verbal que j'aie lu, la chose se fit sans éclat ; dans la commune de Saint-Hilaire-de-Chaléons, ce fut le curé constitutionnel, Guiheneuf, qui proclama tout simplement l'abolition de la royauté[2].

L'une des premières adresses que reçut la Convention lui vint des citoyens de Machecoul. Cette adresse contenait une adhésion formelle à tous ses décrets, et principalement à celui de l'abolition de la royauté[3].

Cependant les biens nationaux, composés en majorité de propriétés dépendant des communautés reli-

[1] Procès-verbal de la séance du District de Machecoul, du 26 septembre 1792. *(Arch. de la Préfect.)*

[2] Procès-verbal du 28 septembre 1792. *(Arch. de la Préfect.)*

[3] *Procès-verbal de la Convention nationale*, séance du 8 octobre 1792, t. I, p. 267. — *Ibid.*, t. II, p. 38, on trouve la mention d'une nouvelle adresse de la Société patriotique de Machecoul, parvenue à la Convention le 16 octobre 1792.

gieuses, et, pour le reste, de biens d'émigrés [1], trouvaient, paraît-il, aisément des acquéreurs. Chose étonnante, dans un pays où les passions religieuses étaient si vives, il n'est venu à ma connaissance aucun document de nature à faire supposer que les nouveaux possesseurs aient été inquiétés.

Il fallait bien qu'il en fût ainsi, pour qu'à la date du 14 octobre 1792, le District eût vendu pour une somme de 1,574,145 livres de biens nationaux, tant mobiliers qu'immobiliers; on évaluait à 56,000 seulement les biens disponibles qui restaient à vendre.

Dans cette somme n'étaient pas compris certains bâtiments de maisons religieuses [2], évalués.. 25,000

Les biens des fabriques [3], évalués à....... 80,000

---

[1] Différents décrets avaient statué sur le sort des biens des émigrés, mais la confiscation et la vente au profit de la nation ne fut décrétée que le 27 juillet 1792. (Duverg., *Collect. de lois*, t. IV, p. 271.) — La plus grande partie des ventes de mobiliers d'émigrés eurent lieu en janvier 1793. Le registre spécial de ces ventes, arrêté en février 1793, porte la recette à 79,333 livres. L'état des émigrés de chaque district, arrêté le 1ᵉʳ août 1792, contient 55 noms pour le District de Machecoul. — Les autres districts en comptaient: Paimbœuf, 28; Savenay, 44; Ancenis, 53; Blain, 35; Châteaubriant, 44; Clisson, 59; Guérande, 250. (Listes imprimées, *Arch. de la Préfect.*) La liste du district de Nantes fait défaut dans cette collection.

[2] Notamment les bâtiments du couvent des Calvairiennes, destinés, par le District, au logement des corps administratifs et judiciaires de la ville de Machecoul. (Lettre du procureur-syndic, du 11 novembre 1792. Mêmes *Archives*).

[3] La vente des immeubles affectés aux fabriques venait seulement d'être ordonnée par décret du 19 août 1792 (Duverg., *Collect. de lois*, t. IV, p. 338), contenant promesse que le Trésor servirait aux fabriques l'intérêt à 4 pour cent du produit net de

Ceux des hôpitaux, et destinés à l'entretien
des pauvres [1], évalués à.................. 177,000
Ceux des colléges [2], évalués à........... 10,000

la vente de leurs biens. Un décret, du 24 août 1793, supprima ces rentes.

[1] Le décret du 18 août 1792 (Duverg., *Collect. de lois*, t. IV, p. 324) avait supprimé toutes les congrégations, « même celles uniquement vouées au service des hôpitaux et au soulagement des malades, » art. 1ᵉʳ. — Bien que différents décrets eussent affirmé le droit de l'État à s'emparer des propriétés des hôpitaux et des pauvres, l'aliénation « des biens des hôpitaux, fondations et dotations en faveur des pauvres » ne fut ordonnée qu'en 1793, par décret du 19 mars, art. 5. (Duverg., *Col.*, t. v, p. 204.) — « Les hôtels-Dieu et hôpitaux, avait dit Barrère, sont les tombeaux de l'espèce humaine; la misère est incompatible avec le gouvernement populaire. » Les pauvres et les hôpitaux du District de Machecoul étaient ainsi dotés : *hôpital de Machecoul*, revenu 2,200 liv., dont 1,000 liv. provenaient des octrois actuellement supprimés; *hôpital de Bourgneuf*, 4,000 liv.; *bureau des pauvres de Saint-Philbert*, une rente de 32 septiers de grain; *bureau des pauvres de Machecoul*, une rente de 11 tonneaux et 18 boisseaux de blé, due par l'abbaye de la Chaume; *bureau des pauvres de Legé*, 1,224 liv.; *bureau des pauvres de Sainte-Pazanne*, 100 liv. La paroisse de Saint-Mesme avait un lit de fondation à l'hôpital de Machecoul. (État arrêté en District, le 12 avril 1792. *Arch. de la Préf.*)

[2] Les revenus du collége, assis sur des biens-fonds dépendant de deux bénéfices que l'on avait annexés à cet établissement vers 1730, montaient à la modique somme de 500 et quelques livres, dont 350 étaient attribuées au principal. C'est avec ces petites ressources, jointes à la rétribution de 3 liv. par mois payée par les écoliers, que le principal faisait marcher son collége. (Lettre de la municipalité de Machecoul au Département, en date du 8 janvier 1792.) — Le décret du 18 août 1792, visé ci-dessus, ne concernait que les colléges dirigés par des congrégations; la vente des biens des colléges laïques fut ordonnée par le décret du 8 mars 1793. (Duverg., *Collect. de lois*, t. v, p. 187.)

La Révolution étant sortie victorieuse de sa lutte contre la royauté, un nouveau pouvoir législatif ayant été appelé à sanctionner les conquêtes de la démagogie, il restait encore bien des mesures à prendre pour asservir complétement la France royaliste aux idées et aux pouvoirs du jour. L'une des plus urgentes était de détruire le germe des résistances qui pourraient se produire dans les administrations locales, en les épurant au moyen de nouvelles élections. Aussi, dès le lendemain de sa réunion, la Convention avait-elle décrété que les corps administratifs, municipaux et judiciaires, les juges de paix et leurs greffiers seraient renouvelés en entier, sauf la faculté de réélire ceux des fonctionnaires qui auraient bien mérité de la patrie[1].

Le mois suivant, un autre décret régla le mode d'exécution de ce renouvellement, et fixa des époques différentes pour les élections de chaque catégorie de fonctionnaires[2]. Ceux d'entre eux qui avaient été nommés depuis le 10 août étaient seuls exemptés de l'obligation de la réélection.

En conséquence, le corps électoral du département de la Loire-Inférieure (c'est-à-dire tous les mêmes électeurs qui avaient nommé les députés à la Convention), s'assembla le dimanche 11 novembre pour élire les fonctionnaires dont l'autorité embrassait le département tout entier[3].

---

[1] Décret du 22 septembre 1792. (Duverg., *Collect. de lois*, t. v, p. 2.

[2] Décret du 19 octobre 1792. *Loc. cit.*, p. 23.

[3] Ces fonctionnaires étaient : 1° le procureur général syndic

Aucun habitant du District de Machecoul n'entra au directoire de département, mais trois furent nommés membres du conseil; c'étaient MM. Gaschignard, Joubert, Hubin [1].

Une lettre du procureur syndic du District, seul document que j'aie pu me procurer sur les élections du District, nous apprend qu'elles eurent lieu le dimanche 25 novembre; l'assemblée électorale des électeurs du département s'était scindée en autant d'assemblées qu'il y avait de districts.

Le conseil de District, sauf deux membres, est entièrement renouvelé; la présidence est déférée au curé de la Chevrolière, J.-J.-E. Musset; le vice-président est un citoyen appelé Jaubert [2], que sa mort, occasionnée par les violences des insurgés, rendra célèbre sous le nom un peu défiguré de Joubert. Ainsi le seul député que ce pays profondément religieux

du département; les membres du directoire et du conseil de Département; le président et l'accusateur public du tribunal criminel.

[1] Voy. *Journ. de la Corresp. de Nantes,* n° du 16 nov. 1792, t. xv, p. 499, et n° du 23 nov., p. 549. — M. Gaschignard, qui avait obtenu 120 suffrages d'électeurs, n'accepta point ces fonctions, et s'excusa en disant qu'il était déjà à la tête d'une maison d'éducation et directeur de la poste aux lettres. (Registre des séances permanentes du conseil de Département, 6 décembre 1792, f° 21).

[2] Le conseil de District fut ainsi composé: MM. Musset, Jaubert, Vrignaud, Garnier, membre sortant; Paumier, Rullier, Amoureux, Gigault, membre sortant; Biré, Nau, Bossis, Collinet. — Procureur syndic, Hubin Girardière; secrétaire, Raoul Esnou; trésorier, Garreau. — Directoire: Musset, Jaubert, Vrignaud, Paumier. *(Almanach Despilly* pour l'année 1793, p. 65.)

a fourni à la représentation nationale est un prêtre apostat, Villers, et la plus haute situation administrative du District va également se trouver occupée par un prêtre apostat.

A tous les éléments d'intimidation qui influaient sur les membres des administrations, on vient d'en ajouter un autre en statuant que leurs séances seront publiques [1].

Le même jour qu'ils reconstituent le District, les électeurs nomment pour présider le tribunal M. Caviezel, ancien maire de Machecoul ; juges : 1º M. B. Laheu du Pay, ancien lieutenant général du duché de Retz, ancien maire de Machecoul, qui s'était démis de cette fonction en décembre 1790 pour occuper au tribunal celle de commissaire du roi ; 2º M. Mesnard, ancien président du conseil de District, occupant déjà les fonctions de juge ; 3º M. Joyau ; 4º M. Nicolas-Michel Boullemer, dont le nom apparaît sur les registres en qualité de juge au mois de mars 1792 et qui occupait, depuis le 5 octobre 1792, les fonctions de commissaire du pouvoir exécutif provisoire [2]. Le 6 décembre, il avait été décidé qu'il remplirait auprès du tribunal les fonctions d'accusateur public. Le commissaire national est M. Masson [3].

Le dimanche suivant, 2 décembre, se font les élec-

---

[1] Décret du 27 août 1792. (Duvergier, *Collect. de lois*, t. IV, p. 369.)

[2] Procès-verbal de son installation par le conseil général de la commune, du 5 octobre 1792.

[3] Registres du tribunal de District de Machecoul, 5 décembre 1792, fº 45. *(Arch. du Greffe.)*

tions des juges de paix, de leurs assesseurs et de leurs greffiers, directement par les assemblées primaires. Celle du canton de Machecoul, dont le procès-verbal a été conservé, se composait de cent deux votants. Un certain nombre de citoyens des communes de Paulx et de la Marne s'y étaient présentés pour exercer leur droit de suffrage, mais on les avait écartés après discussion, sur le motif qu'ils n'avaient pas prêté le serment civique et qu'ils n'étaient pas inscrits sur les registres de la garde nationale. La nécessité de justifier de la prestation du serment civique pouvait faire l'objet d'une question, à raison des termes obscurs de l'article 2 du décret du 11 août 1792[1]; mais, lors même que la loi eût exigé l'inscription sur les registres de la garde nationale, il était dérisoire d'opposer à des citoyens une déchéance qui ne provenait pas de leur fait, puisque, nous l'avons vu, le District s'attribuait le droit d'éliminer à son gré les gardes nationaux dont le patriotisme lui paraissait douteux. M. Jérôme-Mathurin Paynot fut, à la majorité d'une voix, par 52 sur 102, élu juge de paix du canton de Machecoul, où il occupait depuis plusieurs années les fonctions de juge au tribunal du District[2].

Aux termes du décret du 19 octobre 1792, c'est le 9 décembre que durent avoir lieu les élections des

---

[1] Voy. ce décret. Duvergier, *Collect. de lois*, t. IV, p. 297.
[2] Les assesseurs qui furent élus avec lui étaient : MM. Boissy, Cailleteau père, Bonfils, Letort. Le greffier : Boucheteau. Procès-verbal de l'élection. *(Papiers du tribunal de Machecoul. Arch. du greffe.)*

municipalités, auxquelles tous les citoyens de la commune étaient appelés à prendre part. Sur ces élections, les renseignements me font complétement défaut, et ce n'est qu'en rapprochant les uns des autres plusieurs certificats de civisme délivrés dans les premiers jours de 1793 que je puis reconstituer la liste des officiers municipaux et des notables. Le nouveau maire était M. Pierre Guilbaud, membre sortant du District, où il exerçait les fonctions de procureur général syndic [1].

Il est facile de s'apercevoir, en considérant les résultats de ces diverses élections, que très-peu d'hommes nouveaux arrivèrent aux affaires. Le nombre des patriotes aptes à remplir les fonctions était évidemment assez restreint dans la petite ville de Machecoul, et les représentants de l'autorité ne firent guère autre chose qu'échanger leurs places entre eux.

A des signes déjà nombreux on pouvait entrevoir que les plus graves difficultés allaient surgir; et il fallait un certain courage pour ne pas déserter les fonctions publiques à ce moment : le passé avait accumulé bien des haines, qui n'attendaient qu'une occasion pour éclater. Sans que la pensée d'une insurrection se fût encore formulée d'une manière bien nette, beaucoup de gens supportaient impatiemment la privation des

---

[1] *Les officiers municipaux* étaient : MM. Couedelo, P.-M. Biclet, Mocquard, Boissy, Fortineau, Beziau, secrétaire général de la commune; Bousseau, procureur général de la commune. — *Notables* : MM. Bonfils, Pierre Dupin, maître d'école; Pipaud, Nicolle, Coignaud, Ferré, Letort, Jean Forget, Biron, Chariau, Bourdin, Ch. Fouquet, Simon Deslandes, J. Cailleteau, Chiron.

armes qu'on leur avait enlevées, et les redemandaient à haute voix. Le maire d'une commune importante fit même une semblable demande au moyen d'une pétition signée d'un certain nombre d'habitants et adressée au District [1]. Dès les premiers jours de l'année 1793, le mouvement réactionnaire cessera de douter de ses forces; peu à peu le mécontentement groupera les hommes isolés; une victoire passagère sera souillée par d'horribles vengeances, et la plupart des fonctionnaires dont je viens d'enregistrer les noms seront sacrifiés par les insurgés.

[1] Délibération du District de Machecoul, du 7 décembre 1792, statuant sur la pétition du sieur Léauté, maire de Sainte-Pazanne.

IX

PROSCRIPTION DU CLERGÉ.

(Année 1792)

Nouvelles arrestations de prêtres. — Délibérations inquiètes de la Municipalité et du District de Machecoul. — Aveu du Directoire. — Les engagements de la Révolution à l'égard du clergé. — Le ministère des prêtres constitutionnels. — Rapport de Cahier de Gerville à l'Assemblée législative sur l'état du clergé. — Défaut de poursuites judiciaires. — Offres du culte constitutionnel aux paroisses non pourvues. — Délibérations de plusieurs municipalités. — Circulaire du ministre de la justice. — Rapport, du 23 avril, à l'Assemblée législative, sur les troubles religieux. — Discussion du décret du 27 mai 1792, sur la déportation des prêtres. — Refus par le roi de sanctionner ce décret. — Émeute de Saint-Joachim. — Cris de mort poussés contre les prêtres par la populace de Nantes. — Arrêt illégal du Département de la Loire-Inférieure, du 4 juin 1792, sur la déportation des prêtres. — Dans le District de Machecoul, leurs biens sont arbitrairement sequestrés. — Décret du 26 août sur leur déportation. — Exécution de ce décret.

Nous allons voir s'achever l'œuvre, déjà commencée, de l'expulsion des prêtres de leurs paroisses. Le moment approche où les décrets de l'Assemblée législative donneront une nouvelle ardeur à la persécution. A la fin de l'année 1792, les prêtres demeurés fidèles à leur conscience seront recherchés comme des malfaiteurs, car le refus de serment sera devenu un crime punissable de la déportation.

J'ai enregistré, en parlant du clergé en 1791, de nombreuses arrestations de prêtres ordonnées par le District ; une fois engagé sur cette pente, il était difficile de s'arrêter ; les arrestations continuèrent.

Le 5 janvier 1792, M. Baudry, vicaire de Legé, est arraché à sa paroisse par un sous-lieutenant de la garde nationale de Machecoul[1]. Les municipalités de Paulx et de la Limousinière adressent vainement des pétitions au District pour redemander leurs prêtres ; on se borne à décider qu'il n'y a pas lieu de délibérer et à rappeler les ordres donnés à la gendarmerie pour l'exécution de l'arrêté du Département du 9 décembre 1791. Une pétition, envoyée au Département par la municipalité de Saint-Étienne-de-Mer-Morte, n'a pas plus de succès[2]. Un plus aimable accueil est fait à celle du curé du Port-Saint-Père ; il désirait qu'on lui donnât pour le garder un détachement de troupes de ligne ; le 9 février, le District prend un arrêté en conséquence.

Après tant de requêtes méprisées, le pays n'est pas tranquille, et il est impossible qu'il le soit ; mais, contenu par la force armée, le mécontentement se traduit en un sourd frémissement dont les adminis-

[1] Procès-verbal d'arrestation. *(Arch. de la Préfect.)*

[2] Délibérations : du District de Machecoul, des 12 et 28 janvier 1792 ; du Département, du 22 février 1792. *(Arch. de la Préfect.)*

trations de Machecoul sont effrayées quand elles apprennent que le Département songe à diminuer leurs garnisons.

C'est d'abord le Conseil général de la commune de Machecoul qui prend l'éveil, et que le maire convoque extraordinairement : « Depuis dix mois, dit ce magistrat à l'assemblée, la paix et la tranquillité publiques auraient continuellement été troublées à Machecoul sans la présence de la troupe de ligne qui y est en garnison. Les paysans des campagnes, et même de la ville, dévoués entièrement à l'ancien régime, et ne voulant pas reconnaître la nouvelle Constitution, n'attendent, suivant toutes apparences, que le moment du départ de cette troupe pour manifester davantage leurs mauvaises intentions, et peut-être frapper des coups plus sûrs qu'ils n'auraient fait auparavant... La nomination d'un prêtre constitutionnel à la cure de la Trinité, et l'expulsion du curé réfractaire de Sainte-Croix, ont tellement animé les gens de la campagne, et d'autres particuliers, séduits et aveuglés par les prêtres inconstitutionnels, qu'il y a tout à craindre, si le détachement de troupes de ligne sort de Machecoul sans être préalablement remplacé [1]. »

Le District s'assemble ensuite pour délibérer sur le même objet ; et le procès-verbal de cette séance témoigne des plus vives inquiétudes. « Le Directoire, y est-il dit, frappé de la position critique où se trouve

[1] Délibération du Conseil général de la commune de Machecoul, du 25 janvier 1792. M. Baré, maire. (*Arch. de la Préfect.*)

en ce moment la ville de Machecoul, considérant que, surtout depuis qu'on a arrêté la plus grande partie des prêtres réfractaires qui desservaient les différentes paroisses de ce District, on n'entend de toutes parts que des menaces qui dénotent assez l'esprit de révolte de ceux qui les font ; que depuis l'établissement d'un curé constitutionnel à Machecoul il est sans cesse assailli d'injures, au point qu'il a fallu traduire en justice des personnes qui l'avaient insulté dans ses fonctions, et que le même inconvénient existe dans les autres paroisses où sont également des prêtres assermentés, et que, jusqu'à présent, on n'a puapai ser les troubles sans cesse renaissants que par les troupes de ligne que l'on y envoyait ;.... que le départ de celles-ci sera vraisemblablement le signal de la vengeance que les mécontents paraissent méditer, et qui éclatera dès qu'il n'existera plus dans le pays une force capable de la contenir ; que la garde nationale, déjà fatiguée par des courses et des expéditions continuelles, n'est d'ailleurs point assez nombreuse pour arrêter une insurrection générale ; le District arrête qu'une personne sera envoyée à Nantes porter cette délibération et celle du Conseil général de la commune, et que le Département sera supplié de maintenir une force suffisante pour contenir le pays [1]. » Le Département se laissa fléchir et les troupes furent maintenues.

Étrange oubli de la logique ! ceux qui affectent pour la Constitution un attachement hypocrite la

[1] Délibération du District de Machecoul, du 25 janvier 1792.

violent ouvertement, et ceux qui invoquent ses garanties les plus incontestables sont accusés de ne pas l'aimer! La déclaration des droits de l'homme porte (art. 10) : « Nul ne doit être inquiété pour ses opinions, même religieuses, pourvu que leur manifestation ne trouble pas l'ordre public établi par la loi [1]. » La Constitution de 1791 reconnaît expressément « la liberté à tout homme d'exercer le culte religieux auquel il est attaché. » Aussi longtemps que ces promesses ont été respectées, on a vu les paysans venir au pied des autels remercier Dieu des heureux changements que les députés s'occupaient d'apporter à leur sort [2] ; comment et par qui le pacte fut violé, nous l'avons dit ; les décrets sur les biens du clergé n'ont excité aucune réclamation jusqu'à la fin de l'année 1791, et même on n'avait pris garde à celui de la constitution civile que lorsque l'intention arrêtée de le mettre à exécution avait été connue.

Encore si les prêtres assermentés eussent tous honoré leur ministère par la sainteté de leur vie ou la dignité de leur attitude ! Mais, M. Louis Blanc le reconnaît lui-même, le clergé constitutionnel ne se recrutait pas toujours parmi les prêtres irréprochables [3]. Ceux de notre département étaient loin d'avoir le zèle apostolique, et leur évêque Minée dut en convenir lui-même intérieurement lorsqu'il proposa aux corps ad-

---

[1] Votée le 23 août 1789.
[2] Divers procès-verbaux de la fête de la fédération de juillet 1790 dans des communes du District de Machecoul.
[3] *Hist. de la Rév.*, t. VIII, p. 177. Dans le même sens, Guépin, *Histoire de Nantes*, édition in-8°, p. 421.

ministratifs, assemblés à Nantes, d'accorder un supplément de traitement aux curés privés de vicaires, « ce moyen étant le seul pour engager les ecclésiastiques assermentés de desservir leurs paroisses. » Plus tard cette demande fut transmise à l'Assemblée, par la raison « qu'ils menaçaient de quitter leurs paroisses[1]. » Les hommes étaient la pierre de touche des principes; car, Châteaubriand l'a dit éloquemment, « le peuple ne lit pas les lois, il lit les hommes, et c'est dans ce code vivant qu'il s'instruit[2]. »

Cet aveu de Minée nous évitera de mentionner ici quelques lettres dans lesquelles des curés sollicitent une augmentation de traitement, en faisant valoir la grandeur de leur zèle, mais je ne puis passer sous silence plusieurs petits faits qui montreront à quel degré d'antagonisme les partis étaient arrivés.

Les paroissiens de Saint-Lumine étaient sans cesse en difficulté avec le curé Guidon, qui s'était à la fin décidé à recourir aux tribunaux pour avoir raison des injures et des prétendus mauvais traitements de quelques habitants. L'affaire fut jugée par le tribunal de police correctionnelle de Saint-Philbert, présidé alors, comme on l'a dit, par le juge de paix, et le sieur Guidon fut, le 25 février, débouté des fins de sa

[1] Registres des procès-verbaux des trois corps administratifs de Nantes, séance du 4 juillet 1791, f° 21. *(Arch. de la Préfect.)* — J'ignore si dans la Loire-Inférieure on fit quelque chose en ce sens; plus tard, on accorda une indemnité aux curés de la Vendée qui desservaient plusieurs paroisses. *(Procès-verbal de la Convention,* t. v, p. 427, 27 janvier 1793.)

[2] *Polémique,* 3 mars 1820.

plainte. Son unique consolation consista dans le rejet d'une pétition que la municipalité avait adressée le lendemain au District pour en obtenir l'éloignement d'un détachement qui avait été cantonné à Saint-Lumine. « Considérant, dit le District, que les motifs qui ont déterminé l'envoi... subsistent dans leur intégrité, et que *l'impossibilité où est le sieur Guidon d'acquérir des preuves des délits* dont on se rend coupable envers lui, dans un pays où il est entouré d'ennemis, est une nouvelle raison de maintenir, etc. [1] »

Vers le milieu de janvier, le curé Letort faisait un enterrement à Machecoul; vint à passer une jeune fille, la demoiselle Dubois, mineure, qui rentrait de la campagne, assise sur un cheval portant des paniers. Le curé prétendit que la demoiselle Dubois avait intentionnellement dirigé son cheval vers lui, et que l'un des paniers avait froissé son parapluie. Cela fit un procès, dont j'ai retrouvé un grand nombre de pièces parmi les dossiers du tribunal du District de Machecoul[2]; le père s'avisagea à l'instance pour sa fille mineure, et sans pouvoir dire que le fait ait été judiciairement établi, car je n'ai pu me procurer la sentence, j'ai constaté que plusieurs témoins déclarèrent avoir vu le curé Letort frapper le cheval de la demoiselle Dubois et l'avoir entendu la traiter de sal....

Ailleurs, ce sont les marguilliers qui se querellent avec le prêtre constitutionnel. Pendant tout le mois de février, le bourg de Legé fut en proie à l'agitation, par

[1] Délibération du District de Machecoul, du 4 mars 1792.
[2] Archives du greffe.

suite d'une semblable cause. On ne s'entendait ni sur le récolement des ornements d'église, ni sur le lieu où ils devaient être déposés. Les municipaux prenaient fait et cause contre le curé et voulaient l'obliger à venir chaque dimanche chercher les ornements chez l'un des marguilliers. Non-seulement le District, mais le Département lui-même, s'occupa de cette affaire, qui se termina le 7 mars par un arrêté ordonnant de remettre au curé la garde de tous les objets concernant le culte[1]. Comme ce n'est pas à l'importance des affaires que se mesurent les passions des hommes, il est facile de se faire une idée de l'irritation que des incidents de cette nature entretenaient dans les campagnes.

Le président du District de Machecoul ne laissa pas toutefois uniquement à la force le soin de convertir ses administrés au nouveau culte, et ce dut être vers ce temps-là qu'il publia sa *Réponse..... à une lettre anonyme d'un prêtre non conformiste, se disant son élève, sur la constitution civile du clergé;* [2] écrit qui devait le désigner d'une façon toute spéciale à l'animosité des paysans.

On serait parfois tenté de penser que l'Assemblée législative persévérait dans sa lutte contre les catholiques, par suite de l'ignorance où on la tenait de la véritable situation. Il n'en est rien. Le 7 février 1792, un homme qui avait donné de nombreux gages à la

---

[1] Diverses délibérations du District.
[2] Brochure de 25 pages in-4°, 1792. Nantes, Hérault. (*Biographie bretonne,* v° Étienne Gaschignard.)

Révolution, Cahier de Gerville, ministre de l'intérieur, en présentant à l'Assemblée un exposé sommaire de l'état du royaume, annonçait « qu'il y avait beaucoup d'émigrés de la classe qu'on nommait autrefois le tiers, et qu'on ne pouvait lui supposer aucune autre cause d'émigration, si ce n'est des inquiétudes religieuses [1]. »

Appelé à fournir ultérieurement un rapport plus détaillé, Cahier de Gerville en donna lecture dans la séance du 18 février. Il montra avec franchise que si, d'un côté, il y avait des fanatiques, de l'autre, il y avait des persécuteurs. A l'appui, il énuméra quelques-uns des traits d'arbitraire des administrations : « Dans tous les départements, concluait-il, la liberté des cultes a été plus ou moins violée; les administrations ont pris des arrêtés vexatoires que le roi ne peut s'empêcher de condamner comme contraires à la Constitution [2]. » Néanmoins il déclarait n'avoir « eu connaissance d'aucun prêtre puni par les tribunaux comme perturbateur du repos public, quoique certainement plusieurs aient subi des accusations [3]. » L'impression de ce rapport ne fut pas votée sans opposition; peut-être parce qu'il était vrai, il ne plut à personne, et il décida du renvoi de son auteur. Roland de la Platière,

[1] Séance du 5 février 1792, *Moniteur* du 7, n° 38, p. 155.
[2] Séance du 18 février 1792, *Moniteur* du 20, n° 51, p. 206.
[3] Je cite ce passage d'après M. Jager, t. III, p. 50, qui le donne comme textuellement extrait du rapport imprimé, que je n'ai pu me procurer. Ce passage n'est pas au *Moniteur*, qui ne contient, de même que l'*Histoire parlementaire* (t. XIII, p. 282), qu'une analyse du rapport de Cahier de Gerville.

qui avait jadis séjourné à Nantes quelque temps, employé chez un armateur, avec le projet de passer aux Indes, succéda à Cahier de Gerville, au mois de mars 1792[1].

Le roi n'était plus rien; les ministres peu de chose; l'Assemblée était tout; et, fortes de son appui, les administrations pouvaient en paix pratiquer la doctrine du salut public, considérée comme la suprême loi.

Le 12 mars, un des capitaines de la garde nationale de Machecoul amène au Département M. Juguet, curé de la Marne[2]. Cette administration prend, le 22 mars, un nouvel arrêté portant que tout prêtre qui ne se présentera pas à l'appel de midi, chaque jour, sera recherché et conduit par la force publique à la communauté de Saint-Clément[3].

Pour remplacer M. Juguet, le District de Machecoul fait offrir aux habitants de la Marne les secours spirituels de M. Gremion, vicaire épiscopal. « Ils ont répondu, d'une voix unanime, porte un procès-verbal

---

[1] Voir la mention de la nomination. *Moniteur* du 24 mars 1792, art. *Variétés*.

[2] Procès-verbal de capture.

[3] Registre du Directoire de Département, n° 6, f° 152. *(Arch. de la Préfect.)* — On signa à Nantes une pétition pour le retrait de cet arrêté; comme plusieurs patriotes portaient des noms semblables à ceux de quelques signataires, ils protestèrent publiquement contre cette pétition, dans la crainte qu'on les soupçonnât d'y avoir adhéré. *(Journ. de la Corresp. de Nantes*, n°ˢ des 2 et 11 mai 1792, p. 278 et 362.) — Un semblable arrêté fut pris par le Département de la Vendée, mais seulement le 24 août 1792. (Fillon, *Hist. de Fontenay*, p. 368.)

des premiers jours d'avril, que l'Assemblée nationale a décrété la liberté des cultes et le choix des ministres; qu'ils refusaient absolument et qu'ils préféraient le culte non salarié au salarié. » Le 29 avril, les communes de Saint-Jean-de-Corcoué et de la Limousinière, le 8 mai, celles de Fresnay et de Saint-Mars-de-Coutais, le 13 mai, la commune de Saint-Mesme, font, à la même proposition, une réponse analogue. A Saint-Mesme, le refus eut lieu à la suite d'une réunion où le scrutin se prononça par 33 voix contre 6; le 20 mai, les habitants de Saint-Mars-de-Coutais sont de nouveau réunis, et les secours spirituels de M. Gremion sont repoussés par 160 voix conttre 2[1].

Parmi les diverses délibérations des municipalités, prises en ces temps-là, et qui ont été conservées, les délibérations de la commune de Paulx méritent une mention spéciale; elles témoignent, chez les campagnards qui les ont rédigées, d'une intelligence politique que l'on aurait aujourd'hui de la peine à rencontrer au même degré dans beaucoup d'administrations de nos communes rurales, et elles montrent combien est fausse cette appréciation de Camille Desmoulins disant des Vendéens dans un moment d'*indulgence* : « Je ne conçois pas comment on peut condamner à mort sérieusement ces animaux à face humaine. On ne peut que leur courir sus, non pas comme dans une guerre, mais comme dans une chasse; et quant à ceux qui sont faits prisonniers, dans la

[1] Diverses déclarations originales, ou consignées dans des délibérations du District de Machecoul.

disette de vivres dont nous souffrons, ce qu'il y aurait de mieux à faire, serait de les échanger contre leurs bœufs du Poitou[1]. »

Voici pourtant comment délibèrent ces animaux à face humaine : le procureur de la commune commence par donner lecture de l'arrêté du 22 mars, obligeant les prêtres à prouver leur présence à Nantes; mais comme il est convaincu que les prêtres de la paroisse de Paulx n'ont à craindre aucune inculpation, il croit opportun d'adresser encore au District une pétition tendant à les conserver. « Ils ont, dit-il, prêché publiquement qu'on devait payer les impôts et qu'ils en donneraient eux-mêmes l'exemple. » Une pétition est ensuite rédigée; elle porte que « les citoyens ont été douloureusement émus de l'arrêté du 22 mars, et qu'on donnât à la municipalité la commission odieuse de veiller à l'exécution d'un arrêté qui prive les paroissiens d'un pasteur et d'un vicaire auxquels ils sont attachés, et auxquels les décrets de l'Assemblée nationale donnent la liberté du culte religieux, surveillance qui, en gênant la conscience des officiers municipaux, leur attire l'animadversion des paroissiens. » Ils regrettent d'avoir perdu la confiance du Département, mais « ils attestent que la paix et la tranquillité ont toujours régné dans la paroisse pendant le séjour de leurs prêtres; que si le mécontentement s'y introduit, il n'est occasionné que par l'enlèvement qu'on en veut faire; que cet enlèvement amène le découragement, et qu'une paroisse de seize cents âmes, sans pasteur, a

[1] *Histoire des Brissotins*, p. 72.

tout lieu de craindre de manquer de secours dans les choses spirituelles. » Signé : Fierabras, maire, Nicolas Pinson, Honoré Longepée, M. Chaillou, Jean Chariau, J. Jamet, P. Cornu, H. Bretaud, Jean Imber, Pierre Flipot, P. Dye, procureur de la commune [1]. — Le District, au lieu d'appuyer cette pétition si modérée auprès du Département, décide, le 3 avril, qu'il n'y a pas lieu de délibérer.

On s'imagine, d'après cela, que le District va renoncer à proposer un prêtre constitutionnel à la commune de Paulx; la proposition en est faite cependant, et la municipalité répond à cette offre par la lettre suivante : « Nous avons l'honneur de vous dire que nous désirerions beaucoup avoir un prêtre, s'il était conforme aux intentions des paroissiens; mais, dans le cas contraire, cela devient inutile, puisque la majeure partie ne l'adopterait pas; cela ne ferait, au contraire, qu'aigrir les esprits, qui sont déjà montés, à cause de la perte ou éloignement de nos prêtres. Nous ne pouvons accepter votre offre, de peur de mettre le trouble là où la tranquillité a régné jusqu'à ce jour. Paulx, 20 avril 1792. » Signé de plusieurs de ceux qui ont signé la précédente délibération, et en outre de J. Prineau, greffier.

En termes plus concis, les habitants de Saint-Étienne-de-Mer-Morte avaient répondu, le 25 mars : « Nous avons vécu jusqu'à ce jour dans la paix et sans

---

[1] Extrait des délibérations de la municipalité de Paulx, du 1ᵉʳ avril 1792. *(Arch. de la Préfect.)*

troubler l'ordre, nous ne voulons d'autre pasteur que M. Rolland[1]. »

Était-ce bien le moment de faire afficher à Nantes la lettre que le ministre de la justice venait d'envoyer aux tribunaux, relativement aux querelles religieuses, et dans laquelle se trouvaient ces paroles, que les gens les moins prévenus purent être tentés de regarder comme une cruelle ironie : « N'oubliez pas, Messieurs, que la déclaration des droits consacre la liberté des opinions, *même religieuses*, et que la manifestation pure et simple des pensées dans un État libre, doit être éternellement à l'abri de toute atteinte. Que l'erreur tranquille et paisible soit respectée, que les consciences jouissent de la liberté la plus entière, que les sentiments pervers mis en action soient seuls exposés aux rigueurs de la justice[2]. »

Cette circulaire réveille le zèle des magistrats de l'ordre judiciaire, dont la tiédeur contrastait avec l'activité des fonctionnaires de l'ordre administratif. Treize habitants de Montbert-Geneston, accusés d'avoir pris part à des troubles qui s'étaient produits à l'occasion de l'élection du maire, et d'avoir insulté le curé Courjault, sont mis en état d'arrestation le 11

---

[1] Déclarations et lettres. (*Arch. de la Préf., fonds du District de Machecoul.*)

[2] *Archives curieuses de Nantes,* de Verger, t. v, p. 244. A cette lettre de Roland en était jointe une autre adressée aux Départements, dans laquelle il leur rappelait que les traitements devaient être payés aux prêtres, selon les lois, et qu'il ne fallait pas leur donner d'inutiles motifs de plaintes. *(Monit.* du 16 avril 1792, n° 107, p. 439.)

mai; leur affaire est instruite au tribunal du District de Machecoul; j'ai eu occasion d'en dire déjà quelques mots; le 13 janvier 1793, les prévenus n'étaient pas encore jugés; à partir de cette date, je les ai perdus de vue [1].

Ainsi qu'on l'a fait pour les autres paroisses, dépourvues de prêtres constitutionnels, on propose à celle de Touvois les secours religieux du zélé vicaire épiscopal, M. Gremion; les habitants, réunis dans leur église, et mis en demeure de se prononcer, se récrient en disant qu'ils ne veulent que leur ancien prêtre, et ils chassent à coups de pierre la municipalité qui avait consenti à se charger du message [2].

La France entière souffrait alors du conflit des deux cultes, mais il faut reconnaître que le Département de la Loire-Inférieure s'était distingué entre tous les autres par le caractère acerbe de ses mesures contre les prêtres non conformistes. Au nombre des quarante-deux arrêtés, de diverses administrations, que Roland signala dans un rapport, présenté à l'Assemblée, le 23 avril, arrêtés qui avaient, en général, pour bases : l'injonction aux prêtres non assermentés de quitter les paroisses qu'ils desservaient précédemment, l'ordre de s'en éloigner à telle distance dans un temps donné, la

---

[1] Mémoire en leur faveur, signé de M. Bousseau, avoué, le 13 janvier 1793, dans lequel on se plaint qu'il n'y ait d'autres témoins que les dénonciateurs; diverses requêtes émanant d'eux; dépositions, etc. *(Papiers du tribunal du District de Machecoul, Archives du Greffe.)*

[2] Lettre de la municipalité de Touvois, du 13 mai 1792.

désignation de résidence dans une même ville, avec ordre de les surveiller, le ministre mentionna d'une manière particulière celui pris par le Département de la Loire-Inférieure, qui les assujettissait à se réunir à Nantes, et à se trouver tous les jours, à midi, à un appel nominal, sous peine de suppression de leur traitement. « Il paraît, ajoutait Roland, que dans ce département presque tous les prêtres sont réfractaires; que leur ascendant est considérable; que la circonstance des pâques peut l'avoir augmenté, et que l'idée dans ce moment de demeurer sans prêtres, si ceux-là leur étaient enlevés, a effrayé les habitants. »

Ces résistances, dont le ministre de l'intérieur étale le récit, le feront-elles du moins réfléchir sur le caractère de la tâche qui lui incombe? Nullement, et ce n'est point une conciliation qu'il laisse entrevoir. Après avoir rappelé que son prédécesseur, Cahier de Gerville, projetait une proclamation pour casser tous les arrêtés illégaux des départements, il se borne à ajouter : « Nul doute, Messieurs, que la rigueur de la loi n'exige du ministre chargé de la faire exécuter, d'anéantir tout acte qu'elle réprouve ; *nul doute aussi que l'application rigoureuse de ce principe ne puisse, dans un temps de crise, compromettre le salut public...* Mais, placé entre l'obligation de me conformer au texte de la loi, et le devoir non moins sacré de ne rien faire qui puisse plonger la France dans de nouveaux malheurs, j'ai dû commencer par remontrer aux départements les vices de leurs arrêtés, la nécessité où je serais de les frapper, et le bien qu'ils feraient s'ils les retiraient eux-mêmes[1]. » Paroles purement comminatoires, dont le département de la Loire-Inférieure ne paraît point avoir eu la tentation de tenir le moindre compte.

Ce fut à la suite de la lecture de ce rapport que Merlin s'écria qu'il fallait que tous les prêtres perturbateurs fussent chargés sur des vaisseaux et envoyés en Amérique, et que Vergniaud demanda que l'examen de la question de leur déportation fût renvoyé à un comité. « Vous-mêmes, dit ce dernier à ses collègues, par un mouvement involontaire, vous avez été entraînés à applaudir à ces mesures extraordinaires, parce que vous avez reconnu que le salut public y est attaché ; il est temps de faire cesser cette confusion anarchique ; il est temps de déclarer la guerre à vos ennemis, puisqu'ils vous la déclarent, et de la leur déclarer au nom de la loi[2]. »

Le rapporteur qui fut nommé était un député de la Loire-Inférieure, M. Français, de Nantes, lettré si fort épris des fleurs de rhétorique, qu'à la suite d'un discours qu'il prononça sous un autre régime, dans une question d'impôt, on le surnomma l'*Anacréon de la fiscalité*. Cette particularité nous explique comment, dans le rapport sur la déportation des prêtres, il put écrire à leur adresse des prosopopées comme celles-ci : « ... Un penchant plus analogue à vos sentiments vous appelle-t-il en Italie ? Voulez-vous aller respirer l'air du mont Aventin ? Le vaisseau de la

[1] *Moniteur* du 24 avril 1792, n° 115, p. 473.
[2] *Ibid.*

patrie est prêt. Déjà, j'entends sur le rivage les cris impatients des matelots... Vous irez, comme Télémaque, chercher votre père sur les mers ; mais vous n'aurez pas à craindre les écueils de Sicile, ni les séductions d'une Eucharis. » Puis, les mains pleines de bouquets, le rapporteur développait les avantages de la déportation. « Qu'on apporte ici le réchaud de Scévola, disait-il en terminant, et, les mains tendues sur le brasier, nous prouverons qu'il n'est sorte de tourments qui puisse faire froncer le sourcil de celui que l'amour de la patrie élève au-dessus de l'humanité [1]. »

Si curieux que soit cet échantillon de style parlementaire, le rapport de Français, de Nantes, contient une phrase plus digne encore d'être recueillie, car elle me rassure complétement sur le résultat de mes recherches, qui, à mon grand étonnement, ne m'ont fourni aucune décision judiciaire condamnant un prêtre non assermenté. « Il est connu de tout le monde, dit Français, qu'un grand nombre de dissidents, depuis trente mois, ont écrit, prêché et affiché la contre-révolution, fanatisé et divisé les villages, et que, *pas un seul n'ayant été puni,* le mal a été et ira toujours en croissant [2]. » Ainsi, rien n'est mieux établi, on emprisonnait les prêtres, mais on reculait

---

[1] *Moniteur* du 6 mai 1792, n° 127, p. 525. — Sous le règne de Napoléon, M. Français devint comte; au réchaud de Scévola il substitua la cassolette d'encens du parfait fonctionnaire impérial.

[2] *Ibid.*, p. 524.

devant la difficulté de motiver les jugements qui les auraient condamnés.

Voici, au surplus, comment les organes révolutionnaires entendaient la liberté : Or, disait la *Correspondance*, « qu'est-ce que la liberté? C'est le droit de faire ce qui ne nuit à personne et non celui de faire ce qui nuit au plus grand nombre. N'est-il donc pas étrange que les adhérents des prêtres crient parce qu'on porte quelque atteinte à leur liberté individuelle et particulière pour la conservation générale?... N'est-il pas étonnant qu'ils trouvent de misérables sophistes, capables de vendre leur plume pour soutenir que c'est violer la loi que d'assujettir les ecclésiastiques à constater chaque jour leur résidence, lorsqu'il s'agit du maintien de la paix... de la vie des citoyens? Et quelles mesures donc prendre contre des gens *si justement suspects de chercher à soulever le peuple*, à favoriser la prétendue contre-révolution des ci-devant nobles, c'est-à-dire à nous faire égorger? En est-il de plus douces et de plus humaines? [1] »

La discussion ne fut sérieusement engagée sur le rapport de Français que le 16 mai 1792, par un discours de Lecointre-Puyravaux, concluant à la déportation. L'orateur y déclara que : « tout prêtre non assermenté est contre-révolutionnaire, à moins qu'il ne soit un imbécile...; et que la présence des prêtres non assermentés, lors même qu'ils ne font rien, est dangereuse ; car ils ont toujours un extérieur de morale et

[1] *Journal de la Corresp. de Nantes* du 4 mai 1792, t. XIII, p. 313.

de vertu chrétienne qui leur fait des partisans [1]. »
Vergniaud mit aussi une grande ardeur à démontrer
la légitimité de la peine de la déportation ; toutefois,
il proposait une mesure propre à la rendre moins
odieuse, c'était de continuer leur pension aux prêtres
qui consentiraient à s'expatrier volontairement [2]. Quelques voix s'étant élevées pour demander ce qu'on faisait, en tout cela, du principe de la liberté des cultes,
ce fut un prêtre, nommé Ichon, qui se chargea de
leur répondre. Selon cet apostat, il était impossible de
permettre aux prêtres non sermentés le libre exercice
de leur culte, et d'abandonner le choix des ministres
aux populations. « *Je réponds*, dit-il, *que ce serait
ici faire une fausse application du grand principe
de la liberté des cultes*. Ce n'est point exercer un
culte que d'offrir des vœux, faire des offrandes à
l'Éternel pour obtenir le renversement des lois d'un
grand empire... Je réponds qu'*on ne peut honorer du
nom de culte les actes prétendus religieux de quelques forcenés* qui ne s'éloignent des temples fréquentés que dans l'intention perfide d'égarer le peuple
pour le porter à l'insurrection [3]. »

Gohier essaya vainement de faire mettre dans la loi
que l'on n'imposait pas aux prêtres le serment civique,
« mais un serment d'allégeance, c'est-à-dire un simple
serment d'obéissance aux lois. » Si légère que serait
une pareille adhésion, il la croyait suffisante pour

[1] *Moniteur* du 17 mai 1792, n° 138, p. 572.
[2] *Ibid.* du 18 mai, n° 139, p. 574.
[3] *Ibid.* du 25 mai 1792, n° 146, p. 606.

amoindrir l'influence des prêtres, car « les gens les moins éclairés se défieront des discours d'un prêtre, s'ils voient que ses conseils sont en opposition avec son serment ; l'hypocrisie révolte même les plus crédules, en sorte qu'un prêtre qui aura prêté le serment se trouvera par là même dans l'impuissance de nuire [1]. » C'était reprendre en sous-œuvre la proposition de Grégoire, dont j'ai déjà parlé, et qui était aussi contraire à la dignité du clergé qu'aux vues de l'Assemblée.

Une autre proposition, tendant à remettre aux tribunaux le soin de désigner les prêtres à déporter, fut également repoussée [2], et, de cette discussion, sortit le décret du 27 mai, qui se résumait dans le droit accordé à vingt citoyens actifs de provoquer la déportation d'un prêtre, après l'accomplissement de quelques formalités purement administratives. Dans le cas où un ecclésiastique aurait excité des troubles par des actes extérieurs, la dénonciation d'un seul citoyen actif était suffisante [3].

Cette loi ne fut point sanctionnée par le Roi ; usant de sa prérogative, la veille du 20 juin, Louis XVI fit connaître à l'Assemblée « qu'il avait apposé la formule constitutionnelle : *Le Roi examinera*, sur le décret du 27 mai 1792 [4]. » On connaît les conséquences de ce *veto* royal : l'émeute du 20 juin fut la première étape

---

[1] *Moniteur*, du 26 mai 1792, n° 147, p. 608.
[2] Discours de Guadet. *Moniteur*, n° 147, p. 608.
[3] Voyez ce décret. *Moniteur* du 4 juin, n° 156, p. 647.
[4] *Moniteur* du 20 juin 1792, n° 172, p. 716.

du douloureux voyage dont le 21 janvier devait être la dernière.

Le *veto* de Louis XVI n'empêcha point les membres du Département de la Loire-Inférieure de se faire une arme du décret du 27 mai.

C'est, paraît-il, une loi fatale des révolutions que le peuple soulevé ait besoin de haïr quelqu'un : celui de Paris haïssait le Roi et la Reine; la populace de Nantes en voulait surtout aux prêtres. Le 2 juin 1792, des troubles éclatent à Saint-Joachim, près de Montoir, troubles motivés par le desséchement de la Tourbière, dit Mellinet [1]. On en accuse les prêtres non assermentés. Une pétition, — ce moyen-là réussissait toujours, — est signée pour provoquer leur détention. Les corps administratifs réunis délibèrent sous la pression de l'émeute. Partagés entre le sentiment d'humanité qui les dissuade de livrer les prêtres à ceux qui les demandent, et le désir de céder en quelque chose aux passions de la rue, les administrateurs prennent un arrêté basé sur cette considération que le décret du 27 mai autorise la déportation des prêtres sur la dénonciation de vingt citoyens actifs, « et qu'ici un bien plus grand nombre s'est réuni pour demander leur détention, » et ils décident que tous les ecclésiastiques non assermentés, actuellement

---

[1] *La Commune et la Milice de Nantes*, t. VI, p. 385. Dans une proclamation du 18 juin 1792, le Département reconnaît l'existence d'un nouveau règlement sur la *Brière*, et le présente comme ayant été simplement le prétexte de l'insurrection. (Registre du Directoire de Département, n° 7, f° 98.)

réunis au chef-lieu du département, seront tenus de se retirer dans la maison dite de Saint-Clément et autres qui leur seront indiquées en cas d'insuffisance [1]. » Le lendemain, la multitude, qui n'avait cessé de pousser les cris de : *Mort aux prêtres !* « demandait avec opiniâtreté qu'on abandonnât les prêtres perturbateurs et sanguinaires à la merci des patriotes [2]. »

L'émeute de Saint-Joachim avait eu une certaine gravité : deux dragons et l'un des rebelles avaient été tués [3] ; mais, dès le 5 juin, les préparatifs militaires ordonnés pour la combattre étaient contremandés. On n'en persista pas moins dans la résolution d'incarcérer tous les prêtres à la maison de Saint-Clément. Le nombre de ceux qui se trouvaient alors en surveillance à Nantes était d'environ quatre cents, et, pour justifier cette mesure, on invoquait l'intérêt de leur propre sûreté [4].

Pour peu que l'on soit tenté de croire à la sincérité d'un tel sentiment de bienveillance, on est promptement désabusé par la lecture de la proclamation du

---

[1] Arrêté du 4 juin 1792. Registre du Directoire de Département, n° 7, f° 73. *(Arch. de la Préfect.)*

[2] et [4] Même registre, f° 75, et Mellinet, t. VI, p. 389.

[3] On lit dans une lettre adressée au Département, sur cette affaire, par le District de Paimbœuf, le 10 juillet : « Si un trop juste ressentiment porta nos frères de ligne à quelques excès, que le sentiment de leur douleur pourrait peut-être excuser, avec quel empressement nos citoyens soldats n'empêchèrent-ils pas de plus grands malheurs ? » *(Journal de la Correspondance de Nantes*, 18 juillet 1792, t. XIII, p. 238.)

18 juin, où les prêtres insermentés sont de nouveau offerts en pâture aux passions populaires. Le souvenir des scènes qui se sont produites à Nantes à l'occasion de l'émeute de Saint-Joachim est encore tout récent, et le Département dit, dans sa proclamation : « ... que, déguisés au milieu d'eux, (des insurgés), et sous les mêmes habits, les prêtres les avaient exhortés à la révolte, en leur promettant la gloire et la récompense des martyrs. Plusieurs de ces prêtres ont été nommés et sont connus [1]. » N'ayant point à ma disposition les mêmes moyens d'information que le Département, je n'ai pu retrouver les noms de ces prêtres; mais je ne suis pas sans quelque raison de douter de l'infaillibilité de l'affirmation du Département, quand je lis dans une lettre adressée au procureur syndic de cette administration, le 27 juin 1792 : « J'ose croire que si ces zélés militaires étaient autorisés à faire nuitamment leurs recherches, ils ne tarderaient pas à vous conduire quelques-uns des auteurs des troubles que nous éprouvons [2]. » En d'autres termes, le Département avait des soupçons plus ou moins fondés, mais la certitude lui manquait.

Au point où les choses sont arrivées, rien ne peut désormais soustraire le clergé au sort qu'on lui pré-

[1] Registre du Départ., déjà cité, f° 98.
[2] Lettre du procureur syndic du District de Machecoul. — M. Guépin, dans son *Histoire de Nantes*, in-8°, p. 437, dit que l'on saisit à Montoir quatorze prisonniers, dont un prêtre portant une cocarde blanche, mais il ne cite aucune autorité. Le registre du district de Savenay se rapportant à cette date n'a point été conservé.

pare. L'Assemblée législative, tout entière à sa lutte contre la royauté, ne s'inquiète plus de savoir si les administrations usurpent une portion de son pouvoir souverain, pourvu qu'elles marchent dans la voie révolutionnaire. Aussi, le 2 juillet, le District de Machecoul prend un arrêté ayant pour objet de « déclarer dans la classe des Français émigrés tous les prêtres non sermentés de ce ressort qui ne sont pas au chef-lieu, et de nommer un commissaire pour séquestrer leurs biens mobiliers et immobiliers[1]. »

En présence d'un pareil excès, on est tout étonné de voir la même administration répondre à la municipalité et aux notables de Fresnay, venant demander leur curé non assermenté, « que tout en reconnaissant qu'on n'a aucun reproche à faire à M. Loyseau, sinon le serment, le District ne croit pas devoir accéder à leur vœu, parce qu'une pareille demande exaucée en provoquerait d'autres[2]. » Cet aveu est bon à recueillir; on refusait à des habitants paisibles de leur rendre un prêtre sans reproche, de peur de créer un précédent fâcheux!

Les prêtres du département continuaient d'être détenus à Nantes, et leur présence en cette ville pouvait encore laisser vagues aux optimistes quelques

---

[1] Arrêté du District de Machecoul du 2 juillet 1792. *(Arch. de la Préfect.)* — Les décrets relatifs aux émigrés visés ici sont ceux des 9 février et 30 mars 1792. (Duvergier, *Collect. de lois*, p. 66 et 93.)

[2] Pétition de la municipalité et des notables de Fresnay, du 18 juillet 1792. — Délibérations du District de Machecoul du 26 du même mois. *(Arch. de la Préfect.)*

lueurs d'espérance de les voir retourner dans leurs paroisses. Cet espoir fut de courte durée; survint le 10 août, et l'Assemblée législative, n'ayant plus à compter, même pour la forme, comme naguère, avec le *veto* royal, accueillit favorablement la proposition faite par Lequinio, le 17 août, de préparer un décret sur la déportation des prêtres. Le 26, ce décret est rendu [1]. Il porte en substance que les prêtres doivent sortir sous huitaine, des limites du district et du département de leur résidence, et, sous quinzaine, du royaume. Après ce délai, ceux qui n'auront pas rempli les premières formalités de leur départ, seront saisis et déportés à la Guyane française. Une exception avait été introduite dans la loi en faveur des infirmes et des sexagénaires. (Art. 8.)

La mer offrant aux administrations des provinces de l'Ouest une voie facile de communication avec l'étranger, on dirige sur le port de Nantes le clergé réfractaire de plusieurs départements [2], et le paysan, demeuré fidèle au catholicisme, en voyant passer ces longs convois de prêtres respectables, forcés par la persécution de quitter leur pays, peut s'apercevoir clairement qu'il n'a plus qu'à choisir entre l'apostasie et la résistance armée.

Dans plusieurs villes, la populace eut, à l'égard des

[1] Voir Pressensé, *l'Église et la Révolution française*, p. 242; *Moniteur* du 28 août, n° 241, p. 1020.

[2] Cent soixante prêtres de la Sarthe et trois cents de Maine-et-Loire furent amenés à Nantes pour être embarqués. (Registre du conseil de Département, séances du 29 août et 1ᵉʳ septembre 1792, f° 47 et 52. *Arch. de la Préfect.*)

prêtres, une attitude menaçante. Le procès-verbal de la séance tenue le 1ᵉʳ septembre par le Département de la Loire-Inférieure, porte que le château de Nantes est le seul lieu où l'on puisse déposer en sûreté des prêtres non assermentés, et qu'il est déjà presque rempli de ceux de la Loire-Inférieure [1]. Le 6 septembre, invitation est donnée aux chefs de la force armée de doubler les patrouilles de ce même château, et de veiller à la sûreté des prisons [2]. Le lendemain, 7, le Département fait notifier aux prêtres le décret du 26 août; le 9, un marché est passé avec plusieurs capitaines pour conduire en Espagne les ecclésiastiques qui ne peuvent invoquer l'exception fondée sur leur âge ou leurs infirmités [3]. Les autres furent répartis en différentes maisons et vécurent misérablement jusqu'au jour où Carrier dépeupla les prisons.

D'après la statistique de M. l'abbé Cahour, quinze prêtres du District de Machecoul auraient été déportés en Espagne cette fois-là; mais ce chiffre n'est point

---

[1] Registre des procès-verbaux des séances permanentes du Département, f° 51.

[2] Registre du conseil de Département, f° 55.

[3] Registre du conseil de Département, f°ˢ 59 et 61. — Acte de la notification fut donné par M. Hervé pour les prêtres du séminaire et par M. Douaud pour ceux du château. — Mellinet, *la Commune et la Milice*, t. VI, p. 416. — On lit dans le n° du 12 septembre 1792, p. 48, du *Journ. de la Corresp. de Nantes*: « Cette déportation a eu lieu le 10 courant, à une heure après-midi; on fit sortir du château tous les prêtres détenus, à l'exception de ceux de 60 ans; on les embarqua dans des gabares pour aller à bord des navires qui vont faire route pour Bilbao et Saint-Sébastien, en Espagne. Les vieillards ont été transférés du château dans la communauté des Carmélites. *Deo gratias.* »

limitatif et ne repose que sur une énumération à laquelle il ne m'a pas été donné de pouvoir ajouter un seul nom. Les renseignements sur le clergé font presque entièrement défaut à partir de cette époque; plusieurs livres d'écrou ont été perdus, et il serait presque impossible de dresser un état exact des prêtres demeurés cachés dans les diverses paroisses du District. Ce qui tendrait à faire croire que leur nombre fut peu considérable, c'est que les noms de trois ou quatre prêtres du pays seulement se trouvent mentionnés dans les volumineuses correspondances des comités royalistes des premiers temps de l'insurrection, durant une période où ils pouvaient parcourir librement le pays occupé par les royalistes. En revanche, je puis affirmer avec certitude que le culte constitutionnel ne fut point établi dans d'autres paroisses que celles dont j'ai donné le tableau. Le 30 septembre et le 8 octobre, le District repoussa deux pétitions, l'une de la municipalité de Saint-Mars-de-Coutais, l'autre de la municipalité de Geneston, tendant à obtenir des prêtres assermentés [1]. On donna pour raison qu'il y avait lieu de surseoir à toute nomination jusqu'à l'achèvement du travail sur la nouvelle circonscription des paroisses. En réalité, les sujets manquaient, ou ceux qui se présentaient étaient d'une telle indignité, que leur nomination n'eût fait qu'augmenter l'agitation des esprits [2].

[1] Délibération du District de Machecoul. (*Arch. de la Préf.*)

[2] Au mois d'août, notamment, le procureur du District écrivait que le candidat qui s'offrait pour la cure de Sainte-Pazanne « avait donné dans ce bourg des preuves de la plus grande inconduite. » (Lettre originale. *Arch. de la Préf.*)

Du reste, le règne des prêtres assermentés touchait à sa fin dans le District de Machecoul. Quand l'insurrection éclatera, la plupart d'entre eux seront les premières victimes, et le jour n'est pas éloigné où les prêtres assermentés ne pourront se faire pardonner leur ancien état qu'en se portant aux plus grands excès.

X

LA RÉQUISITION

1ᵉʳ JANVIER — 10 MARS 1793.

Réclamations diverses faites à la Convention en faveur de la liberté de conscience. — Mouvement à Montaigu. — Renouvellement du serment civique à Machecoul. — Rapport de Gaschignard sur l'état des esprits. — Annonce de la levée de 300,000 hommes. — La loi du 24 février 1793. — Émeutes aux Sables et à Cholet. — La conspiration la Rouërie. — Du rôle des prêtres et des nobles. — Attitude des paysans, le 10 mars, dans les différentes paroisses du District.

L'année 1793 commence sous de tristes auspices : le meilleur des rois que la France ait eus, celui qui, de son propre mouvement, a le plus fait pour son bonheur et sa liberté, est sur le banc des accusés; ce souverain, que la constitution a proclamé inviolable dans sa personne, n'est plus qu'une victime outragée par des lâches qui ont peur des clubs. Selon l'expression de Tocqueville, la Révolution, préparée par les classes les plus civilisées de la nation, est exécutée par les plus incultes [1]. La populace règne à Paris; à ses yeux, c'est peu d'avoir détruit la royauté, d'avoir humilié le roi; sa vengeance ne sera assouvie que quand elle aura vu

[1] *L'ancien Régime et la Révolution*, ch. VIII.

couler son sang. Mais, ne nous lassons pas de le répéter, ces mêmes conventionnels, amants d'une liberté effrénée, fatigueront Napoléon lui-même par la bassesse de leurs adulations [1].

Tout entière à ce procès, c'est à peine si la Convention prend garde à quelques députés de l'Eure, de l'Orne et d'Eure-et-Loir, venus, le 11 janvier, demander, au nom de plus de cent mille de leurs concitoyens, de ne point les gêner dans l'exercice de leur culte, « ceux-ci protestant de vivre aussi bons catholiques que bons républicains. » L'Assemblée a passé à l'ordre du jour, en se référant à un décret antérieur, et en déclarant qu'elle ne songeait nullement à priver ces habitants des ministres du culte constitutionnel [2]. Qu'importait le mécontentement de quelques catholiques? C'est ainsi qu'on avait simplement enregistré la nouvelle des troubles qui avaient éclaté à Montmorillon dans la Vienne, et à Châtillon dans l'Indre [3].

Cependant, l'idée de résistance se propage dans l'Ouest. « Depuis quelque temps, lisons-nous dans la lettre d'un patriote, datée de Montaigu, le 12 janvier 1793, les malveillants répandaient le bruit que l'ordre était venu de faire tirer à la milice, et de prendre un homme sur quatre. Les esprits se sont échauffés à cette nouvelle, et, le 6 du présent mois, 150 hommes de

---

[1] Voir la statistique des emplois occupés sous l'Empire par des régicides : Mortimer-Ternaux, *Histoire de la Terreur*, t. v, p. 515.

[2] *Procès-verbal de la Convention*, t. v, p. 154; Duverg., *Collection de lois*, t. v, p. 111.

[3] *Procès-verb., ibid.*, pp. 14 et 131.

Saint-Sulpice se sont portés à la municipalité et ont enlevé les armes. » On ajoutait que les Lucs et le Poiré étaient disposés à prendre parti pour eux, si les gardes nationaux de Clisson et ensuite ceux de Nantes n'étaient intervenus[1]. Cinquante cavaliers de Nantes et cent quatre-vingts gardes nationaux s'étaient transportés à Montaigu pour cette affaire[2].

Un nouvel arrêté est pris par le Département contre les prêtres insermentés, le 11 janvier 1793, et le lieutenant de gendarmerie Simonis, en résidence à Machecoul, écrit au District que, « s'il peut dénicher quelqu'un de ces prêtres, il les conduira sous bonne garde au Département[3]. »

On voit que la situation est plus tendue que jamais, lorsque, le 30 janvier 1793, au moment où l'on vient d'apprendre l'exécution du roi, les autorités de Machecoul sont invitées à prêter de nouveau le serment civique. Cette cérémonie, qu'un arrêté du Département du 15 janvier a prescrite, se fait en grande pompe. Les fonctionnaires civils et militaires y assistent, et le commissaire du Département auprès du District, se faisant l'écho du patriotisme de la Convention, profite de la circonstance pour lancer, lui aussi, son défi à la royauté : « Citoyens, leur dit-il, l'orage gronde, les despotes, étourdis de l'épouvantable chute du plus puissant d'entre eux, ont ameuté

---

[1] Lettre originale (collection de M. Dugast-Matifeux).
[2] Compte rendu dans la séance du conseil de Département du 1ᵉʳ février 1793 (registre des séances permanentes, fᵒ 129).
[3] Lettre originale. (*Arch. de la Préf.*)

contre nous leurs esclaves; ils approchent. Ce n'est pas là le plus grand danger. Que peuvent-ils? L'Étrurie tout entière, armée contre Rome avec les Tarquins, ne lui ravit point sa liberté : ce furent les divisions intestines qui la perdirent[1]. » Ici, l'orateur exprimait ses craintes à l'endroit des périls que la division des partis faisait courir à la liberté.

Ces craintes ne sont pas vaines, et, peu de jours après, ayant à dépeindre la situation troublée du pays, M. Etienne Gaschignard ne dissimule point au Département le petit nombre des patriotes, le profond regret que les paysans ont de leurs prêtres, et les grands inconvénients qu'il y a à les voir déserter les églises, « puisqu'ils ne peuvent apprendre que là leurs devoirs. » Aussi, recommande-t-il « d'apporter plus d'attention au choix des pasteurs; il faudrait qu'ils fussent d'une conduite irréprochable et que leurs vertus commandassent le respect. » Les administrations des communes sont pour la plupart incomplètes; si la contribution foncière rentre bien, la mobilière est très-mal vue, et la question religieuse demeure le nœud de la situation. « *Par suite de ce mécontentement, occasionné par la fuite ou la persécution des prêtres, les habitants refusent de seconder le gouvernement, qui les blesse dans leurs affections religieuses.* L'absence des réunions dans les bourgs, aux jours de fêtes, a amené un autre inconvénient, qui a irrité une autre classe d'individus; ce sont les commerçants et les débi-

[1] Lettre originale du commissaire du Département, 30 janvier 1793. (*Arch. de la Préfect., fonds de Machecoul.*)

tants de toute sorte qui voient leur commerce ruiné par ce changement[1]. » La cherté des subsistances augmente, et les pauvres murmurent de ne plus avoir dans leur détresse la ressource du grenier des religieux. « Ils réclament hautement, écrit au Département le même rapporteur que nous venons de citer, les blés qui leur sont dus par la ci-devant abbaye de la Chaume, rente sacrée et patrimoine de l'indigent, dont il n'a pu être dans l'esprit d'une nation humaine et généreuse de disposer, sans en compter chaque année l'équivalent[2]. »

Les moines n'ont pas été les seuls à quitter le pays; les prêtres séculiers sont pour la plupart en prison, et ceux, fort rares, qui sont restés pour administrer les sacrements, se cachent; loin de pouvoir donner l'aumône, ils sont plutôt obligés de la recevoir. La crainte des troubles, les lois révolutionnaires, l'émigration, la cessation du culte orthodoxe, ont rendu désertes un grand nombre d'habitations, où le pauvre était habituellement bien accueilli. On sait de quelle façon la mendicité se pratique encore dans nos campagnes : le mendiant va de ferme en ferme, le bissac sur le dos, demander un morceau de pain, et échange quelques mots avec la ménagère. A cette époque, où tous les esprits sont inquiets, où chacun s'informe du lieu où

[1] Rapport de M. Étienne Gaschignard sur la situation du pays, rédigé sur la demande du District, le 4 février 1793. (Extrait des notes manuscrites de M. Verger, déposées à la Bibliothèque publique de Nantes.)

[2] Lettre originale au Département, 13 février 1793. (*Arch. de la Préfect., fonds du Département.*)

il pourrait entendre une *bonne messe,* le mendiant reconnaît l'aumône qu'on lui fait en transmettant les nouvelles, et, comme ceux qui souffrent sont disposés à exagérer leurs souffrances, l'irritation croît en se transmettant ainsi de proche en proche. Le présent n'a que des épines; on regrette le passé.

C'est sur ces entrefaites qu'arrive la nouvelle de la levée des trois cent mille hommes. De tout temps, même dans l'ancienne monarchie, alors que, par une tradition unanimement acceptée, la profession militaire s'appelait le service du roi, les paysans des provinces de l'Ouest avaient montré une grande répugnance pour la milice. On a pu voir dans les cahiers des paroisses des témoignages de cette aversion. L'abolition des milices, votée par l'Assemblée constituante, dans sa séance du 4 mars 1791, avait été accueillie avec joie. Lors de l'inscription des volontaires, au mois d'août 1792, vainement on avait fait appel au sentiment national de la défense du pays. Pour ces populations, ce qui menaçait le roi pouvait seulement à leurs yeux menacer l'honneur de la France, et il était facile de prévoir qu'elles ne pourraient se résoudre à marcher sous les drapeaux de la République, qui avait décrété la mort du roi, et qu'elles refuseraient de se faire tuer pour la défense d'institutions qu'on leur avait rendues odieuses.

L'opprimé considérera toujours son oppresseur comme son premier ennemi. Or, depuis deux ans, les habitants du District de Machecoul avaient été, de la part des administrations, en butte à mille tracasseries;

la plupart des mesures prises par les autorités n'avaient pu être exécutées, on l'a vu de reste, que par le secours de la force armée, et c'est à ce moment que la Convention proclamait, par son décret du 25 février 1793, « tous les citoyens français, depuis l'âge de 18 » jusqu'à 40 ans...., en état de réquisition perma- » nente, jusqu'à l'époque du complément du recrute- » ment effectif de trois cent mille hommes de nouvelle » levée [1]. » Et, tandis que ce décret atteignait la plus grande partie des jeunes gens valides qui n'avaient pas adhéré à la nouvelle constitution, il exemptait du service, par son article 20, presque tous les fonctionnaires en exercice, y compris les officiers municipaux.

Le contingent à fournir par le département de la Loire-Inférieure, département maritime, d'une population de 431,000 âmes, était de 7,327, dont il convient de déduire 3,634 hommes, composés de 3,134 marins classés et de 500 enrôlés, ce qui réduit au nombre de 3,693 les hommes soumis à la réquisition [2]. La population du District de Machecoul étant de 31,613 âmes, le contingent à fournir, d'après cette base, était de 539, dont il faut déduire 229 hommes, composés de 174 marins classés et de 55 soldats exis-

[1] Article 1er du décret du 24 février 1793. (Duvergier, *Collect. de lois*, t. v, p. 169.)

[2] *Procès-verbal de la Convention*, t. vi, p. 456. Le département a aujourd'hui 550,000 âmes et fournit, à chaque appel annuel de cent mille hommes, environ mille sept cents conscrits, ces listes contenant environ 5,000 noms.

tant dans les bataillons, ce qui réduisait à 310 le nombre des citoyens appelés [1].

Cette loi laissait, il faut le reconnaître, une grande latitude aux paroisses pour son exécution ; aux termes de l'article 9, les officiers municipaux devaient, aussitôt qu'ils auraient reçu l'état des hommes à fournir par leur commune, en donner connaissance aux citoyens convoqués à cet effet. Un registre devait être d'abord ouvert pour les enrôlements volontaires (art. 10), et, dans le cas seulement où l'inscription volontaire n'atteindrait pas le chiffre fixé, les citoyens devaient le compléter en adoptant le mode qui leur paraîtrait le plus convenable [2] (art. 11). Dans une époque de calme, le recrutement aurait pu s'exécuter de cette manière ; mais, dans l'état d'hostilité avec les administrations, où se trouvaient la plupart des paysans, ceux-ci n'envisagèrent ces dispositions qu'au point de vue de l'augmentation d'influence qui allait en revenir aux officiers municipaux. Il suffisait d'ailleurs que les patriotes fissent grand bruit de leurs préparatifs guerriers pour que leurs adversaires missent peu d'empressement à leur venir en aide [3].

[1] *Registre du Directoire de Département*, f° 21, séance du 2 mars 1793. (*Arch. de la Préf., fonds du Départ.*)

[2] Savary, t. 1, p. 65. — Dans la commune de Bouguenais, située aux portes de Nantes, la municipalité, après avoir constaté que personne ne voulait partir, décida « qu'il serait payé une somme en forme de contributions pour solder le nombre d'hommes qu'elle devait fournir. » (Déclaration d'un membre de cette municipalité, nommé Tourgouilhet, datée du 14 mars 1793. *Déclarations, fonds du Département. Arch. de la Préfect.)*

[3] Les sociétés des Amis de la liberté et de l'égalité (Jacobins)

Les habitants de la Chevrolière, bourg situé auprès de Saint-Philbert-de-Grand-Lieu, n'avaient pas plus tôt appris le nom du commissaire chargé de faire le recensement dans leur commune, qu'ils l'avaient insulté. Les coupables avaient été saisis et emprisonnés. Cela se passait dans la nuit du 6 au 7 mars [1].

Au même instant, le Département, qui venait d'être instruit de l'état d'insurrection de la paroisse de Bouvron, arrêtait que toutes les églises et chapelles des paroisses où il n'y avait pas de prêtres constitutionnels seraient fermées, dans toute l'étendue de son ressort, comme lieux de rassemblements [2].

Il devenait évident que les difficultés grossissaient. Cependant, on ne faisait rien pour arriver à les conjurer; on dirait que l'âme de la Convention s'était communiquée à toutes les administrations locales de notre pays, et l'idée de comprimer tout mouvement par la force fut la seule à laquelle on crut devoir s'arrêter. La prison de Machecoul venait d'être nouvellement

de Nantes, La Rochelle, Parthenay, Thouars, Bressuire, Fontenay-le-Peuple, etc., avaient envoyé des adresses à la Convention pour faire connaître qu'elles avaient organisé une garde extraordinaire en cas d'invasion, depuis l'embouchure de la Loire jusqu'à la Gironde. *(Procès-verbal de la Convention*, t. VI, séance du 21 fév. 1793; p. 363.)

[1] Aperçu général des faits qui peuvent servir de matière à l'instruction de l'affaire de Saint-Philbert. (Dossier de Gabriel Chagnaud, traduit le 9 mars 1793 devant le tribunal extraordinaire. *(Arch. du Greffe.)* — Le registre d'écrou du Château mentionne l'incarcération, à la date du 9 mars, de trois individus de la Chevrolière.

[2] Séances des 5 et 6 mars 1793. Registre du conseil de Département, f°° 32 et 33. *(Arch. de la Préfect.)*

réparée, et l'on faisait toutes diligences pour qu'elle fût promptement en état de servir[1]. Le 9 mars, parvenait au Département une pétition de la municipalité exprimant les craintes d'une insurrection prochaine, et demandant des pièces de canon et des artilleurs; le citoyen Baudry, disait-on, a eu connaissance d'un projet des habitants de Saint-Étienne-de-Mer-Morte de se porter avec d'autres, le lundi, sur la ville de Machecoul, pour la mettre à contribution. On estimait que l'envoi de cent hommes serait nécessaire. Le Département décide que Machecoul a ses gardes nationaux et sa gendarmerie, et que le citoyen Maupassant, l'un des membres de l'administration, se rendra à Machecoul le lendemain[2].

Les gardes nationaux des différentes communes du District étaient bien évalués au chiffre de 1,140 hommes dans un rapport officiel, mais ils étaient un embarras plutôt qu'un secours pour le maintien de l'ordre[3].

[1] Lettre de M. Hubin Girardière, procureur syndic du District, à M. Masson, commissaire national du tribunal du District de Machecoul, 8 mars 1793. *(Arch. de la Préfect., fonds du District de Machecoul.)*

[2] Registre des séances du conseil de Département, f° 37. *(Arch. de la Préfect.)*

[3] En 1791, quatre cents citoyens de Machecoul s'étaient fait porter sur la liste de la fédération; quand il fallut se faire inscrire sur le contrôle de la garde nationale, il ne se présenta que cent trente-neuf individus. (Manuscrit de M. Verger, déposé à la Bibliothèque de Nantes.) — Le 7 mars 1792, la garde nationale de Machecoul se composait de deux cents hommes, au nombre desquels figure Letort, curé constitutionnel. (État fourni à la date du 7 mars 1792. — *Arch. de la Préfect., fonds du District de Machecoul.)*

La première opération du recrutement, fixée au 10 mars[1], devait consister dans un recensement général de la population mâle et valide. Tous les procès-verbaux des commissaires envoyés dans les paroisses commencent par l'intitulé suivant :

« X., commissaire nommé par le District pour rece-
» voir des officiers municipaux, notables, membres de
» sections, chefs de famille nommés par le conseil de
» la commune, les états de la population virile conte-
» nant les noms, âges de tous les individus mâles de
» la paroisse, et tous renseignements sur le passé mili-
» taire des gens, sur les armes qui peuvent se trouver,
» etc. »

Contrairement à ce qu'on a souvent écrit, il ne s'agissait donc point, le 10 mars, d'un tirage au sort.

Pour empêcher le décret du 24 février de produire son effet, les paysans résolurent de s'opposer aux premiers agissements des autorités, en refusant de donner les noms des jeunes gens, le jour où ils leur seraient demandés.

Ce premier acte d'opposition n'avait rien d'agressif : c'était une résistance passive, dont l'idée pouvait être accueillie avec empressement par les plus timides. Il est ainsi moins étonnant qu'il ne semble, au premier

---

[1] En Maine-et-Loire, l'assemblée pour le recrutement avait été fixée au 12 mars, d'après Savary, t. I, p. 68. — M. Fillon, *Hist. de Fontenay*, p. 375, dit que, dans cette ville, le tirage au sort fut fixé au 11 mars. — Il me paraît cependant incontestable que la révolte commença à Saint-Florent (Maine-et-Loire) le même jour qu'à Challans (Vendée), c'est-à-dire le 10 mars, qui était un dimanche.

abord, que cette même pensée ait pu se propager en peu de temps dans toutes les communes de plusieurs départements. Pour ma part, je ne doute pas que le projet de refuser les noms ait été formé durant la courte période qui suivit les émeutes de Cholet et celles des environs des Sables. Dans la première de ces villes, les habitants des communes voisines s'étaient tumultueusement assemblés, le 4 mars, pour délibérer sur l'application du décret du 24 février [1], et, le 3 mars, un certain nombre de patriotes des Sables « étaient partis » pour aller au-devant des révoltés et s'opposer à leurs » projets sanguinaires [2]. »

Ces mouvements furent en quelque sorte un signal qui fixa l'attention des paroisses sur l'opportunité d'un refus de concours à la loi du recrutement. Je ne crois pas à un mot d'ordre d'insurrection donné par un parti quelconque; car, indépendamment de ce que jamais une seule preuve n'en a été fournie, le défaut d'organisation le plus complet marqua les débuts de cette guerre, où rien de ce qui pouvait en assurer le succès n'avait été préparé. L'embarras des paysans pour se

[1] La Convention, dans sa séance du 12 mars, décréta des poursuites contre les auteurs de ces mouvements, et les renvoya devant le tribunal criminel du département de Maine-et-Loire. (*Procès-verbal de la Convention*, t. VII, p. 288. — Savary, t. I, p. 67.)

[2] Lettre adressée au District des Sables par les membres du conseil général de la commune, signée Gaudin, maire, et Ouvrard, secrétaire greffier. (Liasse de correspondances de la commune des Sables. *Arch. de la Préfect. de Napoléon-Vendée.*) Le 3 mars, il n'y avait encore que l'expression du maire qui fût *sanguinaire*.

procurer des chefs, aussitôt que la résistance eut acquis un caractère belliqueux, sera toujours, aux yeux des personnes qui voudront se donner la peine d'étudier les débuts de cette affaire, une véritable démonstration du défaut d'intention formelle de faire une levée de boucliers. Ce que les paysans comprirent, ce fut la nécessité de s'entendre pour arrêter l'exécution du décret du 24 février; s'ils avaient eu des projets de guerre civile, ce n'est pas après les premières violences contre les administrations qu'ils seraient allés trouver les gens capables de les commander, mais bien auparavant.

N'en déplaise à M. Louis Blanc, ce fait, qu'il ne saurait contester, détruit d'une façon péremptoire la prétendue connexité qu'il voudrait établir entre les troubles du Poitou et la conspiration la Rouërie [1].

Qu'au premier moment, les révolutionnaires aient accrédité cette opinion, rien de plus naturel. Le député Lasource disait, le 18 mars, à la Convention, en qualité de rapporteur du comité de sûreté générale : « La conspiration de Bretagne a été découverte, mais le mouvement contre-révolutionnaire n'a point été arrêté. L'arrestation des chefs a effrayé les complices, qui se sont répandus dans les campagnes et ont pris pour prétexte le recrutement, auquel ils ont causé des oppositions [2]. » Mais, pour peu que l'on étudie la conspiration de la Rouërie, on voit que, dans le plan du chef breton, mort le 20 janvier 1793, tout devait être préparé de longue main. Le pays était divisé en comités

[1] *Hist. de la Révol.*, t. VII, p. 169.
[2] *Moniteur* du 19 mars 1793, n° 78, p. 352.

et en sous-comités, les correspondances étaient établies à l'avance; c'était une vaste société secrète dont les agents, répandus en tous lieux, devaient tous, à un moment donné, concourir à un but commun[1]. Si l'on en croit Buchez, les correspondants de la Rouërie dans le comté nantais auraient été Palierne et Gaudin-Bérillais[2]. Or, le seul de ces deux hommes qui ait joué un certain rôle, n'a travaillé qu'à apaiser l'insurrection[3].

Ce qui frappe, au contraire, dans l'insurrection de la basse Vendée, c'est le mouvement sans règle, sans frein, sans but, pourrait-on dire, des masses populaires, qui se figurent que les Départements et les Districts ont la toute-puissance, et qui espèrent avoir raison de ces autorités en se ruant sur elles.

Je n'ai jamais, d'ailleurs, bien compris que les ennemis de la tradition royaliste missent tant d'insistance à présenter la noblesse comme ayant fomenté l'insurrection vendéenne de 1793. Si c'est dans le but de la rendre impopulaire aux yeux de la multitude crédule, que l'on ébranle encore en évoquant le fantôme des dîmes et des droits féodaux, le moyen peut

---

[1] Voyez Beauchamp, t. 1, *Pièces justificatives*. — *Bulletin du Tribunal révolutionnaire*, procès des complices de la Rouërie. N°ˢ 47 à 59, 4-18 juin 1793. — C'est maladroitement, dit M. Michelet, t. v, p. 401, et pour flatter la noblesse qu'on a « rattaché l'insurrection vendéenne à la conjuration nobiliaire de Bretagne qui n'y a aucun rapport. »

[2] Buchez, *Histoire parlementaire de la Révolution*, t. xxv, p. 192.

[3] Voy. notre notice : *Gaudin-Bérillais et sa négociation*.

être bon, mais au moins faudrait-il que, cessant d'insinuer, on apportât des témoignages précis. Si l'histoire dit, au contraire, que les paysans se soulevèrent parce qu'ils étaient opprimés, parce que la Révolution avait menti à ses promesses, pourquoi contester au peuple des campagnes le mérite de sa résolution et de son courage, en le réduisant au rôle d'un instrument docile, incapable de prendre un parti vigoureux, à moins que d'autres ne le poussent?

Est-ce que d'ailleurs chaque étape de la Révolution n'a pas été marquée par un mouvement populaire? Le 14 juillet, les journées des 5 et 6 octobre 1789, ne sont-ils pas autant d'événements présentés comme d'heureuses et glorieuses revendications du droit? Avant de le faire passer dans les lois, et de l'élever à la hauteur d'une doctrine officielle, le peuple de Paris n'a-t-il pas mis en pratique le principe « que, quand le gouvernement viole les droits du peuple, l'insurrection est pour le peuple, et chaque portion du peuple, le plus sacré des droits et le plus indispensable des devoirs[1] ? »

Il serait inutile, en cette matière, d'opposer à M. Louis Blanc M. Buchez[2], M. Quinet[3] ou même

---

[1] Art. 29 de la *Déclaration des Droits de l'Homme*, décrétée le 29 mai 1793. Art 35 de l'acte constitutionnel du 24 juin 1793.

[2] *Hist. parlement.*, t. xxv, p. 191. « Dans la Vendée, où la guerre naquit d'une spontanéité populaire, sans l'ombre d'une conjuration. »

[3] *La Révolution*, t. ii, p. 39 : « Les paysans s'arment les

M. Michelet[1] ; aucun n'a vu les choses de près ; mieux vaut invoquer l'autorité de Huet, ancien rédacteur d'un journal patriote que j'ai cité souvent, la *Chronique de la Loire-Inférieure*. Or, ce patriote, contemporain des événements, nous dit lui-même : « Les insurgés allaient chercher dans un rang plus élevé des chefs qu'ils contraignaient de marcher à leur tête[2]. » « Si les nobles eussent été les promoteurs de cette rébellion..., comment auraient-ils abandonné le pouvoir en des mains naturellement ennemies ? Comment se seraient-ils soumis à l'autorité plébéienne ? En effet, on ne comptait que deux ou trois nobles, et d'une extraction peu célèbre, à la tête des bandes. Les autres, sans goût et sans talent pour la guerre, ne prirent parti, ainsi que les bourgeois, que lorsqu'ils eurent perdu toute espérance de rentrer dans les villes où l'échafaud les attendait[3]. »

Pour le pays qui nous occupe, je n'ai jamais trouvé aucune pièce qui fût de nature à contredire cet autre passage de Huet : « Charette, Couëtus, La Roberie, étaient les seuls qui appartinssent à l'ordre de la noblesse. Les deux premiers furent surpris chez eux et

premiers ; la noblesse était encore incertaine dans ses châteaux, quand ils vinrent la sommer de se déclarer. »

[1] *Hist. de la Révol.*, t. v, p. 401 : « Quelle part la noblesse eut-elle aux commencements de l'insurrection ? Elle n'en eut aucune. » *Ibid.*, p. 571 : « La première explosion de la Vendée fut toute populaire. »

[2] *Recherches économiques et statistiques sur le département de la Loire-Inférieure*, annuaire de l'an XI, p. 430.

[3] *Ibid.*, p. 445.

contraints par la violence de se mettre à la tête des paysans ; l'autre ne prit le parti des armes que quand il eut perdu tout autre espoir de salut [1]. »

Huet, qui ne croit même pas que l'idée religieuse ait armé les paysans, fait remarquer « qu'à l'époque de l'insurrection, un très-grand nombre de prêtres étaient déjà déportés ; la plupart de ceux qui étaient cachés suivaient les bandes pour vivre et se dérober à la persécution. S'ils ne purent apaiser les fureurs, cela prouve encore que l'insurrection n'avait pas la religion pour motif [2]. »

M. Lucas-Championnière, qui était dans le pays au moment de la révolte, ne s'exprime pas d'une manière différente : « Les paysans, dit-il, s'insurgèrent d'eux-mêmes, et les plus hardis excitant ou menaçant ceux qui refusaient de les suivre, la révolte devint générale. On a répandu que les prêtres et les nobles en étaient les auteurs, j'ai vu tout le contraire... Le soulèvement ne fut général et n'eut quelque succès que parce que les paysans défendaient leurs intérêts. » Parlant des causes qui avaient excité le mécontentement, le même auteur ajoute : « On publia, peu de temps après, la demande du contingent ; les patriotes prétendirent qu'eux et leurs enfants seraient seuls exemptés ; des listes furent supposées de tous ceux qui devaient aller aux frontières, et ce sont les jeunes gens, dont on voulait faire les défenseurs de la Ré-

---

[1] *Recherches économiques, etc., ibid.*, p. 449.
[2] *Ibid.*, p. 446. — Voir aussi Cavoleau, *Statistique de la Vendée*, édition de 1844, p. 900.

publique, qu'on doit regarder comme les premiers acteurs de la guerre[1]. »

Nous allons voir maintenant l'action elle-même se dérouler sous nos yeux. Les paysans étant disposés comme on sait, le 10 mars au matin, les divers commissaires, délégués pour dresser l'état de la population mâle, ouvrirent leur séance, au siége des municipalités. Plusieurs membres du District remplirent eux-mêmes ces fonctions dans certaines paroisses ; dans d'autres, les maires présidèrent la réunion, et tous durent rédiger, dans la soirée du 10, des rapports sur les événements. La collection de ces rapports serait un précieux document pour déterminer le caractère véritablement populaire de l'insurrection. J'ai étudié avec soin tous ceux que j'ai rencontrés ; car ils présentent cette particularité qu'ils ont été rédigés isolément par des gens qui devaient être fort mécontents de l'insuccès de leur journée, et qu'ils sont unanimes à constater le refus des paysans de donner les noms qu'on leur demandait. Dans la plupart des paroisses, l'assemblée répondit par des injures aux demandes qui lui étaient faites ; dans quelques endroits, où les commissaires voulurent tenir tête aux opposants, des injures on passa aux coups.

Au chef-lieu du District, on parvint cependant à obtenir un état assez complet de la population ; mais il y eut des injures proférées, et les paysans protestèrent « qu'ils ne se rendraient jamais au tirage et » qu'on les tuerait plutôt que de les faire marcher. »

[1] *Mémoires inédits.*

Le rapporteur ajoute que « l'opinion générale, parmi » ces gens égarés par le fanatisme, était fixée, et » qu'on ne pouvait attendre d'eux que l'éloignement » le plus caractérisé pour le nouveau régime [1]. »

A Paulx, M. Jacques Paumier, membre du district, constate que l'on n'avait même pu réunir les officiers municipaux, à cause de l'antagonisme existant entre l'ancienne et la nouvelle administration. « Quelques troubles s'étant manifestés dans l'assemblée, plusieurs déclarèrent hautement qu'on ne les obligerait jamais d'aller aux frontières; » le commissaire se retira, craignant un trouble plus grand [2].

Geneston-Montbert fut, ce jour-là, le théâtre d'un tumulte excité par un huissier de Saint-Philbert, « qui s'était établi dans un cabaret, où il tenait les propos les plus incendiaires. » Il engageait à désarmer les patriotes, ce qui fut fait; et il disait hautement qu'il fallait se joindre aux révoltés de Saint-Philbert pour, de là, se rendre à Machecoul et faire sauter le District. Le rapport signale plusieurs meuniers comme instigateurs [3].

Le rassemblement de Saint-Philbert était considérable; une troupe de deux cents hommes environ, venant de la Marne, et amenant avec elle le citoyen Gigault, commissaire pour le recrutement, était

[1] Rapport du vice-président du District chargé de présider la formation de l'état de la population, du 10 mars 1793. *(Arch. du Greffe.)*

[2] Rapport de J. Paumier *(Arch. du Greffe.)*

[3] Procès-verbal de la municipalité de Montbert. *(Arch. du Greffe.)*

arrivée dans ce bourg, à l'heure de la grand'messe, et s'était portée à des excès dans les maisons du curé, du maire, du procureur de la commune et du médecin Raimbaud. Le commissaire Gigault fut emprisonné.

« L'attroupement des gens de Saint-Philbert fut aussitôt formé et se porta au prieuré, où avaient été déposées les armes ôtées, il y a quelques mois, aux gens suspects. Chacun reprit la sienne. » Le pont fut rompu, le dimanche soir. Les rebelles retournèrent à la Chevrolière chercher des armes [1].

Le commissaire envoyé à Saint-Étienne-de-Corcoué ne put même pas procéder à l'opération du recensement ; personne ne voulut le seconder ; partout, sur son passage, il vit des rassemblements qui l'insultèrent [2].

La circulation était interrompue entre Machecoul et Bourgneuf ; les insurgés avaient tendu des cordes sur la route, auprès de Fresnay, pour faire tomber les chevaux, et deux courriers du District, se rendant à Bourgneuf, ne purent y arriver [3].

Les habitants de Saint-Mesme vinrent à l'assemblée, armés de bâtons, et ils déclarèrent « que la nation n'était pas capable de les vendre, et qu'ils protestaient de casser la tête aux officiers municipaux, plutôt que

---

[1] Déposition de Guillaume Gigault, administrateur du District, affaire de Gabriel Chagnaud, 19 mars 1793 *(Arch. du Greffe)*, et *Aperçu général des faits concernant Saint-Philbert* (déjà cité).

[2] Rapport de Benoît, commissaire, du 10 mars 1793. *(Ibid.)*

[3] Lettre du Directoire du District au Département, du 11 mars 1793, à une heure du matin. *(Ibid.)*

de se rendre à tirer pour la patrie[1]. » La municipalité du Port-Saint-Père écrivait au Département, dans la nuit du 10 au 11 mars : « Nous sommes dans la crise; le District de Machecoul est menacé. »

On dirait tous ces procès-verbaux copiés les uns sur les autres, tant ils se ressemblent. C'est qu'en effet, dans toutes les paroisses du District de Machecoul, le parti de la résistance s'était nettement prononcé. Le cri : Au District ! poussé par quelques-uns, trouva de l'écho parmi tous ceux qui se sentaient compromis par l'échauffourée de la journée du dimanche, et qui voyaient bien qu'ils n'avaient rien à perdre dans un recours à la force. Les armes manquaient, mais on avait des faulx, des fourches, des bâtons ; chacun prit ce qu'il avait sous la main.

Cependant, à Machecoul, au commencement de la soirée du dimanche 10 mars, on était loin de voir la gravité de la situation ; et ce fut au milieu d'un bal, qui se donnait chez M. Garreau, receveur du District, que M. Lebedesque, l'un des chefs de la garde nationale, vint annoncer en toute hâte aux autorités que les communes se préparaient réellement à s'insurger[2]. Des amis de l'un des membres du District accouraient prévenir celui-ci du soulèvement de plus de vingt paroisses, parmi lesquelles on citait la Marne, Paulx, Saint-Philbert, la Limousinière, Saint-Étienne-de-

---

[1] Extrait des registres de la municipalité de Saint-Mesme, du 10 mars. (Copie déposée aux *Archives du Greffe*.)

[2] Renseignements recueillis de la bouche d'un vieillard de Machecoul.

Mer-Morte, la Garnache, Bois-de-Céné, comme prêtes à se porter, le lendemain, ainsi qu'on l'avait dit, sur Machecoul, pour mettre la ville à contribution. On ajoutait qu'un grand nombre d'hommes étaient réunis à la Piardière, au Grenit et à Beauséjour, et que la cause de leur rassemblement était l'annonce qui leur avait été faite de la levée pour le recrutement. Le bruit courait qu'ils avaient des canons [1].

[1] Déclaration faite au District par les sieurs Dupin, Gaborit, Lilaire et Leduc, 10 mars. *(Arch. de la Préfect.)*

XI

INVASION DE MACHECOUL

(11 ET 12 MARS 1793)

Les massacres de Machecoul devant l'histoire. — Documents originaux compulsés en vue de découvrir la vérité sur cet épisode. — Des circonstances qui ont accrédité les exagérations. — Le juge Boullemer. — Son arrivée à Rennes. — Comment il fut amené à raconter les massacres de Machecoul. — Son récit publié en brochure. — De quelques autres relations de ces événements. — Invasion de Machecoul. — La garde nationale fait feu. — Massacre des patriotes par les insurgés. — Assertions de Boullemer. — Premières nouvelles des violences des insurgés. — Discussion. — Proclamation des chefs royalistes interdisant les violences contre les patriotes.

Jusqu'à présent, dans le cours de mon étude sur le District de Machecoul, je n'ai guère rencontré que des faits d'un intérêt purement local; mais, le 11 mars 1793, date de l'envahissement du chef-lieu de ce District par les paysans, la scène s'agrandit et nous nous trouvons en face d'événements qui ont fixé l'attention de tous les historiens. Me livrant à une étude de détails, il était de mon devoir de ne point négliger cette période sanglante. La chose en vaut la peine; car les massacres de Machecoul, à cause du caractère odieux qu'ils ont imprimé à l'insurrection vendéenne du pays de Retz, sont devenus, entre les mains de tous les historiens, sans en excepter ceux du parti royaliste, un canevas sur lequel on a brodé les plus capricieux dessins. Je n'ai pas la prétention de faire luire d'une façon complète la lumière sur ces obscurités; mais je me suis livré à des recherches minutieuses, dont les résultats fourniront peut-être à des esprits plus sagaces que le mien le moyen de parvenir à la vérité tout entière.

Les documents originaux que j'ai compulsés à ce sujet peuvent se diviser en quatre catégories distinctes :

1º. Les dépositions des témoins patriotes, entendus dans les procès des *brigands* de Machecoul, jugés, soit en cette ville par les commissions militaires, soit à Nantes par les commissions et tribunaux révolutionnaires [1];

2º Les pièces émanant des accusés, papiers saisis, pour la plupart, par Beysser, lors de la prise de Machecoul, le 22 avril 1793, et servies à leur dossier pour l'accusation [2];

---

[1] Les dépositions et interrogatoires se trouvent dans les dossiers des accusés, déposés aux *Archives du greffe du Tribunal civil de Nantes*.

[2] On lit sur le registre du comité central, nº 2, 10 mai 1793, p. 33 *(Archives de la Préfect.)* : « Vu au comité central le nombre de cent neuf pièces saisies sur les brigands, dans divers prétendus comités établis à Machecoul, Bouaye, Port-Saint-Père, etc., de diverses dates, souscrites par les nommés Paumier, Guérin, etc., partie desquels ci-dessus dénommés sont

3° Les certificats de décès des patriotes massacrés et autres documents administratifs concernant les demandes de secours pour réparation de violences exercées sur les biens et sur les personnes des patriotes [1];

4° Les diverses pièces composant un dossier déposé aux archives de la mairie de Machecoul, sous ce titre : « *Listes formées en vertu de la loi du 2 floréal an III* [2]. »

Tout à l'heure, je parlerai des documents imprimés qui m'ont été d'un si grand secours pour me diriger au milieu de toutes les obscurités que la passion et le temps ont jetées sur ces événements. Bon nombre de ces pièces, je ne crains pas de le dire, ne feront que confirmer certaines assertions reçues, loin d'en atténuer l'horreur ; il m'arrivera même de signaler quelques faits de violence demeurés inconnus ; mais, si affligeante que soit la vérité en cette matière, je me

actuellement au Bouffay et envoyés de Machecoul par le général Beysser. »

[1] Les certificats sont des pièces isolées formant des liasses aux *Arch. de la Préf. de Nantes, fonds du District de Machecoul*. Les documents administratifs sont les réclamations insérées dans le registre des délibérations du District de Machecoul réfugié à Nantes durant l'année 1793, et tenant ses séances dans cette ville. (Mêmes *Archives.*)

[2] La loi du 2 floréal an III — 21 avril 1795 (Duvergier, *Collect. de lois*, t. VIII, p. 92), déterminait le mode de suppléer aux registres de l'état civil perdus. Certaines formalités préparatoires ayant été observées, un commissaire de l'administration du District devait (art. 9) se transporter dans la commune et y convoquer une assemblée générale des habitants, un jour de décade, réunion dans laquelle on faisait lecture des listes préparées, et l'on provoquait les éclaircissements.

fais l'illusion de croire que le lecteur qui aura le courage de me suivre dans mes longueurs et mes minuties, trouvera cette vérité moins horrible que la légende inventée par les patriotes et que les historiens de tous les partis ont accueillie sans la discuter jamais.

Avant d'aborder l'étude des faits, il est, je crois, utile de fournir quelques détails sur les circonstances au milieu desquelles les massacres de Machecoul sont entrés dans le domaine de l'histoire.

Il faut reconnaître tout d'abord que beaucoup d'événements concernant l'insurrection vendéenne n'ont été appréciés, pendant de longues années, que par ce qu'en ont dit les révolutionnaires, qui seuls avaient le droit de parler, et qui seuls disposaient de la publicité des journaux. Les représentants en mission, les généraux, les commissaires des administrations départementales, ou ceux des comités de la Convention, savaient très-bien que nul n'oserait les contredire et prendre la défense d'un parti proscrit; de là tant d'exagérations, qui expliquent, sans les justifier, d'autres exagérations en sens contraire, que les royalistes ont accréditées, lorsqu'il leur a été donné de pouvoir parler à leur tour. « A-t-on jamais rien opposé
» à ces rapports de Barrère, que lui-même appelait
» ses carmagnoles? — dit avec raison La Harpe —
» Phelippeaux, qui seul osa une fois révéler une
» partie des horreurs *patriotiques*, dont la Vendée
» était le théâtre, n'a-t-il pas payé de sa tête ce courage, qu'il n'eut qu'une fois et qu'il eut trop tard?
» Quand tous les journaux mercenaires répétaient la

» calomnie commandée, la Vendée avait-elle ici son
» journal à elle? La correspondance particulière pou-
» vait-elle du moins y suppléer? Non-seulement
» toutes les communications étaient interdites, mais
» toutes les lettres sans exception étaient livrées notoi-
» rement à l'inquisition..... Celui qui eût écrit des
» environs de la Vendée une seule phrase de vérité,
» n'eût-il pas été perdu? [1] »

Mais cette disposition bien naturelle à l'exagération des violences du parti contraire dut être portée au plus haut point chez les patriotes de l'Ouest, au moment qui nous occupe, par la situation même dans laquelle ils se trouvaient. On sait combien l'insurrection, à ses débuts, causa de terreur à ceux des habitants des villes, qui, dévoués à la cause révolutionnaire, redoutaient les vengeances des rebelles et trouvaient la Convention bien lente à leur fournir les moyens de les réprimer [2]. Ils ne pouvaient, dans une pareille détresse, apprécier les choses avec mesure, et, voulant frapper les esprits des représentants, ils se trouvaient forcément amenés, pour grossir leur péril, à exagérer la cruauté de leurs ennemis. Bien que Beysser se fût emparé de Machecoul, la ville de Nantes

[1] *Du Fanatisme dans la langue révolutionnaire.* 2ᵉ édit., an v (1797). Paris. Page 24.

[2] On peut se rendre compte de la nature des inquiétudes de la ville de Nantes et de l'impatience avec laquelle on y attendait des secours dans les premières semaines de l'insurrection, en lisant, dans le *Journal des Débats et des Décrets,* le compte rendu des séances de la Convention du 31 mars 1793, n° 194, p. 377 et suiv., et du 10 avril, n° 206, p. 187.

se trouvait, à la fin du mois d'avril, dans une position très-critique, et elle avait député à la Convention deux citoyens, membres de ses administrations [1], pour lui exposer sa déplorable situation. Admis à la barre de l'Assemblée, ces députés parlèrent de *deux mille* patriotes égorgés dans le département de la Loire-Inférieure, « dont quelques-uns ont vu, encore vivants, leurs membres coupés et dispersés autour d'eux. » Les massacres de Machecoul, qu'ils ne pouvaient connaître encore que d'après la rumeur publique du premier moment, leur fournirent la partie la plus sinistre de leur tableau. « Nous ne vous peignons encore, dirent-
» ils, que la moitié des horreurs qui ont été com-
» mises. Dans un seul lieu, à Machecoul, cinq cent
» cinquante patriotes, officiers municipaux, juges,
» administrateurs, ont été égorgés;..... un jour plus
» tard, leurs femmes, leurs enfants devaient subir le
» même sort [2]. »

En s'exprimant ainsi, les députés de la ville de Nantes étaient dans leur rôle, et comme ils ne faisaient que répéter ce qu'ils avaient entendu dire, on ne peut les considérer comme ayant, de propos délibéré et en connaissance de cause, accrédité une exagération mensongère.

Ce mérite appartient tout entier au citoyen Boulle-

---

[1] Ces deux citoyens étaient Barre et Letourneux, le premier ministre protestant et officier municipal à Nantes, le second membre du directoire de Département.

[2] Séance de la Convention du 2 mai 1793. *Moniteur* du 5 mai, n° 125, p. 551. — Le discours est reproduit *in extenso* dans les *Archives curieuses* de M. Verger, t. v, p. 351.

mer, juge au tribunal du District de Machecoul, où il occupait, depuis le 5 décembre 1792, les fonctions d'accusateur public, et auteur du « *Récit des horreurs qui ont été commises à Machecoul par les brigands, depuis le 11 mars jusqu'au 22 avril 1792,* » petite brochure de 22 pages in-8°, imprimée à Rennes dans des circonstances particulières qu'il importe de rappeler ici [1].

Le 25 mai 1793, un bataillon de gardes nationaux d'Ille-et-Vilaine, qui avait été envoyé à Machecoul, faisait, à Rennes, une entrée triomphale. Les habitants s'étaient portés à sa rencontre, avec la musique, et des couronnes de chêne destinées aux braves ; une citoyenne, qui avait complimenté le commandant, avait été embrassée par lui ; mais pourtant, si nous en croyons une lettre datée de Rennes, et à laquelle nous empruntons ces détails, le véritable héros de la journée avait été le citoyen Boullemer qui, « de tous les » patriotes, ayant seul échappé à la fureur des bri- » gands, était revenu avec la troupe. » Il avait été conduit, dans la soirée, à la *Société des Amis de la Liberté et de l'Égalité,* et, après en avoir été reçu

[1] Cette brochure est d'une telle rareté, que M. Dugast-Matifeux, dans sa longue et brillante carrière de bibliophile, ne l'avait point encore rencontrée jusqu'à ces derniers temps. Il se bornait à la mentionner comme introuvable, dans sa *Bibliographie révolutionnaire,* n° 8. — Un hasard lui ayant permis d'en enrichir sa collection, j'ai pu, grâce à une bienveillante communication, étudier ce document, vraisemblablement unique, à l'état original. Cette brochure, imprimée chez Robiquet, est précédée d'un extrait du procès-verbal de la séance des corps administratifs de Rennes, dans laquelle on ordonna son impression.

membre, il avait été prié de donner « le détail des
» horreurs dont il avait été le malheureux témoin, à
» Machecoul.¹ »

On comprend, de reste, sans qu'il soit besoin d'y
insister, à quel point la narration dut se ressentir de
la situation de l'orateur et de la composition de l'audi-
toire; c'est pourtant le texte de cette narration qui est
devenu le principal document historique sur les événements de Machecoul, grâce à la décision des corps
administratifs de Rennes, qui, après avoir entendu le
récit de Boullemer, en ordonnèrent l'impression.

Mais bien que le récit de Boullemer ait été imprimé,
les exagérations qu'il contient seraient vraisemblablement moins répandues qu'elles ne le sont, si le représentant Villers, au retour de sa mission dans la Vendée, ne leur avait donné une grande publicité en les
insérant dans son rapport à la Convention². En effet,
sauf quelques retranchements, quelques changements
de mots, et le chiffre de 542 substitué à celui de 552,
par mégarde peut-être, on peut dire que Villers a copié,
de la façon la plus servile, le citoyen Boullemer³. Cela

[1] Lettre du 26 mai 1793, publiée par le *Moniteur* du 1ᵉʳ juin,
nº 152, p. 658.

[2] Je n'ai pu me procurer la date exacte du rapport imprimé
de Villers, la plupart des rapports des représentants sur leurs
missions n'étant pas datés. Mais il dut le lire à la Convention
dans les premiers jours de juin. La lettre d'envoi de ce rapport,
adressée au président du Département de la Loire-Inférieure, est
datée de Paris, 5 juin 1793; Villers dit, dans cette lettre, que la
promptitude avec laquelle il a été imprimé l'a empêché de cor-
riger beaucoup de fautes.

[3] Le rapport de Villers, signé de Villers et de Fouché, a pour

nous explique comment tant d'auteurs ont écrit avec assurance que, selon des rapports authentiques, 542 personnes périrent en un mois, au milieu des plus affreux supplices [1].

Toutefois, il faut reconnaître que si Boullemer est, de tous les écrivains qui ont parlé des massacres de Machecoul, celui dont on a le plus souvent reproduit la relation, il n'est pas le seul qui les ait présentés comme s'étant accomplis avec une horrible cruauté. Sans parler d'un autre récit contemporain, écrit par M. Béthuis, fils de l'une des victimes, et qui, malheureusement, a été perdu, on trouve, dans les *Mémoires inédits d'un ancien administrateur des armées républicaines* [2], une peinture de ces massacres d'un effet assez poignant, pour que M. Louis Blanc en ait orné son chapitre consacré au soulèvement de la Vendée, se bornant, pour le surplus, à emprunter quelques traits au rapport de Villers [3] et aux éclaircissements historiques qui suivent les *Mémoires de Mme de Larochejaquelein,* dans l'édition Baudouin [4]. M. Lucas-Championnière a également consacré à ces

---

titre : *Rapport des commissaires de la Convention nationale envoyés dans les départements de la Loire-Inférieure et de la Mayenne, fait par Villers, député du département de la Loire-Inférieure.* Paris, de l'Imprimerie nationale. In-8° de 19 pages. (Collection de M. Dugast-Matifeux.)

[1] Notamment M. Michelet, *Hist. de la Révol.,* t. v, p. 420.

[2] *Collection des Mémoires sur la Révolution française.* Paris, Baudouin, 1823, p. 14.

[3] *Hist. de la Révol.,* t. VIII, p. 199.

[4] Paris, 1823, p. 481.

faits quelques pages de ses mémoires encore inédits.
Enfin, dans le même sens, nous avons les lettres du
commissaire envoyé à Machecoul, après la prise de
cette ville, et les conclusions du rapport de Wieland,
rédigé à ce même moment[1]. Mais il importe de remarquer que, de ces diverses relations, que nous rapprocherons les unes des autres en temps et lieu, celle
de Boullemer est la seule connue qui émane d'un
habitant de Machecoul. Encore ne peut-on le qualifier
de témoin oculaire, puisqu'il déclare lui-même être
resté pendant quarante jours caché sous un toit, dans
« une ratelière, entre les briques et le lattis[2]. »

Cette relation est aussi la seule, parmi celles que
nous venons de citer comme offrant dans une certaine mesure un caractère original, où l'on ait, avec
raison, distingué deux périodes dans les massacres, la
première, comprenant les journées des 11 et 12 mars,
la seconde, comprenant les jours qui suivirent la proclamation de la royauté jusqu'au 22 avril.

J'ai traité d'exagération le récit de Boullemer; le
lecteur jugera si je me suis trompé; on a vu que ce
fut dans la soirée du dimanche, 10 mars, que les autorités de Machecoul reçurent l'avis positif que toutes
les communes environnantes devaient envahir, le lendemain, le chef-lieu du District. Une lettre, datée du
11 mars, à une heure du matin, fut adressée, au
moyen d'un exprès, au Département, « pour le prier,

---

[1] Savary, *Guerre des Vendéens et des Chouans*, t. 1, p. 106.
[2] Sa relation, p. 20. Lettre déjà citée, insérée au *Moniteur* du
1ᵉʳ juin 1793.

vu la situation critique, d'envoyer une force armée quelconque[1]. » La nuit se passa en patrouilles, et, « le lendemain, vers huit heures du matin, on vit » arriver par toutes les issues de la ville cinq à six » mille paysans, hommes, femmes et enfants, armés » de fusils, de fourches, de couteaux de pressoir et de » piques. Ils criaient, en courant les rues : *La paix!* » *la paix!*

» La garde nationale, au nombre de cent hommes » environ, les attendait au faubourg Sainte-Croix[2]. » Elle marcha vers eux, ayant à sa tête le citoyen » Maupassant, commissaire envoyé par le Départe-» ment pour rétablir l'ordre. La gendarmerie natio-» nale était à cheval. Le nombre des révoltés était si » considérable que la garde nationale, investie de tous » les côtés, se débanda; il ne resta avec le commis-» saire que cinq hommes, Fleury, commandant de la » garde nationale, Musset, capitaine, et trois gardes » nationaux. La compagnie Ferré, au nombre de » trente hommes, s'était portée dans une ruelle, où » elle voulut se faire jour au milieu de cinq cents » brigands; ELLE FIT FEU. Le lieutenant Ferré y fut » tué, et trois autres gardes nationaux. »

Tel fut, d'après le citoyen Boullemer lui-même[3], le début de l'invasion de Machecoul par les brigands. Plusieurs milliers de paysans, grossièrement armés, courent les rues en criant : *La paix! la paix!* et ce

[1] *Arch. de la Préfect. départ.*
[2] Faubourg situé au nord de la ville, sur la route de Nantes.
[3] Pages 3 et 4 de sa brochure.

n'est pas de leurs rangs que part le premier coup de fusil, circonstance que Villers se gardera bien d'insérer dans son rapport, et qu'aucun historien n'a mentionnée.

Le même auteur ajoute : « Le citoyen Maupassant,
» resté avec ses cinq hommes, fit aux révoltés des
» représentations sur leur attroupement; il leur parla
» de la loi qui les proscrit, des dangers qu'ils cou-
» raient; les invita à rentrer dans le devoir et leur
» demanda ce qu'ils voulaient. Nos bons prêtres,
» dirent-ils, et pas de tirage! A l'instant, ils lui en-
» foncèrent une pique dans la poitrine.

» Le citoyen Simonis, lieutenant de la gendarmerie,
» qui n'avait pas quitté la place, reçut aussitôt par
» derrière un coup de couteau de pressoir qui lui
» rabattit le crâne sur les yeux; on sauta sur lui, on
» s'empara de son cheval. Alors, tous les gendarmes
» et les gardes nationaux cherchèrent leur salut dans
» la fuite, mais, à mesure qu'on les rencontrait, on
» les assommait. Les plus cruels parmi ces brigands
» étaient les femmes, les vieillards et les enfants. *Les*
» *femmes criaient : Tue! tue!* les vieillards assom-
» maient, et les enfants criaient : *Victoire!* Beaucoup
» de citoyens se cachèrent, le lundi; il en fut cepen-
» dant massacré, ce jour-là, vingt-six. Le lendemain,
» 12,...... il en fut massacré dix-huit. »

« Un des assassins courait les rues avec un cor de
» chasse; quand il passait un citoyen, il sonnait la
» *vue;* on l'assommait, puis le monstre revenait sur
» la place sonner l'*hallali.* »

» Le curé constitutionnel Letort [1] fut assommé à
» coups de fourche et de baïonnettes dans la tête, et,
» pour comble d'horreur, *une femme* lui ôta sa qualité
» d'homme ; son supplice dura environ dix minutes ;
» encore un de ces monstres disait-il, quand il fut
» mort : « Ce b..... de prêtre n'a cependant pas vécu
» longtemps. » Le citoyen Pinot fut arrêté avec son fils,
» âgé de dix-sept ans. « Renonce à la nation ; crie :
» Vive le roi! Mets-toi de notre côté, dirent les bri-
» gands, nous ne te ferons pas de mal. — Non ; je
» mourrai fidèle à ma patrie : Vive la nation! » Ils
» l'assommèrent. » Même récit pour le fils.

Boullemer parle ensuite de la mort du juge de paix
Paynot, et, arrivant aux citoyens Cailleteau père et
fils, il raconte que « le père offre, pour sauver sa vie
» et celle de son fils, cinquante louis en or, qu'il avait
» dans sa poche, et sa montre. Les brigands s'en
» emparent et lui promettent la vie, s'il déclare où est
» caché son argent chez lui. Il le leur dit, et les bar-
» bares lui dirent : Ce n'est pas assez : il nous faut
» encore ta vie et celle de ton fils. Et aussitôt ils les
» assomment. Le fils, plus vigoureux que son père,
» ne mourut pas sur le champ : il resta pour mort sur

---

[1] A la tribune de la Convention, Carrier devait encore exagérer les détails fournis par Boullemer. Il disait dans sa défense,
présentée au commencement de frimaire an III : « Le curé constitutionnel fut embroché et promené dans les rues de Machecoul,
après qu'on lui eut mutilé les parties les plus sensibles de son
corps ; il fut cloué, encore vivant, à l'arbre de la liberté. »
(*Journal des Débats et des Décrets*, volume de frimaire an III,
p. 905.)

» la place; quelques heures après, il se relève, un
» homme passe, il lui demande la vie et du secours :
» le scélérat l'achève. Dans les deux journées, 11 et 12
» mars, *on assomma quarante-quatre patriotes dans*
» *les rues;* environ le même nombre fut mis en
» prison. »

La citoyenne Saurin fut obligée de tenir un des côtés de la civière sur laquelle on avait mis le cadavre de son mari pour le porter en terre, et la citoyenne Gaschignard fut menacée, le 12 mars, d'être coupée en morceaux, si elle ne livrait pas son père : « Et vous
» venez de le tuer, leur dit cette malheureuse fille.
» — Eh bien! viens le reconnaître. L'infortunée fut
» contrainte d'aller, en enjambant sur les cadavres,
» leur montrer celui de son père. Depuis le 12 jus-
» qu'au 14, on ne porta pas la main sur les prison-
» niers [1]. »

Si horribles que soient ces détails, j'ai cru devoir, pour les besoins de la discussion, les reproduire dans le texte original de Boullemer; ce texte, d'ailleurs, fournira au lecteur curieux d'y regarder de près un moyen facile de constater à quel point tous les auteurs qui ont écrit sur ces événements ont négligé de recourir à d'autres sources [2].

---

[1] Relation de Boullemer, pp. 3 à 7.

[2] Les historiens qui ont à peu près complétement adopté la version de Boullemer sur ce premier acte du drame, sont : Alph. de Beauchamp, *Histoire de la guerre de la Vendée*, 1re édit., 1806, t. 1, p. 121; 4e et dern. édit., 1820, t. 1, p. 100. — Buchez et Roux, t. xxv, p. 199. — Michelet, *Hist. de la Révol.*, t. v, pp. 410 et 411. C'est en cet endroit que M. Michelet parle

Essayons maintenant de dégager la vérité des intempérances de langage auxquelles notre narrateur a pu se laisser entraîner, en pérorant au milieu de l'enthousiasme d'une société populaire.

Il est assez naturel de supposer que les bandes nombreuses et indisciplinées de paysans, venues en armes pour renouveler au District des doléances maintes fois méprisées, se voyant cette fois accueillies par la fusillade, se portèrent à de grandes violences. Je me hâte de dire, cependant, que je n'ai trouvé nulle part la confirmation de ces raffinements de cruauté dont a parlé Boullemer.

Ainsi, il prétend qu'une troupe de mégères parcourut les rues, en criant : *Tue! tue!* et une seule femme, pas davantage, fut traduite devant les commissions militaires qui fonctionnèrent à Machecoul. Cette femme, nommée la femme Gaillard, passa devant la commission qui jugea Souchu, et on ne peut même affirmer qu'elle ait été condamnée, car la feuille

---

de cette hauteur de Machecoul. Pour rendre son tableau plus coloré, il place ces événements un dimanche, et il enchérit encore sur Boullemer dans les détails de la mort du curé Letort. — Crétineau-Joly, *Hist. de la Vendée militaire*, 3ᵉ édit., t. 1, p. 105. — F. Grille, dans *la Vendée en 1793*, t. III, p. 4, a reproduit une partie de la brochure de Boullemer, qui aurait été imprimée, dit-il, au Mans, par ordre de Garnier, de Saintes, pour être envoyée à la Convention. — Lebouvier-Desmortiers, le seul qui traite de fables les exagérations du massacre des 11 et 12 mars, en attribue l'invention à Beauchamp : (*Réfutation des calomnies dirigées contre le général Charette*, p. 49.) — M. Carou, *Hist. de Pornic*, p. 114, dit que les Vendéens se présentèrent devant le château de Machecoul, et qu'ils souillèrent leur victoire en massacrant la garnison.

volante où il est parlé d'elle ne contient que des
dépositions et aucune sentence. La femme Gaillard
fut prévenue d'avoir ameuté les paysans et d'avoir
menacé les patriotes de faire mettre le feu à la ville;
elle fut accusée aussi, par les témoins, d'avoir recélé
la fille Chevet, laquelle était convaincue d'avoir porté
la cocarde noire [1].

Quand on jugea, à Nantes, cette fille Marie Chevet,
lingère, âgée de vingt-cinq ans, les témoins qui furent
entendus, tous patriotes, la présentèrent comme la
plus enragée des femmes de Machecoul, et aucun d'eux
ne l'accusa de s'être acharnée sur le cadavre du curé
Letort [2]; nulle part ailleurs que dans le récit de Boullemer il n'est question de ce rôle infâme des prétendues mégères vendéennes. Les procès-verbaux des
commissions devant lesquelles comparurent plusieurs
des *brigands* les plus compromis dans les excès des 11
et 12 mars, puisque l'un d'eux, Joseph Baron, y est
qualifié de « *boute-feu,* le plus cruel de tous les brigands, » sont également muets sur cette prétendue
chasse aux patriotes, qu'un piqueur aurait animée de
ses fanfares.

Sans doute, personne n'est venu dire que les choses
ne se sont point passées ainsi, mais quand on voit,
dans les déclarations des témoins, que ceux-ci, non
contents de parler seulement de ce qui s'est passé sous

[1] Papiers des commissions militaires établies par Beysser à
Machecoul, le 25 avril 1793 (?) *(Arch. du Greffe.)*
[2] Dossier de Marie Chevet, jugée par le tribunal révolutionnaire, le 9 floréal an II, 24 avril 1794. *(Arch. du Greffe.)*

leurs yeux, répètent ce qu'ils ont entendu dire, il est fort à présumer que, si de pareils faits avaient réellement eu lieu, quelques-uns des très-nombreux témoins appelés à déposer n'eussent pas manqué d'y faire allusion.

Si, par exemple, nous étudions le dossier d'un nommé Pierre Caillaud, accusé d'avoir assommé le jeune Cailleteau, qu'y trouvons-nous? Un témoin, qui vient déclarer qu'*il tient d'une autre personne* que Caillaud, — lors de l'entrée des brigands, — avait bien tué trente patriotes; d'après un autre, l'accusé *en a tué le plus dans sa part;* enfin, deux témoins déposent qu'il a assommé le fils Cailleteau à coups de trique. Il n'est pas dit un mot des autres circonstances dont Boullemer a entouré cet assassinat, et le jugement qui condamne l'accusé à mort, pour avoir assommé le fils Cailleteau, ajoute simplement « qu'il est *véhémentement suspect* d'avoir concouru à l'assassinat de divers autres patriotes, et notamment du nommé Giraudet, le sacristain du curé constitutionnel[1]. »

Ce qui est bien certain, c'est que les paysans, aussitôt qu'ils furent entrés à Machecoul, recherchèrent tous les patriotes pour les emprisonner, et que plusieurs de ceux-ci, qui ne furent point emprisonnés,

---

[1] Dossier Pierre Caillaud, farinier, 62 ans; Trib. révolut. de Nantes du 24 août 1793. *(Arch. du Greffe.)* — Il y eut deux dépositions de témoins, l'une le 21 août, et l'autre le 24. Neuf témoins patriotes de Machecoul furent entendus la première fois et huit la seconde fois. — On ne put relever aucune charge contre le nommé Michel Bichon, traduit avec Caillaud devant le même tribunal, et Michel Bichon fut acquitté.

furent massacrés. Dans le procès de ce Joseph Baron, que j'ai déjà cité, le meunier Dieulafait dépose « que » Joseph Baron, passant devant chez lui, et l'ayant » rencontré à sa porte, l'apostropha en lui disant qu'il » avait été piller chez les nobles, qu'il fallait le mettre » en prison; qu'en effet, Baron et les douze brigands » qui l'accompagnaient le conduisirent à la geôle, où » on lui mit les fers aux mains; que d'autres dirent : » Il faut le tuer! qu'alors, le déposant se glissa entre » les jambes d'un des brigands et entra bien vite en » prison, pour éviter une mort certaine[1]. »

Un autre meunier, Julien Archambaud, accusé d'avoir combattu dans les rangs des royalistes, et condamné à mort, dit dans son interrogatoire, « qu'il se » trouva avec les révoltés, après l'assaut où ils furent » vainqueurs..., qu'il continua de rester avec eux le » même jour, et qu'il vit faire le tour de la ville par » les brigands à beaucoup de patriotes, qu'il accom- » pagna même tous les brigands une partie du che- » min, qu'il ne vint pas jusqu'à la prison, mais qu'il » vit quatre patriotes qui avaient été tués par les bri- » gands, depuis chez lui jusque au quarré de la » prison. » Aucun témoin ne l'a démenti[2].

Nous sommes bien loin du chiffre avancé par Boullemer, d'après lequel cinquante patriotes auraient été tués dans ces deux jours[3]. Toutefois, je ne crois pas

---

[1] et [2] Procès-verbaux des commissions milit. de Machecoul. (*Arch. du Greffe.*)

[3] Vingt-six assommés le 11 mars, dix-huit le 12, et cinq ou six gardes nationaux tués dans la première rixe.

être éloigné de la vérité en disant qu'il n'a guère exagéré que d'une trentaine.

En se reportant aux documents rédigés au moment des scènes des 11 et 12 mars, il est à remarquer qu'il est toujours question de *plusieurs, d'un nombre;* nulle part je n'ai rencontré ces mots : un *grand nombre*, qui seuls donneraient l'idée d'une quantité de victimes aussi considérable.

Sur le registre du District de Challans, à la date du 11 mars, six heures du soir, on lit que l'on vient d'apprendre « que tout était à feu et à sang à Machecoul, » que *plusieurs* bons citoyens avaient été massacrés et » leurs corps jetés dans les rues[1]. » Et le chef d'un détachement de gardes nationaux, envoyé de Pornic à Machecoul, pour porter secours au District, déclarait, à son retour, qu'il n'avait pu entrer à Machecoul, « la force de cette ville ayant déjà succombé sous les » efforts des brigands, qui ont trempé leurs mains » dans le sang d'un nombre de personnes, entre les- » quelles on cite la gendarmerie, le curé et le com- » mandant de la garde nationale[2]. »

Ces documents, sans doute, ne paraîtront point contredire l'exactitude du chiffre avancé par Boullemer; aussi ne les ai-je insérés que parce qu'ils m'ont paru de nature à donner une juste idée des sentiments

[1] Registre de correspondance du district de Challans, 11 mars 1793, f° 70. *(Arch. de la Préfecture de la Vendée.)* — Autre lettre de Challans, du 12. *Hist. de Fontenay*, par M. B. Fillon, p. 375.

[2] Déclaration faite à la municipalité de Pornic, le 13 mars 1793.

d'effroi des patriotes, au moment où éclata l'insurrection. Si je conteste ce chiffre de cinquante victimes, pour les journées des 11 et 12 mars, c'est qu'après avoir fouillé dans les registres de l'état civil, dans les listes de la mairie de Machecoul, dans le registre du District, et dans une liasse volumineuse de certificats de décès des patriotes de Machecoul mis à mort par les brigands, je suis arrivé à me former une liste de dix-huit noms de patriotes, expressément mentionnés comme ayant été tués dans ces deux jours. Je veux bien reconnaître qu'elle n'est pas complète, mais les noms qu'elle contient ont une véritable signification. Elle se décompose ainsi : deux gendarmes, deux officiers de la garde nationale, deux individus mentionnés comme ayant été tués « par l'effet de la guerre, » tous six appartenant certainement à la catégorie de ceux qui furent tués les armes à la main ; elle comprend, en outre, dix patriotes, qui sont précisément ceux que Boullemer a nominativement désignés dans son récit[1]. Je n'ai pas trouvé, il est vrai, la moindre trace de Paynot et de Saurin, qu'il a nommés également, mais est-il vraisemblable, s'il y a eu en réalité cinquante victimes, que les preuves de décès aient été conservées pour ceux-là même qu'il a plu à Boullemer de mentionner dans sa relation, et que les témoignages fassent défaut pour trente-cinq environ de ceux qu'il n'a pas nommés?

En admettant que j'aie commis quelques erreurs, et en

---

[1] Voir la première liste, aux pièces justificatives. J'ai marqué d'un B les patriotes nommés par Boullemer.

faisant la part de la négligence dans la constatation des décès, on arriverait donc au chiffre maximum de vingt-quatre ou vingt-cinq morts, et encore faut-il en déduire les cinq ou six qui furent tués au moment de la fusillade; car on ne peut considérer comme ayant été assassinés ceux qui, les armes à la main, firent tête aux envahisseurs. Je suis même étonné que Boullemer ait été assez peu soucieux de l'honneur des gardes nationaux, pour les représenter comme ayant pris la fuite à la première attaque; mais enfin, puisque la liste est si courte de ceux qui tombèrent en combattant, retranchons seulement cinq de vingt-cinq, et nous aurons pour résultat maximum vingt patriotes massacrés durant ces deux jours. Encore pourra-t-on se demander tout à l'heure, en lisant une lettre du 12 mars, signée de Boullemer lui-même, et dans laquelle les faits sont présentés tout autrement que dans sa brochure, si l'on ne doit pas réserver pour le meurtre de quelques-uns seulement de ces vingt patriotes le mot de *massacre,* dont il se montre si prodigue.

C'est à tort que l'on a mêlé Souchu et le comité royaliste à ces premières scènes sanglantes, et rien n'autorisait M. Crétineau-Joly à dire, en les racontant d'une façon un peu différente, mais non moins atroce que Boullemer : « C'était Souchu qui préludait ainsi à l'installation de son comité supérieur[1]. » Souchu, à la date du 12 mars, s'occupait de pacifier les esprits et de négocier avec les autorités républicaines; et le comité, loin d'encourager les violences, faisait,

---

[1] *Vendée militaire,* 3ᵉ édit., t. 1, p. 106.

dans ces jours, « publier, au son du tambour, un ordre de ne pas faire de mal aux prisonniers ni de les insulter[1]. » Cet ordre était signé : Cebert, Guilloteau et J. Peraud, ces deux derniers membres du comité. Au surplus, ce n'était pas seulement dans le camp des royalistes qu'il fallait faire des efforts pour préserver les prisonniers du massacre : M. Fillon rend un juste hommage à la conduite du républicain Cavoleau, qui empêcha les détenus royalistes de Fontenay d'être massacrés par les Marseillais, le 22 mars 1793, et, assurément, ces prisonniers n'avaient pas accueilli les Marseillais en leur tirant des coups de fusil.

[1] Déposition de la dame Sébastien Gry (veuve d'un patriote tué par les brigands), dans le procès de Cebert, condamné à mort par le tribunal révolutionnaire de Nantes, le 19 floréal an II — 8 mai 1794, — pour avoir fréquenté les membres du comité royaliste de Machecoul pendant les massacres, *et*, — porte son jugement, — « *publié une proclamation ironique et hypocrite que fit* » *ce comité, et par laquelle il feignait de défendre de ne plus* » *faire mal aux prisonniers.* » (Dossier Cebert, registre du Tribun. révolut. *Arch. du Greffe.)*

XII

SOUCHU.

12-19 Mars 1793.

Erreurs des historiens à l'endroit de la personne de Souchu. — Causes de sa renommée. — Tentative de négociation de Souchu et autres chefs reconnus des insurgés au sujet des prisonniers de Saint-Philbert. — Éxécution à Nantes de Gabriel Musset. — Refus, par les autorités républicaines, de consentir à la négociation. — Déclaration de Boullemer. — Proclamation aux habitants des campagnes. — Organisation de la résistance par les royalistes. — Comités relevant de celui de Machecoul. — Mouvement sur Paimbœuf. — Prise de Bourgneuf. — Lettre de Louis Guérin à propos de ses prisonniers. — Arrivée de Charette à Machecoul. — Proclamation au peuple du pays de Retz.

Dès les premiers jours de l'occupation de Machecoul par les Vendéens, on rencontre Souchu parmi ceux dont les révoltés reconnaissent l'autorité. Le nom de cet homme est devenu célèbre, et, depuis qu'on écrit sur la Vendée, les historiens se transmettent ce nom l'un à l'autre, en le chargeant de leur exécration. Aucun d'eux, pourtant, n'a encore pris la peine de nous dire avec exactitude le lieu de sa naissance et la position qu'il occupait quand la guerre éclata.

Ouvrons l'*Histoire de la Révolution,* de M. Michelet; nous lisons dans l'un des volumes : « Un receveur de gabelles, Souchu [1], » et, dans le volume suivant: « Souchu n'était pas juge, mais serviteur de la famille Charette [2]. » Et, tandis que plusieurs historiens adoptent la première assertion de M. Michelet [3], M. Louis Blanc, exact en cela, nous apprend que Souchu avait été procureur fiscal de M. Charette de Briord; puis il ajoute : « Ce n'était pas, comme on l'a tant dit, un étranger amené là dans un fatal moment par un fatal hasard; *quand l'insurrection éclata, il vivait depuis longtemps au service de Charette de Briord,* oncle du trop fameux Athanase de Charette [4]. » Pour M. Crétineau-Joly, Souchu est un partisan [5]; il « s'est trouvé à Paris dans les journées du 20 juin, du 10 août et du 2 septembre 1792 ; il a vu crouler la royauté, égorger ses défenseurs [6], » et il a résolu d'employer contre la Révolution les moyens que celle-ci a mis en œuvre pour abattre la monarchie.

La vérité est que René-François Souchu naquit à Saint-André-de-Châteaurenaud, non loin de Tours, et qu'en 1787, il avait cessé d'occuper des fonctions dépendant de M. Charette de Briord. Le lieu de sa

---

[1] T. v, p. 419.
[2] T. vi, p. 78.
[3] Berthre de Bourniseaux, t. 1, p. 349 : « Un ancien gabeleur; » — M. Bonnemère, *La Vendée en 1793,* p. 122 : « Souchu, auquel la Révolution avait enlevé une place dans les gabelles. »
[4] *Hist. de la Révol.,* t. viii, pp. 193 et 194.
[5] *La Vendée militaire,* t. 1, p. 50, 3ᵉ édit.
[6] *Ibid.,* p. 106.

naissance est indiqué en marge du jugement de la commission militaire qui le condamna à mort, le 25 avril 1793, et le détail de ses diverses fonctions se trouve consigné dans les registres du tribunal de Machecoul.

Un décret du 29 janvier 1791, supprimant la vénalité et l'hérédité des offices ministériels pour le contentieux, et statuant sur l'établissement des avoués, portait (article 5) que « les procureurs fiscaux des ci-devant justices seigneuriales, ressortissant nûment aux cours supérieures, et les procureurs en titre d'office, ou en vertu de provisions, ayant exercé près lesdites justices, seront admis à remplir les fonctions d'avoués près des nouveaux tribunaux [1]. » Désirant profiter des avantages de ce décret, René-François Souchu se présenta avec plusieurs autres hommes de loi de Machecoul et environs, le 10 mars 1791, à la barre du tribunal du district de cette ville, pour y prêter, en qualité d'avoué, le serment exigé. Lecture fut donnée des mandements qui lui avaient été accordés pour être procureur en diverses juridictions, dont les appels relevaient directement au ci-devant Parlement de Bretagne. Ces mandements sont : 1° celui qui lui fut accordé, le 1er octobre 1783, par le sieur Joseph Charette de Briord; 2° un autre, portant la date du 29 mars 1787, par le sieur Jean-Daniel Guillon; 3° un troisième, du 3 avril 1788, par M. de Juigné[2]. Souchu, qui est désigné,

---

[1] Duvergier, *Collect. de lois*, t. II, p. 184.
[2] 1er registre d'audience du tribunal du District de Machecoul, f° 30, v°. *(Arch. du Greffe.)*

dans le jugement qui le condamna, comme habitant Machecoul depuis deux ans, y remplit, durant cette période, sans interruption notable, ses fonctions d'avoué, ainsi qu'il est facile de le constater, en feuilletant le registre des enrôlements du tribunal de cette ville.

Tout en faisant son métier d'avoué, Souchu, dont la signature est facile à reconnaître, occupait dans l'administration du directoire du District les fonctions de chef de bureau; il signait, en cette qualité, des pièces et des registres, dès le 2 mars 1791, jusqu'aux premiers mois de 1792, et peut-être plus tard[1]. Ces fonctions de Souchu au District sont, en outre, rappelées dans l'interrogatoire de sa veuve, lorsqu'elle comparut à Nantes devant la commission militaire, présidée par Bignon, le 13 floréal an II — 2 mai 1794[2].

L'insinuation de MM. Louis Blanc et Michelet, tendant à présenter Souchu comme un homme à la solde de la famille Charette, n'a donc aucun fondement. Souchu, ancien procureur de justice seigneuriale, devint avoué, comme beaucoup d'autres hommes

---

[1] Souchu, chef de bureau, 2 mars 1791. — Requête de Souchu, demandant une somme de 500 livres pour cinquante-six mois de traitement, 23 juin 1791. (Tableau résumé des opérations du District.) — Registre des dépenses du District de Machecoul *(passim.) (Arch. de la Préfect. Fonds de Machecoul.)*

[2] Dossier de la veuve Souchu. Son interrogatoire par l'accusateur David-Vaugeois, écrit de la main de celui-ci. La veuve Souchu fut condamnée à être détenue comme suspecte. — Registre de la commission Bignon, f° 224. *(Archives du Greffe.)*

de loi, dont la plupart embrassèrent la cause de la Révolution, et il n'avait pas plus de raisons qu'un autre de haïr le nouvel ordre de choses. Certains écrivains royalistes, embarrassés du grand bruit que les républicains ont fait des crimes de ce chef, l'ont représenté comme un traître. Cette accusation est dénuée de toute espèce de preuves; il faut savoir être vrai et juste pour tout le monde : Souchu ne fut point un traître, mais sa mémoire a été justement flétrie parce qu'il a joué le rôle de bourreau dans un parti qui s'honore de n'avoir, le plus souvent, fourni que des victimes. Qu'on ne s'y méprenne pas cependant : le grand renom de cruauté qui a immortalisé Souchu est un hommage rendu à la cause vendéenne. Si, magistrat servile aux ordres d'un représentant en mission, il eût prononcé des condamnations capitales dix fois plus nombreuses que celles de Machecoul, Souchu serait aussi inconnu dans l'histoire que les Félix, les Fauvety, les Parein, les Gonchon, les Bignon, et tant d'autres juges de la Terreur, dont M. Berriat-Saint-Prix a récemment exhumé les noms de la poudre des archives [1].

J'ai déjà eu occasion d'avancer incidemment que Souchu, tout d'abord, ne fit pas un mauvais usage de son autorité. Pour nouvelle qu'elle soit, cette assertion n'en est pas moins exacte. On se rappelle qu'à Saint-Philbert-de-Grand-Lieu, bourg situé à moitié route entre Nantes et Machecoul, l'insurrection avait pris

---

[1] Voir les travaux de M. Berriat-Saint-Prix, conseiller à la Cour impériale de Paris, sur *la Justice révolutionnaire à Paris et dans les départements.* (*Cabinet historique,* t. IX à XIV.)

un développement considérable. Le pont, nous l'avons déjà vu, avait été rompu, le dimanche au soir, 10 mars. Les rebelles étaient retournés à la Chevrolière chercher des armes. « Tout l'attroupement fut de retour à Saint-Philbert le lundi, vers midi. Plusieurs furent arrêtés. Le calme parut se rétablir par les soins de la garde nationale; de nouveaux attroupements se formèrent ensuite, et l'on fit de nouvelles arrestations[1]. »

Les prisonniers, au nombre de vingt-trois, avaient été emmenés à Nantes par un détachement de la garde nationale de cette ville[2]. Ce fut alors que des habitants de Saint-Philbert et de Machecoul, qui, paraît-il, n'avaient pas perdu tout espoir de voir les autorités républicaines entrer en accommodement avec eux, essayèrent de leur faire parvenir la proposition de déposer les armes, si on voulait rendre les prisonniers de Saint-Philbert. Que serait-il arrivé si les propositions pacifiques avaient été accueillies? Il est bien difficile de le savoir aujourd'hui, mais il y a lieu d'être étonné qu'on ait, jusqu'à ce jour, gardé un silence absolu sur ce fait important d'une proposition pacifique émanant de quelques-uns des chefs des rebelles de Machecoul, parmi lesquels se trouvait Souchu.

Plusieurs des pièces importantes de cette tentative

[1] *Relation des événements de Saint-Philbert*, déjà citée au chapitre x.
[2] « On a annoncé le retour du détachement de Saint-Philbert...... Il amène vingt-trois prisonniers, qui sont détenus au château. » 4e registre des séances du conseil de Département, 12 mars 1793, f° 44.

de négociation ont été perdues, notamment la première des lettres envoyées et la réponse du Département; mais les documents suivants suffisent à établir l'existence de la négociation.

On lit sur le registre du comité central des trois corps administratifs, séance du 12 mars : « Il a été » fait lecture d'une lettre de Saint-Philbert, signée » Dupont, et adressée au citoyen Poitevin, par la» quelle les révoltés demandent la paix, sous la » condition que les prisonniers seront rendus. *Le* » *comité central décide qu'il n'entrera en accommo-* » *dement que si les rebelles dénoncent leurs chefs et* » *rendent leurs armes* [1]; » sur le registre du Directoire de Département, également à la date du 12 : « Les sieurs » Plantier, médecin, Mathurin Boucard, Antoine » Robin, Jean Bourdin, tous habitants de Mache» coul, ont été amenés par la garde nationale au Di» rectoire [2]. Ils ont dit qu'ils venaient de la part des » rebelles pour demander la paix, à condition qu'on » leur rendrait les prisonniers faits à Saint-Philbert, » et que, si on ne leur accordait pas ces conditions et » la paix, les prisonniers qui sont en leur pouvoir se» raient massacrés [3]. »

Ces députés avaient-ils mission de faire cette menace au Directoire, ou bien le procès-verbal n'a-t-il pas

---

[1] F° 2.

[2] Antoine Robin et Plantier étaient deux patriotes; je n'ai pas sur les deux autres des renseignements assez précis pour me prononcer à leur égard.

[3] F° 44, r°. *(Arch. de la Préfect.)*

plutôt mal rendu leurs propositions? Je l'ignore; mais ce qu'on ne peut nier, c'est qu'une lettre, émanant de plusieurs habitants de Machecoul, que nous verrons occuper, dans le comité royaliste, des situations importantes, loin de contenir une pareille menace, témoigne, au contraire, hautement du désir d'arriver à une composition amiable avec les autorités républicaines. Cette lettre, datée de Machecoul, le 12 mars, est ainsi conçue :

« Nous vous avons peint, ce matin[1], la situation
» malheureuse où se trouvent les habitants de Mache-
» coul, occasionnée par l'imprudence de quelques
» gardes nationaux, qui ont tiré sur les gens de la
» campagne, rassemblés au nombre de dix mille, de
» toutes les paroisses circonvoisines, de sept ou huit
» lieues à la ronde, qui se présentaient pour s'opposer
» au tirage du recrutement et se faire remettre les
» armes qui leur avaient été enlevées par le District.
» Plusieurs personnes ont péri; un grand nombre sont
» en prison et courent les plus grands dangers, si la
» force armée qui se porte à Machecoul par Saint-
» Philbert ne se retire de suite. Les gens de la cam-
» pagne veulent la paix; nous sommes persuadés
» que vous la voulez sincèrement. Nous redoublons
» d'efforts pour empêcher le sang de couler davantage,
» et nous croyons bien que ceux qui sont en prison
» n'auront aucun mal, et que les gens de la campagne
» se retireront, si vous annoncez que vous vous retirez

[1] Ces mots : « Nous avons peint ce matin » indiquent clairement l'envoi d'une première lettre que je n'ai pu retrouver.

» vous-mêmes. Au nom de la paix et de l'humanité,
» nous vous en conjurons, et sommes vos frères et
» amis,

» Souchu, J. Peraud, B. Laheu,
» Boullemer, Praud-Nicollière,
» René Durand[1]. »

Assurément, on serait peu fondé à soutenir, en présence d'un pareil document, où rien ne manque pour attirer l'attention, pas même la signature de Boullemer, que la responsabilité des scènes qui vont suivre doit être imputée entièrement au parti des rebelles. Que si l'on alléguait l'impossibilité pour les autorités républicaines de céder devant l'émeute, ne pouvaient-elles pas au moins prendre cette lettre en considération, et, pour donner aux esprits le temps de se

---

[1] Extrait des notes sur la commune de Machecoul, recueillies par M. Verger; manuscrit petit in-4°, déposé à la Bibliothèque publique de Nantes. L'autorité de M. Verger garantit seule l'authenticité de cette pièce, dont je n'ai pu trouver l'original, bien que j'aie rencontré, à la Préfecture de Nantes, plusieurs originaux d'autres pièces concernant Machecoul, que M. Verger a copiées et jointes à celles-ci dans son manuscrit. Je n'ai pas besoin de rappeler ici que la bonne foi du savant auteur des *Archives curieuses de Nantes* est à l'abri de toute contestation. — Les habitants de Bouaye, commune voisine du Port-Saint-Père, avaient envoyé « leur juge de paix proposer en leur nom de rentrer dans l'ordre, à condition qu'on n'enverrait plus de troupes dans leur commune. Le conseil a chargé le juge de paix de rapporter à ses commettants qu'il ne capitule point avec les rebelles; qu'ils doivent commencer d'abord par rentrer dans le devoir et se soumettre aux lois, et qu'alors l'administration leur fera connaître ses intentions. » — Séances du conseil de Département, 12 mars 1793. Reg. n° 4, f° 43.

calmer, proposer, par exemple, comme base d'une négociation, l'échange des prisonniers ?

Elles préférèrent imposer à la soumission des conditions inacceptables, en exigeant qu'on livrât d'abord les chefs et qu'on déposât les armes. Et ce qui montre combien peu elles songeaient à la conciliation, c'est qu'au retour de l'expédition de Saint-Philbert, qui n'avait pas eu grand succès, on s'occupait d'en préparer une autre. « Le citoyen Sotin, lisons-nous dans le » procès-verbal de la séance du 13 mars des trois corps » administratifs, le citoyen Sotin, commissaire civil » près la force armée envoyée à Saint-Philbert, a fait » le rapport de son expédition; il a proposé d'envoyer » une force armée à Machecoul pour délivrer les pa- » triotes qui y sont emprisonnés. » Et, quelques lignes plus loin : « Une cour martiale accompagnera chaque » détachement de la force armée et jugera, sur le lieu » et à l'instant même, les rebelles pris les armes à la » main, d'après les règles et les formes prescrites par » la loi relative aux émigrés [1]. » Puis, comme si l'on avait tenu à enlever aux populations tout espoir de pardon, on faisait condamner et exécuter, à Nantes,

---

[1] Registre des délibérations des trois corps administratifs, fᵒˢ 2 et 3. *(Arch. de la Préfect., fonds du Départ.).* Séance présidée par Beaufranchet, préfet du Département, Bougon, procureur du District, et Baco, maire. — La loi relative aux émigrés est celle du 9 octobre 1792, d'après laquelle on devait livrer, dans les vingt-quatre heures, à l'exécuteur, tout individu pris les armes à la main, convaincu d'avoir émigré. L'autorité chargée de faire la constatation des faits était une commission militaire. *(Procès-verbal de la Convention,* t. 1, p. 285.)

dans la même journée, Gabriel Musset, de Saint-Mesme, l'un des prisonniers amenés de Saint-Philbert. Enfin, Sotin, à la date du 13, envoyait à Machecoul une lettre que je n'ai point retrouvée, mais dont la proposition que je viens de transcrire permettrait de deviner le sens, lors même que Boullemer ne se serait pas chargé de faire connaître l'impression désolante qu'elle produisit sur le comité royaliste, donnant ainsi une nouvelle preuve de sa présence à ce comité.

« J'ai vu, dit Boullemer, le citoyen Nicollière, les
» larmes aux yeux, lire la lettre que le citoyen Sottin
» écrivit au comité, le mercredi 13 mars; il la lisait
» en public et priait les insurgés de respecter les pri-
» sonniers[1]. »

Ce fut dans ces jours-là que Cebert, nous l'avons déjà vu, et J. Peraud, l'un des signataires de la lettre du 12 mars, firent publier une proclamation pour contenir la vengeance des paysans. On comprend, de reste, que Boullemer n'ait pas dit un mot de ces différentes circonstances dans sa relation; il est même

[1] Certificat délivré à Machecoul, le 23 avril 1793, à M. Joseph Praud de la Nicollière, membre du comité royaliste, par vingt-deux patriotes ou veuves de patriotes de cette ville, dans le but de le soustraire à la condamnation qui attendait ceux des membres du comité que l'on avait pu saisir. Ce certificat, que sa famille a conservé, et qui m'a été communiqué, est le plus éclatant hommage qui puisse être rendu à un homme de bien par des adversaires politiques, au milieu de circonstances difficiles. Il témoigne que M. de la Nicollière ne fit usage de son autorité que pour apaiser les violences et éviter l'effusion du sang, et que notamment sept personnes échappèrent aux proscriptions, grâce à ses démarches.

assez curieux de constater que, dans cette relation, Souchu ne se trouve désigné que par une périphrase : « Un des chefs qui a payé ses crimes de sa tête [1]; » et qu'on y chercherait vainement le nom d'un seul de ses cosignataires de la lettre du 12 mars, bien qu'en elle-même cette lettre eût un caractère tout pacifique. D'où l'on est amené à se demander pourquoi, Boullemer ayant été l'un des premiers membres du comité royaliste, il n'y est pas resté et il a mis tant d'acharnement à retracer les horreurs commises les 11 et 12 mars par un parti qui était encore le sien le 12 mars ? Quiconque a étudié d'un peu près l'histoire de ces temps-là sait que les plus coupables exagérations révolutionnaires n'ont eu le plus souvent d'autre mobile que le désir de couvrir un passé compromettant.

Si, d'après Boullemer, la lettre de Sotin causa tant de tristesse au comité, s'il est constant que l'insuccès de la négociation ne peut être attribuée à ses membres, quel cas faut-il faire de ce lieu commun consistant à prétendre que les paysans voulaient la paix et que la guerre ne fut attisée que par l'ambition des chefs ? Il serait plus conforme à la vérité de dire que les choses étaient arrivées à ce point que, pour tout le monde, la guerre s'imposait comme l'unique moyen de salut; car, après l'insuccès de leurs doléances, l'accueil fait à leurs députés, les rebelles ne pouvaient considérer comme une œuvre de bonne foi la proclamation répandue à ce moment dans les campagnes, proclamation dans laquelle on leur parlait ainsi :

[1] Relation de Boullemer, p. 17.

« ..... Désabusez-vous donc, il en est temps encore ; si vous croyiez avoir des plaintes à faire, il fallait les porter devant vos administrateurs, comme vous l'aviez fait jusqu'à présent. Ont-ils jamais refusé de les entendre ? Vous souvient-il qu'ils aient jamais mal agi avec vous ? Cette fois-ci, il en aurait été tout de même : ils eussent pris, sur vos demandes, les moyens de tout arranger ; ils auraient écrit à la Convention nationale, qui, sans doute, aurait eu égard à nos représentations. Cela peut se faire, et nous vous l'offrons ; mais il faut mettre bas les armes, et cesser de suivre les chefs qui vous égarent. Nous savons que plusieurs d'entre vous ne sont là que par force et contre le cri de leur conscience, qu'ils ont été menacés de perdre la vie ; nous connaissons ceux-là, nous connaissons les autres. Rentrez dans vos foyers, faites-nous parvenir vos plaintes, envoyez-nous des députés, et il ne dépendra pas de nous qu'ils ne vous reportent des réponses satisfaisantes [1]..... »

Les insurgés pouvaient-ils raisonnablement se fier à de pareilles promesses ? Peu après, les députés envoyés de Machecoul y revinrent, ne rapportant d'autre gage de conciliation que le placard qu'on vient de lire et la nouvelle de l'exécution de Musset. A leur arrivée à Nantes, on les avait emprisonnés au château ; mais on les avait relâchés presque aussitôt, après

---

[1] Proclamation aux habitants des campagnes, rédigée par les trois corps administratifs de la ville de Nantes, séance du 14 mars 1793. F° 4 du registre de leurs délibérations. *(Arch. de la Préfect.)*

leur avoir fait promettre d'employer tous leurs efforts à ramener les révoltés à l'ordre et à la paix [1].

Cependant, à Machecoul, l'on s'était occupé d'organiser la résistance ; des relations avaient été nouées avec les paroisses révoltées des environs. Dans chacune d'elles, un comité avait été immédiatement formé par ceux des habitants les plus signalés pour leur opposition au nouveau régime, et il existe de nombreuses pièces qui montrent que cette correspondance s'établit dès les premiers jours de l'insurrection.

Si, jetant les yeux sur la carte du département de la Loire-Inférieure, on trace, vers l'ouest, une ligne allant du Pellerin à Bourgneuf ; au sud, une seconde ligne de Bourgneuf à la Garnache, et de la Garnache à Legé, en faisant un léger empiétement sur le département de la Vendée ; à l'est, une troisième ligne de Legé à Saint-Colombin ; enfin, une quatrième ligne partant de Saint-Philbert pour aboutir à Port-Saint-Père, on se fera une idée assez juste de l'étendue du territoire dont les insurgés se trouvèrent, au moyen des comités paroissiaux, en rapport direct avec celui de Machecoul.

Ce serait dans ces premiers jours, selon certains auteurs, que les rebelles rassemblés à Machecoul au-

---

[1] Élargissement de Mathieu-Alexandre Plantier et de Boucard, 16 mars. Reg. du bureau central, f°s 5 et 6 ; — de Jean-Baptiste Bourdin et d'Antoine Robin, 15 mars. Registre du comité d'exécution, f° 4 ; Registre d'écrou du château, f° 6, r°. Incarcérés le 12. (*Arch. du Greffe.*) — D'après une note du manuscrit de M. Verger, Plantier aurait été relâché sur la demande d'un certain nombre de patriotes qui avaient rédigé une pétition à cet effet.

raient fait, pour s'emparer de Pornic, sous la conduite de La Roche-Saint-André, une expédition malheureuse, à la suite de laquelle les paysans auraient remis le commandement à Charette, comme plus digne par ses talents de les mener au combat [1]. J'aurai plus loin occasion de fournir des détails sur l'affaire de Pornic ; mais je dois, dès maintenant, montrer que les mouvements des premiers jours, exécutés contre cette ville et contre Paimbœuf, ne furent point le fait des insurgés de Machecoul, ou du moins que la part qu'ils y prirent fut très-petite. C'est de Frossay, de Vue et autres paroisses de ce parage que venait le grand rassemblement qui se dirigea vers Paimbœuf et Pornic. Ce rassemblement comptait parmi ses chefs Danguy, de Vue, et Cadou, maire de Frossay [2] ; et les rebelles qui le composaient marchaient avec l'intention de s'en prendre à leur District de Paimbœuf, comme avaient fait ceux de Machecoul. Mais, mieux défendu que cette dernière ville, Paimbœuf, attaqué dans la

---

[1] « Charette succéda, dans le commandement de l'armée, au marquis de La Roche-Saint-André. » (Le Bouvier-Desmortiers, *Réfutation des calomnies dirigées contre Charette*, p. 55.) — « Saint-André... Il fallut songer à le remplacer. Les insurgés du Bas-Poitou se portèrent en foule chez Athanase Charette de la Contrie. » (De Beauchamp, 4ᵉ édition, p. 105.) — « La Roche-Saint-André se retira dans l'île de Bouin. Ce fut dans ce moment que Charette parut à la tête de ces mêmes paysans que le comité supérieur avait façonnés au meurtre et au pillage. » (Crétineau-Joly, *Vendée militaire*, tome 1, p. 107, 3ᵉ éd.)

[2] Ces deux chefs avaient essayé vainement de persuader aux paysans de présenter sans violences leurs demandes au District de Paimbœuf. (Dossier de Danguy, condamné à mort, le 6 avril 1793. *Arch. du Greffe.*)

journée du 12 mars, réussit à repousser les envahisseurs [1]. Quant aux habitants de Pornic, fort effrayés déjà, parce qu'ils se trouvaient dégarnis de cinquante gardes nationaux, envoyés au secours de Bourgneuf [2] le même jour, ils avaient vu, le lendemain, 13, bien que leurs concitoyens fussent de retour, grandir leur effroi, « à l'arrivée des gardes nationales de Sainte-» Marie, de la Plaine, du Clion et de la Bernerie, » fuyant devant l'irruption menaçante des brigands [3]. » Mais, pour cette fois, ils en avaient été quittes pour la peur.

Je ne crois pas qu'à ce moment les insurgés de Machecoul se soient avancés beaucoup au-delà de Bourgneuf, poste d'une certaine importance, dont ils s'emparèrent le 12 mars [4].

Dès le lundi 11, on était venu dénoncer à la munici-

---

[1] « C'en est fait du District de Paimbœuf, si vous ne venez promptement à son secours. Nous avons repoussé, hier, les forcenés de dix paroisses. » (Lettre du District de Paimbœuf au Département, 13 mars 1793. — Registre de correspondance du District de Paimbœuf. *Arch. de la Préfect.)*

[2] Extrait du registre des délibérations de la municipalité de Pornic, séance du 12 mars 1793. *(Arch. de la Préf.)*

[3] *Eodem*, séance du 13 mars 1793.

[4] M. Chevas, *Notes sur les communes de la Loire-Inférieure*, p. 75, dit le 13. — Une déclaration de trois patriotes donne la date du 12, qui s'accorde, du reste, avec les autres documents. — D'après M. Carou, *Histoire de Pornic*, p. 109, les gardes nationaux de Pornic auraient remporté, le 13, un avantage sur les insurgés, et les auraient poursuivis jusqu'à Machecoul ; cela nous paraît d'autant moins vraisemblable que le rapport à la municipalité du chef du détachement ne mentionne aucunement ce petit succès.

palité de Bourgneuf l'agitation des communes voisines, et notamment de Sainte-Pazanne, de Saint-Hilaire-de-Chaléons et du Port-Saint-Père. Les municipaux n'avaient pas voulu qu'on s'assurât de la vérité des faits, et quelques citoyens, que l'on était néanmoins parvenu à armer, avaient tourné du côté des rebelles.

Les gardes nationaux de Pornic, de la Bernerie et des Moutiers étaient accourus, le lendemain 12, porter secours ; mais une lettre anonyme ayant annoncé que Pornic allait être attaqué, ceux de cette ville s'en étaient retournés en hâte pour la défendre. Aussi, lorsque les insurgés, partis de Machecoul, vinrent, sous la conduite d'un nommé Coussays, sommer Bourgneuf de se rendre, ils purent entrer sans difficulté.

Commirent-ils, ainsi que l'ont prétendu plusieurs patriotes de Machecoul, « toutes sortes de brigandages » et de pillages, malgré la promesse qu'il ne serait fait » de mal à personne [1] ? » Le fait est loin d'être démontré, et M. Chevas se borne à dire, lui aussi, qu'ils entrèrent sans difficulté, sans relever aucun fait de violence. Ce qu'on ne peut nier, c'est qu'il y eut un certain nombre de patriotes emprisonnés ; mais, loin que le comité royaliste de Bourgneuf puisse être accusé d'avoir songé à les mettre à mort, la lettre sui-

---

[1] Déclaration faite aux administrateurs du Département par trois patriotes de Bourgneuf, le 2 avril 1793. Cette déclaration ne mentionne aucun meurtre de la part des brigands. *(Arch. du Greffe.)*

vante prouve que l'on s'occupa de les envoyer dans un lieu où ils seraient plus sûrement gardés ; cette lettre, signée de Louis Guérin, commandant, et de Béziau, capitaine, datée de Bourgneuf, le 15 mars 1793, et adressée « aux amis de l'aristocratie [1], » à Fresnay, est ainsi conçue :

« Notre garde n'étant point assez considérable pour garder les quatorze prisonniers que nous avons, et nous défendre des attaques qui doivent nous être faites par une partie des habitants de Pornic et d'autres, nous vous prions de nous envoyer un détachement de votre garde pour conduire les prisonniers chez vous. En cas d'alerte, nous serons plus en sûreté de ne pas les avoir [2]. »

Ce Louis Guérin [3] est le même qui devait jouer un rôle si important dans la guerre de Charette.

J'ai dit qu'il était inexact de reculer l'époque de l'arrivée de Charette à Machecoul jusqu'au jour du départ de La Roche-Saint-André. En effet, on verra

---

[1] Cette dénomination d'aristocrate n'emportait nullement avec elle l'idée d'un rétablissement de la noblesse dans ses priviléges. Dès l'année 1791, Gensonné disait, dans son rapport lu à l'Assemblée législative, le 9 octobre : « On nomme *patriotes* ceux qui se sont soumis au régime constitutionnel des prêtres, et *aristocrates* ceux qui ne reconnaissent que les prêtres non assermentés. »

[2] Dossier des membres du comité de Bourgneuf, Paumier et Linassier acquittés, le 23 mai 1773, par le tribunal révolutionnaire. *(Arch. du Greffe.)*

[3] Louis-Joseph Guérin, cocassier, marchand de beurre et d'œufs ; baptisé en 1766. *(Notes sur les communes de la Loire-Inférieure, par Chevas, p. 282.)*

plus loin que La Roche-Saint-André commandait encore les insurgés de Machecoul le 23 mars, et un document précis établit que Charette arriva dans cette ville dès le 14 mars [1].

Ce document est une lettre signée Souchu, J. Peraud, Pottier, etc., et ainsi conçue : « Machecoul, le 14 mars 1793, l'an dernier de la Tyrannie. Frères et amis de Bourgneuf, — Nous allons vous envoyer le plus de force que nous pourrons; Saint-Philbert est tranquille; mais, comme c'est une clef, nous allons y faire porter un canon avec du monde. Les bleus l'ont évacué, après avoir pillé plusieurs maisons. Ils ont emmené avec eux les démocrates. *Il nous arrive un détachement de quatre-vingts hommes de la Garnache, commandé par le chevalier Charette, lieutenant de vaisseau.* Palluau est pris...... Quant à nous, notre position est

---

[1] Dans sa Relation, Boullemer dit : Charette arriva le 14 ou le 15 mars; Villers, p. 12 de son rapport, dit le 14. — M. de Beauchamp, dans sa première édition, p. 124, avait donné la date exacte; mais, incertain sur l'époque de l'affaire de La Roche-Saint-André à Pornic, qu'il supposait antérieure à l'arrivée de Charette, il a, dans sa quatrième édition, p. 105, placé l'arrivée de ce chef au 18, date que M. Crétineau-Joly a acceptée de confiance. *Vendée militaire*, 3ᵉ édit., t. 1, p. 65. — Même observation pour Le Bouvier Desmortiers, *Réfutation*, etc., p. 51. — Quant à M. Bonnemère, dans *la Vendée en 1793*, il dit, p. 126 : « Le 14 mars, Charette vient à Machecoul, et est élu chef de l'armée qui se forme; » p. 131 : « Le 11, jour de l'arrivée de Charette; » p. 134 : « Quand tous les hommes y eurent passé — 600 — on songea aux femmes. Déjà un bon nombre étaient incarcérées. Charette, en arrivant, les fit mettre en liberté. » Ce qui reporterait l'arrivée de Charette au milieu d'avril; trois dates différentes en huit pages; l'une des trois se trouve exacte, heureusement!!!

toujours la même; nous ne craignons rien; du courage, mes amis, et nous serons vainqueurs [1]. »

« Charette fit, en arrivant sur la place, un discours à sa troupe, et finit par ces cris : « Vive le Roi! Vivent la noblesse et les aristocrates! » De la place, il se rendit au Calvaire, et là, monté sur les marches, il fit un sermon au peuple, qu'il fit pleurer, sur les dangers que courait la religion catholique, ébranlée par la horde des brigands bleus [2]. »

D'après M. Fillon, ce fut le comité qui fit reconnaître Charette commandant en chef, aux acclamations de la foule réunie sur la place publique, et Souchu qui expédia aussitôt aux paroisses soumises à son autorité la proclamation suivante, dont j'ai retrouvé une copie à peu près identique, sans date ni signature, dans les papiers du comité, saisis lors de la prise de Machecoul :

« Le peuple du pays de Retz et pays adjacent, rassemblé de lui-même en corps de nation, dans la ville de Machecoul, pour arrêter le brigandage, secouer le joug de la tyrannie et reconquérir ses droits et ses propriétés, dont il a été dépouillé par la force et la violence des brigands qui ont usurpé l'aucthorité légitime, porté leurs mains sacriléges sur la personne du meilleur des roys, détruit la monarchie, la justice et la religion, déclare, à la face du ciel et de la terre, qu'il ne reconnaît et ne reconnaîtra jamais que le roy de

---

[1] Pièce publiée dans l'*Almanach chrétien démocratique* pour 1849, p. 29.
[2] Relation de Boullemer, p. 8.

France pour son seul et légitime souverain, auquel il jure obéissance et fidélité;

» Qu'il ne reconnaît plus ni la prétendue Convention nationale, ni les départements, ni les districts, ni les municipalités, ni les clubs, ni les gardes nationales. Les forfaits de tous ces scélérats doivent attirer sur eux la vengeance céleste et la punition la plus éclatante.

» Il est fait défense à qui que ce soit de leur obéir, sous peine d'être puni comme rebelle à Sa Majesté.

» Le peuple déclare reconnaître un commandant pour le roy, dans cette ville de Machecoul, pays de Retz et pays adjacent, et jure de lui obéir en cette qualité. Il a été arrêté, à l'unanimité, que la présente déclaration sera publiée dans cette ville, dans toutes les paroisses du pays de Retz et du pays adjacent, afin que personne n'en puisse prétendre cause d'ignorance.

» Le peuple de Machecoul, du pays de Retz et du pays adjacent,   Signé : Souchu.

» Machecoul, le 12 mars 1793, l'an dernier de la tyrannie [1]. »

Ce dut être le 15 mars, ou, au plus tôt, le 14, que cette proclamation fut publiée, malgré la date du 12 que porte la copie publiée par M. Fillon; cet auteur fait lui-même remarquer qu'on l'expédia aux paroisses environnantes seulement après que Charette eut été reconnu en qualité de commandant, et l'on a vu qu'il n'arriva que le 14 à Machecoul.

[1] *Pièces contre-révolutionnaires du commencement de l'insurrection vendéenne*, publiées par Benjamin Fillon. Fontenay, 1847. In-8° de 88 pages, tiré à petit nombre. Pages 40 et 41.

XIII

LE COMITÉ DE MACHECOUL.

Formation du Comité de Machecoul. — Du rôle du Comité de Machecoul dans les massacres des patriotes. — Le vicaire Prioul. — Assertion de Boullemer sur la continuité des massacres. — Procédés sommaires des gardes nationaux de Pornic contre les insurgés. — Soumission de la commune de Frossay non acceptée. — Emprisonnement des patriotes. — Jaubert au Port-Saint-Père.

« Souchu, lisons-nous dans l'*Histoire de la Vendée militaire*, de M. Crétineau-Joly[1], avait formé autour de lui un comité supérieur, composé en grande partie de gens sans éducation, ou d'hommes que les exactions révolutionnaires avaient mis en haleine d'exactions royalistes. Dans le camp dont il s'était attribué le commandement, on fusillait sans pitié, sans jugement. Souchu même prenait souvent l'initiative de ces exécutions. Elles n'étaient pas toujours de justes représailles. » Voilà comment s'exprime, sur le Comité supérieur de Machecoul, un auteur dont les écrivains révolutionnaires saisissent avec empressement les moindres aveux favorables à leur cause, parce qu'ils ont réussi à accréditer l'opi-

---

[1] Tome I, p. 50, 3ᵉ édition.

nion que M. Crétineau-Joly a porté jusqu'à ses dernières limites la partialité en faveur de la cause vendéenne.

Comment donc s'était formé le Comité de Machecoul ? Lors de l'invasion de la ville par des paysans ivres de leur victoire, régnait l'anarchie la plus complète ; c'est le propre de la domination de la multitude de produire l'anarchie. En de pareilles circonstances, le pouvoir appartient à ceux qui savent le prendre, et c'est ainsi que Souchu et quelques autres, parmi lesquels se trouvait Boullemer, avaient formé, au milieu du désordre, une sorte de comité, dans le but de faire cesser les violences et de négocier avec les autorités républicaines. J'ai dit comment, cette négociation n'ayant point réussi, Souchu avait proclamé la royauté, et, par cet acte, déclaré la guerre à la République française. Telle a été incontestablement l'origine du Comité royaliste de Machecoul. Quant à prétendre que les membres qui le composèrent plus tard, notamment à l'époque des sanglantes exécutions, furent tous des séides de Souchu, la chose est impossible, en présence du certificat donné à M. de la Nicollière, et des déclarations faites devant le tribunal révolutionnaire par Plantier et Latour, tous les deux patriotes ayant fait partie de ce comité.

Je crois avoir lu à peu près toutes les dépositions produites devant les tribunaux révolutionnaires contre les royalistes de Machecoul, et je n'y ai rien rencontré qui permît d'établir que le Comité ait jamais formé un pouvoir homogène, hiérarchiquement organisé, ayant des attributions déterminées. Souchu paraît seul avoir exercé une prééminence qu'il devait vraisemblablement à la docilité avec laquelle il se fit le complaisant des passions de la multitude. Et ce n'est pas sans étonnement que j'ai constaté l'absence complète d'accusations dirigées contre Charette pour le fait des massacres, même dans les dépositions du milieu de l'année 1794, alors que ce chef était devenu l'un des principaux objets de l'exécration des républicains.

Rien ne démontre non plus que ce fut en qualité de président du Comité que Souchu ordonna de conduire à la mort un certain nombre de patriotes : son jugement, rendu sur les dépositions de gens évidemment bien informés, puisque Souchu comparut, le 25 avril 1793, à Machecoul même, devant une commission militaire, qualifie cet avoué de la manière suivante :

« Souchu étant établi à la tête des brigands comme » *juge* des patriotes. »

Que l'on se reporte aux déclarations de Plantier et de Latour, faites devant le tribunal révolutionnaire de Nantes, en présence de nombreux témoins, venus pour attester le civisme des accusés et corroborer leurs moyens de défense, et l'on y trouvera la justification la plus nette de la conduite du Comité. Plantier dit : « que le Comité n'a participé en rien au massacre des » patriotes de Machecoul ; que c'étaient les nommés » Berthaud [1], laboureur à Machecoul; Léger, labou-

[1] Une lettre du 2 germinal an II, adressée par Musset à la commission militaire Bignon, signale la veuve Berthaud comme

» reur à Machecoul ; les trois frères Ériaud, bour-
» geois cultivateurs à la paroisse de Sainte-Croix de
» Machecoul, qui ordonnaient de faire mourir les
» patriotes. Charette, Cathelinière, gentilshommes, et
» les chefs ci-dessus dénommés étaient les chefs de la
» force armée des brigands [1]. » Latour [2] n'est guère
moins explicite, quand il déclare « que tous les pa-
» triotes ayant voulu résister aux brigands, et ayant
» été repoussés deux fois, il fut, comme ses autres
» frères d'armes, obligé de prendre la fuite et de se
» cacher où il put pendant plusieurs jours, au bout
» desquels il fut trouvé par les brigands, qui le for-
» cèrent d'aller au Comité, composé de Charette,
» Quaitin (ailleurs ce nom est écrit Keatin), ci-devant
» noble, Praud la Nicollière, l'abbé Poitier, l'abbé
» Rousseau, Fleury, Archambaud. Dit que ce sont
» Souchu et les deux Berthaud, laboureurs à la
» Rivière-Neuve, qui ont ordonné tous les mas-
» sacres. Un nommé Guillou, vicaire de Fresnay,

« la femme d'un des majors de Charette, celui qui a tant fait massacrer et massacré lui-même de patriotes. » (Papiers de la commission Bignon. Jugement du 11 floréal an II, — 30 avril 1794. *Arch. du Greffe.*)

[1] Plantier, Alexandre, marin, trente-deux ans, demeurant à Machecoul, traduit devant le tribunal révolutionnaire, le 28 mai 1793, pour avoir fait partie du comité des rebelles. Dix témoins déposent de son civisme. Maintenu en état d'arrestation, attendu que rien ne démontre qu'il a été forcé d'entrer au comité. — (Son jugement et son dossier, *Arch. du Greffe.*)

[2] Latour, Pierre-Alexandre-Martial, rentier à Machecoul, traduit devant le même tribunal que Plantier, le même jour et pour la même raison. Douze témoins entendus. Acquitté. (Mêmes *Archives.*)

» Prioul, vicaire de la Trinité de Machecoul, et un
» autre prêtre soi-disant d'Angers, connu sous le nom
» de Pierrot; Massonnet, curé de Saint-Mesme; le
» prieur de Soulans[1]. »

J'ai reproduit *in extenso* cette déclaration, laissant au lecteur le soin d'apprécier si les prêtres nommés dans la dernière partie ont été énumérés avec l'intention de les ranger dans la même catégorie que Souchu

---

[1] D'après le nommé Jean Bâtard, condamné par la commission militaire qui tenait ses séances au château de Machecoul, le 26 avril 1793, les chefs étaient : « Souchu, Jean Peraud, Latour, Plantier fils, Praud de la Nicollière, Fleury de Saint-Lumine, ci-devant clerc; Le petit Archambaud fils, élève; Jacques Berthaud l'aîné, Charette, Guilloteau et Couëtoux. »

Souchu dénonça, comme chefs des brigands, lors de son jugement : « Léger, les deux Berthaud, Chenaux de la Trinité, les deux Reigeard, Fouchet, les trois frères Ériaud, Marchèse de la Garnache, Charette et Cathelinière père et fils. » (Papiers des commissions militaires de Machecoul. *Arch. du Greffe.*)

La veuve Simonis étant allée au Comité, y trouva, « chez Keatin, Souchu, Peigné et autres scélérats; Charette y était ce jour-là. » (Sa déposition dans le procès Cebert.) — Ollivier, maire de Fresnay, acquitté par le tribunal révolutionnaire, le 25 mai 1793, déclare que Charette commandait à Machecoul avec Souchu, Ériaud et Berthaud. (Son dossier. *Arch. du Greffe.*) — Une lettre du 15 mars, signée de Beziau, pour le comité royaliste de Bourgneuf, et adressée à celui de Machecoul, porte cette suscription : « Lettre pour le Comité central tenant chez le sieur Souchu. » (Papiers de Beysser. Mêmes *Archives.*)

Dans un interrogatoire subi par M. Burot de Carcouet, ancien président à la Cour des Comptes, jugé le 19 floréal an II, on lit : « Je ne puis dire quels étaient les membres du Comité; je sais seulement que Souchu, Peraud et Laheu étaient dans la chambre de ce comité; c'était avant les assassinats faits à Machecoul par les brigands. » (Interrogatoire écrit de la main de Bachelier, du 3 germinal an II. *Arch. du Greffe.*)

et les deux Berthaud, ou si cette énumération n'est pas le commencement d'une phrase que le greffier aurait laissée inachevée ; car mon intention, en consignant ici le résultat de mes recherches, est de fournir des renseignements plutôt que de tirer des conclusions. Toutefois, il y a lieu de remarquer que Boullemer, qui a, lui aussi, parlé de ces prêtres, ne leur donne point un rôle aussi important, bien que sa malveillance pour eux soit poussée à l'extrême.

« Il était arrivé parmi les paysans, — dit-il, — des
» prêtres réfractaires, nommés *Piarre, Goguet, Massonnet,* ci-devant curé de Saint-Même, et Priou. Ce
» dernier parut en soutane, dès le mercredi 13. Il
» avait été vicaire de la Trinité de Machecoul ; on
» l'invite d'y dire la messe ; il répond que l'église est
» polluée, qu'il ne l'a pas bénite depuis que le prêtre
» constitutionnel y avait dit la messe. Il choisit alors
» un autre lieu plus *consacré*. Il fait dresser un autel,
» au carrefour de la prison, et dit la messe dans
» l'endroit même où le curé constitutionnel avait été
» massacré, ainsi que trente patriotes ; le monstre
» avait les pieds dans le sang, le bas de son aube en
» était teint. *On dira sans doute à sa décharge* qu'il
» a prêché contre le *meurtre. Cela est vrai;* mais
» quand ? Après trente-cinq jours de massacres, lorsqu'il ne se trouvait plus personne à assassiner. On
» avait fait périr alors à Machecoul cinq cent cinquante-deux patriotes [1]. »

[1] Relation de Boullemer, p. 10 et 11.

Peut-on d'ailleurs, pour un pareil fait, se contenter de la seule parole de Boullemer, lorsqu'il le présente en l'accompagnant de cet autre fait mensonger de trente patriotes massacrés dans un seul endroit, les 11 et 12 mars, et de son fameux total de cinq cent cinquante-deux, plus mensonger encore? Il est vrai que l'abbé Prioul [1], nous le dirons quand le moment sera venu de le dire, célébra la messe en plein air, et bénit les armes des combattants le 21 avril; mais il est de toute évidence que les témoins patriotes qui ont parlé de la messe du 21 avril, auraient, à plus forte raison, parlé de celle du 13 mars, célébrée au milieu du sang des patriotes. Boullemer, si la chose avait réellement eu lieu, n'aurait point été le seul à la voir. Quoi qu'il en soit, cette aube traînant dans le sang a fait son chemin, et les juges du tribunal révolutionnaire de Nantes, ayant à donner les motifs de la condamnation de la fille Chevet, qui, d'après les dépositions, avait assisté, vêtue de blanc, à la messe du 21 avril, ne

[1] L'abbé Prioul (François), né à Nivillac, canton de la Roche-Bernard, se cacha dans la commune de Bois-de-Céné, après les événements de Machecoul, et continua, pendant la Révolution, d'y exercer le ministère en cachette. Il fut ensuite officiellement nommé desservant de Bois-de-Céné, en 1804. S'il avait joué le rôle qu'on lui a prêté à Machecoul, il eût été de toute impossibilité de le placer ainsi dans une paroisse voisine de Machecoul. Il mourut à Bois-de-Céné, en 1815, laissant la réputation d'un prêtre plein de zèle religieux. La personne dont je tiens ces renseignements habite le pays depuis longtemps, et elle assure qu'il est à sa connaissance que l'abbé Prioul avait, dans les dernières années, la confiance de tous ses paroissiens, et que, notamment, plusieurs patriotes s'adressèrent à lui pour se confesser. (Lettre de M. F..., du 2 mai 1868.)

manquèrent pas d'ajouter à leur considérant, rédigé le 28 avril 1794, « que c'était à l'endroit même où, » la veille, les brigands avaient massacré les pa- » triotes. »

Si l'on en croit Boullemer, depuis le lundi 11 mars jusqu'au 22 avril, il ne s'est pas passé quatre jours sans assassinat, et M. Crétineau-Joly ayant, en divers endroits de son livre, accepté une bonne partie des histoires de Boullemer, les a en quelque sorte consacrées de son autorité[1]. Je ne m'en crois pas moins fondé à soutenir que, sauf un nommé Mathurin Dugast, que son acte de décès désigne comme ayant été tué le 14 mars[2], et trois autres patriotes, désignés simplement comme ayant été tués en mars, il n'y eut pas d'exécutions du 14 au 27 mars, date postérieure à l'expédition de Pornic; et que, par conséquent, les massacres de Souchu ne furent point une provocation, comme on l'a souvent prétendu.

Le chapitre suivant sera consacré au récit de cette expédition de Pornic. Aussi n'est-ce que pour mémoire que je recueille en passant des faits comme ceux-ci, qui se trouvent consignés sur le registre de la municipalité de Pornic[3] :

---

[1] Voir, indépendamment du passage cité en tête de ce chapitre, les pages 106 et 107 du tome 1ᵉʳ, 3ᵉ édit.

[2] Listes formées en vertu de la loi du 3 floréal an III. *(Mairie de Machecoul.)*

[3] Le registre de la municipalité de Pornic a vraisemblablement été perdu, car M. Carou, dans son *Histoire de Pornic*, n'en a pas fait usage. La pièce dans laquelle je prends ces renseignements, et que j'ai déjà citée, est un cahier in-f° d'une vingtaine

Le 15 mars, la troupe sortit, alla à la découverte,
« et, en outre, mit quatre des brigands à mort, et se
» sont saisis d'un nombre de douze à quinze, qui ont
» été conduits aux prisons, dans lequel nombre s'est
» trouvé le nommé Normand....., reconnu pour chef
» d'un parti insurgé, lequel, d'après ses déclarations
» et les preuves données au moment de sa détention,
» a été convaincu d'avoir coopéré à la destruction de
» notre Constitution, et conséquemment criminel de
» lèse-nation. Le jugement dudit Normand ayant été
» soumis à la sanction générale de la troupe, elle l'a
» unanimement et par acclamation condamné à être
» fusillé; » ce qui fut fait immédiatement. Le 18 mars,
un détachement ayant été envoyé du côté du bourg des
Moutiers, rencontra quelques brigands occupés à enlever des barriques d'une maison. Il en sortit un individu, qui s'enfuit par les marais de Bourgneuf, et un
autre « qui fut reconnu pour un des chefs des insurgés,
» et à l'instant fut détruit avec ses complices. » Il
n'était pourtant pas difficile de procurer à ces rebelles
le jugement d'une commission militaire, puisqu'il y
en avait une tout organisée à Paimbœuf, où elle condamnait à mort, le 17 mars, trois individus de Frossay, en vertu de la loi relative aux émigrés [1].

Ce fut probablement cette triple condamnation qui
donna à réfléchir aux habitants de Frossay; le 19 mars,

de pages, déposé aux Archives de la Préfecture, et intitulé:
« Extrait du registre des Délibérations de la municipalité de
Pornic. » Du 12 au 28 mars 1793.

[1] Papiers de la commission militaire de Paimbœuf, présidée
par Daniel Letellier. *(Arch. du Greffe.)*

cent vingt-huit d'entre eux proposaient au district de Paimbœuf de se soumettre ; démarche inutile, car leur soumission ne fut point acceptée, sous le prétexte qu'ils étaient en trop petit nombre [1].

Si les républicains emprisonnaient les personnes suspectes de connivence avec l'insurrection, et même leurs parents, comme otages [2], les Vendéens, il faut le dire, ne laissaient pas d'en faire autant de leur côté. C'est ainsi qu'à Sainte-Pazanne, un ancien garde du corps du roi, du nom de Baudouin, en exécution d'un ordre du comité supérieur, fit arrêter les quelques patriotes de cette commune, dont plusieurs furent conduits à Machecoul et exécutés [3].

[1] Registre de la Correspondance du district de Paimbœuf avec le Département, 19 et 21 mars 1793, f°s 100 à 106. *(Arch. de la Préfect.)*

[2] Arrêtés des 25 février et 14 mars 1793 du Département de la Vendée. *Hist. de Fontenay.* Fillon, p. 376.

[3] Déposition de Mathurin Bernard dans le procès de Baudouin, condamné à mort, le 2 mai 1793, par le tribunal révolutionnaire, malgré une pétition signée de dix-neuf personnes de Sainte-Pazanne, ayant pour objet d'attester à la commission militaire les services que Baudouin avait rendus par son humanité. (Dossier de Baudouin.) — Il résulte d'une autre déposition, faite beaucoup plus tard, le 2 nivôse an II, 22 décembre 1793, dans le procès de Boursault, greffier de Saint-Lumine, que, le samedi-saint, 30 mars, vingt-cinq patriotes, emprisonnés à Sainte-Pazanne, « dont la majeure partie ont été massacrés à Machecoul, » auraient été conduits en cette ville par Boursault. (Dossier de Boursault. *Arch. du Greffe.)* Deux certificats, signés de cinq patriotes de Sainte-Pazanne, parmi lesquels se trouve précisément Mathurin Bernard, viennent confirmer ce fait de la double conduite à Machecoul d'un certain nombre de républicains; mais il y a lieu de faire remarquer que les signataires qui déclarent avoir été eux-mêmes conduits à Machecoul

Il a déjà été question des prisonniers de Bourgneuf; au Port-Saint-Père aussi, quelques patriotes avaient été enfermés. C'est en ce dernier endroit que Jaubert, vice-président du District, se trouvait au moment où l'insurrection éclata; il y était venu afin de juger sans doute par lui-même de l'état des esprits.

Quiconque a lu un récit des massacres de Machecoul, connaît le nom de Jaubert, dont on a fait Joubert, lequel a été souvent mentionné comme ayant eu les poignets sciés avant sa mort. Jaubert, d'après son acte de décès, ne fut tué que plus tard, en avril; mais il avait, au Port-Saint-Père, couru de grands dangers. Poursuivi par une troupe de gens très-animés contre lui, il avait cru trouver un refuge dans la maison d'un des membres du comité royaliste, qui l'avait parfaitement accueilli, et dont il avait été violemment arraché pour être conduit en prison[1]. Un billet, signé de trois des membres du comité royaliste de Port-Saint-Père, Gendron, Maisonneuve et Rialland, en nous donnant la date précise de l'envoi de Jaubert à Machecoul, nous montre à quel point la populace était exas-

---

avec ceux qui ont été massacrés, constatent seulement la mort de trois de ceux qui furent conduits la première fois, et d'un seul de ceux qui auraient été emmenés le samedi-saint. Ces certificats, étant datés des 6 et 10 mai 1793, font foi du nombre; car cinq individus d'une même commune n'ont pas si peu de mémoire qu'ils puissent oublier en quelques semaines les noms de plusieurs de leurs camarades massacrés. *(Arch. de la Préf.)*

[1] Déposition du quatrième témoin entendu dans le procès de Jacques Maisonneuve, le membre du comité royaliste qui avait accueilli Jaubert. (Jugement du 22 mai 1793; Dossier; *Arch. du Greffe.)*

pérée contre lui. Ce billet, daté du 15 mars 1793, est adressé aux membres du comité supérieur : « Comme » nous craignons que la populace n'assomme le hon- » nête *(sic)* Jaubert, nous vous envoyons un député » en avant, pour vous donner le temps de prendre les » mesures convenables et envoyer des fusiliers au- » devant[1]. »

Boullemer cite, à l'occasion de l'envoi de Jaubert à Machecoul, une tout autre lettre, qu'il dit avoir été trouvée dans la correspondance des brigands; mais, comme cette lettre se rapporte à des faits postérieurs en date, je montrerai, quand j'étudierai ces faits, que les citations de Boullemer ne sont pas plus exactes que ses affirmations.

[1] Dossier des membres du comité du Port-Saint-Père jugés à Nantes. Le président du comité, Gendron, fut seul condamné à mort, le 1ᵉʳ juin 1793, et quatre autres membres de ce même comité, savoir : Louis Villaine, Pierre-René Moreau, Jacques Maisonneuve et Julien David avaient été acquittés, le 22 mai, à la suite de nombreuses dépositions en faveur de leur modération et de leur humanité.

XIV

PORNIC

(23 et 27 mars 1793).

Situation des insurgés de Machecoul, au point de vue de la défense militaire. — La garde nationale de Pornic. — Expédition vers le bourg des Moutiers. — Les insurgés envahissent Pornic (23 mars), sous la conduite de La Roche-Saint-André. — Retour des gardes nationaux. — Massacre et déroute des paysans. — Discussion des assertions de l'auteur de l'Histoire de Pornic. — Massacre de trois cents prisonniers vendéens, le lendemain de la reprise de Pornic. — La Cathelinière à Bourgneuf. — Fureur des paysans contre La Roche-Saint-André. — Nouvelle expédition sur Pornic, dirigée par Charette (27 mars). — De l'incendie de Pornic par les Vendéens. — Accusation de Boullemer contre Charette, relativement au massacre des prisonniers du Port-Saint-Père. — Détails sur ce massacre.

La situation des Vendéens dans la ville de Machecoul, devenue l'un des quartiers généraux de l'insurrection, sur la rive gauche de la Loire, était bonne, au point de vue stratégique. Les deux chemins qui auraient permis d'y conduire des troupes de Nantes, étaient ceux passant par le Port-Saint-Père et par Saint-Philbert-de-Grand-Lieu, et ces deux bourgs, situés l'un en-deçà de l'Acheneau, l'autre en-deçà de la Boulogne, se trouvaient avoir ainsi deux rivières pour défenses naturelles. Les communications du district de Paimbœuf avec le Département ne pouvaient avoir lieu que par la Loire, bien que les habitants d'une portion considérable de ce district eussent réussi à repousser l'invasion des rebelles. L'attaque de Paimbœuf, tentée le 12 mars par des insurgés autres que ceux de Machecoul, avait échoué, et la colonne envahissante n'avait point essayé de pénétrer dans Pornic. Cette dernière place cependant offrait de grands avantages par sa situation ; son port était un moyen prompt de communiquer avec Noirmoutiers[1], et les fréquentes sorties de sa garde nationale étaient un perpétuel sujet d'inquiétudes.

D'après M. Carou, l'historien de Pornic, La Roche-Saint-André avait laissé échapper l'occasion de prendre cette ville sans coup férir, en ne se présentant pas, le 13 mars. Il est permis d'en douter quand on lit sur l'extrait du registre de la municipalité de Pornic, à la date du 14 mars, que mille hommes environ des gardes nationales de différentes paroisses étaient réfugiées à Pornic. Le 18 mars, toujours d'après ce même extrait, le recensement de la garnison accusait la présence de cinq cent cinquante fusiliers, « non compris les gens armés de fourches, piques et bâtons, » et le 22, les canons avaient été mis en

---

[1] Le 17 mars, au soir, on apprenait à Pornic que Noirmoutiers était au pouvoir des insurgés. (Extrait des délibérations de la municipalité de Pornic.) — Savary, t. 1, p. 106.

[2] *Histoire de Pornic* (Nantes, Guéraud, 1859), page 121.

place et en état de faire feu. Le 23, un bataillon de cent cinquante hommes avait été envoyé du côté du bourg des Moutiers pour ramener un convoi de plusieurs tonneaux de blé, que les citoyens Lorent et Baconnais avaient généreusement offert de mettre à la disposition de leurs concitoyens. M. Carou dit que ce fut cette circonstance de l'éloignement d'une partie de la garnison, dont La Roche-Saint-André avait reçu l'avis par la trahison d'un royaliste de Pornic, qui décida ce chef à conduire au siége de cette ville les insurgés de Machecoul. Je n'en sais rien, et la chose en elle-même a peu d'importance, si l'on considère que les belligérants de tous les partis ne se sont jamais fait scrupule de tirer avantage des renseignements fournis par des espions et que le défaut de cent cinquante hommes ne laissait pas sans défense une ville occupée encore par quatre cents combattants.

Quoi qu'il en soit, voici comment les choses se passèrent : le détachement des gardes nationaux était parti, le matin, à neuf heures, pour les Moutiers, emmenant avec lui un canon de 2, monté sur l'avant-train d'une voiture, et à trois heures de l'après-midi, la ville de Pornic était mise en alerte à la nouvelle de l'arrivée des paysans de Machecoul, conduits par La Roche Saint-André ; on les aperçut à quatre heures ; « à cinq heures, on a commencé à tirer le canon du » Calvaire ; une minute après, celui de Sainte-Anne, » et la fusillade. Loin que le canon eût fait se replier » les brigands, il semblait qu'ils avançaient avec plus » de courage ; enfin l'ennemi est entré dans la ville,

» environ les cinq heures et demie, où il a exercé le
» pillage et brisé tout ce qu'il a pu rencontrer. »

Cette relation ne dit pas un mot du massacre de sept vieillards et d'un idiot, dont M. Carou donne les noms [1], et qui, demeurés seuls dans la ville, après la fuite des combattants, auraient été égorgés sous les yeux de leurs femmes et de leurs filles. Elle est également muette, quoique rédigée par des collègues, sur la mort de deux officiers municipaux qui, d'après une lettre du district de Paimbœuf, du 24 mars, auraient été « inhumainement assassinés [2]. » On y trouve, en revanche, que les vainqueurs se firent remettre les clefs de la poudrière.

Ce début pouvait être considéré comme un succès important, mais l'avantage fut de courte durée. Soit par l'incurie du chef, soit par l'indiscipline des paysans qui s'étaient répandus dans tous les celliers et auberges, la ville ne fut nullement gardée, et, à son retour, le détachement envoyé aux Moutiers put la reprendre sans difficulté. Cette troupe avait eu connaissance de l'invasion de la ville, alors qu'elle était en route pour revenir. « A cette nouvelle, — dit un des hommes qui la composaient, — la majeure partie se débanda. Cependant une soixantaine de fantassins et une vingtaine de cavaliers, ayant résolu d'essayer de reprendre Pornic, se firent jour dans la ville avec le canon du côté de l'hôpital. *Les brigands étaient épars et sortaient*

---

[1] *Histoire de Pornic*, p. 137.

[2] Registre du district de Paimbœuf, f° 108. *(Archives de la Préfecture.)*

avec leur pillage. On tua La Roche-Saint-André, La Rochefoucault, Ripault (de la Cathelinière), etc. On fit la reconnaissance des tués et des blessés : leur nombre est de vingt du côté des citoyens et deux cent onze du côté des brigands. Le combat, qui avait commencé à sept heures du soir, finit à onze heures. » L'auteur de ce récit ajoute qu'il quitta Pornic le soir même, ce qui explique l'inexactitude de quelques-uns de ses renseignements [1].

C'est à peu de chose près de la même façon que le curé constitutionnel Rivet (de Saint-Pierre-des-Moutiers) raconta cette affaire devant le comité des rapports et déclarations à Nantes [2]. Lorsque les Vendéens entrèrent à Pornic, « ils vinrent à la cure demander à boire; aussitôt ils furent obligés de se retirer, parce qu'on leur annonça que les gardes nationaux de Pornic, qui en étaient sortis pour une expédition de grains, venaient d'arriver pour reprendre la ville, ce qu'ils effectuèrent, quoiqu'ils ne fussent qu'au nombre de soixante-seize contre plus de quatre mille brigands. Dans le combat qui eut lieu, il y eut deux cent seize de ces brigands de tués et quatre à cinq gardes nationaux blessés ou tués. »

Voici maintenant le rapport officiel :

« A sept heures et demie, on commença la fusillade, » et notre détachement, composé d'environ soixante-

---

[1] Déclaration de Julien Gautier, enseigne de vaisseau, l'un des hommes qui allèrent au bourg des Moutiers. Sans date. (*Arch. de la Préfect. Fonds du Départ.*)

[2] Extrait du registre du comité des rapports et déclarations de Nantes. 4 avril 1793. (Mêmes *Archives.*)

» dix à quatre-vingts hommes, a rentré dans la ville
» dans le meilleur ordre, a mis l'ennemi en fuite,
» dont le nombre était au moins de trois mille à trois
» mille cinq cents. On peut assurer qu'il en a été tué
» plus de deux cents, sans parler des blessés. » Parmi
les morts se trouvent Flaming, Cathelinière [1]. « On a
» formé une patrouille à onze heures trois quarts du
» soir, où le combat a fini. Récapitulation faite de
» notre détachement, il a été reconnu que *nous n'avons*
» *eu que des blessés.* »

A ces documents, si nets sur le fait principal, je puis en ajouter un autre, qui se trouve consigné dans le registre de la correspondance du district de Paimbœuf, à la date du 24 mars 1793 ; c'est une lettre adressée au Département, dans laquelle on lit : « Cette
» ville (Pornic) n'a pas été longtemps au pouvoir des
» insurgés ; un détachement qui était à la recherche
» de l'ennemi s'est porté de suite vers cette ville *et y*
» *est entré sans éprouver de résistance.* Le carnage a
» été considérable ; il est resté deux cents brigands sur
» la place... *Les brigands ont été surpris* faisant, à
» leur ordinaire, le pillage dans les maisons, *de façon*
» *qu'ils n'ont jamais pu se rallier* et que ceux qui
» n'ont pas échappé par la fuite, ont succombé sous
» les coups des patriotes. »

Voilà le fait d'armes que l'auteur de l'*Histoire de Pornic* proclame « l'une des plus belles et des plus

[1] C'était un faux bruit, au moins en ce qui concerne La Cathelinière ; quant à Flaming, il aurait été, selon M. Carou, assassiné le lendemain en pleine rue par le commandant Coueffé.

glorieuses victoires dont puisse s'honorer le parti républicain [1]. » Et les vaincus en auraient été tellement humiliés, qu'ils auraient essayé d'en ternir la gloire par la calomnie et le mensonge : « Il s'est donc rencontré certains écrivains royalistes qui, forcés de reconnaître que quatre mille Vendéens se sont laissé battre par soixante-douze hommes, ont imaginé, pour excuser ou pallier leur défaite, de soutenir avec une rare impudence que la plupart étaient ivres, les autres endormis, et que tous s'étaient laissés docilement égorger comme des moutons, sans essayer de se défendre. »

Le même auteur consacre ensuite quinze pages de discussion à établir que les Vendéens ne furent point surpris, justifiant ce qu'il a dit ailleurs en racontant les péripéties d'un combat « qui durait déjà depuis près de trois heures, sans que, de part et d'autre, on n'eût gagné ni perdu un seul pouce de terrain [2]. »

Je suis tout disposé à rendre hommage au sentiment honorable auquel M. Carou a cédé en se montrant, à ce point, jaloux de la gloire militaire de ses concitoyens ; mais, je ne sais si je m'abuse, je crois qu'un dithyrambe en faveur de cette journée est tout à fait hors de saison. La résistance à l'attaque des Vendéens mérite seule d'être louée ; car, bien qu'elle n'ait duré

---

[1] M. Carou, *Histoire de Pornic*, p. 151. — Chevas, p. 204, *Notes*, etc., attribue à l'intempérance des Vendéens leur déroute à Pornic. — Voir aussi Le Bouvier Desmortiers, *Réfutation des calomnies dirigées contre Charette*, p. 56.

[2] Page 149.

qu'une demi-heure, les quatre cents hommes de la garnison de Pornic eurent affaire à des brigands que le canon ne faisait point plier. Quant aux héros du détachement des Moutiers, à part l'intrépidité dont ils firent preuve en tentant l'entreprise, il est de toute impossibilité de donner à leur action le nom de combat. Lorsqu'il est établi que soixante hommes armés ont surpris une troupe marchant à la débandade, la nuit, dans les rues d'une ville inconnue, et qu'en moins de trois heures deux cents fuyards ont été tués, sans que les hommes armés aient perdu un seul des leurs, on peut bien accorder que ceux-ci ont fait ce que les lois de la guerre les autorisaient à faire; mais ce n'est pas le cas de vanter leur valeur.

Est-il vrai que le massacre de Pornic, du 23 mars, eut un lendemain? Que faut-il croire du supplice infligé par les patriotes au jeune Flaming, qui aurait été enterré vivant? Ce récit traîne depuis bien longtemps dans les histoires de la Vendée; néanmoins, je m'associe complétement aux protestations de M. Carou, disant[1] qu'il est impossible que des faits aussi horribles, s'ils avaient réellement eu lieu, n'aient laissé aucun souvenir dans une ville dont tous les habitants les auraient connus.

La même observation peut être faite à propos de ces douze Vendéens, auxquels on aurait promis la vie sauve, s'ils creusaient une fosse pour tous les morts, et qu'on aurait fusillés ensuite. Ce n'est qu'à bon escient, et non sur des ouï-dire, qu'on peut accuser

[1] P. 181.

les patriotes, aussi bien que les Vendéens, d'avoir commis de pareilles atrocités. C'est assez qu'un conventionnel de la Loire-Inférieure, dont la parole n'a jamais été retirée ni atténuée, ait déclaré, dans la séance du 31 mars, « que quatre-vingt-cinq patriotes de Pornic ont livré bataille (aux rebelles), *en ont tué deux cents et fait trois cents prisonniers, que, dans leur fureur, ils ont aussi mis à mort;* malgré un aussi terrible exemple, etc.[1] »

Personne, je le dis sans crainte d'être démenti, n'est en mesure d'apporter, à l'appui des faits contenus dans la légende des massacres de Machecoul, un témoignage de la valeur de celui-là. Vainement répondrait-on que Mellinet n'était pas un témoin oculaire, et qu'il a parlé sur de fausses nouvelles; bien que membre de la Convention, son attitude a toujours été loyale et courageuse, et elle interdit de supposer qu'avec tous les moyens d'information dont il disposait, s'il eût appris plus tard la fausseté de cette accusation, il ne l'eût pas retirée. Jusqu'à preuve contraire, le fait est donc acquis au débat, et il autorise à soutenir qu'à l'exception des meurtres qui furent commis à Machecoul, les 11 et 12 mars, dans la chaleur de la première victoire, les exécutions ordonnées par Souchu ne furent que des représailles.

Ce serait à ce moment, selon M. Chevas[2], que la

---

[1] Paroles de Mellinet (séance du 31 mars 1793. *Moniteur* du 2 avril, n° 92, p. 408), rapportées dans *la Commune et la Milice de Nantes*, t. VII, p. 166.

[2] *Notes sur les communes de la Loire-Inférieure*, p. 75.

troupe aux ordres de la Cathelinière aurait, par dépit de l'échec de Pornic, exercé, le 24 mars, en revenant à Bourgneuf, les plus horribles vengeances. M. Chevas cite les noms de trois personnes qui auraient été fusillées, au lieu dit la Feillette, à l'embranchement de la route de Nantes à Arthon. L'une de ces personnes était un marchand de Bourgneuf, nommé Gautier, qui, ayant été seulement blessé à la joue, survécut à la fusillade. M. Chevas, je le montrerai, est d'une partialité qui met un peu en garde contre ses affirmations; néanmoins, il se pourrait qu'il eût dit vrai : car un marchand de Bourgneuf, du nom de Gautier, sans rappeler cette circonstance, qu'il avait failli être tué par les rebelles, déclara que Cathelinière aurait fait fusiller à Bourgneuf douze prisonniers, après les avoir interrogés[1]. D'autre part, une femme a parlé seulement de quatre patriotes comme ayant été tués à Bourgneuf par les brigands[2]; et un nommé Robard a déclaré qu'il avait ouï dire que les brigands avaient mené en prison à Machecoul les citoyens Desbouchaud, Gilardière et Hubin de la Rairie[3]. — Tous ces témoignages ne sont point absolument inconciliables; mais il est étrange qu'ils ne soient pas unanimes sur le fait principal de la fusillade de douze prisonniers.

[1] Déclaration du 22 avril 1793. Dossier de Danguy, condamné à mort le 6 avril 1793. *(Arch. du Greffe.)*
[2] Déposition de la femme Philloleau dans le procès Paumier et Linassier. 23 mai 1793. (Mêmes *Archives.)*
[3] Interrogatoire d'Étienne Robard, daté du 8 juin. (Pièces remises au tribunal révolutionnaire, suivant inventaire par le Département, du 31 juillet 1793. Mêmes *Archives.)*

M. Chevas ajoute que, ce même jour, les soldats de Catheliniere s'emparèrent d'un certain nombre de prisonniers de Bourgneuf, qu'ils conduisirent à Machecoul, et que, parmi eux, se trouvait le curé constitutionnel Marchesse, auquel ils auraient infligé les plus affreux traitements, et qu'ils auraient finalement tué à Machecoul, en lui écrasant la tête entre la porte et le mur de la prison. Il se pourrait encore que le fait de la conduite des prisonniers, ce jour-là, fût exact; mais il est faux que le curé Marchesse soit mort le 24 mars; il ne fut tué que le 3 avril, avec d'autres patriotes[1], ainsi que nous le verrons plus loin.

La manière dont s'était terminée l'expédition de Pornic avait mis les paysans dans une véritable rage, et, « par une injustice commune à tout le peuple, ils s'en prirent à leur chef d'un accident arrivé par leurs excès et leur peu de discipline. M. de la Roche-Saint-André fut obligé de se cacher pour échapper à leur fureur. M. Charette resta seul chef à Machecoul[2]. » On a dit[3] que Souchu avait juré la mort de La Roche-Saint-André, et qu'il dressa son acte d'accusation. Je n'ai trouvé dans aucun document la moindre allusion à ce fait; mais il me paraît certain que le général disgracié se retira à Challans, car il reconnut

[1] Le curé Marchesse avait été pris à Bourgneuf, le 12 mars, et fut tué le 3 avril. — Registre du District de Machecoul, tenant ses séances à Nantes, f°⁸ 4 et 31. *(Arch. de la Préfect., fonds du District de Machecoul.)*

[2] Mémoires idédits de M. Lucas-Championnière.

[3] Beauchamp, édit. de 1806, p. 123. Depuis, la plupart des auteurs ont reproduit l'assertion.

plus tard, dans son interrogatoire, être venu dans cette ville le 25 mars, et avoir pris part immédiatement aux travaux du comité royaliste qui correspondait avec celui de Machecoul [1].

Charette, qui ne paraît pas avoir eu jusque-là un rôle actif, devait inaugurer, quelques jours après, son commandement par une victoire. « On résolut, dit M. Championnière, de venger de suite l'affront reçu à Pornic, et la mort des camarades qui y avaient été massacrés. » Le 27 mars, à six heures du matin, les habitants de Pornic apprirent que l'ennemi était à une lieue de la ville, dans un endroit appelé la Foresterie. A onze heures, deux vedettes revinrent, annonçant que les rebelles avançaient sur quatre colonnes, avec des drapeaux blancs. Les citoyens se disposèrent à leur résister, en formant sur la place un bataillon carré. Peu après, on tira le canon du Calvaire, qui fit, ainsi que les deux autres, un feu des mieux nourris. Le

[1] Louis-Henri de La Roche-Saint-André, né à la Salle, district de Machecoul, demeurant à la Coudrie, commune de la Garnache, âgé de quarante ans, lieutenant de vaisseau, fut condamné à mort, le 19 mars 1794, — 29 ventôse an II, par le tribunal révolutionnaire; sa femme fut également condamnée à mort par le même tribunal, le 9 floréal an II, — 28 avril 1794. La Roche-Saint-André ne périt donc pas, comme on l'a dit, dans l'expédition d'outre-Loire. Plusieurs membres de cette famille ont pris part à la guerre de la Vendée; mais la tradition d'après laquelle celui-ci se serait refugié à Bouin, rapprochée de son arrivée à Challans, le 25 mars, ne permet guère de douter de son identité. Un billet signé de lui, à l'adresse du comité royaliste de Beauvoir, et son interrogatoire, constituent tout son dossier; le billet a pour objet de recommander de traiter avec humanité plusieurs prisonniers envoyés à Beauvoir. *(Arch. du Greffe.)*

bataillon carré tint pendant quatre heures ; à la fin, voyant le désastre général, son chef se décida à la retraite, et se fraya un passage au travers de mille ou douze cents brigands.

Cette relation est celle que la municipalité de Pornic rédigea, le lendemain, à Paimbœuf, où elle s'était réfugiée. M. Carou a parfaitement réussi à en reproduire les principaux traits dans son chapitre IX, et il a eu d'autant plus de mérite à le faire, qu'il ne paraît pas avoir connu le document que je viens de citer et que les autres documents sont à peu près muets sur cet épisode. M. de Beauchamp le raconte en quelques mots [1], et M. Crétineau-Joly en quelques lignes, qui contiennent une inconcevable erreur : « Il (Charette) a dompté les cupides, les sanglants instincts de Souchu; *Souchu est mort.* Charette dissout le comité supérieur; mais, tirant avantage des meurtres que ce comité ordonna, le nouveau chef laisse entrevoir aux paysans qu'ils n'ont ni grâce ni merci à attendre des républicains; et, pour relever leur courage, il les conduit sous les murs de Pornic, théâtre de leur dernière défaite. Le 29 mars 1793, Pornic est en son pouvoir [2]. »

Hélas! non, à ce moment Souchu n'était point mort, et plût à Dieu qu'il l'eût été! La Vendée serait pure de la tache sanglante que cet homme lui a im-

---

[1] De Beauchamp, t. I, édit. de 1806, p. 124; édit. de 1820, p. 106. Cet auteur ayant le premier donné la date du 29 mars pour la prise de Pornic, presque tous les auteurs ont reproduit cette date erronée. Savary, cependant, a donné la date exacte. T. I, p. 106.

[2] Crétineau-Joly, t. I, p. 110, 3ᵉ édit.

primée, en empruntant pour quelques instants à la révolution ses impitoyables procédés. Cette tache est peu de chose, si on la compare aux flots de sang versés par les républicains; mais c'est le privilége de certains partis d'être ternis par des souillures que l'on ne remarque pas chez les autres.

J'ai dit plus haut que, du 14 au 27 mars, il n'y avait pas eu une seule grande exécution à Machecoul, et que c'était une présomption grave en faveur de cette assertion que j'eusse trouvé seulement, dans les documents volumineux que j'ai compulsés, la mention de trois patriotes tués en mars[1]. La lettre par laquelle Charette annonce à Souchu la prise de Pornic est une nouvelle présomption, car il n'échappera à personne que si, depuis quinze jours, comme on le prétend, Souchu eût ordonné froidement des exécutions de patriotes, Charette ne se fût pas excusé auprès de lui, dans les termes suivants, d'avoir usé, à l'égard des habitants de Pornic, d'un moyen que les lois de la guerre n'ont point encore proscrit de nos jours :

« Frères et amis, avec le concours de l'Être suprême, nous avons pris Pornic dans une demi-heure. *Les bri-*

[1] Les dépositions concernant ces trois patriotes fusillés, dans le courant de mars, au château de Machecoul (procès Étienne Brisson, gardien de la prison du château), ne précisent pas le jour du mois; mais comme elles sont du 27 août 1793, qu'elles se firent en présence de douze témoins patriotes, on est bien fondé à prétendre que, si des exécutions avaient eu lieu plusieurs fois au château durant le mois de mars, plusieurs témoins ne se seraient pas attachés à ne parler que de celle-là, pour le mois de mars, dans le procès du concierge de la prison du château. *(Arch. du Greffe.)*

gands de cet endroit s'étant réfugiés dans différentes maisons, d'où ils pouvaient nous faire beaucoup de mal, je ne trouvai que le feu qui put faire sortir ces coquins de leurs cavernes. Vous me trouverez peut-être sévère dans mes expéditions, mais vous savez comme moi que la nécessité est un devoir. La perte de l'ennemi est à peu près de soixante hommes. Nous n'avons eu que deux hommes de blessés, encore il y en a un qui l'a été par sa faute. Vous recevrez demain un canon de 18 et un pierrier que nous avons pris à Pornic. Nous sommes frères et amis dévoués pour la bonne cause jusqu'à la mort.

» Le chevalier CHARETTE, *commandant.*

» Pornic, 27 mars 1793 [1]. »

« Il paraît certain, dit Boullemer, que, depuis les
» deux premières journées, les assassinats ne se firent
» plus que par ordre supérieur, et ce qui semble le
» prouver, c'est qu'un jour qu'on amenait quatorze
» prisonniers du Port-Saint-Père, les brigands ne
» voulurent point les détruire de leur chef; ils entrè-
» rent au Comité, dirent à Charette : Qu'en ferons-
» nous, notre général ? — Ce que vous voudrez, mes
» enfants, leur répondit-il froidement, et dans l'ins-

---

[1] *Pièces contre-révolutionnaires,* publiées par M. Fillon, p. 43. — Cette pièce est citée en partie par M. Louis Blanc, *Hist. de la Révol.,* t. VIII, p. 197. — D'après M. Carou, p. 197, il y eut vingt-sept maisons brûlées. M. Le Bouvier-Desmortiers dit quelques-unes, *Réfutations, etc.,* t. I, p. 59 ; mais cet auteur est suspect de partialité en faveur de Charette.

» tant on les mène dans la cour du château où ils
» furent fusillés [1]. »

Boullemer ajoute : « Cette manière de répondre était
» sans doute un ordre bien précis de les assassiner ; car
» il savait que ces coquins ne désiraient que le sang, et
» ne pas le défendre, c'était l'ordonner. C'était ce jour-
» là qu'un nommé Gendron, membre du comité des
» brigands au Port-Saint-Père, écrivait à leur comité
» central de Machecoul : « J'ai appris que vous vous
» étiez fait justice de quatre des administrateurs du
» District de Machecoul ; nous avons ici quarante
» particuliers qui méritent le même sort. Nous avons
» arrêté Jaubert, vice-président ; nous vous l'en-
» voyons, etc. » (Cette lettre est donnée par Boullemer comme textuelle.) Et on lit en note : « Dans
» cette lettre, trouvée dans la correspondance des bri-
» gands, était incluse la note des quatorze prisonniers
» qu'on assassina en arrivant à Machecoul. Elle a été
» remise au commissaire civil à Machecoul. »

Il me paraît certain que le meurtre des prisonniers
du Port-Saint-Père eut lieu à Machecoul, le 27 mars ;
mais Boullemer a rapporté fort inexactement la date
de cet événement et il a altéré les lettres écrites à ce
propos.

Le meurtre des prisonniers du Port-Saint-Père est
très-facile à dater exactement, par la raison que les individus qui les conduisirent à Machecoul furent condamnés pour ce fait, sur la déposition de plusieurs

---

[1] Relation de Boullemer, p. 9.

des veuves et parents des victimes [1]. Tous les témoins, sauf un seul qui croit se rappeler que c'était le 8 avril, déclarent que les prisonniers furent conduits le 27 mars, et deux de ces témoins déposent, en outre, qu'à son retour, le soir du 27, l'un de ceux qui avaient conduit les prisonniers dit qu'ils avaient été mis à mort ; par conséquent les paroles que Boullemer attribue à Charette n'ont pu être prononcées, puisque Charette était ce jour-là occupé à prendre Pornic. Quant à Jaubert, que l'on donne comme ayant été envoyé le même jour que les quatorze autres prisonniers, le billet que j'ai copié dans le dossier des membres du comité du Port-Saint-Père ne permet pas de douter qu'il fut envoyé à Machecoul le 15 mars. Le nombre des quatorze prisonniers est-il au moins exact ? Pas davantage ; les témoins parlent de neuf conduits à la fois, et d'un dixième, nommé Jean Rengeard, qui fut conduit tout seul ; et les deux lettres suivantes, empruntées aux *Pièces contre-révolutionnaires* de M. Fillon, p. 45, ressemblent tout juste assez à la prétendue lettre citée par Boullemer, pour qu'il soit facile de toucher du doigt la contrefaçon :

« *Aux aristocrates du Comité central de Machecoul.*

» Frères et amis de surveillance,
» Nous profitons de l'occasion pour vous informer

---

[1] Gendron, président du comité du Port-Saint-Père, fut condamné le 1ᵉʳ juin 1793, et les nommés Julien Francheteau, Pierre Blanchard et Jean Joulin furent condamnés tous les trois par un seul et même jugement du lendemain 2 juin. (Leurs dossiers. *Arch. du Greffe.*)

que nous avons *incarcéré*[1] plus de quarante suspects. Il nous en reste environ douze ou quinze à ramasser...
(Le reste sans intérêt.)

» Bureau du Port-Saint-Père, le 26 mars 1793 [2].

» GENDRON, *commissaire.* »

« *Aux aristocrates du Comité central de Machecoul.*

» Frères et amis de surveillance,

» Le nombre de nos prisonniers étant monté à un nombre tel que nos prisons ne le peuvent plus contenir, nous avons été obligés de vous adresser les personnes de Henry Vesneau, le prêtre constitutionnel, Mathurin Blineau père et fils, François Favreau, Donatien Gouy, Pierre Bastard, Antoine Deniau, Julien-Maurice Gouy et Jean Rengeard, ayant été reconnus par l'esprit public les chefs du parti, et par conséquent les plus criminels, ce qui

---

[1] L'auteur d'un livre intitulé *La Vendée en 1793*, M. Bonnemère, reproduisant cette lettre d'après les *Pièces contre-révolutionnaires*, et renvoyant à la page de ce recueil, a remplacé le mot *incarcéré* par le mot *massacré*. (*La Vendée en 1793*, p. 134.)

[2] Dans le dossier des membres du comité du Port-Saint-Père, au greffe, se trouve une autre lettre, également datée du 26 mars et signée de Gendron, ayant pour objet de réclamer contre l'incarcération d'un nommé Jacques Leroux, emprisonné à Machecoul. Gendron dit de lui qu'il a paru tranquille et qu'il n'a pas vu son nom au bas des infernales délibérations dont il est saisi.

La prison du Port-Saint-Père servait aussi aux communes voisines. Le curé de Bouaye y fut incarcéré. (Sa lettre en faveur de Bouyer et Letourneux, membres du comité de Bouaye, jugés en août 1793. — *Arch. du Greffe.)*

nous a déterminés à les *séparer* d'avec ceux qu'ils ont sçu corrompre.

» Nous sommes, etc.

» Du Port-Saint-Père, le 28 mars 1793.

» Gendron, *commissaire;* Maisonneuve fils; Moreau, *secrétaire.* »

Cette seconde lettre est-elle par erreur datée du 28, ou n'est-elle qu'une confirmation de l'envoi des prisonniers fait la veille ? Je n'en sais rien ; mais comme les dix noms qu'elle contient sont les mêmes qui se trouvent mentionnés dans les dépositions dont j'ai parlé, elle a incontestablement trait au même fait.

Il est impossible d'en conclure que les membres du comité du Port-Saint-Père aient envoyé leurs prisonniers dans le but de les faire massacrer ; et s'il est permis de supposer que leur mort fut le résultat d'une vengeance pupulaire, rien ne prouve qu'elle fut ordonnée par les autorités de Machecoul.

Ainsi, pour bien marquer l'état de la discussion au moment où nous sommes arrivés, c'est-à-dire à la fin du mois de mars 1793, disons : 1º qu'au retour de Pornic, où, le 23 mars, les rues avaient été ensanglantées par le meurtre de deux cents insurgés ivres, La Cathelinière exerça des représailles à Bourgneuf ; 2º que, dans le courant de mars, trois prisonniers furent exécutés au château de Machecoul, sans qu'il soit possible de déterminer la date de leur mort ; 3º que, le 27 mars, dix prisonniers du Port-Saint-Père furent tués à Machecoul, alors que les patriotes de Pornic, le 24 mars, avaient fusillé plusieurs centaines de prisonniers vendéens. Rien de plus ne résulte des dépositions de patriotes de Machecoul, qui ont eu toute liberté de s'exprimer au sujet de ces événements dans les quarante ou cinquante procès dont j'ai étudié avec soin les interrogatoires, les instructions et les procès-verbaux d'audience.

XV

EXÉCUTIONS DE PATRIOTES

Avril 1793

Les massacres de Machecoul d'après les Éclaircissements historiques *placés à la suite des* Mémoires de Mme de la Rochejaquelein; *d'après les* Mémoires d'un ancien administrateur des armées républicaines; *d'après M. Lucas-Championnière; d'après le général Aubertin.* — *Résumé de la brochure de Boullemer.* — *Discussion.* — *Des patriotes fusillés au Calvaire.* — *Massacre du 3 avril ordonné par Souchu.* — *Ce massacre ne fut pas prémédité.* — *Du chapelet.* — *Des patriotes fusillés qui ont survécu.* — *Du nombre des victimes.* — *Des violences commises dans les autres paroisses du District.*

On peut opposer divers récits plus ou moins authentiques aux témoignages que j'ai produits pour montrer que le massacre des patriotes ne fut jamais une opération régulière que Souchu aurait organisée au moment de l'occupation de Machecoul, et qui se serait continuée de jour en jour, presque sans interruption, jusqu'à la prise de cette ville par les républicains, le 23 avril 1793.

Il y a d'abord celui des *Éclaircissements historiques* que le libraire Baudouin a imprimés sous sa propre responsabilité, à la suite des *Mémoires de Mme de la Rochejaquelein*. L'avertissement de l'éditeur, qu'on peut lire à la page 475, ne permet pas de se méprendre sur le caractère de ces *Éclaircissements historiques,* car il y est dit : « On nous a remis des notes fort précieuses, » qui furent écrites par une personne attachée à son » armée (celle de Charette)....; ce sont de simples » fragments, mais qui, rapprochés des faits que rap- » porte Mme de la Rochejaquelein dans ses *Mémoires,* » complètent l'histoire de Charette..... » On a donc le droit de s'étonner, alors qu'aucune édition des *Mémoires de Mme de la Rochejaquelein,* autre que celle de Baudouin (1823), ne contient ces *Éclaircissements historiques,* que certains écrivains se soient emparés de ce texte et l'aient produit comme l'ayant emprunté à Mme de la Rochejaquelein elle-même [1].

« Les massacres de Machecoul, dit cet anonyme, » durèrent pendant plus de cinq semaines; chaque » soir, on égorgeait un certain nombre de prisonniers, » après les avoir attachés et en avoir formé une espèce » de chaîne. Les assassins, ne rougissant point d'atta- » cher une idée de religion à ces épouvantables for- » faits, appelaient cette tragédie le chapelet; et, dans » le fait, on récitait cette prière au moment où l'on » répandait le sang de ces malheureux. L'imagination » frémit en rappelant des horreurs aussi longtemps » prolongées; près de six cents victimes furent ainsi » massacrées de sang-froid.... »

---

[1] Voir: M. Bonnemère, *La Vendée en 1793,* page 128; on y lit tout au long : Mme de la Rochejaquelein; — M. Louis Blanc, *Hist. de la Révol.,* t. VIII, p. 198, où se trouve la note suivante: « *De l'aveu des écrivains royalistes eux-mêmes.* Voy., à la suite des *Mémoires de Mme de la Rochejaquelein,* le n° 2 des *Éclaircissements historiques.* »

Le second récit, également anonyme, que M. Louis Blanc a très-habilement soudé à celui des *Eclaircissements historiques*, afin de tracer un tableau propre à justifier sa préférence pour les assassins des journées de septembre [1], est extrait des *Mémoires inédits d'un ancien administrateur militaire des armées républicaines* [2]. Il diffère quelque peu du précédent, notamment pour le nombre des victimes, qui est de trois cents au lieu de six cents : « Environ trois cents pa-
» triotes étaient prisonniers dans cette ville (Mache-
» coul), leur mort fut décidée, et leur supplice, qui
» dura plusieurs jours, fut accompagné d'un raffine-
» ment de barbarie qui surpasse l'imagination. La
» veille de l'exécution, on formait deux listes, la pre-
» mière de trente hommes, qui devaient être mis à
» mort le lendemain; la seconde, de pareil nombre,
» réservée pour le lendemain. On instruisait les pre-
» miers de leur sort, et, pour les disposer à le subir,
» on leur envoyait des prêtres qui leur proposaient de

---

[1] Louis Blanc, *Hist. de la Révol.*, t. VIII, pp. 197 et 198. — Les journées de septembre coûtèrent la vie à 1,368 victimes, d'après M. Mortimer-Ternaux *(Hist. de la Terreur*, t. III, p. 547), qui a réduit le chiffre adopté par M. Granier de Cassagnac, lequel montait à 1,458. — M. Hippolyte Castille, dans son *Hist. de la Révol.*, p. 261, t. II, va plus loin encore que M. Louis Blanc : « A Machecoul, dit-il, les férocités de septembre furent horriblement dépassées. »

[2] Paris, 1823. Baudouin, p. 13. — L'éditeur prévient, dans un avis, qu'on lui a imposé la loi de ne faire à ces mémoires aucune addition : « Ceci explique, dit-il, par quelle raison ces mémoires, intéressants et remarquables par un grand esprit d'équité, paraissent sans notes et sans éclaircissements historiques. »

» se confesser. L'heure fatale arrivée, on les dépouil-
» lait de ce qu'ils possédaient, on les liait et on les
» conduisait sur le bord d'une large fosse qu'on avait
» creusée dans la cour du château; on les y faisait
» agenouiller; un rang d'hommes armés se tenait
» derrière ces malheureux, et à l'instant où les prêtres
» avaient recommandé leurs âmes à Dieu, on les fusil-
» lait et ils étaient précipités dans la tombe. Les
» trente portés sur la seconde liste assistaient à cette
» exécution, et on leur disait : « Demain, il vous en
» sera fait autant, si vous ne renoncez à la république
» et ne prenez parti pour le roi et la religion. » Ensuite
» on les reconduisait dans leurs cachots, où ils étaient
» déjà livrés aux angoisses de la mort. »

Une troisième relation, entièrement inédite, fait partie des *Mémoires* de M. Lucas-Championnière; elle fut écrite cinq ans après les événements, auxquels l'auteur n'avait point assisté, et elle est ainsi conçue :

« On établit à Machecoul une espèce d'administra-
» tion sous le nom de Comité. Toutes les paroisses en
» firent autant, et Machecoul, comme principale
» ville, devint le comité central. C'est devant ce tri-
» bunal qu'on conduisait les patriotes. Souchu, pré-
» sident, les condamnait à mort sans les entendre; il
» y eut, à ce sujet, de grands débats entre les gens
» plus humains et le président du comité de Mache-
» coul aidé de sa cohorte. La plupart ne désiraient pas
» la mort des prisonniers, on voulait seulement les
» mettre en lieu de sûreté, pour les empêcher de cor-
» respondre avec l'ennemi; les égorgeurs furent les

» plus forts. Cependant quelques paroisses parvinrent
» à ravoir leurs patriotes. Plusieurs, par suite, furent
» mis en liberté et se sauvèrent à Nantes, mais les
» malheureux retenus à Machecoul y furent horrible-
» ment massacrés. On les attachait tous ensemble par
» les bras; cette chaîne, qu'on appelait le chapelet,
» était conduite sur le bord d'une douve *dans la cour*
» *du château*. Après quelques coups de fusil, qui ne
» blessaient qu'un petit nombre, les autres, entraînés
» par leur chute, étaient percés à coups de piques, et,
» souvent à demi-morts, précipités dans la douve.
» Des hommes qui, jusque-là, sans doute, n'avaient
» jamais versé de sang humain, prenaient plaisir à de
» pareilles exécutions. Jusque-là encore n'était-ce que
» le plaisir de la vengeance; les prisonniers de Pornic
» avaient été massacrés à peu près de la même ma-
» nière, et les vexations de toute espèce des districts
» et des municipalités avaient justement irrité les
» habitants; mais, après la destruction des premiers,
» on poursuivit successivement tous ceux qui avaient
» donné quelques signes d'attachement à la Révolu-
» tion.....; quelques-uns proposèrent même de ne pas
» excepter les femmes.... *Le procureur Souchu s'était*
» *emparé de l'autorité, tout n'alla plus que par ses*
» *ordres;* quelques acolytes l'aidèrent bien à former
» des listes de proscription, mais M. Charette, qu'on
» croit en avoir été l'auteur, souffrit plutôt qu'il n'or-
» donna les exécutions. »

Je ne mentionnerai que pour mémoire la courte

relation du général Aubertin[1], où il est parlé d'une seule fusillade, ordonnée par Charette au moment de son entrée à Machecoul, et qui, « trois fois réitérée sur les hommes échappés aux premières décharges, » abattit quatre cents Français, que l'on inhuma dans le clos spacieux d'un *couvent où avait eu lieu l'exécution*. Quant à Wieland, qui avait le grade de commandant dans l'armée de Beysser, je n'ai pu me procurer que les conclusions de son rapport, données par Savary[2], et dans lesquelles il est question de quatre cents patriotes de la ville et des environs égorgés par les brigands.

Lequel de ces divers auteurs a été le témoin des faits qu'il raconte? Aucun d'eux. Quelles preuves apportent-ils à l'appui de leurs assertions? Aucune. Tous ont répété ce qu'ils ont entendu dire, et chacun, se faisant l'écho d'un bruit différent, a accusé, l'un Souchu, l'autre Charette, assignant aux massacres des époques et des lieux divers, et donnant un total de victimes qui varie de trois cents à six cents. Assurément, les livres ne manquent pas où l'on peut lire que Carrier a fait périr à Nantes plus de trente mille personnes; on pourrait même invoquer à ce sujet le révolutionnaire Prud-homme, mais quel accueil feraient les gens sérieux à un historien qui, négligeant les documents originaux des archives, prétendrait s'en tenir au témoignage

---

[1] *Mémoires du général Aubertin.* Paris, Ladvocat, 1823, pp. 164 et 165.

[2] Savary, *Guerre des Vendéens et des Chouans*, t. 1, p. 106. — Ce récit de quelques lignes a été adopté par M. Théodore Muret.

de Prudhomme et maintiendrait son exagération de trente-deux mille victimes?

Dans ces récits vagues, la vérité est insaisissable, mais il m'a semblé qu'il n'était pas impossible de la dégager des exagérations de Boullemer, qui ont du moins cet avantage de se rapporter à des faits dont la trace se retrouve dans les documents originaux.

J'ai le regret de ne pouvoir donner le texte entier de ce narrateur, mais un résumé exact suffira, je l'espère, aux besoins de la discussion.

Boullemer soutient, dans sa brochure, que pendant l'occupation de Machecoul par les Vendéens, qui dura du 11 mars au 24 avril, il ne s'est pas passé quatre jours sans assassinats (p. 11). Pour légitimer ces exécutions, le comité se faisait écrire des lettres de Nantes, dans lesquelles on annonçait des massacres de prêtres; le lendemain de la réception d'une de ces lettres, on se porta aux prisons : le matin on massacra *vingt-quatre* patriotes, et le soir *cinquante-six*. C'était le jour de Pâques, et les paysans dirent : Nous nous sommes bien décarêmés aujourd'hui. On attachait les patriotes avec une longue corde qu'on leur passait au bras, et que les brigands appelaient leur *chapelet*. On les menait ainsi dans la cour du château ou dans la prairie du Calvaire, et là on les fusillait souvent si maladroitement, qu'on les achevait à coups de piques. Jaubert eut les poignets sciés (p. 12). Le seul trait d'humanité de ces barbares fut de frapper à la tête, sur leur demande, deux malheureux dont ils avaient cassé les bras et les jambes à coups de massue. Caviezel, président du tribunal, que l'on avait pris dans son lit, malade, fut conduit au supplice par deux hommes auxquels il avait rendu les plus grands services, et il le leur rappela vainement (p. 13).

Le citoyen Baré, qui avait reçu plusieurs coups de baïonnettes dans les cuisses, avait échappé à la mort; les brigands allèrent le chercher et l'entraînèrent, malgré les larmes de sa famille. Le citoyen Musset, chirurgien, fut mis trois fois au chapelet (p. 14); la première fois, il s'en tira en disant qu'il voulait se confesser; mais il vit mourir huit de ses frères attachés avec lui. *La seconde fois, il était attaché le premier à la corde qui en liait cinquante-sept* [1]; il rappelle à Berthaud aîné qu'il l'a guéri d'une maladie, et celui-ci le fait détacher; la troisième fois on lui sauva la vie pour qu'il soignât Berthaud l'aîné, dangereusement malade. (P. 15.) Les brigands ont enterré des gens qui n'étaient pas morts. Le jeune Gigault, âgé de dix-sept ans, s'était tiré de dessous les cadavres, on le reprit et on l'assomma au Calvaire. Guial, de Beauvoir, s'échappa à moitié mort en passant par dessus un mur de douze pieds. Il vit encore [2]. « On

[1] Hyacinthe Musset, chirurgien, a déposé plus de dix fois dans des procès de brigands, et notamment dans celui de Souchu; nulle part il n'a raconté les faits de cette manière. — Je souligne à dessein ce passage, dont je me propose de tirer des conséquences.

[2] Je ne conteste pas que Guial ait passé par dessus un mur de douze pieds pour s'échapper, mais ce n'est pas à cette circonstance seule qu'il dut de survivre au massacre. Il fut repris, et, plus heureux que le jeune Gigault, sur lequel je n'ai pu trouver aucun renseignement, il fut gardé en prison. Guial, qui se

voyait le 24 avril, dans la prairie du Calvaire, un bras hors de terre, dont la main accrochée à une poignée d'herbe était certainement celle d'un homme qui avait tâché de sortir de la tombe. »

Ces barbares voulurent aussi détruire les femmes ; pour y parvenir, on fabriqua au comité une lettre annonçant que la femme de Charette venait d'être massacrée à Nantes ; les femmes furent conduites en prison. (P. 16.) Mlle de la Rochefoucault insulta la citoyenne Charruau, dont le mari et le beau-frère avaient été tués. D'autres femmes insultèrent le citoyen Chevalier, lorsqu'il traversait le bourg de Paulx. Mais le moment d'assassiner les femmes n'était pas venu. On les fit sortir de prison dans la nuit du 16 avril, « et l'on a appris depuis, par un des chefs, qui a payé ses crimes de sa tête, que le projet était de les faire saigner aux quatre membres [1], ainsi que leurs enfants, dans la nuit du 22 avril, jour de notre délivrance. (P. 18.)

On menaça de mort les femmes qui prenaient le

---

[1] qualifié de membre de la compagnie Marat, déclare, dans une déposition écrite, portant la date du 29 frimaire an II, « qu'ayant été fusillé par des maladroits, Boursault empêcha le chirurgien de panser ses plaies. » (Dossier de Boursault, de Saint-Lumine, condamné le 2 nivôse an II, — 22 décembre 1793, par le tribunal révolutionnaire. — *Arch. du Greffe.*)

[1] Ce chef, qui a payé ses crimes de sa tête, ne peut être que Souchu ; j'examinerai plus loin quelles furent les prétendues révélations de Souchu, mais je puis dire pour l'instant que ce projet, dont on n'eût pas manqué de tenir note si Souchu l'avait communiqué, ne se trouve ni dans sa déclaration placée à la suite de son jugement, ni dans la lettre d'envoi de la déclaration qui contient un résumé de cette déclaration.

deuil. On avait persuadé aux brigands qu'ils hériteraient de ceux qu'ils tueraient. Les prêtres promettaient le ciel à ceux qui combattraient pour la foi, et chantaient des cantiques dans les corps de garde des brigands. Le dimanche 21 avril, voulant arrêter la désertion qu'allait produire la nouvelle de l'arrivée républicaine (p. 18), Prioul, le vicaire, imagina de faire un miracle ; il dit qu'une prieure du Calvaire, morte à Machecoul, lui était apparue et qu'elle avait dit qu'il ne fallait plus tuer personne qu'en combattant. Un viéillard, sur lequel on avait fait tirer plusieurs coups de fusil à poudre [1], prétendit que c'était la sainte qui l'avait conservé et qu'elle lui avait dit que les brigands bleus mourraient dans la journée du 22 avril. On alluma des cierges ; Prioul posa la main sur la pierre tombale et dit qu'il la sentait se soulever. On cria au miracle et la cérémonie finie on dit de revenir le lendemain chercher les paroles de la sainte. « Que devait-on trouver derrière la petite vierge ? La liste des femmes patriotes qu'on devait assassiner dans la nuit du 22 avril ; mais Beysser arriva, fit un autre miracle et nous fûmes sauvés. » (P. 19.) Boullemer explique ensuite dans un appendice qu'il passa les quarante-deux jours dans une cache étroite sous un toit, dans une ouverture faite entre deux soliveaux.

On souffre à transcrire de pareilles abominations,

---

[1] L'auteur des *Mémoires inédits d'un ancien administrateur des armées républicaines* considère comme « une fable cette prétendue croyance de résurrection dont on a tant parlé... que pour donner du ridicule au parti vendéen. » Page 33.

car si elles sont vraies, on ne peut que gémir qu'il y ait eu des gens assez scélérats pour les commettre, et si elles sont fausses, on ne peut s'empêcher de rougir pour celui qui a eu la lâcheté de les inventer et de les débiter même dans un club. Personne ne doutera, j'en suis convaincu, que l'homme qui a donné tous ces détails ait pu négliger aucune des atrocités qui ont été commises. Si donc il n'a parlé ni de la récitation du chapelet pendant les exécutions, ni de l'assistance à l'exécution des victimes de la journée, imposée aux victimes désignées pour le lendemain, on est en droit de regarder comme de pures inventions ces deux circonstances odieuses qui ont été produites sans l'ombre d'une preuve par l'auteur des *Éclaircissements historiques* placés à la suite des *Mémoires de Mme de la Rochejaquelein*, et par celui des *Mémoires d'un ancien administrateur*, et il faut reconnaître que Boullemer, malgré tous les frais qu'il a faits pour atteindre les dernières limites de l'horrible, a été dépassé par des émules dont les affirmations n'ont même pas le mérite des siennes, où du moins l'on peut, comme je l'ai déjà dit, trouver, en cherchant bien, un fond de vérité.

Ce fond de vérité, le voici :

I. Il y eut des patriotes fusillés dans la prairie du couvent du Calvaire, et aussi dans l'enceinte du château ; mais le nombre des victimes du château est beaucoup moindre que celui des victimes du Calvaire.

II. C'est dans l'enceinte du couvent du Calvaire que se fit, le mercredi de Pâques, 3 avril, la seule exécution comprenant un grand nombre de patriotes, et elle fut ordonnée par Souchu.

III. Elle ne fut pas l'effet d'une préméditation sanguinaire et, sans qu'il y ait lieu d'essayer de la justifier, on peut l'expliquer par les circonstances critiques dans lesquelles se trouvait le camp des Vendéens.

IV. Il y a eu des gens à Machecoul qui ont réellement donné le nom de chapelet à la corde qui liait les condamnés.

V. Il y a eu plusieurs patriotes qui, ayant été conduits au supplice, ont survécu à l'exécution.

VI. Le total des victimes ne dépasse pas cent.

Je vais reprendre chacune de ces propositions en apportant des preuves à l'appui, et, pour plus de netteté, je vais consacrer à chacune d'elles un paragraphe spécial.

§ I

Il y eut des patriotes fusillés dans la prairie du couvent du Calvaire, et aussi dans l'enceinte du château; mais le nombre des victimes du château est beaucoup moindre que celui des victimes du Calvaire.

Les patriotes arrêtés dans les journées du 11 et du 12 avaient été conduits dans la prison de la ville au château. Le 13, on proposa, par mesure d'humanité, de les enfermer dans le couvent des Calvairiennes, situé au centre de la ville, en tirant sur le nord, et le transfert eut lieu, puisqu'il est incontestable que le

couvent du Calvaire servit de prison aux patriotes.
Ce fait, nous le tenons de Boullemer lui-même, qui
l'a consigné dans les termes suivants sur le certificat
délivré à M. de la Nicollière :

« Je l'ai vu (M. de la Nicollière) dans le plus grand
» danger pour sa vie, quand il se porta aux prisons
» pour solliciter ces gens de ménager les prisonniers
» et de les mettre au Calvaire [1], où ils eussent été
» plus commodément; on lui dit, et je l'ai entendu :
» B....., si tu t'en mêles, tu ne seras pas plus ménagé
» qu'eux [2]. »

Je ne saurais donner la proportion exacte dans
laquelle les détenus furent partagés entre les deux prisons ; mais si l'on compare le nombre considérable des
dépositions où il est parlé de prisonniers du Calvaire
à celui très-restreint des déclarations concernant les
prisonniers du château, on est amené à croire que la
très-grande majorité des patriotes furent enfermés au
Calvaire. C'est là aussi que se faisaient les exécutions.

Les diverses pièces du dossier du nommé Étienne
Brisson, laboureur, jugé à Nantes par le tribunal révolutionnaire[3], autorisent cette affirmation, car Brisson
était le chef de la prison du château. Plusieurs témoins

[1] Ancien couvent des Calvairiennes occupé par l'administration
du District. Le District s'y était établi au mois de novembre
1792. (Lettre du procureur syndic au Département, du 11 novembre 1792. *Arch. de la Préfect.*)

[2] Certificat dont j'ai indiqué plus haut le caractère et la pro-
venance.

[3] *Arch. du Greffe.* Condamné le 27 août 1793.

ayant parlé de lui assez favorablement, d'autres l'accusèrent, au contraire, d'avoir tenu les propos les plus cruels, et d'avoir lié et garrotté des patriotes pour les conduire au Calvaire, où ils furent assassinés, ajoutent les témoins. Pourquoi, si l'on avait l'habitude de tuer des patriotes au château, les conduire au Calvaire pour les mettre à mort? D'après quelques témoins, Brisson aurait conduit au Calvaire dix patriotes, trente, selon d'autres, sans que les témoins fournissent de dates, excepté pour l'exécution de trois canonniers, dont six témoins racontent l'enlèvement avec détail, affirmant tous qu'il eut lieu le 18 avril. Brisson aurait dit à ces canonniers, en les conduisant au supplice : « Allons, mes b......, c'est vous qui avez cassé les bras de la bonne Vierge dans l'église de la Garnache et qui y avez mis vos chevaux. » En outre, on voit dans cette même procédure, où douze témoins furent entendus, et où nécessairement durent aboutir les principaux faits concernant le château et sa prison, que dans le courant de mars, j'en ai déjà parlé [1], trois patriotes auraient été fusillés au château. Il me paraît donc résulter avec évidence de l'examen de ce dossier que, si des exécutions avaient eu lieu habituellement au château, les témoins entendus dans la procédure de Brisson ne se seraient pas arrêtés à signaler ces deux faits comme des particularités.

[1] V. ci-dessus, p. 358.

II

C'est au couvent du Calvaire que, le mercredi de Pâques, 3 avril 1793, se fit la seule exécution comprenant un grand nombre de patriotes, et cette exécution fut ordonnée par Souchu.

Voici par quel raisonnement j'arrive à cette conclusion :

Souchu, de l'aveu de tout le monde, a été l'ordonnateur des grandes exécutions de patriotes à Machecoul; or, les documents les plus incontestables établissent que Souchu n'a ordonné qu'une seule exécution, comprenant cinquante-six patriotes; donc, il est faux de prétendre qu'il y a eu plusieurs grandes exécutions.

Je n'attache pas une très-grande importance à l'unanimité avec laquelle les écrivains révolutionnaires ont signalé Souchu comme l'agent principal des vengeances vendéennes[1]; mais enfin c'est quelque chose que M. Chevas qualifie les patriotes tués à Machecoul de victimes du féroce Souchu[2]; que M. Michelet prétende que Souchu remplit et vida quatre fois les prisons[3], et que M. Louis Blanc nous montre ce même homme organisant la vengeance à Machecoul[4].

Un témoignage plus sérieux que ceux-là, c'est celui

---

[1] M. Thiers, dans son *Histoire de la Révolution*, 14ᵉ édit., t. II, p. 363, in-12, attribue les massacres de Machecoul à un nommé Gaston, perruquier.

[2] *Notes sur les communes de la Loire-Inférieure*, pp. 75, 244 et 370.

[3] *Hist. de la Révol.*, t. V, p. 419.

[4] *Hist. de la Révol.*, t. VIII, p. 194.

de François Piet, qui occupa les fonctions d'accusateur public auprès de la commission militaire révolutionnaire de Noirmoutier, et qui, parlant de patriotes tués à Machecoul, dit que « Souchu les dévoua à la mort [1]; » mais la preuve décisive résulte des documents originaux.

J'en ai déjà produit plusieurs ; on a lu la déclaration de Latour, qui nomme en première ligne Souchu et Berthaud comme les auteurs des massacres ; on a pu remarquer que dans toutes les pièces que j'ai citées, soit d'après les originaux, soit d'après des livres ou des brochures, le nom de Souchu apparaît le premier parmi les signataires ; chez lui se réunissait le comité. Son jugement porte qu'il était établi à la tête des brigands comme juge des patriotes, et si l'on ouvre le dossier de sa veuve, on y trouvera écrite de la main de Vaugeois, accusateur public, la note suivante, dont l'écriture trahit la précipitation de l'audience : « Jean-» Joseph-Esprit Musset, administrateur du District » de Machecoul, a déposé sur la femme Souchu que » son mari avait fait périr cinq cents patriotes. » En tête de cette note, on lit : « Il est impossible qu'elle ne fût pas du parti de son mari. » Ce Musset était le président du District de Machecoul au moment où l'insurrection éclata ; il présidait également à Nantes le District, dont les membres s'étaient réfugiés dans cette ville ; il avait reçu et consigné sur le registre ouvert à Nantes de nombreuses déclarations. Qui

---

[1] *Recherches sur l'île de Noirmoutiers*, 2ᵉ édit. Nantes, 1863, p. 544.

l'empêchait de faire connaître alors que Souchu était un subalterne ? N'était-ce pas même son devoir de le faire, puisqu'il comparaissait comme principal témoin dans le procès de sa veuve ? Mais, dira-t-on, il a attribué à Souchu le meurtre de cinq cents patriotes. Cette déclaration nous servira tout à l'heure à donner la mesure de la sincérité des dépositions des patriotes, lorsqu'il s'agissait, à cette époque, d'accuser des royalistes.

On ne saurait douter, en effet, qu'une exécution comprenant un grand nombre de royalistes ait eu lieu dans les premiers jours d'avril; c'est la date que Piet assigne à la mort des victimes de Souchu [1], et je précise en disant qu'elle se fit le mercredi de Pâques dans la prairie du Calvaire. Ce jour a été, avec raison, qualifié de jour terrible par un témoin déposant contre la fille Chevet : « Le 3 avril, l'accusée dit à ce témoin de cacher ses meilleurs effets, parce qu'on devait mettre les scellés chez les patriotes. *Ce jour-là fut terrible pour les patriotes prisonniers* [2]. » Pourquoi cela ? Parce que, nous apprend le citoyen Baudry, ex-officier municipal, « le nommé Louis-
» François Duval, marchand épicier, fut la victime
» de son patriotisme, et massacré *le 3 du mois d'avril*
» *dans le nombre des* 58 qui tombèrent sous le fer des
» assassins ce jour-là [3]. »

---

[1] *Recherches sur l'île de Noirmoutiers*, p. 544.
[2] Déposition de la veuve Hubert Boucheteau. Dossier déjà cité, du 9 floréal an II (28 avril 1794).
[3] Certificat de décès portant la date du 4 juin 1793. (*Arch.*

Ce certificat ne permet pas de douter qu'il y eut une exécution comprenant plus de cinquante patriotes, à la date du 3 avril, qui se trouvait être, en 1793, le mercredi de Pâques, et il va m'aider à démontrer que cette exécution fut la seule qui atteignit un chiffre considérable.

Souchu, en effet, fut condamné pour avoir fait mettre à mort cinquante-six patriotes, chiffre à peu près égal à celui de cinquante-huit contenu dans le certificat du citoyen Baudry, cité tout à l'heure, et ne différant que d'une unité de celui de cinquante-sept, avancé par Boullemer pour la seconde exécution, à laquelle, circonstance utile à retenir, le chirurgien Musset échappa. (Voir ci-dessus, p. 372.)

Le jugement de Souchu porte [1] : « Souchu étant éta-

de la Préfect.) Le chiffre 5 de 58 ayant une longue queue, on l'a grossièrement surchargé pour en faire un 9. Mais cette surcharge ne peut que témoigner du dessein arrêté des patriotes d'exagérer le nombre des victimes, car le chiffre de 98 qu'elle a pour but d'accréditer pour la journée du 3 avril, est doublement en contradiction avec les affirmations de Boullemer (voir page 371), puisque, d'après celui-ci, le chiffre le plus élevé des victimes, en une journée, aurait été de 80 et non de 98, et ce chiffre de 80 aurait été atteint, non pas le 3 avril, mais le jour de Pâques, 31 mars.

[1] Cette pièce, quoique non signée des juges, est parfaitement authentique ; elle est signée de Souchu et de plusieurs témoins. M. Louis Blanc, en révélant son existence *(Hist. de la Révol.,* t. VIII, p. 307), l'oppose dédaigneusement aux écrivains qui ont présenté Souchu comme ayant eu la tête tranchée par un sapeur au moment où, couvert d'un bonnet rouge, il voulait chercher un refuge parmi les républicains, anecdote mise en circulation par Beauchamp (1806, t. I, p. 140), qui l'avait empruntée aux *Mémoires* de M. Lucas-Championnière. En revanche, M. Louis

» bli à la tête des brigands comme juge des patriotes,
» est convaincu d'en avoir fait attacher cinquante-six à
» une corde et les a fait conduire dans une prairie au
» haut du Calvaire, où il les a fait mettre à mort. En
» commettant ce crime, il a prononcé : Il faut tous les
» tuer; moins nous aurons d'ennemis, plus nous se-
» rons forts. Cette déposition est signée par les témoins
» *qui faisaient partie de ceux qui ont été assassinés*
» *et qui ont eu le bonheur d'en revenir.* » Or, parmi
ces témoins signataires de la sentence et « qui ont eu
le bonheur d'en revenir, » se trouve le chirurgien
Musset; ce qui prouve de la façon la plus claire que
c'est bien le 3 avril qu'eut lieu l'exécution des cinquante-sept patriotes dont a parlé Boullemer, et la
seule qui ait été ordonnée par Souchu; car les témoins
de son procès n'eussent point manqué de l'accuser de
deux massacres, si effectivement il en avait ordonné
deux.

Si donc on voulait prétendre qu'il y eut à Machecoul
plusieurs exécutions comprenant un grand nombre de
patriotes, il faudrait absolument démontrer qu'elles
furent ordonnées par d'autres que par Souchu, et que
notamment il en a été ainsi du grand massacre accompli le jour de Pâques, 31 mars, lequel, au dire de
Boullemer, aurait coûté la vie à quatre-vingts patriotes, dont vingt-quatre le matin et cinquante-six
dans la soirée. Mais alors comment se fait-il que les

Blanc garde le plus complet silence sur le texte de ce jugement, laissant à d'autres le soin de résoudre et même de poser le problème qu'il renferme.

patriotes qui ont déposé en justice n'aient jamais parlé de ce chef odieux auquel il auraient dû pourtant attribuer l'initiative de ces abominables mesures? Boullemer a-t-il donc à ce point poussé la mauvaise foi qu'il aurait inventé ce massacre de quatre-vingts patriotes le jour de Pâques?

Au nombre des déclarations faites au district de Paimbœuf, il s'en trouve une portant la date du 3 avril[1] et émanant d'un patriote nommé Charles Bouriau, du bourg de Vue, de laquelle il résulte qu'ayant été amené le dimanche précédent à Machecoul par un nommé Lafrance, garde de M. Guillou, et une troupe sous ses ordres, il a vu dans cette ville un rassemblement de quatre mille hommes armés de piques, bâtons et fusils, et que, ce jour-là, cinq cents brigands sont partis, malgré les avis de Charette, pour Sainte-Pazanne, où ils ont pris les chariots d'un détachement de gardes nationaux. Or, à qui fera-t-on croire que si l'on eût, ce jour-là, massacré quatre-vingts personnes, Bouriau n'en aurait rien su?

Ce qui est bien certain, c'est que la capture des chariots des troupes républicaines, beaucoup mieux que les quatre-vingts patriotes massacrés, put fournir aux rebelles l'occasion de dire qu'ils s'étaient bien *décarêmés*, selon l'expression de Boullemer, complaisamment reproduite par M. Louis Blanc; et, d'autre part, si rien ne prouve que le jour de Pâques ils aient mis à mort des patriotes, on ne saurait douter qu'il

[1] Déclaration reçue au district de Paimbœuf, le 3 avril 1793. *(Arch. de la Préfect., fonds du Départ.)*

en ait été autrement dans le parti contraire : « On a exécuté ce matin, lisons-nous dans la correspondance du district de Paimbœuf avec le Département, à la date du 31 mars, trois révoltés pris les armes à la main sur la route de Paimbœuf[1]. » Mais il y a une raison péremptoire qui tranche toute discussion relativement à ce prétendu massacre du jour de Pâques, c'est que, sur quatre-vingt-dix mentions ou attestations de morts de patriotes attribuées aux Vendéens, du 11 mars au 23 avril 1793, attestations ou mentions que j'ai recueillies de tous côtés, et dont le tableau est aux pièces justificatives, il ne s'en trouve pas une seule contenant la trace d'un patriote tué le jour de Pâques, date pourtant facile à retenir. En ce qui concerne, au contraire, le massacre du 3 avril, je puis citer treize mentions portant expressément que tel patriote a été tué à cette date ; quinze autres portant que tel patriote a été tué dans les premiers jours d'avril, dix ne contenant que ces mots : « tué dans le mois d'avril. »

§ III

L'exécution du 3 avril ne fut pas le résultat d'une préméditation sanguinaire.

Si grande que soit l'horreur qu'inspire une pareille exécution, si impossible qu'il soit pour un honnête homme d'en essayer la justification, on se tromperait si l'on s'imaginait que Souchu céda uniquement, en

[1] Registre de la correspondance du district de Paimbœuf. Mars 1793. (Mêmes *Arch., fonds du district de Paimbœuf.*)

commettant ce crime, à une passion féroce et sanguinaire. Je ne voudrais imiter ni les historiens qui ont osé trouver dans l'ébranlement que certains événements avaient imprimé aux esprits, des justifications à des mesures bien autrement affreuses, ni le sensible Robespierre disant, à propos des journées de septembre : « Citoyens, pleurez cette méprise cruelle..., mais que votre douleur ait un terme comme toutes les choses humaines ; gardez quelques larmes pour des calamités plus touchantes [1]. » Néanmoins, je ne puis me dispenser, dans l'intérêt de la vérité, d'enregistrer ici le passage suivant d'une lettre, datée du 2 avril 1793 et signée de Souchu, qui témoigne d'un grand trouble dans les esprits des chefs insurgés ; je l'emprunte aux *Pièces contre-révolutionnaires* de M. B. Fillon :

« Frères et amis,

» Nous avons eu trois fausses alertes dans l'espace de vingt heures. Nous les attribuons à la trahison de nos courriers ; aussi en avons-nous fait emprisonner un. Il est faux que la fumée se soit élevée du côté de Sainte-Croix. On a pris pour de la fumée des nuages de poussière occasionnés tant par la formation de nos retranchements que par la marche de nos troupes.

» Nous sommes environnés de traîtres, et cela ne

---

[1] *Journ. des Déb. et des Décr.*, 5 novembre 1792, n° 48, pp. 79 et 80. — Voir, dans M. Louis Blanc, le récit des journées de septembre, t. VII, p. 195 et suiv., et t. X, 195, l'explication de la noyade du 14 frimaire an II, fondée sur les dangers d'une conspiration chimérique.

doit pas vous surprendre. Nous avons besoin qu'un dépôt nombreux d'hommes courageux se fixe à Machecoul dans cette circonstance critique, car il pourrait arriver que les brigands se portassent par pelotons sur différentes paroisses à la fois, pour nous obliger à leur prêter secours, et pour ensuite tomber sur nous à l'improviste[1]. »

Je regrette de ne pouvoir apporter ici quelques explications sur les raisons qui déterminèrent Souchu à faire périr certains patriotes plutôt que certains autres, dont les sentiments révolutionnaires très-prononcés sont attestés par les dépositions qu'ils firent plus tard. J'ai bien entendu parler d'une discussion qui se serait élevée à la Société populaire pour la signature d'une adresse sur la mort du roi, et j'ai relevé dans le procès de la veuve Réal des Perières[2] les paroles de l'un des témoins auquel l'accusée aurait dit : « Il n'y aura que ceux qui ont signé la mort du roi » qui périront. » Mais ces renseignements n'ont rien de précis, et comme je n'ai pu me procurer la connais-

---

[1] *Pièces contre-révolutionnaires*, p. 43. — Cette lettre est adressée aux membres du comité de Bouin. M. Fillon la donne comme étant de la main de Couetous, membre du comité. Elle est signée : « Souchu, J. Péraud, Latour, Archambaud, Couetous. » Elle contient à la fin, à titre de bruits qui circulent, deux nouvelles peu vraisemblables, ayant pour objet d'accroître la confiance des rebelles, et qui, d'après M. Fillon, « donnent une bien triste idée du jugement et des vues politiques des meneurs de la révolte. »

[2] Agée de 80 ans, condamnée à mort le 5 nivôse an II — 25 décembre 1793, par le tribunal révolutionnaire. (*Arch. du Greffe.*)

sance de cette adresse, ni par les registres et documents originaux, ni par les journaux du temps, qui en contiennent plusieurs, chaque jour des mois de février et mars, rédigées dans le même sens [1], je dois me borner à constater le fait du salut d'un bon nombre de patriotes, que tout semblait cependant désigner aux vengeances des rebelles.

§ IV

Le chapelet.

Divers historiens ont donné le nom de *chapelet* au massacre des patriotes de Machecoul. L'auteur des *Éclaircissements historiques* prétend que ce nom aurait pour origine la récitation du chapelet durant le supplice des condamnés. « Ce genre d'exécution, disent » MM. Lescadieu et Laurant [2], que les insurgés appe- » laient leur *chapelet*, ne laissait rien à envier à la » cruauté des mariages républicains du représentant Carrier. » Et, pour montrer que les rebelles avaient donné l'exemple de la barbarie, l'adjudant Hector Legros, dans un ouvrage intitulé : *Mes rêves dans mon exil*, écrivait en 1795 : « Ah! sans doute, ce sont » les rebelles qui, dès le commencement de cette » guerre, ont enfilé dans des cordes huit cents de nos » soldats (ils appelaient ce genre de supplice le *cha-*

---

[1] J'ai pu constater seulement que les patriotes de Machecoul avaient envoyé leur adhésion à l'abolition de la royauté. — *Procès-verbal de la Convention*, 8 octobre 1792, t. 1, p. 267.

[2] *Hist. de la ville de Nantes et des guerres de la Vendée*, t. II, p. 273.

» *pelet)*, qui les ont enterrés vivants à Machecoul, et
» leur ont arraché les paupières, et les ont ainsi exposés
» au soleil[1]. »

Il n'est nullement prouvé que cette appellation donnée aux exécutions elles-mêmes soit le fait des royalistes de Machecoul.

On lit dans les dépositions des témoins du nommé Jean Lardière[2], que Jacques Levaut, s'en revenant de Pornic à Nantes, le 13 mars, fut arrêté par les brigands, « qu'on l'accusa d'être espion, qu'ils l'attachèrent, et qu'en même temps il fut couché en joue. » Ce qui est exprimé dans le jugement par cette phrase : « On lui lia les poignets. » Dans le procès d'Étienne Brisson[3], une femme l'accusa d'avoir attaché dix prisonniers à une corde et de les avoir conduits au Calvaire. On a vu qu'un fait semblable fut attribué à Souchu dans son jugement. On lit aussi dans une déclaration écrite de H. Musset[4], chirurgien, celui qui fut, selon Boullemer, attaché trois fois au *chapelet*, que, lorsqu'il était dans les prisons du Calvaire, l'accusé Boursault vint les visiter, ayant une épée d'ordonnance, et « qu'il lui refusa un baquet un jour qu'il était au cachot, les fers aux mains. »

---

[1] Pages 78, 79, citées par M. Dugast-Matifeux, *Bibliographie révolutionnaire*, p. 6, n. 8.

[2] Condamné à mort par le tribunal révolutionnaire, le 7 mai 1793. *(Arch. du Greffe.)*

[3] Du 27 août 1793. Déjà cité.

[4] Dossier Boursault, 2 nivôse an II — 22 décembre 1793. La déclaration est datée du 29 frimaire an II. H. Musset y prend la qualité de chirurgien aide-major attaché à l'avant-garde de l'armée de l'Ouest.

Tout cela prouve que, très-certainement, on attachait les mains des victimes soit avec des cordes, soit avec des chaînes.

Le seul document venu à ma connaissance dans lequel il soit nettement question du *chapelet,* est une remarque écrite par le greffier de la commission militaire du château de Machecoul, à la suite de la déposition de la citoyenne veuve Vrignaud, dans le procès Archambaud. Le témoin ayant raconté que l'accusé lui avait demandé, le 11 mars, d'acheter les vêtements de son mari, ce qui l'avait fort affligée, parce que c'était une preuve qu'il n'en porterait plus, le greffier a ajouté ce qui suit, textuellement extrait de son procès-verbal : « Il est à remarquer que le mari de la déposante, bon » patriote, a été mis en prison le lendemain de ce pro- » pos, assassiné à coups de fourche, et qu'il y est » mort; outre les blessures dont il a souffert pendant » quinze jours ou trois semaines, la corde au bras, » pour le traîner à l'endroit où il a été assommé. *Cette* » *dite corde avait été nommée par les brigands* le » chapelet [1]. »

Il est donc fort peu certain que les brigands aient appelé *chapelet* les exécutions de Machecoul; tout au plus peut-on dire, d'après la remarque du greffier, qu'ils appelèrent ainsi la corde qui liait les condamnés, et cette remarque du greffier est postérieure à la prise

---

[1] Cahier des procès-verbaux de la commission militaire d château de Machecoul, p. 20. L'accusé fut condamné à mort par quatre voix seulement, deux s'étant prononcées pour le renvoi au tribunal.

de Machecoul, ayant été rédigée le 25 avril, à un moment où les patriotes avaient bien le droit de se montrer passionnés dans leurs propos contre les insurgés.

§ V

Il y eut des patriotes qui, après avoir été exposés aux atteintes des gens chargés de les mettre à mort, ont échappé au supplice et ont survécu.

On peut, en première ligne, citer les quatre témoins qui ont déposé au procès de Souchu et qui déclarèrent « avoir fait partie de ceux qui ont été assassinés et qui ont eu le bonheur d'en revenir. » Bonheur qui eut été de courte durée si les exécutions avaient été recommencées chaque jour. Il y eut aussi Guial, de Beauvoir, dont j'ai déjà parlé. (Voir page 372, note 2.) Quant au jeune Gigault, qui, selon Boullemer, aurait été repris et assommé au Calvaire, je ne ferai point difficulté de reconnaître avoir rencontré, sur les listes de la mairie de Machecoul, le nom d'un Florent Gigault, « tué par les rebelles le 15 avril. » Cette mention très-laconique ne détruit ni ne corrobore l'assertion de Boullemer, puisque rien ne prouve qu'il s'agisse de la même personne. Les circonstances de la mort du jeune Gigault ont fort bien pu, d'ailleurs, être travesties, si l'on en juge par la manière dont un autre patriote, du nom de Gigault, a qualifié d'assassinat le coup de bâton d'un homme ivre.

On lit, en effet, dans un dossier, que Guillaume

Gigault se plaignait, le 22 mars 1793, d'avoir été conduit, le 10 du même mois, par les rebelles de la Marne, à Saint-Philbert et d'avoir reçu un coup de bâton d'un homme ivre [1], et le 12 ventôse an II (2 mars 1794), ce même patriote dénonçait « tous les habitants de la commune de la Marne pour l'avoir conduit, le 10 mars 1793, premier jour de l'insurrection, à Saint-Philbert, où il a été *assassiné et emprisonné* [2]. »

§ VI

Le total des victimes ne dépasse pas une centaine.

J'ai exposé sans réticence aucune tous les faits de massacres accomplis à Machecoul, dont j'ai trouvé la trace dans les documents contemporains; mais je n'oserais prétendre d'une manière absolue qu'il n'y ait point eu, à diverses reprises, quelques assassinats isolés. Aussi, bien que deux documents concernant la mort d'un chaudronnier de Bourgneuf, nommé François Daulihac [3], portent chacun une date différente, je ne contesterai point qu'il ait pu être fusillé dans la nuit du 29 mars, comme le porte son certificat de décès. J'en dirai autant de J.-B. Gaschignard, dont le registre d'état civil mentionne la mort à la date du

---

[1] Procès Pierre Audouard, condamné le 22 mars 1793 à huit ans de fers, par le tribunal extraordinaire, à Nantes. (*Arch. du Greffe.*)

[2] Cette pièce se trouve au dossier de Pierre Caussa et Jean Monnier, jugés le 6 floréal an II — 25 avril 1794.

[3] Le certificat de décès assigne sa mort au 29 mars; la liste du 10 pluviôse le donne comme mort en avril, et M. Chevas affirme qu'il fut tué le 2 avril.

7 avril, quoique cette date ait été surchargée, la surcharge étant approuvée. Une attestation concernant un notable de Machecoul contient ces mots : « A » souffert la peine de mort environ les derniers jours » d'avril. » Cette date est évidemment erronée, puisque dans les derniers jours d'avril les Vendéens avaient été chassés de Machecoul. Il y a enfin la note concernant Laurent Gigault, tué le 15 avril. Ces mentions exceptées, toutes les autres sont indéterminées quant à la date, ou se rapportent à des époques qui concordent parfaitement avec les faits tels que je les ai présentés.

En définitive, je ne crois pas être bien éloigné de la vérité en disant que les massacres de la ville de Machecoul coûtèrent la vie à une centaine de patriotes, en y comprenant ceux qui furent tués, dans les premiers jours, à la suite de la fusillade provocatrice de la compagnie Ferré, et voici comment j'établis le calcul :

Les premiers jours, environ................	22
Le 3 avril, une cinquantaine, car on ne peut compter parmi les morts ceux qui ont échappé à l'exécution, soit..............................	54
Les quatre patriotes du mois de mars fusillés au château.....................................	4
Les trois canonniers, le 18 avril...........	3
Les prisonniers du Port-Saint-Père, le 27 mars..	10
Exécutions isolées, erreurs et omissions.....	7
	100

C'est à un chiffre à peu près semblable que se monte la liste nominative des victimes que j'ai dressée en réunissant toutes les mentions ou attestations de patriotes tués que j'ai pu recueillir. On se convaincra, en y jetant les yeux, que je n'ai négligé aucune source d'information, car j'ai placé à la suite de chaque nom l'indication des documents contenant ces mentions ou attestations [1].

Cette liste se divise ainsi :

Noms des patriotes mentionnés comme ayant été tués dans les premiers jours, soit en combattant, soit hors du combat.	18
Noms des patriotes mentionnés expressément comme ayant été massacrés le 3 avril	13
Noms des patriotes mentionnés comme ayant été massacrés dans les premiers jours d'avril	15
Noms des patriotes mentionnés simplement comme ayant été tués en avril	10
Noms de quatre patriotes tués à des dates diverses	4
Noms des prisonniers du Port-Saint-Père	10
Noms de patriotes désignés simplement comme ayant été tués pendant l'occupation de Machecoul par les Vendéens	20
Total	90
Certificats perdus, actes de décès non rédigés	10
	100

---

[1] Voir à la fin du volume.

Seule, la liste nominative prouverait peu de chose, car j'aurais pu très-bien ne connaître qu'une faible partie des mentions de morts des patriotes, et ces mentions pourraient elles-mêmes être fort au-dessous du nombre des victimes; mais le nombre des noms y inscrits est assez conforme à celui résultant de la statistique des massacres d'après les faits, pour que je me croie autorisé à poser comme conclusion définitive que le total des victimes de la ville de Machecoul ne dépasse pas une centaine. C'est trop d'autant sans aucun doute, mais ce chiffre paraîtra bien faible si on le compare à ceux qui ont été produits à diverses reprises par les patriotes contemporains ou par les historiens.

Piet, dans ses *Recherches sur Noirmoutiers,* p. 544, parle des **200** victimes de Souchu ; *l'ancien Administrateur des armées républicaines,* p. 13, avait dit **300** ; on ne lui a emprunté que ses détails horribles, on a négligé son chiffre ; M. Thiers, *Histoire de la Révolution,* **300** ; Savary, t. 1, p. 106, **400** ; Théodore Muret, *Histoire des guerres de l'Ouest,* a reproduit ce chiffre, t. 1, p. 51 ; Musset, dans le procès de la veuve Souchu, **500** ; M. Guépin, *Histoire de Nantes,* 2ᵉ édition, 1839, p. 443, **500** ; Boullemer, **552** ; Villers, dans son rapport, qui n'est que la reproduction de Boullemer, a écrit, par suite d'une faute de copiste, **542** ; et avec lui tous ceux qui l'ont suivi : Beauchamp, M. Michelet, etc. C'est d'après ce rapport que M. Crétineau-Joly, t. 1, p. 108, 3ᵉ édition, parle de **80** victimes en un jour ; Letourneur et Barre, *Moniteur* du 5 mai 1793, p. 551, entretinrent la

Convention des horreurs de Machecoul qui avaient coûté la vie à **550** patriotes ; l'auteur des *Éclaircissements historiques, Mém. de Mme de la Rochejaquelein*, édition Baudouin, p. 481, plus de **600** ; dans l'interrogatoire de Boursault, de Saint-Lumine, non signé de lui, il est vrai, on le fait déclarer qu'il était à Machecoul quand il y périt **800** patriotes ; Hector Legros, *Rêves dans mon exil*, p. 79, **800** ; brochant sur le tout, M. Chevas, sans la moindre preuve, parle lestement de **1,000** à **1,100** victimes.

Les événements que je viens d'exposer ne concernent que la ville de Machecoul, et il n'est malheureusement que trop sûr que, dans plusieurs bourgs des environs, des violences furent commises.

Boullemer, sur la bonne foi duquel nous savons maintenant à quoi nous en tenir, prétend qu'à Legé seulement, il a été massacré plus de trente patriotes. Je n'ai point eu, comme pour la plupart des autres paroisses, le moyen d'étudier les événements de Legé dans des dossiers de *brigands* jugés à Nantes, mais j'ai lu un assez grand nombre de déclarations faites au Département pour demeurer convaincu qu'un massacre aussi important aurait été mentionné quelque part, et que tout au moins les parents de quelques-unes des victimes auraient adressé au District, qui en tenait note sur son registre, des demandes d'indemnités, ainsi que l'ont fait beaucoup de parents des patriotes de Machecoul. Il y eut cependant plusieurs meurtres à Legé : celui du curé constitutionnel Bossis, le 11 mars, ceux de deux parents du curé, et de l'officier municipal Collinet, le 12 mars[1], ne peuvent être contestés. « A Legé, a dit M. de Beauchamp, tout ce » qui tenait à la révolution fut impitoyablement mas- » sacré. » Je veux bien, à la rigueur, le reconnaître avec lui, mais il faudrait alors montrer qu'il y avait d'autres patriotes que ceux-là à Legé, ce qui est chose difficile, car nous avons vu que, dans tout le cours des années 1791 et 1792, on ne put même pas former à Legé une municipalité capable de vivre en bonne intelligence avec le curé constitutionnel.

Sur les événements du Port-Saint-Père, il m'a été facile de me procurer les renseignements les plus précis, car une dizaine de dossiers des archives du greffe se rapportent à des habitants de cette commune. J'ai pu raconter ainsi le meurtre accompli à Machecoul de dix des prisonniers envoyés par Gendron, président du comité. Ce Gendron fut aussi accusé d'avoir fait mettre à mort, le 12 avril, quatre patriotes, nommés Deguer, Lejeaux, Chapel et Brelet, au lieu dit l'Étang du Premerier, lequel lieu fut appelé depuis, lit-on dans le jugement, « le *Petit-Machecoul*, par analogie avec ce qui s'était fait à Machecoul, où cinq cents patriotes avaient été assassinés[2]. » Gendron nia toute participation à cette exécution, mais le fait est démontré par les dépositions des témoins, qui établissent que l'ordre en

---

[1] Registre de l'état civil de Nantes, section Maupassant, (du nom de l'ex-constituant qui avait été tué à Machecoul), 14 et 17 pluviôse an II. Ces décès se trouvent en outre mentionnés sur les listes de la mairie de Machecoul.

[2] Jugement du 1ᵉʳ juin 1793, f° 28 du registre du président Phelippes.

avait été donné par Pajot ¹. Le concierge de la prison du Port-Saint-Père ne fut pas condamné, et les meilleurs témoignages furent produits en sa faveur ².

Un pareil traitement infligé à des patriotes par les royalistes est invariablement qualifié d'assassinat. Il faut laisser aux mots leur signification et reconnaître l'exactitude de ce langage, mais on aurait tort de s'imaginer que les chefs républicains, durant cette même période, aient manqué d'en faire autant. Dans un numéro du *Bulletin* des trois corps administratifs, portant la date du 7 *avril* 1793, et destiné à être affiché, on lit que le détachement de l'adjudant général Laval, en se rendant à Paimbœuf, a fait quelques prisonniers, dont trois *ont été fusillés* dans cette ville; et une lettre particulière d'un garde national à son épouse, déposée pour renseignement au bureau des déclarations ³, datée de Paimbœuf 7 avril, annonce, entre autres nouvelles, que l'on a « fait trois prison-» niers, qui *seront fusillés* demain, à sept heures du » matin. »

J'ai déjà eu occasion de parler des violences commises à Bourgneuf; je n'y reviendrai pas. Toutefois,

---

¹ Pajot devint l'un des lieutenants de Charette plus tard ; à ce moment, il commandait au Port-Saint-Père. Il n'eut jamais l'estime de ses frères d'armes. Sa profession avant la guerre était de vendre des échaudés dans l'île de Bouin. (Renseignement au dossier de Maisonneuve.)

² Dossier de Pierre Choblet, jugé le 27 août 1793. *(Arch. du Greffe.)*

³ *Arch. de la Préfect. Fonds du Départ.* Lettre datée de Paimbœuf, 7 avril, signée Brionne.

il n'est peut-être pas tout à fait hors de propos de s'arrêter un instant au récit de M. Chevas concernant les habitants de Bourgneuf tués à Machecoul. M. Chevas, qui ne craint pas d'avancer que plus de mille prisonniers patriotes tombèrent dans cette ville sous les coups des insurgés[1], a fort à faire pour arriver à ce total, et, selon lui, toutes les communes environnantes durent fournir un contingent considérable de victimes. Bourgneuf en aurait fourni trente; il en nomme une douzaine, parmi lesquelles se trouvent le procureur-syndic du District de Machecoul et le greffier du tribunal de cette même ville, qui ne peuvent être regardés comme des habitants de Bourgneuf. Je serais très-porté à croire qu'il n'y en eut que trois : MM. Lapié, Daulihac et Brisson (François); ceux-là seulement se trouvent sur une liste des victimes de Bourgneuf, envoyée le 10 pluviôse an II au Département, et ceux-là seulement se trouvent mentionnés autre part[2]. Je remarquerai en outre que, dans cet endroit, M. Chevas prétend que

[1] « Mignon et Cavalero furent, avec quatre-vingts et quelques autres personnes, les seules qui, sur onze ou douze cents personnes, échappèrent à la mort, grâce à l'arrivée de Beysser à Machecoul. » *(Notes sur les communes de la Loire-Inférieure*, p. 76.) — Parlant de la prise de Machecoul, *les républicains de la Société populaire de Nantes*, dans leur adresse à la Convention, disaient tout le contraire en 1794 : « Il nous resta dans notre douleur la consolation d'avoir délivré un grand nombre de personnes, hommes et femmes, destinés à payer, le lendemain, par le même supplice, leur amour pour la liberté. » P. 10.

[2] Liste envoyée au Département, le 10 pluviôse an II, contenant les noms des patriotes qui auraient laissé des veuves ou des enfants.

ces trente patriotes auraient été « fusillés le lundi de Pâques dans l'enclos des Filles du Calvaire, où Souchu parquait ses victimes[1]. » Enfin, ce que dit M. Chevas du perruquier Cavalero reproduit si exactement la déclaration du sieur Chevalier, qui déposa au procès de Souchu, que les autres inexactitudes de cet écrivain autorisent bien à supposer que, là aussi, il a pu faire confusion.

Les dossiers des gens de Saint-Lumine, de Sainte-Pazanne, de Saint-Philbert, ne signalent aucun meurtre dans ces paroisses. Un certificat de décès concerne un gendarme « sacrifié à Saint-Colombin, » sans donner la date de sa mort[2], et plusieurs habitants de cette paroisse, notamment des membres du comité royaliste, ont été condamnés à mort, sans que le moindre meurtre leur ait été reproché[3].

Je n'ai jamais lu nulle part que des violences aient été commises dans les autres paroisses.

On pourra, sans aucun doute, ajouter à ma liste quelques noms qui m'ont échappé, mais il n'en restera pas moins démontré que l'on a, de propos délibéré, exagéré d'une façon énorme le nombre des victimes de Machecoul et la cruauté des supplices qui leur furent infligés. Jusqu'à présent, on a cru Boullemer sur parole, mais je crois avoir signalé dans sa relation

---

[1] Chevas, *loc. cit.*, p. 75.
[2] Certificat de décès du 7 mai 1793 du gendarme Picheri.
[3] Dossiers Belineau, Garreau, Caillaud et autres, condamnés le 22 brumaire an II — 12 novembre 1793. *(Arch. du Greffe.)*

d'assez nombreux mensonges pour infirmer son autorité; et les écrivains révolutionnaires feront bien de se pourvoir à d'autres sources.

Voici, au surplus, ce qu'écrivait, le 27 avril 1793, le District de Paimbœuf au Département :

« Des lettres particulières nous ont appris que les brigands, chassés de Machecoul par l'armée du citoyen Beysser, y ont commis des horreurs avant d'en sortir. *On parle* de cinq cents patriotes assassinés avec tous les raffinements de la cruauté la plus atroce; *d'autres ont dit le mal moins grand*[1]. »

---

[1] Registre de correspondance du district de Paimbœuf avec le Département, f° 126. *(Arch. de la Préfect.)*

XVI

LES RÉPUBLICAINS A MACHECOUL

22 AVRIL 1793

Arrivée à Nantes des représentants Fouché et Villers. — Expédition de l'adjudant général Laval. — Petit avantage remporté par Guérin. — Machecoul regardé comme le quartier général des brigands. — Mouvement de concentration des troupes républicaines vers l'embouchure de la Loire. — Exécution incomplète de ce plan. — Les Vendéens abandonnent Saint-Gilles-sur-Vie à l'arrivée du général Baudry, et Challans à l'arrivée du général Boulard. — Défaite de Charette auprès de Challans, le 13 avril 1793. — Nouvelle défaite à Saint-Gervais, le 15 avril. — Boulard reste à Challans. — Le poste du Port-Saint-Père. — Les prétendues scènes superstitieuses des Vendéens à Machecoul. — La messe au camp. — Marche de Beysser sur Machecoul. — Prise du Port-Saint-Père par Beysser. — Entrée de ce général à Machecoul. — Sotin, membre du Département, commissaire civil à Machecoul. — Lettre adressée à ce commissaire par le comité central de la Loire-Inférieure. — Organisation de commissions militaires pour juger les insurgés. — Texte du jugement de Souchu. — Prétendues déclarations de Souchu. — Contributions levées par Sotin et Beysser sur le pays conquis. — La dépopulation du pays envisagée comme moyen de pacification.

Pour ne pas scinder ma discussion sur les massacres de Machecoul, j'ai cru devoir envisager cet ordre de faits pendant toute la période de l'occupation de cette ville par les Vendéens ; mais des événements d'une autre nature, accomplis durant le même temps, méritent d'attirer l'attention.

Le lecteur n'a pas oublié que la prise de Pornic par Charette eut lieu le 27 mars 1793. La veille de ce jour, le représentant Fouché était arrivé à Nantes, et, en présence de ce « pouvoir majeur, » on avait, sur la demande du maire Baco, prononcé la dissolution de l'assemblée des corps administratifs, afin, je le suppose, de concentrer davantage la direction entre les mains des représentants et du Département [1]. Villers, envoyé par la Convention en qualité de commissaire, dut arriver à Nantes, quatre jours après, le dimanche de Pâques, 31 mars.

Fouché avait tout de suite, dans une proclamation, appelé les républicains à venger leurs frères. Ordre était donné, par la proclamation, de saisir comme suspect tout homme qui ne serait pas décoré de la cocarde tricolore. Tous bourgs, villes, villages ou hameaux qui n'auraient pas arboré le drapeau tricolore devaient être regardés comme en état de rébellion, et traités suivant les lois de la guerre [2].

Le 29 mars, un détachement envoyé de Nantes, sous le commandement de l'adjudant général Laval, entrait à Paimbœuf, où Fouché ne tarda point à le

[1] Assemblée des trois corps administratifs du 26 mars 1793; Fouché y fit vérifier ses pouvoirs, et annonça que la Mayenne était rentrée dans l'ordre. — Lettre de Fouché, datée de Nantes, 28 mars 1793. *(Journ. des Déb. et des Décr.*, n° 194, p. 377.)

[2] Proclamation de Fouché, du 27 mars 1793. (*Archives curieuses* de Verger, t. v, p. 330.)

rejoindre[1]. J'ai déjà, en parlant de la déclaration d'un nommé Bouriau sur la prise de plusieurs chariots sur les bleus, à Sainte-Pazanne, mentionné la marche de cette troupe, qui était bien moins redoutable que ne le croyaient les autorités royalistes de Machecoul ; car on lit sur le registre des correspondances du District de Machecoul avec le Département, la lettre suivante :

« Vous avez appris la triste issue de la marche du détachement commandé par le citoyen Laval, qui arriva vendredi (29 mars) à Paimbœuf, et est parti dimanche (jour de Pâques) pour se porter sur Machecoul. Vous avez su que son retour à Paimbœuf, après être parti de nuit de Saint-Pazanne, peut être regardé comme une vraie déroute, de sorte que l'arrivée de ce détachement chez nous n'a eu d'autre effet que de nous gêner beaucoup, quant aux subsistances[2]. »

En revanche, les membres du même District avaient la plus haute idée de la bravoure des Vendéens, et ils disaient : « Les rebelles ont un nombre de chefs expérimentés, qui forment à leur tête un petit corps de cavalerie. Ils disposent de ces malheureux à leur gré et les présentent aux attaques à travers les balles et les boulets. Vous jugez, citoyens, combien des gens aussi

---

[1] « Nous ne saurions exprimer quel prix nous ajoutons au bonheur d'avoir possédé dans notre sein le citoyen Fouché, » écrivait le 1ᵉʳ avril 1793 le district de Paimbœuf. Fᵒ 112. — « Fouché s'est rendu à l'église, et a fait un discours analogue aux circonstances. »

[2] Registre de correspondance du district de Paimbœuf, fᵒ 118. 3 avril 1793. *(Arch. de la Préfect.)*

déterminés étant en aussi grande masse sont à craindre[1]. »

Il est à croire que les rebelles de Bourgneuf firent plus d'une sortie du côté de Paimbœuf, mais le souvenir de ces expéditions ne s'est point conservé. Une lettre, adressée par le comité de Bourgneuf à celui de Machecoul, et publiée par M. Fillon[2] sous ce titre : « Une expédition de Guérin, » nous apprend cependant que, le dimanche 6 avril, ce chef avait emmené avec lui 315 hommes à Arthon, et que, le lendemain, sur la nouvelle qu'un parti républicain se dirigeait sur la Blanchardaye, ancien château de M. Danguy, situé auprès de Vue, Guérin conduisit en reconnaissance de ce côté sa troupe, grossie de plusieurs centaines d'hommes qui s'étaient joints à lui, et qu'il réussit à mettre en fuite les soldats républicains, sans engagement sérieux de part et d'autre. L'expédition n'avait point été trop mauvaise pour les défenseurs de Paimbœuf, car ils avaient réussi à emmener une grande quantité de provisions et de bestiaux.

Ces petites sorties n'avaient point de résultats notables, mais elles témoignaient des dispositions guerrières des insurgés, et entretenaient chez le parti contraire la crainte et l'inquiétude. Aussi toute l'attention des autorités nantaises était-elle fixée sur le pays de Retz. « C'est là, surtout, — écrivaient-elles, en parlant des rebelles de Machecoul, — que paraît se

---

[1] *Eodem*, 31 mars 1793.

[2] *Pièces contre-révolutionnaires*, p. 47. — La lettre est datée du 8 avril 1793.

fixer et se concerter leur réunion. Chassés par les forces qui agissent dans les départements de la Vendée et des Deux-Sèvres, les brigands se replient sur la ville de Machecoul, où tout favorise, facilite et assure leur retraite. Ce lieu est devenu leur quartier général [1]. »

Les révoltés du pays de Retz n'avaient, en effet, aucune envie de se rendre à discrétion, et ils n'avaient pas tort, puisqu'on mettait pour condition à une amnistie fort incertaine la reddition de leurs chefs. Une nouvelle proclamation de Villers et de Fouché, rédigée dans ce sens, n'avait pas eu plus de succès que la première [2].

En ce moment, le territoire presque entier de la basse Vendée, depuis la Loire jusqu'à la rivière du Lay, était au pouvoir des rebelles.

Le mouvement de concentration des troupes républicaines destiné à faire replier les rebelles vers Machecoul n'était point encore exécuté, mais il ne devait point tarder à l'être, et il allait avoir pour résultat de rejeter La Cathelinière dans la forêt de Princé, et Charette du côté de Legé.

Le général Marcé était arrivé, le 15 mars, à Sainte-Hermine, venant de La Rochelle, avec une petite troupe, à laquelle s'étaient réunis quelques bataillons de volontaires. S'étant porté sur le Pont-Charron, il avait, le 18 avril, repoussé les Vendéens, entre Chan-

---

[1] Correspondance du comité central; lettre au ministre de l'intérieur, du 5 avril. Cahiers in-f°. *(Arch. de la Préfect.)*

[2] Proclamation du 12 avril 1793. (Verger, *Archives curieuses*, t. v, pp. 337 et 338.)

tonnay et Saint-Vincent. Le lendemain, non loin des Quatre-Chemins-de-l'Oie, sa troupe avait été mise en déroute par des corps de Vendéens, aux ordres de Royrand et de Sapinaud de la Verrie, et le 20, il était destitué par les représentants en mission près l'armée, et remplacé par Boulard [1].

Presque au même instant, le 22 mars, Chalbos était arrivé à Fontenay, où l'on avait organisé quelques bataillons [2], et, le 25, Quétineau avait pris à Bressuire le commandement de quatre mille hommes de garde nationale, répartis à Thouars, à Argenton et à Bressuire [3].

Cependant le général La Bourdonnaie, commandant l'armée des côtes de Brest, et en ce moment à Rennes, avait reçu l'ordre de se concerter avec Canclaux et Verteuil, et ces deux généraux devaient agir contre l'insurrection, le premier aux environs de Nantes, le second à La Rochelle. Mais le conseil exécutif ayant senti bientôt que ces mesures n'étaient pas suffisantes, et que toute communication à travers la Vendée était impossible entre Verteuil et La Bourdonnaie, avait donné au général Berruyer le commandement de la rive gauche de la Loire, et ce général devait, aux termes d'une instruction, du 24 mars, se diriger de Paris vers Niort, avec son état-major pour y venir

[1] Savary, t. I, p. 115. — *Procès-verbal de la Convention*, séance du 23 mars 1793, t. VIII, p. 174. — Décret sur la formation d'une cour martiale à La Rochelle pour juger Marcé. (*Eodem*, p. 187.)
[2] Savary, t. I, p. 110.
[3] *Eodem*, p. 111.

commander les troupes du général Marcé. Il avait, en outre, la mission de prendre, en passant à Tours, la conduite d'une colonne qu'il devait remettre, à Saumur, aux ordres de Beaufranchet d'Ayat, chargé de poursuivre les révoltés dans le département de Maine-et-Loire [1]. Berruyer, arrivé à Angers vers la fin du mois de mars, y concerta son plan d'attaque avec La Bourdonnaie : il fut convenu que le premier serait chargé de la défense de la rive droite de la Loire jusqu'à Ingrande inclusivement, et de toute la rive gauche de ce fleuve jusqu'à la mer, et que La Bourdonnaie aurait le commandement de la rive droite de la Loire, depuis Ingrande exclusivement jusqu'à l'embouchure du fleuve [2].

Une colonne de l'armée des côtes de Brest, partant de Nantes, lorsque l'armée de La Rochelle serait en état de se mouvoir, devait balayer la côte et s'emparer de Noirmoutiers. Canclaux avait à Nantes environ trois mille hommes sous ses ordres. Beaufranchet, de Niort; Boulard, des Sables; Quétineau, de Bressuire; Leigonyer, de Doué; Ladouce, de Saint-Lambert; Gauvillier, d'Angers, devaient tous s'avancer à la fois dans la direction de l'embouchure de la Loire.

« Il résulte de ce système, disait le général Berruyer dans le compte qu'il rendait au ministre le 1er avril, que tous les corps doivent, en marchant, se resserrer les uns sur les autres pour arriver à l'extrémité de la Vendée, à l'embouchure de la Loire,

[1] Savary, t. 1, pp. 125 et 126.
[2] *Eodem*, p. 129, chap. II.

chasser devant eux les rebelles et les précipiter dans la mer ou dans la Loire. »

Le départ du ministre de la guerre pour l'armée du Nord, où la Convention l'avait envoyé, le 30 mars, pour faire exécuter le décret d'accusation contre Dumouriez, devait paralyser l'action du ministère et empêcher l'exécution complète de ce plan.

Des forces considérables arrivaient cependant tous les jours à Fontenay, par les soins et sous les ordres de Goupilleau (de Fontenay), commissaire de la Convention dans l'Indre-et-Loire. Le 25 mars, les représentants Carra et Anguis, et les généraux Beaufranchet, Chalbos et Nouvion, étaient venus les y organiser[1]. Ces délégués de la Convention, effrayés des dangers qu'avait courus la ville des Sables, qui, attaquée une première fois, le 24, par Joly, et de nouveau le 29[2], n'avait dû son salut qu'à un secours de deux cents hommes envoyés de La Rochelle par le général Verteuil, avaient chargé, quelques jours après, Boulard de former une colonne, d'en prendre le commandement, de se rendre aux Sables et de pénétrer dans la Basse-Vendée, en suivant la côte[3].

Le 7 avril, Boulard partit des Sables avec trois mille cinq cents hommes d'infanterie et deux cents cavaliers, dont il forma deux colonnes d'égale force, celle de gauche, aux ordres du colonel Baudry, se

---

[1] B. Fillon, *Hist. de Fontenay*, p. 379.
[2] Savary, t. 1, p. 120.
[3] Savary, p. 132.

dirigeant sur Vairé, le général conservant le commandement de celle de droite et marchant sur la Mothe-Achard[1]. Avant d'arriver en ce lieu, Boulard avait rencontré Jolly et l'avait mis en fuite. Baudry, de son côté, avait eu un engagement à la Grève, et, le 8 avril, il était à l'Aiguillon, laissant derrière lui le bourg de Vairé, où il avait saisi une partie de la correspondance de Jolly.

Le 9 avril, au soir, les deux colonnes étaient réunies à Saint-Gilles-sur-Vie, que les Vendéens avaient abandonné le matin, à l'approche de Baudry. Le lendemain, plusieurs milliers de ceux-ci étaient venus de Saint-Hilaire-de-Riez pour prendre l'offensive, mais ils avaient été repoussés[2].

Le 11, Boulard s'était remis en marche pour se porter à Challans, par le Pas-Opton, tandis que Baudry, avec la deuxième colonne, s'était dirigé par Saint-Hilaire-de-Riez. Dans chacun de ces deux endroits, la résistance des Vendéens ne les avait pas arrêtés, et, le 12, les deux colonnes arrivaient à Challans, évacué par les Vendéens pendant la nuit précédente[3].

Le 13, Charette, ayant avec lui environ deux mille hommes du rassemblement de Machecoul, se présentait devant Challans; mais l'artillerie arrêta sa marche, et sa troupe prit aussitôt la fuite, laissant un pierrier

---

[1] Savary, pp. 134 et 135.
[2] Savary, p. 137.
[3] Savary, p. 139.

et un canon aux mains de l'ennemi, qui le poursuivit jusqu'à la Garnache [1].

Le 14, les deux colonnes prirent la route de Beauvoir, où la première division vint s'établir; la seconde prit poste à Saint-Gervais.

Les membres du district de Challans s'empressèrent de faire connaître ces divers succès à la Convention par une lettre qui se termine ainsi : « Enfin, les brigands, repoussés de toutes parts, se sont repliés sur Machecoul, chef-lieu du District, dont ils ont égorgé les administrateurs. Ils ont porté l'audace jusqu'à attaquer nos troupes qui alors prenaient possession de Challans. Ils ont été taillés en pièces et repoussés jusqu'à la Garnache [2]. »

Ce revers, toutefois, n'avait point découragé Charette, et le 15 avril il se présentait devant Saint-Gervais, où il essuyait une nouvelle défaite, dont la cause se trouve indiquée dans le billet suivant : « Le combat qui fut livré hier à Saint-Gervais n'eut pas,

[1] Savary, p. 140, et Déclaration faite devant la commission militaire de l'hôpital de Machecoul, le 25 avril 1793, par Michel Goullin. Il était, dit-il, à la bataille de Challans, commandé par M. Reliquet, de Saint-Lumine, sous Charette. Il parle de cinq blessés seulement, évalue à deux mille le nombre des Vendéens et mentionne la perte de deux canons. Un nommé Boursain, condamné par la commission militaire de l'hôpital, dit qu'ils étaient quinze cents à Saint-Gervais avec Charette. (Dossiers des commissions militaires de Machecoul. — *Arch. du Greffe.* — Le Bouvier-Desmortiers, *Réfutation*, etc., p. 69.)

[2] Lettre du 14 avril 1793. Registre de correspondance du district de Challans, f° 89. *(Arch. de la Préfect. de Napoléon-Vendée.)*

par faute de réunion, tout le succès que nous en attendions. M. Charette fut obligé de tenter le sort de la bataille une heure avant d'être secondé par M. Guéry [1].... On croit que les brigands (ici les brigands sont les républicains) vont regagner les Sables [2]. »

Le perruquier Gaston, l'un des principaux chefs des paysans de la Garnache, périt à cette affaire [3].

Boulard, qui ne croyait pas l'expédition de Noirmoutiers possible à ce moment [4], retournait à Challans et y restait jusqu'au 20 sans être inquiété. On savait à Machecoul qu'une expédition se préparait à Nantes et que c'était du côté du Port-Saint-Père ou de Saint-Philbert que viendrait la première attaque. En effet, le 20 avril, au moment où Boulard quittait Challans pour aller, avec quelques hommes et des travailleurs, réparer le pont de la Chaise, il entendit une canonnade assez forte du côté de Machecoul. Les troupes

---

[1] M. Guerry de la Fortinière vraisemblablement. Il y eut deux autres chefs vendéens du nom de Guerry : M. Guerry de Tiffauges et M. Guerry du Cloudy. (V. *Pièces contre-révolutionnaires* de M. Fillon, pp. 10, 12 et 59.)

[2] Lettre du comité royaliste de Machecoul à celui de Bouin, du 16 avril 1793. (Papiers saisis à Machecoul par Beysser. — *Arch. du Greffe.)*

[3] Savary, t. I, p. 143. — D'après les *Mémoires inédits de Mercier-Durocher*, M. Louis Blanc dit que Gaston périt le 10 avril au combat de Saint-Gervais. *(Hist. de la Révol.*, t. VIII, pp. 201 et 307.) On ne peut avoir aucun doute sur la date du 15 avril donnée par Savary, et qui se trouve confirmée par le document que j'ai cité.

[4] Noirmoutiers fut conquis par Beysser, le 27 avril 1793, avec l'aide de l'escadre de Joyeuse. (Savary, t. I, p. 179.)

de Beysser attaquaient en ce moment le Port-Saint-Père.

Ce poste, depuis longtemps, était dans des inquiétudes continuelles. Le 7 avril, les membres du comité avaient écrit à Machecoul : « Nos frères de Bouguenais viennent de nous prévenir qu'une armée de trois mille hommes doit partir demain matin de Nantes pour se porter sur nous. Nous sommes sans munitions, principalement sans poudre [1]. »

Le 11, Pajot avait eu, auprès de Buzai, un engagement sans résultat avec les républicains.

Le 15, ce même chef avait tenté inutilement de prendre le Château-d'Aux, et le 16, le comité faisait connaître le désir de Pajot d'établir un camp au Port-Saint-Père, « car nous sommes menacés tous les jours d'une vigoureuse attaque. » Ce projet avait reçu dès le lendemain un commencement d'exécution [2]; mais il était trop tard.

Arrivé le 17 avril à Nantes, Beysser en était parti le 20, à la tête de deux mille hommes d'infanterie, de deux cents chevaux et de huit pièces de canon [3].

Ce serait à cette nouvelle, selon Boullemer, que le

---

[1] Lettre adressée à Charette, commandant général, le 8 avril, par le comité du Port-Saint-Père. *(Arch. du Greffe.)*

[2] Lettre du comité de Saint-Mars-de-Coutais à celui de Machecoul, du 17 avril, signée Gobin, Douaud, Padioleau, réclamant leurs gens qui sont à Machecoul, parce que Pajot a pris vingt-six hommes pour former un camp au Port-Saint-Père. — Pajot ne commandait donc pas le marais de Bouin, comme on l'a dit souvent d'après Beauchamp, 4ᵉ édit., p. 107.

[3] Savary, t. I, p. 172.

dimanche, 21 avril, on aurait joué cette farce ridicule de l'évocation d'une prieure du Calvaire, morte à Machecoul depuis longtemps, cérémonie à laquelle auraient pris part Charette et le vicaire Prioul, avec l'espoir de frapper l'esprit des paysans et d'arrêter la désertion. On se rappelle que derrière la sainte devait se trouver, le lendemain, un écrit qui, au lieu de contenir de célestes oracles, aurait désigné un certain nombre de femmes aux coups des assassins [1].

De telles histoires se réfutent d'elles-mêmes, et quand M. Louis Blanc s'écrie : « Qui aurait jamais cru que dans la patrie de Voltaire des prêtres pussent faire frémir, en y posant la main, la pierre des tombeaux ? [2] » on est tenté de répondre qu'un disciple de Voltaire peut seul accepter et faire valoir, sur le témoignage le plus futile, le récit d'une pareille absurdité.

La cérémonie religieuse qui eut lieu le 21 avril au camp des Vendéens n'était nullement ridicule, puisque le 21 avril tombait un dimanche, et, quatre jours après, le meunier Archambaud la racontait ainsi devant la commission militaire du château de Machecoul : « Le 21, il fut dit une messe par Prioul, ou Guillou, vicaire de Fresnais, ou Pierre, qui se déguisait quelquefois en bouvier, il ne sait pas lequel, entre le moulin et la Croix nommée les Gardes, à laquelle il assista. Le même jour, il fut témoin de la bénédiction des canons, des piques, des bâtons, des

---

[1] Relation de Boullemer, p. 19. — A. de Beauchamp, *Hist. des guerres de la Vendée*, t. I, p. 137.

[2] *Hist. de la Révol.*, t. VIII, p. 306.

fusils, et généralement de toutes les armes qu'ils pouvaient avoir . »

Louis Rousseau, charpentier à Bourgneuf, absous par la même commission comme bon patriote et comme ayant été trois semaines retenu en prison par les brigands, se borne à parler, dans son interrogatoire, « du prêtre Prioul, qui bénissait les triques et a dit la messe près les canons dimanche dernier,. en disant que cela empêcherait les patriotes de passer et de venir à Machecoul [2]. »

C'est à cette messe qu'assista, vêtue de blanc, auprès du drapeau, seule de son sexe, dit le témoin qui lui en faisait grief [3], la fille Chevet, cette lingère dont le procès m'a fourni plusieurs dépositions, et qui se contenta de répondre à ses juges « qu'elle avait été toujours aristocrate, qu'elle resterait dans son parti et qu'elle ne s'embarrassait pas de mourir, parce qu'elle était ennuyée du torrent d'iniquité. » Qui donc aurait été au premier rang à cette évocation de la prieure de Machecoul, si ce n'est la Chevet, cette « fanatique, » que l'on avait entendue déclarer « qu'elle voulait entrer la première à Nantes pour délivrer le curé de la Trinité ? » Onze témoins ont comparu l'un après l'autre avec toute liberté de la rendre ridicule et odieuse, et pas un seul n'a parlé de l'évocation de

---

[1] Procès-verbal de la commission du château de Machecoul, f° 19. *(Arch. du Greffe.)*

[2] Même procès-verbal.

[3] Déposition de la veuve Barré, procès Chevet, 9 floréal an II — 24 avril 94. — Marie Chevet était née à Nantes, paroisse Saint-Nicolas.

la prieure du Calvaire! pas un seul des patriotes entendus dans tous les procès dont j'ai compulsé les dossiers!

Beysser exécuta sa marche dans la direction de Machecoul sans rencontrer d'obstacles [1], car on ne peut donner ce nom à deux tranchées creusées près le Chaffault et la maison Lamaignère. Un adjudant et vingt cavaliers, envoyés par lui à Bouguenais, avaient trouvé ce bourg désert; ils étaient montés au clocher pour y briser les cloches, mais n'avaient pu le faire, faute d'instruments [2].

« Beysser, dit M. Championnière, arriva jusqu'à Bouaye presque sans être aperçu. Pajot eut à peine le temps de réunir deux cents hommes, avant que le combat commençât. Cependant, il s'obstina à disputer le passage (du Port-Saint-Père), pour donner le temps à M. Charette de le pouvoir secourir. Un boisseau de poudre et quelques gros boulets étaient la seule ressource. Deux pièces de canon, braquées dans le cimetière, et une autre de 18, braquée sur la grande route, répondaient de temps en temps au feu continuel des républicains. Enfin, après trois heures et demie de combat, après avoir essuyé trois cents et quelques coups de canon, le brave Pajot et Lapierre furent blessés et obligés de se retirer; tout le reste prit la fuite. Un nommé Chauvet passa le bateau aux répu-

[1] Villers, dans son rapport à la Convention, p. 9, parle des nombreux obstacles que Beysser rencontra sur sa route.

[2] Rapport du citoyen Labigne, adjudant général de la garde nationale de Nantes. (Registre du comité central, f°. 106, 20 avril 1793. — *Arch. de la Préfect., fonds du Département.*)

blicains, et leur fit voir, pour obtenir sa grâce, qu'il avait mis un mouchoir dans la culasse du canon, pour en empêcher l'effet. » Le même auteur ajoute que Charette aurait mieux fait de venir au secours du Port-Saint-Père que de rester à Machecoul, parce qu'en se joignant à Couëtus de Saint-Philbert et à La Cathelinière, il aurait pu écraser Beysser. Quoi qu'il en soit, Charette, à peine remis des déroutes de Saint-Gervais et de Challans, attendit au quartier général l'arrivée de l'ennemi.

Dans la soirée du 20 avril, à onze heures, le Département reçut par exprès une lettre de Beysser annonçant la prise du Port-Saint-Père après une vive canonnade. Un homme avait été tué et six avaient été blessés. Beysser disait ignorer la perte que les brigands avaient faite en hommes, mais il leur avait pris six pierriers et quatre pièces de canon, et il annonçait devoir se porter le lendemain sur Machecoul [1].

Charette, à Machecoul, n'avait rien de ce qu'il fallait pour soutenir un siége; aussi, dès que l'armée républicaine parut dans la plaine, les paysans se sauvèrent de toutes parts, et le général fit retraite sur Legé, accompagné d'un très-petit nombre d'hommes [2].

« Nous sommes entrés aujourd'hui à Machecoul, vers dix heures du matin, écrivait Beysser au Département, le 22 avril. Mon avant-garde était arrivée vers six heures à portée du canon. Toutes les reconnaissances militaires ont été faites de suite, après

---

[1] Même registre, f° 108, recto.
[2] Mémoires inédits de M. Lucas-Championnière.

quelques coups de canon échangés de part et d'autre... Nous sommes entrés vers dix heures, sans perte d'un seul homme... Les brigands étaient au nombre de trois mille, et ont pris la fuite dès qu'ils nous ont vus les serrer de près. Après avoir pris la ville, j'ai envoyé à leur poursuite. Il en a été tué quelques-uns, d'autres ont été faits prisonniers, et la commission militaire va les juger dès ce jour. Les détails de toutes les horreurs qu'ils ont commises vous parviendront successivement. Jamais l'humanité n'a été outragée avec plus de barbarie[1]. »

Quand il écrira au représentant Fouché, Beysser embellira quelque peu son exploit; il lui mandera le 24 avril :

« L'attaque a été faite avec vigueur et avec le plus grand ordre. Les brigands se sont défendus pendant deux heures ; ils ont évacué la ville en se sauvant à toutes jambes. Les troupes observent la plus exacte discipline et respectent religieusement les propriétés.

» Mon jury militaire est établi ; hier on a tranché la tête à deux brigands. L'opération a été exécutée avec une hache de sapeur, sur un billot. Cette expédition a

---

[1] Copie contre-signée Grelier, secrétaire général. *(Arch. de la Préfect.)* Conformes : Savary, t. 1, p. 173; Le Bouvier-Desmortiers, *Réfutation*, p. 74; Beauchamp, 4ᵉ édit., p. 127. — M. Louis Blanc, *Hist. de la Révol.*, prétend que Beysser n'entra à Machecoul qu'après avoir tué et perdu beaucoup de monde. T. VIII, p. 307. C'est la version de la lettre à Fouché. — M. Crétineau-Joly se borne à faire allusion à cette prise de Machecoul, p. 109 : « Le général Beysser attaquait Machecoul, qui, comme Cholet et tant d'autres villes, etc., fut si souvent pris et repris dans ces guerres. »

fait la plus vive sensation ; nous en aurons beaucoup d'autres malheureusement en ce genre.

» Une avant-garde de trois cents hommes, que j'ai envoyée à Challans, a fait fusiller des fuyards pris les armes à la main. Un autre détachement de trois cents hommes que j'avais envoyé sur Bourgneuf en a fait autant. Il se replie aujourd'hui sur Sainte-Pazanne et me rejoindra demain.....

» Je vous ferai conduire, demain, un grand nombre de femmes veuves par l'atrocité des brigands. Elles ne veulent plus habiter ce malheureux pays [1]. »

Il y a tout lieu de supposer que l'un des brigands, dont la tête fut tranchée sur un billot, était Souchu, qui avait été arrêté par un volontaire nantais au moment où il essayait d'escalader un mur [2].

Sotin, membre du Département, soit qu'il eût accompagné Beysser, soit qu'il l'eût suivi de très-près, remplit, aussitôt l'occupation de Machecoul par les républicains, les fonctions de commissaire civil, et, en cette qualité, correspondait avec le Comité central des trois corps administratifs.

Dès que les membres de ce bureau eurent appris la victoire de Beysser, ils lui écrivirent pour l'en féliciter chaudement, et en même temps ils écrivirent à Sotin, le 23 avril :

« Nous venons de recevoir vos deux lettres, avec le détail de l'argenterie et effets dont vous êtes déposi-

---

[1] Verger, *Archives curieuses*, t. v, pp. 338 et 339.
[2] L. Blanc, t. viii, p. 307, sur renseignements à lui fournis par M. Fillon.

taire. Les succès de l'armée que vous accompagnez ne nous ont pas surpris; elle est faite pour aller et vaincre; mais ce qui nous a pétrifiés, pour ainsi dire, de douleur, c'est l'affreuse nouvelle de nos frères égorgés de sang froid par ces tigres furieux. Cet acte de barbarie ne peut avoir été dirigé, conseillé, commis que par des prêtres. Il n'y a que l'âme de ces monstres qui puisse avoir conçu et eu la cruelle force d'exécuter ce projet. Mais le sang des victimes crie vengeance, et nous désirons tous qu'elle soit éclatante, prompte et terrible; que cette race de bêtes féroces disparaisse de la terre et qu'il n'en soit plus mention parmi les hommes. Citoyen, loin du lieu où reposent les mânes de nos amis et de nos frères, une douleur profonde nous accable; mais vous qui avez sous les yeux le spectacle déchirant, mais la brave armée qui a contemplé ces restes des amis de la patrie, qui a respiré l'air dans lequel ils ont exhalé le dernier soupir, quel mouvement de rage doit l'animer, comme elle va punir ces assassins féroces! Nous nous en reposons sur vous et sur elle [1]. »

Comme l'annonçait Beysser, plusieurs commissions militaires avaient été immédiatement organisées par ses soins. L'une tenait ses séances au Château; une autre à l'Hôpital, et le local de la troisième, qui jugea Souchu, m'est demeuré inconnu. Les papiers de ces

---

[1] Cahier de la correspondance du comité central. *(Arch. de la Préfect.)* Je n'ai pu trouver la lettre de Sotin à laquelle répond celle-ci.

trois commissions sont aux archives du greffe, et j'ai tout lieu de croire qu'à ce moment il n'y en eut pas d'autres à Machecoul [1]. Elles procédaient en vertu de la loi du 19 mars 1793.

La commission du Château condamna et fit exécuter sept individus, du 24 au 27 avril, et en renvoya une quinzaine absous, soit parce qu'ils avaient été emprisonnés par les brigands pendant leur domination, soit par suite de l'absence de charges.

La commission de l'Hôpital condamna également à mort sept paysans qui portaient les traces de récentes blessures reçues au combat, « ceux qui portent les blessures des suites d'un combat livré aux troupes de la République étant dans le cas de ceux pris les armes à la main [2]. » Quelques-uns des prévenus furent désignés cependant pour aller aux frontières après leur guérison ; quatre furent renvoyés devant le tribunal criminel.

Le comité central approuva, peu après, ce renvoi au tribunal criminel, dans une délibération, en considérant avec raison « que, sur la simple déclaration d'un prévenu, la loi ne peut être appliquée qu'autant que des témoins entendus viennent confirmer cette déclaration ; — que d'ailleurs les déclarations dont est cas au procès-verbal ont été faites par des individus....

---

[1] Le deuxième registre du comité central, 8 mai 1793, f° 28, contient acte du dépôt de trois procès-verbaux des « commissions militaires établies à Machecoul par Beysser. »
[2] Texte du jugement de la commission de l'Hôpital.

valétudinaires..., et que cette cruelle disposition ne leur a pas permis d'envisager le danger qu'ils couraient en s'accusant eux-mêmes [1]. »

La commission militaire qui jugea Souchu, le 25 avril [2], semble n'avoir condamné qu'un ou deux autres individus, et cette supposition ne repose que sur la ressemblance des écritures, car les procès-verbaux de cette commission, signés par les témoins, ne l'ont point été par les juges et se composent de deux feuilles volantes.

Cherchant avant tout la clarté, et n'aspirant point à composer une œuvre d'art, voici *in extenso* le jugement de Souchu, dont j'ai à diverses reprises donné plusieurs parties :

« *Commission assemblée par ordre du général Beysser. — René-François Souchu.* — En marge : « *Ledit Souchu est natif de la paroisse Saint-André-de-Château-Renaud et habitant Machecoul depuis deux ans.* »

« Souchu étant établi à la tête des brigands comme juge des patriotes, est convaincu d'en avoir fait attacher cinquante-six à une corde, et les a fait conduire

---

[1] Extrait des registres du comité central des corps administratifs de la ville de Nantes. Copie signée du secrétaire général. *(Arch. du Greffe.)*

[2] Lettres de Gigault, administrateur du District de Machecoul, des 24 frimaire et 4 floréal an III, dans lesquelles il parle de Souchu, *condamné et exécuté en vertu de jugement militaire du 25 avril.* (Préfect. Distr. Mach.)

dans une prairie au haut du Calvaire, où il les a fait mettre à mort. En commettant ce crime, il a prononcé : Il faut tous les tuer ; moins nous aurons d'ennemis, plus nous serons forts.

» Cette déposition a été signée par les témoins qui faisaient partie de ceux qui avaient été assassinés et qui ont eu le bonheur d'en revenir.

» *Signé :* Legeay jeune.

» Un troisième témoin [1] se présente et dit que le dénommé ci-dessus a voulu lui brûler la cervelle.

» Un quatrième témoin, étant caché dans le foin, a aussi entendu dire audit Souchu, parlant aux brigands, qu'ils n'étaient bons que pour boire du vin, et qu'il fallait partir, et que lui voulait être le premier à recevoir un coup de fusil.

» *Signé :* Chevalier.

» Un cinquième témoin dépose aussi avoir entendu dire audit Souchu qu'il ne fallait pas laisser exister un seul patriote de Machecoul, et qu'après le dernier, on soignerait les femmes et les enfants.

» *Signé :* Musset.

» Les témoins ont signé chacun leur déposition.
» La mort a été prononcée à l'unanimité du conseil.
» Sur un autre feuillet annexé à celui-ci, on lit :
» Ledit Souchu a dénoncé comme chefs de brigands :

---

[1] Le nom du second témoin n'est pas mentionné, et le troisième a signé de sa croix.

» Le nommé Legeay, paroisse de la Trinité de Machecoul ;

» Les deux Berthaud frères, aussi natifs de Machecoul ;

» Le nommé Chenaux, *id.* ;

» Les deux Reigeard, l'un du Tilmont, l'autre du Petit-Bois, même paroisse de la Trinité de Machecoul ;

» Le nommé Fouchet, du village de Beaumont, paroisse de Fresnay ;

» Les trois frères Ériaud, natifs de Sainte-Croix ;

» Le nommé Marchèse, de la Garnache ;

» Le nommé Charette, commandant général de l'armée des catholiques, demeurant à la Fonteclause de la Garnache ;

» Les nommés Cathelinière père et fils.

» *Signé :* Souchu. »

Est-ce de cette déclaration que l'on a tant parlé ? Je ne sais, et j'inclinerais à penser, d'après l'extrait suivant d'une lettre du comité central, que Souchu fit une autre révélation, également peu compromettante pour ceux qui en furent l'objet :

« Nous vous faisons passer aussi, — écrivait le 26 avril le comité central de Nantes au ministre de l'intérieur et au comité de salut public, — un extrait de la déclaration du sieur Souchu, chef des brigands, condamné à mort et exécuté à Machecoul. Elle nous a appris et vous apprendra que l'armée qui a battu et dispersé celle de Berruyer était forte de quarante mille hommes à son départ de Tiffauges, et qu'elle se recrute à chaque pas qu'elle fait. Nous savons qu'elle fusille sans miséricorde tous ceux qui refusent de la suivre [1]. »

Comment se fait-il que le comité central, en envoyant cet extrait, ait négligé d'attirer l'attention du comité de salut public sur les projets des royalistes à l'étranger, que Souchu aurait révélés dans un de ses deux interrogatoires, selon M. Fillon, qui a puisé ce renseignement dans un écrit de Beysser [2] ? Ces projets étaient pourtant la chose la plus intéressante pour le ministre, et je ne doute point que si Souchu avait fait une pareille déclaration, le comité central l'eût mentionnée dans sa lettre d'envoi. En tout cas, cette lettre ne permet pas de considérer autrement que comme un nouveau mensonge de Boullemer ce prétendu aveu de Souchu de l'intention dans laquelle il était de faire saigner aux quatre membres les femmes patriotes, la veille de l'arrivée de Beysser [3].

J'ai dû, à mon grand regret, renoncer à me procurer la première lettre de Sotin, à laquelle répondit, comme on l'a vu, le comité central. Cette pièce, et plusieurs autres fort importantes, notamment une

---

[1] *Cahiers de la correspondance du comité central. (Arch. de la Préfect.)*

[2] *Pièces contre-révolutionnaires*, p. 46. L'écrit de Beysser, cité par M. Fillon, est intitulé : *Opinion du général de brigade Beysser sur l'importance de l'île de Noirmoutiers et sur la nécessité d'en renforcer la garde, adressé le 2 mai 1793 à l'administration centrale de la Loire-Inférieure.*

[3] Relation de Boullemer, p. 17.

liste des patriotes tués à Machecoul, liste envoyée au Département le 7 nivôse an II[1], et qui m'eût épargné bien des recherches ingrates, ne se trouvent point aux sections des archives où j'étais en droit d'espérer les rencontrer. Peut-être un jour les découvrirai-je dans quelques-uns des *fonds* que je n'ai point compulsés. En attendant, je constate ce fait, qu'aucune des pièces *envoyées de Machecoul* dans les premiers jours ne parle d'un nombre de victimes approchant de cinq cents.

Mon intention, en entreprenant cette étude, était de retracer sur les documents authentiques le tableau des origines et des débuts de l'insurrection vendéenne dans le District de Machecoul. J'avais, dès le principe, adopté comme limite à mes recherches l'époque de la prise de cette ville par les républicains, considérant qu'à partir de ce moment la lutte, commencée par une insurrection, prend un autre caractère et devient une véritable guerre, dont je laisse à de plus habiles que moi la tâche de raconter les émouvantes péripéties. Je ne crois pas, cependant, sortir des bornes que je me suis posées, en montrant les moyens que les autorités républicaines crurent devoir employer pour opérer la pacification des territoires que la conquête de Beysser avait fait rentrer sous leurs lois.

« Citoyens collègues, écrivait au comité central le commissaire Sotin, à la date du 26 avril :

» Je vous envoie l'état à deux colonnes de l'emploi

---

[1] L'envoi de cette liste est mentionné sur le registre du District de Machecoul, f° 138.

des fonds que j'avais à mon départ et de ceux que j'ai reçus depuis, tant des différents dépôts que des découvertes qui ont été faites, ainsi que les frais que je prélève pour la guerre, vous observant qu'indépendamment des sommes que vous trouverez sur cet état, j'ai encore des sous marqués et des gros sous que je n'ai ni le temps ni la patience de compter. Vous trouverez aussi la liste de ceux que j'ai taxés militairement, tant de Machecoul que des paroisses de Paulx et de Sainte-Pazanne. Vous vous persuaderez facilement que mon intention n'est pas de les ménager. J'augure bien de notre proclamation du 23 de ce mois; elle paraît jeter l'épouvante, et, par conséquent, il n'y a guère de doute que ces malheureuses victimes du fanatisme et des préjugés ne reviennent au plus tôt se ranger sous nos étendards. Hier, on a capturé un sieur Léauté, maire et chef des révoltés de Sainte-Pazanne. Certes, il sera traité comme ses hauts faits le méritent. Je suis fraternellement votre commissaire civil à Machecoul.

» Signé : P.-J.-M. SOTIN. »

» *P.-S.* Musset est parti avec un détachement pour travailler Saint-Philbert, à qui je demande 60,000 livres, et *cela par amitié pour Villers.* »

Suit une note des contributions forcées et des noms des personnes sur lesquelles Sotin espère que ces contributions seront prélevées dans trois jours :

Machecoul................ livres	25,300
Paulx.........................	15,000

Sainte-Pazanne 24,000
Saint-Philbert [1] 60,000

Cette manière d'agir, complétement arbitraire, mieux que toutes les autres considérations, montre que, pour les autorités républicaines, le pays insurgé avait en quelque sorte cessé d'être soumis aux lois de la République, et que les expressions *pays conquis,* tant reprochées aux chefs vendéens comme contraires au sentiment national, peuvent seules désigner exactement la situation que l'administration du département de la Loire-Inférieure entendait faire aux communes soumises par la force des armes. Quelle confiance les insurgés pouvaient-ils avoir dans les paroles de Fouché leur parlant des moyens de douceur et de persuasion qui n'avaient pas réussi, et venant édicter en même temps contre eux les mesures les plus acerbes [2] ?

Le décret du 9 mars 1793 [3], complété par celui du 18 du même mois [4], avait, il est vrai, établi en principe une subvention de guerre qui ne devait peser que sur les riches, mais ce n'est pas en vertu de ce décret que Sotin agissait, car il est bien évident que si les représentants en mission avaient pu invoquer ce décret, Fouché n'aurait pas pris la peine d'insérer dans le rapport qu'il présenta sur sa mission, une sorte de justification de « cette mesure, qui, dit-il, était une

---

[1] Lettre originale de Sotin. *(Département, Arch. de la Préf.)*
[2] Proclamation de Villers et Fouché, 28 avril. Verger, *Annales curieuses*, t. v, p. 342.
[3] *Procès-verbal de la Convention,* séance du 9 mars, t. VII, p. 201.
[4] Duverg., *Collect. de lois,* t. v, pp. 190 et 202.

justice, » ajoutant « qu'elle était encore commandée par les circonstances, menaçantes pour la liberté ?... Quoi ! disait encore ce représentant, la patrie qui a le droit incontestable d'exiger le sacrifice de notre personne, n'aurait pas le droit de réclamer le superflu de l'opulent [1] ?... »

Cette théorie avait, du reste, été acceptée par les autorités nantaises, qui avaient transcrit sur leurs registres, le 23 mars, l'arrêté des représentants Defermon, Rochegude et Prieur (de la Côte-d'Or), portant que les troupes seraient indemnisées au moyen de contributions levées dans les communes, contributions dont les commissaires civils pourront exonérer les patriotes (art. 4 et 5) [2].

Un des chefs d'attroupements de Sainte-Pazanne, Charles Baudouin, dont j'ai déjà parlé, et que ne put sauver de la mort une attestation des services rendus par lui, signée de plusieurs patriotes de sa commune, protesta avec énergie, avant de mourir, contre la violation des conditions sous lesquelles ces taxes avaient été payées. « Beysser, dit-il, a fait lever une somme de 24,000 livres dans la paroisse de Sainte-Pazanne, aux conditions que personne ne serait inquiété, mais on n'en procède pas moins à des arrestations continuelles [3]. »

[1] Rapport de Fouché, cité par M. Dugast-Matifeux, *Bibliographie révolutionnaire*, n° 15.

[2] Arrêté des représentants en mission à Saint-Brieuc, transcrit sur le registre des arrêtés des trois corps administratifs. Séance du 23 mars, f° 13.

[3] Dossier de Charles Baudouin, condamné à mort le 2 mai 1793. *(Arch. du Greffe.)*

Dans la Loire-Inférieure, les sommes provenant des taxes ne furent pas employées à solder les troupes, le comité central les fit verser dans la caisse du receveur du District, et elles furent destinées à indemniser les patriotes qui avaient souffert du pillage [1].

Déjà la dépopulation de la Vendée, que l'on s'imagine n'avoir pu être envisagée par la Convention nationale que comme l'expédient suprême de la République aux abois, était regardée comme le seul moyen de terminer la guerre. Le 6 mai, le comité central de Nantes allait, d'un seul bond, à cette extrémité :

« Non-seulement, écrivaient ses membres, nous ne voulons point de ménagement, mais nous vous recommandons de mettre en usage tous ces moyens pour anéantir l'insurrection. Nous voyons clairement qu'*il faudra en venir à enlever des campagnes tous les grains, les bestiaux et toutes autres espèces de subsistances, et même à emprisonner les femmes et la famille de tous les gens un peu riches des campagnes, si on veut en avoir raison. Il faudra en faire un désert inhabitable,* en les quittant, pour que les brigands ne puissent y retourner [2]. »

Ce plan devait être mis à exécution par Carrier, qui n'épargna pas ceux qui l'avaient conçu.

---

[1] Lettre du comité central à Sotin, du 4 mai 1793. — Cahiers de la correspondance.

[2] Cahiers de la correspondance du comité central. Lettre à Sotin, du 6 mai.

LISTE

Des patriotes tués par les rebelles lors de l'invasion de la ville de Machecoul.

1. Cailleteau père (B)[1], notable de la municipalité. 12 mars. — Registre du District de Machecoul, réfugié à Nantes, et tenant ses séances en cette ville, f° 41.
2. Cailleteau fils (B). 12 mars. — Registre du District de Machecoul et procès Pierre Caillaud du 24 août 1793.
3. Chauvet (François), serrurier, capitaine de la 2ᵉ Cⁱᵉ de la garde nationale. 11 mars. — Certificat de décès. *(Arch. de la Préfect.)*
4. Cosson-Poupardière, officier de la garde nationale. 11 mars. — Registre du District, f° 54.
5. Dugast (Mathurin), tué au Château. 14 mars. — Listes de la mairie de Machecoul.
6. Ferré (J.-B.) (B), notable officier de la garde nationale. 11 mars. — Registre du District, f° 63.
7. Fleury (Pierre-Claude) (B), commandant de la garde nationale, ancien membre du District. 11 mars. — Acte de décès du 26 frimaire an IV. — Registre du District, f° 64.

[1] Le B placé à la suite d'un nom indique les patriotes mentionnés par Boullemer dans sa Relation. V. ci-dessus p. 309.

8. Gaschignard (Étienne) père (B), directeur de la poste, ancien président du District. 11 mars. — Registre du District, f° 12. — Registre du comité d'examen, f° 54. — Diverses requêtes de sa veuve.
9. Giraudet (Alexis), sacristain. 12 mars. — Procès Pierre Caillaud. — Certificat du 27 mai 1793. — Acte de décès du 4 ventôse an III.
10. Laheu (Jacques-Joseph), huissier. 11 mars. — « Tué par l'effet de la guerre. » Listes de Machecoul. — Acte de décès, 4e sans-culottide de l'an III.
11. Letort (B), curé constitutionnel. 11 mars. — Registre du District, f° 23.
12. Maupassant (B), membre du Département. 11 mars. — État civil de Nantes, section *Démosthènes* et *Humanité*, f° 85. Jugement du 13 messidor an XII.
13. Pinot père (B), fermier de la Bretesche, paroisse Sainte-Croix de Machecoul. 12 mars. — Certificat du 28 mai 1793. — Acte de décès du 11 pluviôse an III.
14. Pinot fils (B), fermier de la Bretesche, paroisse Sainte-Croix de Machecoul. 12 mars. — Certificat du 28 mai 1793. — Acte de décès du 11 pluviôse an III.
15. Pipaud (Louis) fils, notable. 13 mars. — « Tué par l'effet de la guerre.» — Registre du District.
16. Salaun, gendarme. 11 mars. — Registre du District, f° 55.
17. Simonis (B), commandant de la gendarmerie. 11 mars. — Déclaration faite à Pornic.

18. Vesneau, gendarme. — « Tué à l'affaire de Machecoul. » — Certificat du 8 mai 1793.

Liste des patriotes mentionnés expressément comme ayant été tués le 3 avril 1793.

1. Baré (Pierre-Étienne), notaire, ancien maire. — Acte de décès du 24 fructidor an II.
2. Boucheteau (Hubert), greffier du juge de paix. — Acte de décès, même date.
3. Caviezel (René-Pierre), ancien maire, président du Tribunal. — Registre du District, f° 64. — Acte de décès, même date.
4. Chiffolleau (Pierre), sellier. — Acte de décès, 4° sans-culottide, an II.
5. Cornu (François). — Acte de décès, 1er fructidor an II.
6. Deslandes (Simon), notable de la municipalité. — Acte de décès 1er fructidor an II.
7. Duval (Louis-François). — Certificat du 4 juin 1793. — Acte de décès du 27 pluviôse an III.
8. Fortineau (Gabriel), officier municipal. — Acte de décès du 5 floréal an II.
9. Gaschignard (Étienne-Pierre) fils, commis à l'administration du District. Acte de décès, 5 prairial an II.
10. Gry (Pierre), commis du District. — Listes de la mairie de Machecoul.
11. Lefebvre (Mathurin), caporal de la garde nationale. — Certificat signé du capitaine de la garde nationale Sallé.
12. Marchesse, curé de Bourgneuf. — Registre du District, f° 4.

13. Villeneuve (Augustin), menuisier. — Certificat du 5 juin 1793.

Liste des patriotes mentionnés comme ayant été tués dans les premiers jours d'avril.

1. Audaire (Pierre). — Certificat du 10 mai 1793.
2. Beziau (Jean), secrétaire général de la commune de Machecoul. — Acte de décès du 17 frimaire an III. — Certificat du 2 juin 1793.
3. Brisson (François), de Bourgneuf. — Liste envoyée au Département le 10 pluviôse an II.
4. Charruau (François), greffier du Tribunal de Machecoul. — Acte de décès du 8 germinal an IV. — Registre du District, f° 56.
5. Fouquet (Charles), notable. — Certificat du 24 mai 1793. — Acte de décès, 4ᵉ sans-culottide de l'an II.
6. Fouquet (Joseph), gendarme national. — Certificat du 1ᵉʳ juin 1793. — Registre du District, f° 56.
7. Gry (Sébastien), membre du conseil général de la commune. — Acte de décès. Sans-culottide de l'an IV.
8. Letou. — Certificat du 22 octobre 1793, signé du curé de Rouans.
9. Masson (Jacques), officier de la garde nationale de Noirmoutiers. — *Recherches sur l'île de Noirmoutiers* de F. Piet, p. 544.
10. Son fils. *(Même ouvrage.)*
11. Mossard (Mathurin), garde national. — Certificat du 1ᵉʳ juin 1793. Déposition de sa veuve dans

le procès Lory; commission militaire de l'Hôpital de Machecoul.
12. Praud (Pierre). — Certificat du 6 mai 1793.
13. Raimbaud (Honoré), administrateur du District en 1790 (?). — Certificat du 6 mai 1793.
14. Roussin (Mathurin). — Certificat du 6 mai 1793.
15. Vrignaud (Jacques), sous-lieutenant de la garde nationale. — Certificat du 1er juin 1793. — Déposition de sa veuve; commission militaire du Château de Machecoul.

Patriotes mentionnés comme ayant été tués en avril, sans que le jour du mois soit indiqué.

1. Baron (Jean-Baptiste), sous-lieutenant de la garde nationale. — Certificat du 8 juin 1793; acte de décès du 27 nivôse an III. — Déposition de sa veuve dans le procès Lory; commission militaire de l'Hôpital de Machecoul.
2. Bourdin (Charles), notable. — Acte de décès du 11 messidor an IV. Était filleul de Charette qui, selon Le Bouvier-Desmortiers, *Réfutation*, p. 65, aurait inutilement essayé de le sauver.
3. Charruau (Joseph), administrateur du District. — Acte de décès, 4e sans-culottide de l'an II.
4. Dupin (Pierre), notable et maître d'école. — Certificat du 4 juin 1793. — Acte de décès du 4 ventôse an III.
5. Garreau (Jacques), trésorier du District. — Acte de décès, 4e sans-culottide de l'an II. — Registre du District, f° 79.

6. Gogué (André), marchand.—Acte de décès, sans-culottide de l'an II.
7. Guilbaud de la Pommeraye (Mathurin). — Acte de décès du 21 germinal an IV.
8. Guilbaud (Pierre), maire, ancien membre du District. — Acte de décès, 4ᵉ sans-culottide de l'an II.
9. Jaubert, vice-président du District. — Acte de décès du 13 pluviôse an II.
10. Lapié, employé des douanes à Bourgneuf.— Liste envoyée au Département, le 10 pluviôse an II. — Registre du District, fº 89.

Patriotes mentionnés comme ayant été tués à des dates particulières, qui ne permettent pas de les ranger dans les catégories précédentes.

1. Daulihac, chaudronnier, du diocèse de Clermont. — Le certificat porte qu'il fut amené de Bourgneuf avec d'autres prisonniers, et fusillé le 29 mars 1793, mais une liste envoyée au Département, le 10 pluviôse an II, le mentionne comme ayant été tué en avril.
2. Gaschignard (J.-B.), chirurgien de marine. — Son acte de décès, dont la date est surchargée, la surcharge étant approuvée, le mentionne comme tué le 7 avril 1793. (Acte du 5 prairial an II.)
3. Coiquard (Marin), notable de la municipalité de Machecoul. — « A souffert la peine de mort *environ les derniers jours d'avril;* » ces mots

sont interlignés dans un certificat, du 5 juin 1793.
4. Gigault (Laurent). — « Tué par les rebelles le 15 avril 1793. » Listes de Machecoul.

Les noms des prisonniers du Port-Saint-Père se trouvent rapportés à la page 362.

Patriotes mentionnés comme ayant été tués par les brigands, sans aucune espèce de date.

1. Béthuis (Jean-Louis-Nicolas), notaire, ancien membre du District. — Notice insérée dans le *Courrier de Nantes* du 19 janvier 1846.
2. Biclet (P.-M.), notable, ancien membre du District. — Registre du District, f°s 26 et 29.
3. Boissy (Philippe), officier municipal. — Certificat du 21 mai 1793. — Registre du District, f° 52. — Registre du District, f° 48.
4. Couto, certificat du 31 mai 1793.
5. Daviaud (Joseph), concierge du District. — Déclaration du 28 avril 1793. — Registre du District, f° 43.
6. Égron. — Déclaration de Martin Égron, son frère, dans le procès Baudouin, 2 mai 1793.
7. Filolleau. — Certificat du 3 juin 1793.
8. Gueperoux, membre de la municipalité. — Certificat de décès du.... Signé : H. Musset.
9. Hubin-Girardière, procureur syndic du District, nommé en 1792. — Registre du District, f° 10.
10. Lorin (Mathurin), gendarme. — Certificat du 27 mai 1793.

11. Lorin (?) (Il y avait un Lorin receveur des droits d'enregistrement.)— Registre du District, f° 21. Cette mention s'applique-t-elle au gendarme sus-nommé, ou à Lorein, dont parle Le Bouvier-Desmortiers, *Réfutation*, p. 64?
12. Malgogne (François). — Certificat du...
13. Masson, commissaire national auprès du tribunal du District.— Sa veuve, dans le certificat La Nicollière.
14. Muraille (Étienne), journalier. — Certificat du 28 mai 1793.
15. Nicole, notable. — Déposition d'Antoine Robin dans le procès Joseph Baron; commission militaire du Château de Machecoul.
16. Reignier. — Même certificat que Gueperoux, n° 8, le 4.
17. Renou (Julien), sellier. — « Assassiné chez lui. » Certificat du...
18-19-20. Rousseau père et ses deux fils. — Certificat du 28 mai 1793.

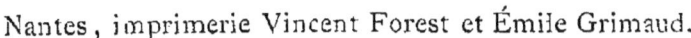

Nantes, imprimerie Vincent Forest et Émile Grimaud.

ERRATA

P. 4, avant-dernière ligne, au lieu de *attribués au métayer,* lire *attribués par moitié au métayer.*

P. 48, note ³. C'est par erreur que l'on a invoqué l'autorité de M. Fillon qui dit seulement, à l'endroit indiqué : « Le bas clergé était alors presque tout entier pénétré des opinions du tiers-état. »

P. 102, ligne 14, au lieu de *opposa,* lire *apporta.*

P. 116, note ⁴, au lieu de *Black,* lire *Block.*

P. 122, ligne 2, au lieu de *étaient,* lisez *était.*

P. 128, ligne 16, après le mot *mort,* remplacer le chiffre ², qui est tombé.

P. 218, ligne 7, lire *six paroisses du District d'Ancenis.*

P. 228, note, au lieu de *37,000,* lire *31,000.*

P. 262, note ², au lieu de *prisonniers,* lire *personnes.*

P. 263, dernière ligne, au lieu de *laisser vagues aux optimistes quelques,* lire *laisser aux optimistes quelques vagues.*

VINCENT FOREST & ÉMILE GRIMAUD,
Imprimeurs-Éditeurs.

Notes concernant l'histoire du Bouffay de Nantes, par M. Alfred Lallié. — Une brochure in-8°, tirée à 100 exempl.

Gaudin-Bérillais et sa négociation, épisode de l'insurrection vendéenne, par le même. — Une broch. in-8°, tirée à 40 ex.

La Grande Armée vendéenne et les Prisonniers de Saint-Florent-le-Vieil, par le même. — Une brochure in-8°, tirée à 50 exempl.

Au Pays de Retz, poésies, par M. Joseph Rousse. — 1 vol. in-12, 3 fr.

Jeanne de Belleville, poëme, par M. Émile Péhant, conservateur de la Bibliothèque publique de Nantes. — 2 vol. in-18 jésus, 7 fr.

Les Vendéens, poëmes, 2ᵉ édit., par M. Émile Grimaud. — 1 vol. petit in-18, 1 fr.

Pour paraître : Récits vendéens, par le même.

Les Poètes lauréats de l'Académie française, Recueil des poëmes couronnés depuis 1800, avec une introduction (1671-1800) et des notices biographiques et littéraires, par MM. Edmond Biré et Émile Grimaud. — 2 vol. in-18 jésus, 7 fr.

Pour paraître prochainement : Victor Hugo et la Restauration, par M. Edmond Biré. — 1 vol. in-18 jésus.

Œuvres choisies de Charles Loyson, publiées par Émile Grimaud, avec une Lettre du R. P. Hyacinthe, des Notices biographique et littéraire, par MM. Sainte-Beuve et Patin de l'Académie française, et un Portrait par L. Flameng. — 1 vol. in-8°, 6 fr.

Revue de Bretagne et de Vendée, recueil littéraire, historique et scientifique. — Treizième année. — Directeur : M. Arthur de la Borderie. — Secrétaire de la rédaction : M. Émile Grimaud.

La Revue paraît tous les mois, du 15 au 20, par livraison d'au moins 80 pages in-8°. — Un an, 15 fr. (12 fr. pour Nantes). — L'abonnement part du 1ᵉʳ janvier.

www.ingramcontent.com/pod-product-compliance
Lightning Source LLC
Chambersburg PA
CBHW070219240426
43671CB00007B/698